文联版
http://www.clcpnet.cn

纪念中国人民抗日战争暨世界反法西斯战争胜利70周年重点出版物

中国·四川抗战文化研究丛书

◉ 苏光文 著

大轰炸中的重庆陪都文化

Alternate Capital Cultures
During Chungking Bombing

中国文联出版社
http://www.clapnet.cn

图书在版编目（CIP）数据

大轰炸中的重庆陪都文化/苏光文著. —北京：中国文联出版社，2015.8
（中国·四川抗战文化研究丛书）
ISBN 978-7-5190-0242-8

Ⅰ.①大… Ⅱ.①苏… Ⅲ.①抗日战争—史料—重庆市 Ⅳ.①K265.06

中国版本图书馆CIP数据核字(2015)第202015号

大轰炸中的重庆陪都文化

作　　者：苏光文	
出 版 人：朱　庆	
终 审 人：奚耀华	复 审 人：蒋　泥
责任编辑：蒋爱民　褚雅越	责任校对：师自运
封面设计：小宝书装	责任印制：陈　晨

出版发行：中国文联出版社
地　　址：北京市朝阳区农展馆南里10号，100125
电　　话：010-65389682（咨询）65067803（发行）65389150（邮购）
传　　真：010-65933115（总编室），010-65033859（发行部）
网　　址：http://www.clapnet.cn
E－mail：clap@clapnet.cn　　　chuyy@clapnet.cn
印　　刷：中煤涿州制图印刷厂北京分厂
装　　订：中煤涿州制图印刷厂北京分厂
法律顾问：北京市天驰洪范律师事务所徐波律师
本书如有破损、缺页、装订错误，请与本社联系调换

开　　本：710×1000　　　1/16	
字　　数：408千字	印张：25.75
版　　次：2015年8月第1版	印次：2015年8月第1次印刷
书　　号：ISBN 978-7-5190-0242-8	
定　　价：78.00元	

版权所有　翻印必究

中共四川省委宣传部、四川省社会科学院重大课题
中国·四川抗战文化研究丛书

编委会

总顾问：陶武先

主　任：李后强　侯水平

副主任：李明泉　苏　宁

编　委（按姓氏笔画排序）：

　　　　王骏飞　文天行　冯宪光　向宝云
　　　　苏　宁　苏光文　李北东　李建平
　　　　陈思广　姜　建　段从学　魏红珊

总　序

李后强

文化是民族的灵魂和血脉，在危难时期往往能释放出巨大的能量。

今年是抗日战争胜利70周年。这场战争起于1931年9月，止于1945年9月。旷日持久的战争给中国人民带来了巨大的灾难。冰冷的刺刀、震耳的炮声、凌厉的炸弹，殷红的鲜血、残断的尸体、焦黑的废墟，深深地铭刻在中国人民的记忆中。中华民族到了生死存亡的关头，神州大地到处燃烧起反侵略的烈焰，抗日民族统一战线的旗帜升起来了。抗日战争是中国近代抗击外敌入侵第一次取得完全胜利的民族解放斗争。四川作为抗战大后方，为抗战胜利付出了巨大牺牲，做出了重大贡献：当时四川总人口4000万，近350万川军中伤亡64万人。抗战初期川军出川时，各界普遍认为这是当时中国"最糟糕的军队"。然而，就是这支"最糟糕的军队"，从1937年的"淞沪会战"开始，几乎无役不与，无仗不惨烈。到抗战后期，曾经"最糟糕的部队"得到的评价是"川军能战""无川不成军"的赞誉。抗日战争留下了光耀千秋的抗战文化。

1945年，中共中央机关报《新华日报》曾发表《感谢四川人民》的社论，称赞四川是"历史上最大规模的民族战争之大后方的主要基地"，称赞四川人民"对于正面战场，是尽了最大最重要的责任"。此外，由于国土的大批沦陷和国民政府迁都，大批工厂、学校、文化单位西迁入川，四川成为抗战时期中国的政治文化中心。在漫长的抗战岁月中，在中国共产党领导下，伴随着民族统一战线的形成和民族解放战争的推进，形成了波澜壮阔而又独具特色的四川抗战文化。抗战时期，四川成为世界反法西斯战争的指挥中心之一，成为大后方的政治、经济、军事、文化中心，成为世界反法西斯统一战线与中国抗日民族统一战线的交汇点，为二战的胜利和民族解放战争的胜利做出历史性的贡献。尘封了大半个世纪的抗战文化，是四川宝贵的精神文化财富。

四川抗战文化不仅具有四川特色，还具有全国影响和世界意义，是中国现代史研究内容的重要方面。从中国现代文化发展史来看，四川抗战文化是中国现代文化发展中最为辉煌的阶段，具有里程碑的意义。四川是大后方核心之地，也是抗战文化的主战场。可以说，把四川抗战文化搞清楚了，大后方的抗战文化就基本搞清楚了，对于我国抗战文化的研究无疑具有重大的意义。

中国现代文化的发展经历了漫长的历史过程，但比较而言，抗战时期更为辉煌。西南是抗战的大后方，陪都在重庆。四川的地位举足轻重，抗战文化的重点在四川。战争会毁灭文化，这在国际上不乏范例。可中国的抗日战争不仅没有使我们的民族文化毁灭，还促进了中国现代文化的发展。四川的抗战文化在战火硝烟中谱写出历史新篇章，这正是中国文化强大生命力的表现。

抗日战争的胜利是中华民族文武两条战线的胜利。文化战线的抗战文化，启发了民众的觉悟，激励了将士的斗志，揭露了日寇的暴行，抨击了汉奸的无耻。如果没有抗战文化的鞠躬尽瘁，抗日战争要取得胜利是难以想象的。左翼文化的作用还不止此。周恩来说：鲁迅是导师，郭沫若是主将。鲁迅逝世后，郭沫若便是带领着大家一道前进的向导。郭沫若为旗帜的文化队伍以新民主主义思想浸润人们的心田，拓宽了新民主主义的文化阵地，削弱了其他文化形态的影响，为中国共产党赢得了人心，构筑了更加坚实的通往新中国的大道。

抗战文化是中国的，也是世界的。它是世界反法西斯文化的重要组成部分。而世界文化也因为有了中国的抗战文化才更加灿烂。抗战文化为战胜日本侵略者立下了卓越的功勋，也为世界反法西斯战争做出了自己的独特贡献。

抗战文化是丰富多彩的文化。统一战线的建立为抗战文化的繁荣营造了相对自由的天地。新民主主义文化、三民主义文化、民族主义文化、自由主义文化、中国传统文化都有自己被认同的空间。但至大至刚的浩然正气和历代民族英雄典范是没有文化或只有少量文化的民众参加抗战的精神力量。要知道，他们的精神力量正是抗战最广大的原动力。纵观中国数千年文化史，很少有哪个时期的文化如抗战时期那样壮观。横看西方文化，也少有能出其右者。战争是一把双刃剑。侵略战争是摧毁被侵略者文化的罪魁，反侵略战争亦能促进文化的发展。中国不是能被入侵者从地球上抹去的国家，也绝不可能，因为她有广袤的反侵略的土地。抗战文化独有的价值正在这里。

研究四川抗战文化，对于当前的文化建设有着重大作用和现实意义。第一，抗战文化是爱国主义文化，爱国主义是中华民族的光荣传统，是推动中国社会前进的巨大力量，是各族人民共同的精神支柱，是社会主义精神文明建设主旋律的重要组成部分。抗战文化研究是爱国主义教育的重要组成部分，是提高全民族整体素质的基础性工程，是引导人们特别是广大青少年树立正确理想、信念、人生观、价值观，促进中华民族振兴的一项重要工作。第二，抗战文化是追求理想、追求进步的文化，是社会主义先进文化的重要组成部分，对于清除文化垃圾，净化人文环境，将起到积极作用。第三，抗战文化是统一战线的文化，是全民族的文化，推进抗战文化研究对于海峡两岸关系的和谐、增强中华文化的凝聚力和向心力，将起到积极的推动作用。第四，抗战文化是四川的重要文化史实，其宝贵的精神文化价值至今能发挥重要作用。它具有显著的地方特色、全国意义和世界影响，对于把四川建设成文化强省具有不可替代的作用。

20世纪80年代，在中共四川省委宣传部的领导和支持下，四川省社会科学院会同西南师范学院、重庆师范学院等单位率先在全国吹响向抗战文学、文艺进军的集结号。各种形式的研究成果也陆续问世。国内国际都有了一定的影响。在纪念世界反法西斯胜利70周年的背景下，我们将这些研究进一步拓展，向中国抗战文化迈进。

由于种种原因，我们过去的抗战文化研究总体来看对历史的描述并不那么全面，有的评价也较粗疏，范围也嫌狭窄。抗日战争已经结束七十年了，似乎很遥远了，可日方依然有人在那里做这样那样、隐形或非隐形的否定。如果能有先哲孟子说的"同情之心人皆有之"的话，就应该真诚地对那场给中国造成数千万人伤亡的侵略战争说不，更应该像祈祷"上帝饶恕我们"的德国总理勃兰特那样谢罪。作为抗战文化的研究者，除了对否定者感到愤懑之外，更多的还是责任。那就是理智地客观地书写历史的真相，不能让历史被某些人作为小姑娘随意打扮，误导后人。

多卷本"中国·四川抗战文化研究丛书"即将付梓出版，这部书凝聚了四川省社会科学院及四川省内多家院校学者们的数年心血。参加撰写工作的都是在这方面多年深耕、研究有成者。尊重历史，是研究历史的基本原则，是历史唯物主义的态度，也是中国文化的传统。司马迁撰写《史记》，注重的就是调查、实录与秉笔直书。相信他们能写出有个性、有创见、有水平、有影响的学术著作。

"中国·四川抗战文化研究"将是四川省社会科学院长期支持的重点项目，我们将持续推进，分批出版学术著作，希望各界批评指正。

2015年3月26日于百花潭

（作者系四川省社会科学院党委书记、教授）

Preface

By Li Houqiang

Culture is the soul and blood vessel of a nation, which could release huge power in peril.

This year marks the 70th anniversary of victory of the Counter-Japanese War which lasted from September 1931 to September 1945. The protracted war caused terrible disaster for the Chinese people. The cold sword, thunders of cannons and bombs, blood, broken bodies and charred ruins have left an ever-lasting imprint on the memory of the Chinese people. When the Chinese nation was at the moment of life-and-death, the flame of anti-aggression was lighted across the land of China. The anti-Japanese national united front was formed. The Counter-Japanese War is the first successful national liberation struggle since modern times in resistance against foreign aggression. As the Rear Area, Sichuan made considerable sacrifice and contribution to the victory of the Counter-Japanese War. Sichuan had a total population of 40 million, nearly 3.5 million of whom were soldiers, 640000 of whom died or injured during the war. In the early period of the war when the Sichuan troops went out of Sichuan, they were widely believed to be the "worst troops" in China. However, it was these very "worst troops" that fought in almost all the battles since the breakout of the Battle of Shanghai in 1937. In the later period of the war, the "worst troops" was claimed as troops good at fighting. The eight-year long war produced the splendid Counter-Japanese War cultures.

In 1945, *Xinhua Daily*, the mouthpiece of the Central Committee of the Communist Party of China carried an editorial, *Expressing Gratitude to Sichuan People*, which said that Sichuan was "a major base of the Rear Area of the largest national struggle in history", and that Sichuan people "played the most important role in frontline battlefield". Sichuan became the political and cultural center during the Counter-Japanese War due to the loss of vast territory and the move of the capital of National Government and a large number of factories, schools and cultural departments moved westwards to Sichuan. During the long resistance war, the Counter-Japanese War cultures featuring Sichuan characteristics was nurtured in Sichuan, under the leadership of the Communist Party of China, with the formation of the national united front and the development of the national liberation war. During the war, Sichuan made great contributions to the victory of the Second World War and national liberation war, as one of the command centers of the world's anti-fascist war, the political, economic, military and cultural center of the Rear Area and the crossing of the world's anti-fascist war united front with China's Counter-Japanese united front. The Counter-Japanese War cultures which have been buried for over half a century are the valuable cultural treasure of Sichuan.

The Counter-Japanese War cultures of Sichuan feature Sichuan characteristics and national and international significance. It is a major content of the research on China's modern history. From the perspective of the development of China's modern culture, the Counter-Japanese War cultures of Sichuan represent the most splendid stage in the development of China's modern culture, which marked a milestone. Sichuan was the center of the Rear Area during the eight-year resistance war and the main battlefield of the Counter-Japanese War cultures. The understanding of the Counter-Japanese War cultures of Sichuan means the understanding of the Counter-Japanese War cultures of the Rear Area, which is of vital significance to the research on China's Counter-Japanese War cultures.

The development of China's modern culture experienced a long history, but the Counter-Japanese War period is the most splendid one. Southwestern China was the Rear Area of the Counter-Japanese War and chungking was the second capital, which showed the important position of Sichuan. The focus of the Counter-Japanese War cultures was in Sichuan. War destroys culture, as embodied by the numerous examples in the world. However, instead of destroying our national culture, China's Counter-Japanese War promoted the development of China's modern culture. The Counter-Japanese War cultures of Sichuan developed further during the war, which proved the vitality of Chinese culture.

The victory of the Counter-Japanese War was the victory of the cultural and military fronts of the Chinese nation. The cultural front Counter-Japanese War cultures aroused the awareness of the masses, boosted the morale of the generals and soldiers, revealed the atrocities of the Japanese troops and criticized bitterly the shameless traitors. It would be unimaginable to win the Counter-Japanese War if there were no contribution from the Counter-Japanese War cultures. The left wing culture's effect was more than that. As Zhou Enlai said, Lu Xun was the mentor and Guo Moruo was the general. After the death of Lu Xun, Guo Moruo was the guide to lead us along the way. The new democracy by Guo Moruo infiltrated people's hearts, broadened the cultural field of the new democracy, weakened the impact of other cultural forms, won the support from the people for the Chinese Communist Party and built a more solid road leading to the New China.

The Counter-Japanese War cultures belong to China as well as the world. It is an important part of the world's anti-fascist culture and the world's culture become more splendid for its existence. The Counter-Japanese War cultures contributed greatly to the defeat of the Japanese invaders and made special contribution to the world's anti-fascist war.

The Counter-Japanese War cultures contain a variety of cultures. The formation of the united front created a free land for the booming of the Counter-Japanese War cultures, where the New Democracy culture, Three People's Principles culture, nationalism culture, liberalism culture and traditional Chinese culture all found their places. The awe-inspiring righteousness and the heroic deeds of previous heroes served as the spiritual strength of the public who joined the Counter-Japanese War. This spiritual strength was the primary driving force for the Counter-Japanese War. Throughout the thousands-years history of Chinese culture or the Western culture, there was no single culture in any period that was as splendid as that during the Counter-Japanese War. War is a double-edged sword as it is the culprit for the destroying of the culture of the victim of the aggression, and also promotes the development of culture. China is not a country that can be wiped off the earth by invaders for it had a vast land of anti-aggression, which was exactly the unique value of the Counter-Japanese War cultures.

The research on the Counter-Japanese War cultures of Sichuan is of great significance to the building of modern culture. First, the Counter-Japanese War cultures is a patriotism one, and patriotism is the glorious tradition of the Chinese nation, the huge driving force for the development of China's society, the shared spiritual pillar of the people of all nationalities and an important part of socialist cultural and ethical progress. The research on the Counter-Japanese War cultures is an important part of the education in patriotism, a basic project to improve the overall quality of the entire nation and an important undertaking to guide people, particularly the teenagers in pursuing ideal, forming faith and outlook on life and the rejuvenation of the Chinese nation. Second, the Counter-Japanese War cultures feature the pursuing of ideals and progress and represent an important part of an advanced socialist culture. It will play an active role in removing cultural rubbish and purifying cultural environment. Third, the Counter-Japanese War cultures is a united front culture and culture of the whole nation, and the research on Counter-Japanese War cultures will promote the harmony of cross-strait relations and enhance the cohesive force of the culture of the Chinese nation. Fourth, the Counter-Japanese War culture is an important cultural historical fact of Sichuan with a valuable spiritual and cultural value which has extended its influence over today. It has a prominent local color, a nationwide significance and an influence around the world. It has an irreplaceable role in building Sichuan into a cultural province.

In the 1980s, under the leadership of and support from the Publicity Department of Sichuan Provincial Committee of the Communist Party of China, the Sichuan Academy of Social Sciences, along with Southwest China Normal University, Chungking Normal University and other organizations initiated the research on literature and art of the Counter-Japanese War throughout China. Fruits come outin succession which have had exerted certain influence both at home and abroad. To echo the 70th anniversary of the victory of the world's anti-fascist war, we are extending our research further, advancing towards Chinese Counter-Japanese cultures.

For various reasons, our previous research on anti-aggression cultures failed to deliver a comprehensive description of the history in general and some comments contain inattentive contents and narrow research scopes. Although the Counter-Japanese War ended 70 years ago, some Japanese are still trying to deny it in different ways. They should have admitted the aggressive war which caused casualties of millions of Chinese, and should have apologized like Germany Chancellor Brandt who said "God Forgive us", if they really had natural sympathies that all men have as Mencius said. As researchers of the Counter-Japanese War cultures, in addition to feeling outraged by those who are trying to deny the crime, they should also reveal the historical truth in a rational and objective way in order to prevent history from being twisted by someone who intends to mislead later generations by dressing up history like a little girl.

Multivolume "Counter-Japanese War Cultures Research Series, Sichuan, China" are to be published soon. This series are the fruit of the painstaking efforts by scholars from the Sichuan Academy of Social Sciences and universities and colleges in Sichuan who have authored many related writings. Respect for history is the fundamental principle in studying history, an attitude of historical materialism and a tradition of Chinese culture. Sima Qian paid a lot of attention to collecting facts and true recording of facts when writing the Record of the Grand Historian. I believe the authors of this series can come up with creative, high-level influential academic writings.

"Counter-Japanese War Cultures Research Series, Sichuan, China" is a key project which has won support by the Sichuan Academy of Social Sciences in a long term. Related academic writings will be published in batches and are open to criticism.

May 26, 2015
In Baihuatan

(The author is the professor in the Sichuan Academy of Social Sciences.)

目 录

001 / 导　论

  001 / 一、重庆·重庆陪都·重庆陪都文化

  006 / 二、重庆陪都文化：大轰炸中的血泊奇葩

  013 / 三、重庆陪都文化：完整的历史存在

  028 / 四、重庆陪都文化：爱国主义母题

  035 / 五、重庆陪都文化的共时性与历时性意义

041 / 第一章　文化组织机构

  041 / 一、"第三厅"·"文工会"

  053 / 二、"文运会"·"文协"

063 / 第二章　新闻传媒

  063 / 一、新　闻

  071 / 二、传　媒

090 / 第三章　文化思想理论及论争

  090 / 一、"暴露与讽刺"讨论·"与抗战无关论"论争

106 / 二、"民族形式"讨论·"主观论"论争

118 / 三、"文艺政策"论战·"战国"派批判

129 / 四、《屈原》唱和

144 / 五、《沁园春·雪》唱和

160 / 第四章　教　育

　　161 / 一、教育概况

　　174 / 二、陶行知·晏阳初·张伯苓

180 / 第五章　小　说

　　180 / 一、小说概况

　　194 / 二、茅盾·巴金·老舍

206 / 第六章　诗　歌

　　206 / 一、诗歌概况

　　218 / 二、艾青·臧克家·袁水拍

231 / 第七章　戏　剧

　　231 / 一、戏剧概况

　　240 / 二、郭沫若·阳翰笙·夏衍·陈白尘

254 / 第八章　电　影

　　254 / 一、电影概况

　　262 / 二、史东山·孙瑜·应云卫

269 / 第九章　音乐·美术

- 269 / 一、音乐概况
- 278 / 二、马思聪·赵沨·贺绿汀·沙梅
- 283 / 三、美术概况
- 292 / 四、徐悲鸿·张善子·傅抱石·李可染

296 / 第十章　哲学·宗教

- 296 / 一、哲学概况
- 307 / 二、梁漱溟·熊十力·冯友兰
- 314 / 三、宗教概况
- 320 / 四、太虚·刘子如

324 / 第十一章　对外交往

- 324 / 一、交往渠道
- 334 / 二、文学对外交往
- 346 / 三、电影对外交往
- 357 / 四、美术对外交往
- 367 / 五、音乐对外交往
- 374 / 六、哲学·宗教对外交往
- 377 / 七、对外文化交往中的认同与排击

388 / 后　记

CONTENTS

001 / **Introduction**

    001 / 1. Chungking · Alternate Capital · Alternate Capital Cultures

    006 / 2. Alternate Capital Cultures of Chungking: Men of Courage in the Bloody Heap of the Bombing

    013 / 3. Alternate Capital Cultures of Chungking: Complete Historical Existence

    028 / 4. Alternate Capital Cultures of Chungking: The Motive of Patriotism

    035 / 5. The Synchronic and Diachronic Significance of the Alternate Capital Cultures of Chungking

041 / **Chapter 1   Cultural Organization**

    041 / 1. "The Third Office of Political Department of Military Commission of China National Government" · "Cultural Work Committee of Political Department of Military Commission of China National Government"

    053 / 2. "Cultural Movement Committee of Central Propaganda Department of the Kuomintang" · "Counter-Japanese Association of Chinese Literary Circles"

063 / **Chapter 2 News Media**

　　063 / 1. News

　　071 / 2. Media

090 / **Chapter 3 The Theory and Contention of Culture and Ideology**

　　090 / 1. Discussion on "Exposure and Satire" · Contention on "The Theory of Irrelevance to the Counter-Japanese War"

　　106 / 2. Discussion on "National Form" · Contention on "Subjectivism"

　　118 / 3. Contention on "Literature and Art Policy" · Criticizing the School of "Warring States"

　　129 / 4. *Qu Yuan* Singing and Echoing

　　144 / 5. *Snow-To the Tune of Chin Yuan Chun* Singing and Echoing

160 / **Chapter 4 Education**

　　161 / 1. Profile of Education

　　174 / 2. Tao Xingzhi · Yan Yangchu · Zhang Boling

180 / **Chapter 5 Novel**

　　180 / 1. Profile of Novel

　　194 / 2. Mao Dun · Ba Jin · Lao She

206 / **Chapter 6 Poetry**

　　206 / 1. Profile of Poetry

218 / 2. Ai Qing · Zang Kejia · Yuan Shuipai

231 / **Chapter 7　Drama**

231 / 1. Profile of Drama

240 / 2. Guo Moruo · Yang Hansheng · Xia Yan · Chen Baichen

254 / **Chapter 8　Film**

254 / 1. Profile of Film

262 / 2. Shi Dongshan · Sun Yu · Ying Yunwei

269 / **Chapter 9　Music · Art**

269 / 1. Profile of Music

278 / 2. Ma Sicong · Zhao Feng · He Lvting · Sha Mei

283 / 3. Profile of Art

292 / 4. Xu Beihong · Zhang Shanzi · Fu Baoshi · Li Keran

296 / **Chapter 10　Philosophy · Religion**

296 / 1. Profile of Philosophy

307 / 2. Liang Shuming · Xiong Shili · Feng Youlan

314 / 3. Profile of Religion

320 / 4. Tai Xu · Liu Ziru

324 / **Chapter 11　Foreign Exchange**

324 / 1. Foreign Exchange Channels

334 / 2. Foreign Exchange of Literature

346 / 3. Foreign Exchange of Film

357 / 4. Foreign Exchange of Art

367 / 5. Foreign Exchange of Music

374 / 6. Foreign Exchange of Philosophy and Religion

377 / 7. The Approval and Rejection in Foreign Exchange of Culture

388 / **Postscript**

导　论

抗日民族解放战争时期，重庆成为中国国民政府的陪都，对重庆来说是幸还是不幸？总的说是幸大于不幸。幸，大幸。大幸在于重庆成为中国政治、经济、军事、文化、外交的中心，一跃而为与华盛顿、伦敦、莫斯科齐名的四大国际名城之一；大幸在于重庆成为中国文化得以保存与发展的重要空间，而使重庆开始具有了真正意义上的现代大都市的显著特征。这样的大幸，可遇而不可求。这样的大幸，是偶然性与必然性结合的使然，是重庆的天时地利人和优势的使然。不幸，小。小不幸中最不幸的事，是有五年半的时间遭受日本帝国主义飞机近万架次的大轰炸，民众生命财产遭受巨大损害，城市遭受严重破坏。然而，这最不幸却反而冶炼了民众和这座城市。这座城市与民众在大轰炸中巍然屹立，悲壮而绚烂，成为战斗中国的象征。重庆陪都文化在大轰炸中依然得到了发展与提升，便是其显著标志。

一、重庆·重庆陪都·重庆陪都文化

重庆，地势险要，东西南北交通枢纽。重庆，历史悠久，文化积淀丰厚。重庆人，强悍仗义，虚怀若谷。因此，重庆和重庆人在数千年中国历史舞台上多次充当重要角色，担当重要任务。

重庆位于长江与嘉陵江交汇处。长江与嘉陵江将重庆分割成互为犄角的三大板块：渝中半岛、南岸、江北。渝中半岛，背靠中梁山、歌乐山，系连缙云山；南岸，平地与南山融为一体；江北，背靠华蓥山、大巴山。重庆向东顺江而下，跨越四川、湖北、湖南、江西、安徽、江苏等省，直达上海，通向太平洋。重庆溯江而上，跨越四川、贵州、云南、西藏、青海等省，可通东南亚与印度洋。重庆向北，跨越陕西、甘肃等省，可通苏俄，抵达欧洲。重庆为群山环绕，水陆交通要道。造物主用鬼斧神工造就了雄峻而幽深的群山和奔腾不息的江河以及由此形成的雾季中的大雾、浓雾、薄雾，成为重庆与重庆人的天然屏障。加之，两江中的漩涡和江边的码头，孕育了重庆人与重庆特有的秉性。这一切，确如清乾隆时的《巴县志》所描述的："渝州虽东川腹壤，而石城削天，字水盘廊。山则九十九峰，飞拴攒锁于缙云、佛图之间。内水则嘉陵，白水会羌、涪、宕渠来自秦。外水则岷、沫衣带会金沙来自滇，赤水来自黔。俱虹盘渝城下，遥牵吴楚、闽越、两粤之舟。"这样的城市自然也是军事重镇，为兵家必争之地。这也如清乾隆时的《巴县志》所称的："昔人以地属必争，置重镇，间为制抚军驻节，良有以也。""惟渝城会三江，冲五路，鞭长四百三十余里，俯瞰夔门，声息瞬应。而西玉垒，北剑阁，南邛峡、牂牁，左挟右带，控取便捷。故渝城能守，可俾锦官风雨，坐安和会矣。"

重庆有3000余年的文明历史。号称"缙云之子"的黄帝，曾在重庆城郊缙云山修炼，播下重庆文明与整个华夏文明的种子，成为中华民族的始祖。疏通九河的大禹，在重庆歌乐山召开治水庆功大会。巴人姬巴为周王朝的建立与巩固给予有力支持。周武王11年封重庆为巴国国都。西晋王浚率大军由重庆东下灭吴。宋元之际，重庆及其所在的巴渝军民在钓鱼城血战10年之久。元末红巾军将领明玉珍于1363年称帝，国号为夏，建都重庆。近现代以降，"辛亥革命""二次革命""护国战争""护法战争"过程中，重庆成为革命活动中心。可见，重庆因得天时、占地利、通人和而几次成为中国历史上一国之政治、军事、文化中心和军事要地。

20世纪30—40年代，重庆成为中国国民政府的陪都，除了重庆本身具备一座都城的条件外，更拜战争所赐——抗日民族解放战争选择了重庆。

1932年"一·二八事变"后的第三天，中国国民政府即发布《国民政府移驻洛阳办公宣言》。个中原因就如汪精卫在国民党四届二中全会上作的开幕词中所说的："因为日本一方面以海陆空军猛攻上海，一面派大批军舰开到南京，其目的在威逼政府签字于丧权辱国的条约。当时事机是非常危急，如果错过了，则将至挽救不及，所以我们即日开紧急会议，决定迁都洛阳，把中央党部、国民政府放在安全的地位，以便自由行使职权。"但是，事实表明，洛阳并非安全之地。为着民族复兴，为着在事实上统一中国，也为着长期抵抗日本帝国主义的侵略，作为国民政府军事委员会委员长的蒋介石，对中原、西北与西南诸省进行了两年之久的考察与研究，权衡利弊得失，选择了四川为民族复兴的基地。1935年3月2日，蒋介石率领军政顶层部分官员陈诚、顾祝同等人飞抵重庆。第三天，蒋介石即发表《四川应作复兴民族之根据地》的讲演。他认为：四川"人口之众多，土地之广大，物产之丰富，文化之普及，可说为各省之冠"。"无论从哪个方面讲"，四川作为"中华民族立国的根据地"的"条件都很完备"。随后，蒋介石对云、贵、川进一步作实地考察，认定"四川治乱为国家兴亡的关键。"他说："大家要晓得，今后的外患，一定日益严重，在大战爆发以前，华北一定多事，甚至要树立伪政府也不一定。但是，我们可以自信，只要四川能够安定，长江果能统一，腹地能够建设起来，国家一定不会灭亡，而且一定可以复兴；日本人无论在东四省或者将来再在华北弄什么伪组织，都不相干，都不足以致我们的死命。"为达此目标，蒋介石着力于"改革四川的政治，整顿四川的军队，转移四川的风气，开发四川的交通，统一四川的币制"。到1937年"七七事变"前夕，四川已完全为国民政府和蒋介石所掌控，重庆已建成为国民政府和蒋介石的指挥中心。所以，北平、天津、上海相继沦陷而国民政府首都南京岌岌可危时，国民政府便于1937年10月29日通过蒋介石的提议"国民政府西迁重庆"；11月17日，国民政府主席林森率各部委离开南京，开始西行；11月20日，国民政府向全世界发布《国民政府移驻重庆宣言》；11月26日，林森一行抵达重庆。至此，重庆实际上成为中华民国的首都或陪都了，虽然1940年9月6日才明令决定重庆为陪都。

国民政府迁渝后，着手规划重庆陪都的发展格局，成立"陪都建设计划委员会"，制订《战时三年建设计划》，努力使重庆陪都与全国的政治、经济、军事、文化、外交中心地位相匹配。到1940年时，整修或新建了以重庆陪都为中心通向成都、遂宁、广元、宝鸡、兰州、迪化及贵阳的公路，并与印度、缅甸、苏联的国际公路相连接；同时，开通了重庆陪都至成都、宜昌、乐山、贵阳、香港六条航线以及至河内、仰光、加尔各答、阿拉木图等国际航线；无线电通向世界主要城市。重庆市内公共交通也得到较大发展。到1941年时，重庆市公交管理处有汽车135辆，职工1437

人；较场口、小什字、七星岗、曾家岩、石桥铺、九龙坡、磁器口、歌乐山、青木关、北碚都有客运路线。同时，还着力城市范围的扩建。到1940年时，重庆陪都的水陆面积已达到328平方公里。江北，包括长江的郭家沱、唐家沱、寸滩、头塘，上至石马河边；南岸，包括放牛坪、大佛寺、弹子石、玄坛庙、清水溪、黄葛垭、南城坪、铜元局等地；渝中，包括朝天门、临江门、千厮门、储奇门、菜园坝、七星岗、较场口、枇杷山、佛图关、上清寺等地；东郊北起嘉陵江边的渡溪沟、磁器口、沙坪坝、新桥、上桥、歌乐山、石桥铺、九龙坡、小龙坎等地；还辖有北碚"迁建区"和江津白沙坝"迁建区"。行政管理，废除联保制，实行警保联系制，同级警务人员兼任区长、镇长。到1940年时，全市人口已达95万之众。水陆空交通、工农商学医各行，一应俱全。一座现代大都市的规模业已形成，担当着民族复兴之大任。

随着国民政府的西迁，中国政治、经济、文化、外交、军事开始了全方位的由东向西的大转移。正是得力于这一大转移，重庆陪都文化才得以形成与发展。因为在这一大转移过程中，一批高等院校、社会科学研究机构、文化文学社团，纷纷西迁，大批作家、学者、专家、教授来渝工作。重庆陪都文化的形成与发展正是得力于一切驻足于重庆陪都的不愿做亡国奴的中国文化人和声援中国抗战的外国文化人的共同劳作。重庆陪都文化负载着一切不愿做亡国奴的中国文化人与外国文化人，在中国抗日民族解放战争和世界反法西斯战争背景下对于社会人生的独特感受、体验、认识，饱含着文化人对中国国家求得独立、中国人民求得解放、中华民族求得复兴而做出的种种思考，也是文化人对于战争、社会人生的认知方式与评价乃至参与方式。

重庆陪都文化，品种繁富，形式多样。其中，有诸如"第三厅""文工会""文运会""文协"等文化组织机构与团体；有诸如中央通讯社、中央广播电台以及《中央日报》《新华日报》《新民报》《大公报》《抗战文艺》《群众》《文化先锋》等新闻传媒；有文化思想理论与论争；有教育、文学、美术、音乐、哲学、宗教等。所有这些形态各异的重庆陪都文化，蕴含着一个共同的母题即民族解放意识为内核的爱国主义。这样的母题，就把重庆陪都文化与中国文化历史上的陪都文化区别开来了。

陪都，顾名思义即陪伴首都的城市，在首都之外建筑的而作为陪伴首都的城市。陪都作为一种历史存在，久矣乎。中国历代王朝，大都在首都之外建有陪都。早在周朝就有陪都了。周朝的首都为镐京（今长安县），陪都为洛邑（今洛阳）。汉朝的首都为洛阳，陪都为长安。唐朝的首都为长安，陪都为洛阳。元明清各代在首都之外也建有陪都。有首都与陪都就有相应的首都文化与陪都文化。首都文化与陪都文化作为一种历史文化存在，也是久矣乎。有各种首都陪都的志书，有各种各样的首都赋与陪都赋。就赋而言，有扬雄的《蜀都赋》，有班固的《两都赋》，有左思的《三都赋》，有程先甲的《金陵赋》，等等。这些两都赋或三都赋，对于不同朝代的首都或陪都的政治、经济、文化、宫廷建筑、地势、历史状貌以及民风作了生动形象的描述，成为一篇篇首都或陪都的人文景观与人文精神的载体，成为王朝的皇权意识、精神、业绩的表征。

那么，重庆陪都文化与中国传统的陪都文化是否就有相同的属性与相同的特征呢？答案是否定的。因为重庆陪都文化与中国传统陪都文化至少有三点不同。

一是背景不同。中国历史上各王朝的陪都几乎都是在社会稳定、政权巩固期为进一步强化统治而兴建的。重庆之所以成为国民政府的陪都，纯属战争所赐。如果没有日本帝国主义发动的全面侵华战争和中国军民进行的抗日民族解放战争，重庆是不可能成为国民政府的陪都的。这是重庆陪都与中国历史上各王朝的陪都在大的背景上的不同。这个大的背景不同中，更有甚者是重庆陪都有五年半的时间遭受日本帝国主义飞机近万架次的大轰炸。背景的不同，自然影响着乃至决定着在此背景上存在的陪都文化属性与特征。

二是文化思想特质的不同。中国传统文化历史上的陪都文化有其独立自主的空间，道地的都市文化，歌颂或描述的对象，几乎都是统治者及其决策者，皇权意识十分浓烈。重庆陪都文化不是单纯的都市文化，也不是单纯的地区性文化，凝聚着中国文化人的辛劳，充溢着全民意识与民族解放意识为内核的爱国主义。重庆陪都文化这一思想特质为抗日民族解放战争的根本性质所决定。抗日民族解放战争归根到底是中国国家求得独立、中国人民求得解放、中华民族求得复兴的一场战争。这场战争的政治目的性，规定这场战争不是中国哪一个阶级，哪一个党派的事，而是中国全民的全民族的大事。与这场战争休戚与共的重庆陪都文化探寻与反映的是战争背景下的中国人、中华民族以及全人类的生存问题、命运问题,而没有班固们的《两都赋》或《三都赋》那样的文化内涵。

三是文本形式的不同。中国传统文化史上的陪都文化是定型化的都市文化,是千篇一律的赋或志书,文体形式单一。重庆陪都文化不仅内容丰富,而且文本形式多样,"记录"的是血与火的战争环境里,中国社会状况、中国军民生存状态、中国人及中国文化人的心理流程及精神走向,成为中华民族永不忘记的集体记忆的载体。

这三点,既是重庆陪都文化与中国传统文化历史上的陪都文化不同的规定性所在,也是重庆陪都文化之为重庆陪都文化的规定性所在。

二、重庆陪都文化:大轰炸中的血泊奇葩

重庆陪都虽然远离战争前线,然而依然被弥漫的硝烟所笼罩。这浓烈的硝烟便来自日本帝国主义飞机的大轰炸。重庆陪都文化,在大轰炸中生长,在大轰炸中结出丰硕果实,成为大轰炸中的血泊奇葩。

淞沪战役打破了日本帝国主义"三个月灭亡中国"的谬幻。这以后,日本帝国主义开始了战略战术的调整。调整内容之一,便是运用其空军优势对中国施行"航空进攻作战",即派大批飞机对中国后方不设防城市进行大轰炸。日本帝国主义飞机大轰炸的重点城市就是重庆陪都。重庆是中国国民政府的陪都,而实际上起着首都的作用。首都是一个国家的象征,是一个国家的"心脏"。在日本帝国主义看来,"覆亡重庆",中国国民政府就没有什么退路了,就会向它议和与投降了。因此,日本帝国主义从1938年2月18日到1943年8月23日,整整五年半时间内,派出近万架次飞机对重庆陪都进行了大轰炸。据不完全统计,被日本帝国主义飞机炸死炸伤的重庆陪都民众达30000多人,炸毁的房屋20000多栋。尤其是,1939年、1940年、1941年这三年中,日本帝国主义的飞机对重庆陪都实行密集型地毯式的大轰炸,简直堪称大屠杀。

重庆陪都又称雾都。每年10月到第二年4月为雾季。在雾季里,大雾、浓雾弥漫,成为重庆陪都的天然屏障。因此,雾季里日本帝国主义的飞机因能见度低而少来轰炸。大轰炸多集中在每年的5—9月。1939年、

1940年、1941年这三年的5—9月，日本帝国主义发疯似的派出大批飞机对重庆陪都施行狂轰滥炸。

1939年5月3日、4日，日本帝国主义共出动54架次飞机轮番轰炸重庆陪都，共炸死居民4000余人，炸伤居民2000余人，炸毁房屋2000多栋，炸毁街道20多条；5月12日、25日，日本帝国主义先后共派出飞机70架次大轰炸重庆陪都，共炸死伤民众1400多人，炸毁房屋1000余间；6月9日、11日，日本帝国主义派飞机54架次大轰炸重庆陪都，炸死伤民众300多人，炸毁房屋250余间；7月5日、6日、24日、31日，日本帝国主义共派出飞机80多架次大轰炸重庆陪都，炸死伤民众250多人，炸毁房屋600多间；8月2日、3日、4日、23日、28日、30日，日本帝国主义共出动飞机140多架次大轰炸重庆陪都，炸死伤400余人，炸毁房屋无数；9月3日、28日、29日，日本帝国主义派出飞机100余架次大轰炸重庆陪都，炸死伤民众200余人，炸毁房屋50余间；10月3日、4日、5日，日本帝国主义共派出飞机60余架次大轰炸重庆陪都，炸死伤民众40余人，炸毁房屋30余间。

1940年，日本帝国主义推出"101号作战"计划，强化对重庆陪都大轰炸。据不完全统计，这一年日本帝国主义共出动飞机4722架次，80多批次大轰炸重庆陪都。炸死伤民众10000多人，炸毁房屋达7000余栋。5月18日为"101号作战"计划实施的第一天，日本帝国主义派出54架飞机大轰炸重庆陪都。从这一天起，连续四天，日本帝国主义派出150多架次飞机大轰炸重庆陪都；5月26日，日本帝国主义派出63架飞机大轰炸重庆陪都；5月29日、30日又连续两天派出飞机90架次大轰炸重庆陪都；到了6月，日本帝国主义更加疯狂了，6月6日，日本帝国主义派出127架飞机大轰炸重庆陪都；6月10日、12日、24日、25日、26日、28日、29日，日本帝国主义出动1000余架次飞机大轰炸重庆陪都；7月4日、8日、9日，日本帝国主义出动250架次飞机大轰炸重庆陪都；8月9日、11日、18日、19日、20日，日本帝国主义共出动飞机260多架次大轰炸重庆陪都；9月12日、14日、15日、16日，日本帝国主义共出动260多架次飞机大轰炸重庆陪都。

1941年，日本帝国主义由于"101号作战"计划未达到目的，又推出"102号作战"计划，继续对重庆陪都实行大轰炸。据不完全统计，这一年，日本帝国主义共出动飞机3495架次，分81批次大轰炸重庆陪都，炸死伤民众7000余人，炸毁房屋5700多栋。集中大轰炸的时间，依然是5—9月。5月3日、9日、10日、16日，日本帝国主义出动240架次飞机大轰炸重庆陪都。6月2日、5日、7日、11日、14日、15日、28日、30日，日本帝国主义共出动飞机300架次大轰炸重庆陪都，其中造成的"大隧道惨案"，就因窒息而亡的民众达1000多人；① 7月4日、5日、6日、7日、8日、10日、18日、28日、29日、30日，日本帝国主义共出动500多架次飞机大轰炸重庆陪都；8月8日、9日、10日、11日、12日、13日、14日、22日、23日、30日，日本帝国主义共出动900多架次飞机大轰炸重庆陪都，死伤民众3000多人，房屋毁坏无数。②

当然，雾季之外的春冬季，日本帝国主义也不时地出动飞机大轰炸重庆陪都及郊区县城。比如1939年春，日本帝国主义出动飞机大轰炸重庆陪都市区时，又大轰炸远郊区的合川县城，仅壮丁就被炸死5000人，开了大轰炸——大屠杀的先例。目击人盛静霞写《壮丁行》诗一首，描述了其被炸的惨状："东市抓壮丁，西市抓壮丁，南山追逃逋，北山无奇另。城中山中搜捉尽，二十三十皆适龄。壮丁壮丁何处去，卫国杀敌夸光荣。合川小县忽报警，晴空隐隐雷车鸣。居人尽效龙蛟蛰，壮丁空作豕鹿惊。长绳大索如鱼贯，铁锁牢栓脱不成。狂风怒吼弹如雨，号呼辗转难望生。血肉糜烂白骨现，骨上犹缠千匝绳。人间骤增寡与独，军书抹去五千名。"作者在附记中，还写道：1939年春，合川县有壮丁五千人被敌机炸死，因壮丁被捆，无法逃跑也。这样的大轰炸，在雾季常常出现。

重庆陪都大轰炸过程中，重庆陪都不少机构与文化团体被炸毁，不少新闻传媒被炸毁，不少学校被炸毁，不少文化人被炸死被炸伤。比如，1939年"五三""五四"大轰炸中，《中央日报》《新华日报》等几十家报社及印刷厂被炸毁，造成报纸不能正常出版发行；罗汉寺、长安寺等寺庙和中华基督教会、公劝会、圣社交会教堂、安息堂等地被炸毁。同年9月

---

① 此说不一：1941年6月6日，重庆陪都防空司令部报告称死者827人、重庆陪都卫戍总司令部报告称死者为1115余人；1941年7月2日，大隧道惨案审查委员会报告称死者992人。《民国大事日志》称死者伤者3万人；《中国抗战画册史》称死者近万人。我采用前三说。

② 以上大轰炸的时间，死伤人数，毁坏房屋数量，参见罗传勋主编的重庆出版社1995年8月出版的《重庆抗战大事记》和重庆市政协学习及文史委员会、西南师大重庆大轰炸研究中心编著的西南师范大学出版社2002年4月出版的《重庆大轰炸》。

3日的大轰炸中，重庆大学、中央大学、复旦中学等学校被炸，师生多人受伤。1940年4月25—26日大轰炸中，"文协"会址被炸毁，日常工作不能开展，"文协"当年年会改选理事工作推迟，会员通信联系中断。老舍无可奈何地说道："春季前所收到的会员登记表，到现在又靠不住了，又须改正，因为炸前所填的通信处又起了很大变化，——这差不多是永远也办不清的事，可是不把它弄清楚，就没法子开大会"。① 同年5月27日大轰炸中，复旦大学、国立二中等学校被炸。复旦大学教务长、著名学者孙寒冰及职员汪兴楷和学生陈思枢、王茂泉、王又炳、朱锡华、刘晚成等人被炸死，多人被炸伤。同年5月29日大轰炸中，中央大学、重庆大学、四川省立教育学院等高校和省立职校被炸，校舍被毁，师生员工多人受伤，仅重庆大学就被50余枚炸弹所炸。同年6月12日大轰炸中，国泰大戏院和章华大剧院被炸毁。同年6月24日，大轰炸中，北碚文星小学校长夫妇及五六十位学生被炸死。同年7月4日的大轰炸中，重庆大学、中央大学等高校，又遭受20余枚炸弹轰炸，师生多人受伤，房屋多间被毁……

日本帝国主义对重庆陪都的大轰炸，时间之长，出动飞机架次之多，轰炸之疯狂程度，在人类战争史上，均属少见。日本帝国主义的大轰炸，对重庆陪都社会、重庆陪都广大民众、重庆陪都文化造成的大灾难，在人类战争史上，实属空前。日本帝国主义的罪行，真是罄竹难书啊！

但是，日本帝国主义的大轰炸，依然以失败告终。其罪恶目的——"覆亡重庆"、摧垮重庆陪都人民与中国人民"心中的防线"，依然没有得逞。重庆陪都文化人和广大民众一道，在国民政府的领导下，开展了一系列的大规模的强有力的反大轰炸斗争。

这里，着重论述重庆陪都文化界的反大轰炸斗争。

"文协"虽然遭受大轰炸，日常工作不能正常开展，然而"文协"并未停止工作一天。"文协"在市区住地被炸后，就分两处办公，一处为北碚，一处为南温泉，雾季又回到市区办公。因此，"文协"始终能发挥其组织与领导作用，始终能成为中国广大文艺工作者的"家"。

教育界采取多种方式反抗大轰炸。中央大学校长罗家伦、重庆大学校

---

① 总务部：《总务部报告（会务报告）》，《抗战文艺》第7卷第2、3期合刊，1941年3月20日。

长叶元龙、复旦大学校长吴甫轩曾联名致信美国政府和美国民众,揭露日寇大轰炸暴行——狂炸各大中小学、医院、住宅以及其他绝无军事目标之区域,徒使无辜男女与青年学生体解肢离,血肉狼藉,多数校舍课堂,尽数为瓦砾之场。呼吁美国政府禁止向日本出售军事物资,"抑制其暴行"。同时,各学校虽然在大轰炸中,不同程度地被毁损,教学设备与图书器材遭受重大损失,教职员工不少人遭受伤亡,然而学校并未关门,教学和招生、考试照常进行。如1939年8月7日,国民政府教育部决定这一天为全国统一考试日。同月10日,考试结束。重庆陪都为中心的大后方就有22000多名学生参加考试。有的考场因被炸毁而临时改地继续考试。这充分表现出重庆陪都和大后方的当局、考生家长和考生本人的胆识与敢于面对敢于担当的反大轰炸的无畏精神。

  新闻传媒,虽遭大轰炸,人员不少伤亡,但并未懈怠,总是第一时间把大轰炸信息和其他的社会与战争信息传递给广大读者,并发表社论或专论,表达中国人民抗战意志的坚忍和抗战决心的坚定,呼吁世界朝野谴责日寇暴行,同情与支持中国抗日民族解放战争。同时,它们在报社与印刷厂被炸毁而不能单独出版时,就另辟蹊径,联合出版发行。比如1939年"五三""五四"大轰炸中,重庆陪都十大报社与印刷厂被炸毁,便在5月6日出联合版。这10家大报社是:《中央日报》《新华日报》《扫荡报》《西南日报》《大公报》《新蜀报》《商务日报》《时事新报》《新民报》《国民公报》。这10家大报联合版"发刊词",表达这10家大报同仁及整个重庆陪都新闻界的心声与决心。其具体内容有三:一是"这次敌机的狂炸,我们同业的牺牲惨重,我们联合版的发刊,在将来中国报业史上永远是惨痛悲壮的一页,中国现在与未来的新闻记者,决不忘这个联合版发刊时的惨痛环境。"二是"联合版所表现的精神,最显著的是团结"。"敌人对我们压迫多一分,我们的团结便加深一分。""今天集合在一个组织下面发行联合版,在人力物力方面,比以前格外能充实,我们对抗战的宣传,比以前格外能尽责,我们报界这次的联合组织,自信对业务上将更有进步,对读者更可尽我们的责任。"三是"我们相信重庆的民众,经过这次大轰炸后,虽然受到人生最大的痛苦,但是大家敌忾愈深,抗战决心益坚,这是必然无疑的。重庆这几天的环境太悲壮了!重庆的新闻界在各种悲壮的经历中,更谋加紧我们的组织,展开我们奋斗的阵容。联合版是这种精神的一个表现。"比如 1940 年 5 月 3 日，《新华日报》发表社论《抗议寇机暴行》，揭露日机大轰炸的目的"便是要想赶快结束对华战争，好趁欧洲混战之秋，浑水摸鱼。日本军阀要想逼中国屈辱言和，所以最近特别要用它最残忍的恐怖政策，藉此以图破坏我后方经济建设，摧残我文化机关，来动摇我们的意志"。同年 6 月 3 日，《新华日报》还发表社论《坚持团结抗战，回答敌人轰炸》，指出："我们对敌人惨无人道的轰炸，应该把它看作敌人阴谋的组成部分。""谁个在敌人飞机炸弹下低头屈服，谁就不是好汉！谁就不是中华民族的优秀儿女！谁就将是全民族的罪人！"《中央日报》《国民公报》《大公报》《新蜀报》等等报刊都发表社论，谴责敌人的罪行。这些社论无疑对重庆陪都广大民众反大轰炸、坚定抗战意志注入了强大的精神力量。

就在日本帝国主义推行"101 号作战"计划的 1940 年 10 月 15 日，重庆陪都各界 400 余人举行反大轰炸集会。于斌、谷正纲、王世杰、郭沫若、梁寒操等各界人士出席并相继演讲。大会发表宣言，声讨日本帝国主义大轰炸的暴行。大会通过三点决议：一是电慰前方抗日空军将士；二是电慰欧洲被炸难民；三是电请美国政府迅即对日寇禁运物资，加强对中国抗日战争的援助。

重庆陪都文化界的广大文艺工作者，也是以实际行动反击大轰炸。就 1939 年"五三""五四"大轰炸来说，凡是身居重庆陪都的文化人，无一例外地都置身其中，参加抢救工作，并执笔为文声讨日寇暴行。郭沫若、老舍等文艺家，亲自上街疏散民众，抢救伤员，张贴标语。他们与重庆陪都广大文艺工作者奋笔疾书，描述着自己的所见所经所历所感。计有郭沫若的《惨目咏》、老舍的《以雪耻复仇的决心答复狂炸》与《五四之夜》、梅林的《以亲爱的团结答复敌人的狂炸》、安娥的《炸后》、白朗的《在轰炸中》、秋江的《血染的两天》、宋之的的《从仇恨里生长出来》、杨述的《五月四日敌机炸渝》等诗歌与散文。郭沫若的《惨目咏》写道："五三与五四，寇机连日来，渝城遭惨炸，死者如山堆。中见一尸骸，一母与二孩。一儿横腹下，一儿抱在怀。骨肉成焦炭，凝结难分开。呜呼慈母心，万古不能灰。"郭沫若还在题记中写道："五三、五四大轰炸，死者累累。书所见如此，以志不忘。"老舍在《五四之夜》中描述了所见的情形后，写道："不能接受这火与血的威胁；我们要用心争取并必定获得大中华的新生！我们活着，我们斗争，我们胜利，这是我们'五四'的新口号。"这些文学作品，犹如集束型的高射炮弹对准日寇飞机，给以还击，显示出中国人、中华民族不可征服的意志与精神。不仅身居渝城的中国文艺工作者如此，身居渝城的外国作家与新闻人士亦然。比如在重庆陪都采访的美国著名作家埃德加·斯诺，写出自己所见的"五三""五四"："在接连两天中，日机对重庆进行了最残暴的轰炸，任何城市都还没有经过的轰炸。""好几百人被炸死在街道上，或被陷在火墙后边。因为这两天内烧毁了1/12的市区"。美国《时代》与《生活》杂志驻渝特派员白德修、贾安娜也把自己所见的"五三""五四"写成《来自中国的惊雷》一文，向世界朝野人士控诉日寇的暴行，写道："日本的燃烧弹引起了几十处火头，在一两个钟头内，延展成了许多火堆。永远吞没了那些古老的街巷。在后街、小巷，以及转弯抹角的殿堂里，数千男女被烤死，没有办法救。"英国《泰晤士报》在同月9日发表的社论《重庆之屠杀》中写道："日机向重庆人口最密集的住宅区投弹，死者几乎全为平民。而死者之中，大部分是焚烧而毙命的。如此大规模之屠杀，实为前此所仅见。"日本反战作家绿川英子在《五月的首都》散文诗中写道："您，可爱的大陆首都，重庆哟！银翼飞来了，恶魔出现在天空，轰！轰！轰！我的脚下，大地在流血，您的头上，天空在燃烧。""您失去了几千人，留下了那么多可怜的孤儿寡母。您哭泣，因为您断了手，因为您烧伤了脚！您正处在痛苦中。您满身流血——可是您不怕！""新中国伟大的母亲重庆，不论何时，不管怎样，都会经受住任何考验！"

知辛在《残酷的轰炸后——重庆市夜的巡礼》一文中，诉说了他所见的商务印书馆、中华书局等单位被夷为平地的惨景后，写了他向一位参加抢救工人的"辛苦了！"的问候而得到的回答："因为血的仇恨，使我们忘记了任何辛苦。"工人是这么回答的，广大文艺工作者又何尝不是这么回答的！巴金为什么能在六七平方米的斗室里顶着酷暑与寒冬完成长篇与短篇小说的写作（如《第四病室》与《憩园》）？路翎为什么一边工作，一边还能完成《饥饿的郭素娥》《罗大斗的一生》与《财主的儿女们》等等中长篇小说写作？章靳以一边编刊物，一边为什么能写出五六十万字的长篇小说《前夕》？张恨水为什么能写成《八十一梦》等一批长篇小说？夏衍、陈白尘、阳翰笙、欧阳予倩等作家为什么能写出一批多幕剧本？胡风为什么能写出一批论文而使自己的"主观论"体系化以致达到完成度？民族仇、爱国志使然！这便是重庆陪都文艺家用"战斗"对日寇大轰炸——大屠杀的回答！

重庆陪都广大民众与当局一道，挺住了日寇的大轰炸，以不同方式与手段坚定不移地反抗日寇大轰炸。因此，重庆陪都才度过了中国与世界历史上最惨烈年代而获得全面发展。特别是重庆陪都文化，更是在大轰炸中及其后获得了大发展大提升。

一个时代有一个时代的文化。在人类文明史上，一个时代的文化，基本上是与那一个时代的社会生活同步的。社会的繁荣昌盛，会带来文化的发展与进步，文化的发展与进步又映现出社会的繁荣昌盛。这似乎是带普遍性的现象。那么，社会处于大变动大灾难大战争的时期，文化又如何呢？必定"凋零"吗？在古代，在局部地区，也许如此。西方不是有一则古谚吗？意思是：大炮响了，缪斯哑喉。但是，在人类近现代史上，问题又并非如此简单。社会处于大变动大战争时期，文化往往会获得大发展大繁荣大普及。有这么一条历史与文化的辩证法则很能说明问题，那就是："国家不幸，诗家幸。""诗家"可泛指文化人、文艺家。俄国卢那察尔斯基对此说得更明白，他说："伟大的文学现象和重要的作家个人多半是，也许纯粹是社会大变动或社会大灾难的结果。文学杰作就标志着这些变动和灾难。"① 文学是文化的重要组成部分乃至核心元素。历史与文学是这样的关系，文化自然与历史也有同一辩证关系。重庆陪都文化的大发展大提升再一次验证了这一历史与文化的辩证法则。

三、重庆陪都文化：完整的历史存在

中国现代新文化史上，重庆陪都与北平、上海一样，都有过文化辉煌时期。北平为五四新文化运动的发祥地，上海为左翼文化运动的策源地，重庆陪都为抗战文化的中心文坛。不过，重庆陪都之所以为中国抗战文化

---

① ［苏联］卢那察尔斯基著，蒋路译：《卢那察尔斯基论文学》，人民文学出版社1978年版，第317页。

运动特别是大后方文化运动的中心文坛，主要得益于抗日战争时期中国政治、经济、文化由东向西的大转移。正是这种大转移，促使重庆陪都文化运动蓬勃兴起，深入发展，与中国抗战文化运动融汇，与世界反法西斯文化运动接轨，进而成为中国抗战文化的主要阵地和世界反法西斯文化的有力一翼。

重庆陪都文化是一种完整的历史存在。有其准备、兴起与发展、高潮与结束的全过程。

1937年7月—1938年8月，为重庆陪都文化运动的准备期。

抗战爆发后，中国社会生活的全部内容为民族解放的抗日救亡。民族解放意识成为其时政治意识、文化意识的核心。一切不愿做亡国奴的中国人，以国共两党为主体，结成了广泛的抗日民族统一战线，一致对外，协力抗日救亡。随着抗战军兴，汇集于上海等地的中国文化人，在时代的感召之下，走出书斋和"象牙之塔"，集合在民族解放旗帜之下。他们自觉地改变生活习惯、思维方式与文化观念，迅速地打破原有的文化体系、文化圈子以及文化派别的对立局面。他们先后组建了一系列文化界抗日救亡团体，诸如文化界救国联合会、戏剧界抗敌协会、电影界抗敌协会、文艺界抗敌协会，等等；先后创办了一批文化刊物，诸如《救亡日报》《七月》《抗战文艺》《文艺阵地》，等等；先后撰写一批短小精悍的、以反映抗日救亡为主题的文章与文艺作品。这时，20世纪30年代的左翼文化运动与非左翼文化运动一齐转入抗战文化运动阶段，一个全中国的抗战文化运动新时期到来了。

战前，重庆虽然是一个文化相对较为滞后的内陆城市，但中国现代新文化之风早在"五四"时期就吹进了巴渝大地。《新蜀报》、新文化社以及《南鸿》周刊便是重庆最早的现代新文化报刊书社；重庆大学、乡村建设学院等高校已经创立，新的文化思想著作和鲁迅、郭沫若、冰心等作家的新文学作品也通过多种渠道传入重庆。特别是1935年"一二·九"运动之后，重庆文化出现了新的发展势头，抗战文化成分日益加重。"一二·九"运动的消息传到重庆后，重庆大中学生立即发起成立了重庆学生救国会。全市30余所中等以上学校的学生们走上街头，宣传抗日救亡。如果说，这时的抗日救亡运动还带自发性的话，那么，1936年后就是有组织、有计划地开展抗日救亡活动了。暂时与共产党失去组织联系的党员漆鲁鱼于1936年春到了重庆，作《新蜀报》主笔。他与重庆进步文化人有了广泛接触，并于同年6月发起成立重庆各界救国联合会，重庆抗战文化活动开始有组织地开展起来。

重庆文化界救国联合会成立后，开展了多次活动，其中有两次活动影响较大。一次是鲁迅逝世追悼大会。1936年10月19日，鲁迅逝世于上海。这一噩耗传到重庆，重庆各界人士莫不同声哀悼。11月1日，重庆各界人士1000余人假重庆市商会礼堂举行鲁迅哀悼大会。这次庄严肃穆的大会表达了重庆各界人士对鲁迅逝世的悲痛心情，各界人士表示要学习鲁迅精神，积极开展抗日救亡活动。一次是募捐救亡。1936年11月14日，《新蜀报》发起援助绥边守土将士募捐启事，呼吁重庆"各界同胞本'天下兴亡，匹夫有责'之义倾囊倒橐，踊跃输将，幸勿以绥边远在数千里外而漠然视之也"。《新蜀报》带头捐洋100元。这一行动，得到重庆各界热烈响应。他们或绝食募捐，或自动乐捐，或游艺募捐，将所得经费全部汇寄绥边前线。

在上述抗战文化活动开展的同时，文艺活动也陆续开展起来，仅文艺刊物就有《沙龙》《山城》《春云》等。这些刊物发表的小说、诗歌、文艺论文、书评以及文艺消息报道，内容都与"山雨欲来风满楼"的现实社会人生密切相关。尤其是《春云》文艺月刊的创办为战前重庆文化活动增添了更多的文艺色彩。1936年冬，重庆银行的涂绍宇、朱芝菲、李斯琪、赵世厚、方翔农等文艺爱好者，既不满于当时动乱的社会环境，又未下冲出这一环境的决心，于是创刊《春云》，以表达他们内心的苦闷与渴求。

正是上述两种主要因素的"合力"作用，重庆抗战文化运动在1937年"七七事变"后逐渐开展起来。

重庆抗战文化运动出现的主要标志有三：一是有影响的抗战文化团体的成立，二是规模较大的抗战戏剧演出活动的开展，三是一批抗战文学作品的问世。

重庆文化界救国联合会是重庆文化界第一个抗战文化团体。该会由重庆《人力》周刊社、《春云》杂志社、墨画社、《商务日报》副刊编辑部和《新蜀报》副刊编辑部等报刊社团发起组建，漆鲁鱼、金满成、陈凤兮、赵铭彝、李华飞、严华龙等人为干事。该会虽然成立于"七七事变"前夕（1937年6月16日），其活动主要还是在"七七事变"后开展的。该会于7月18日假重庆市商会礼堂召开第二次会议。与会人士在发言中一致认为：重庆文化界人士一方面要用发表文章的形式宣传抗战，批判汉奸言论；一方面要训练民众，组织民众，以期抗战激烈之时可作有力之后援。7月26日，会后的第八天，该会就主办暑期文艺讲习班：漆鲁鱼主讲政治时事，赵铭彝主讲近代文艺思潮，李郁生主讲社会科学知识，金满成主讲作品研究，肖崇素主讲演剧论，李华飞主讲文学原理。经过20天的学习，50余位学员的抗战意识、文学理论修养与写作水平都得到了一定程度的增强与提升。这次讲习班结业时，成立了重庆文艺研究会。为着与全国各地文化界救亡协会的名称一致和行动一致，重庆文化界救国联合会于1937年11月23日易名为重庆文化界救亡协会。重庆文化界300余人出席易名大会，肖崇素作主席，大会通过宣言与章程，选出肖崇素、吴朗西、漆鲁鱼等25人为执委。该会宣称："我们愿尽我们所有的力量，与一切为民族自由解放而战的友人们携手，我们能为我们全体国民所要求的自由解放的中国奋斗！"① 这些都反映出重庆文化界所具有的时代紧迫感与高度的爱国精神。

怒吼剧社是重庆第一家抗战戏剧团体。它是由北平与天津流亡到重庆的部分戏剧工作者和重庆本地的电力公司、华西公司、成渝铁路局以及民众歌咏队的部分戏剧爱好者共同发起成立的。其任务是为挽救祖国危亡而从事抗战戏剧宣传活动。1937年9月15日，该会假重庆炮台街8号召开成立大会，赵铭彝、余克稷、陈朗、章功叙等人被选为执委。该会成立半月后，于9月29日在重庆国泰大戏院公演夏衍等人集体创作的第一部抗战剧本《保卫卢沟桥》。这次演出引起强烈反响，"在重庆剧坛上不能说不是划时代的阶段"。② 该会还组织了街村演剧队和六七战地工作团，到街头、乡村、部队做宣传演出。

上海影人剧团等外地戏剧团队来到重庆，为重庆戏剧演出大增声威。上海影人剧团是由上海华联、明星、艺华、新华四大影片公司的演员及部分话剧作家如陈白尘、沈浮及演员白杨等33人组成。该团于1937年10月15日抵达重庆后，即着手公演准备。10月27日—11月2日，该团在国泰

---

① 《重庆市文化界救亡协会成立宣言》，《新蜀报》1937年11月24日。
② 漆鲁鱼：《〈保卫卢沟桥〉在重庆》，《新蜀报》1937年10月2日。

大戏院举行大型公演，演出《卢沟桥之战》《沈阳之夜》《流民三千万》等话剧及《放下你的鞭子》等街头剧，吸引了重庆广大观众。上海业余剧人协会于1938年1月28日抵达重庆陪都，2月18日起在国泰大戏院先后公演话剧《民族万岁》《塞上风云》《故乡》《夜光杯》《自由魂》等。他们的精湛演出使重庆陪都观众大开眼界。这些话剧演出活动顿时把重庆与硝烟弥漫的前线的距离大大缩短了，对于动员重庆民众支援前线起着重要作用，同时对以后重庆陪都文坛与剧坛的筑成与巩固也具有重要意义。大概正是因为有了这些戏剧演出活动，中华全国戏剧界抗敌协会（简称"剧协"）重庆分会才于1938年6月4日得以最先成立。① 该分会是重庆戏剧界广泛的统一战线组织。从参加成立大会的戏剧团队与人士即可看出其广泛性所在：重庆越剧团、青年剧社、怒吼剧社、中央大剧社、重庆剧团、国民剧院、新生票社、第五师抗敌剧社、大华戏院、洪盛平剧团、升平鼓书、国立戏剧学校等等单位的代表以及余上沅、赵铭彝、曹禺、吴祖光、张西曼、李剑飞等70余人参加了成立大会，选余上沅为主席，肖崇素、余克覆、吴祖光等30人为理事。该分会的成立预示着重庆戏剧活动与全国抗战戏剧活动大汇合的开始，"在全国戏剧界抗敌协会有计划的指导之下，把自己的力量贡献给民族和国家"。② 在文学刊物与文学作品方面，主要有改组后的《春云》杂志和《诗报》半月刊以及发表的多篇小说与诗歌。1937年夏，李华飞接手《春云》杂志的编辑工作，使该刊以崭新的面貌出现在重庆文坛上。在该刊上发表作品与文章的作者除李华飞、金满成等人外，还有郭沫若、叶圣陶、陈白尘、柳倩、王亚平、李辉英、袁勃、覃子豪、沈起予、任钧等文学家。他们的作品与文章贴近其时社会人生，具有鲜明的时代色彩与抗战气息。李华飞的小说《博士的悲哀》颇具代表性。1937年12月创办的《诗报》半月刊是这一阶段重庆文化运动中很有影响的诗歌刊物。该刊主要撰稿人有李华飞、严华龙、佳禾、曾艺波、张天授、覃子豪，还发表有蒲风的诗评文章。该刊编辑之一的严华龙，在署名编者的《我们的告白》发刊词中，旗帜鲜明地阐述了办刊宗旨："把握住每一种于抗战有利的武器，这就是展开全面抗战的条件，也是争取最后胜

---

① 中华全国戏剧界抗敌协会于1937年12月31日成立于武汉。
② 余克覆：《为什么要组织全国戏剧界抗敌协会重庆分会》，《新蜀报》1938年2月24日。

利的因素。""诗歌,这短小精悍的武器,毫无疑义,对抗战是有利的,它可以以经济的手段暴露出敌人的罪恶,也能以澎湃的热情去激发民众抗敌的意志。""我们正想象着一个果实——就是强化诗歌这武器,使它置于大众,使它能冲破四川诗坛的寂寞。"从这一办刊宗旨中可以看出,该刊与其时成都的《金箭》《惊蛰》等刊物以及上海沦陷前夕的《高射炮》、武汉的《五月》与《时调》、广州的《中国诗坛》、昆明的《战歌》等抗战诗歌刊物完全同调。该刊发表的诗歌作品和诗论文章、诗评文章,诸如李华飞的《三十七条爱自由的灵魂》、覃子豪的《伟大的响应》、张天授的《我们的歌》等诗,李华飞的论文《论朗诵诗》以及蒲风的诗评文章《评〈死亡线下〉》,都体现出该刊办刊宗旨。尤其是《三十七条爱自由的灵魂》一诗反响强烈,陈风兮在《新蜀报》上发表文章加以评介。《我们的歌》由叶圣陶编选入中学语文教材。

总之,披着抗战文化盛装的重庆地区性文化运动和重庆文坛成为抗战初期中国抗战文化运动不可或缺的一个据点,并为其后重庆陪都文化运动成为一个完整的历史存在作了准备。

1938年8月—1943年12月,为重庆陪都文化运动兴起而深入发展期。

1938年8月9日,中华全国文艺界抗敌协会(简称"文协")迁来重庆陪都。[①] 这期间,大批中国文化人和外国文化人来到重庆陪都,一批文化机构与文化团体迁来重庆陪都,一批文化刊物或复刊或创办于重庆陪都。从此,重庆陪都文化运动汇入全国抗战文化洪流,成为大后方乃至全国的中心文坛,肩负着历史赋予的重任。因此,以"文协"迁来重庆陪都为标志,重庆陪都文化运动得以形成而进入发展阶段。

在这一阶段里,就文化机构与文化团体而言,有国民政府军事委员会政治部第三厅(该厅改组后,"文工会"继起),有国民党中央文化运动委员会,有中苏文化协会、东方文化协会、中法比瑞文化协会、中国青年新闻记者协会;文艺界的全国性组织除"剧协""文协"外,有中华全国电影界抗敌协会(简称"影协")、中华全国音乐界抗敌协会(简称"音协")、中华全国美术界抗敌协会(简称"美协")、中华全国木刻界抗敌协会(简称"木协")、中华全国漫画界抗敌协会(简称"漫协")。就报

[①] 中华全国文艺界抗敌协会于1938年3月27日成立于武汉。

纸而言，有《中央日报》《扫荡报》《商务日报》《新华日报》《新民报晚刊》《国民公报》《大公报》《新民报》《新蜀报》《时事新报》等等，英国的《泰晤士报》、美国的《纽约时报》、法国的《巴黎日报》、苏联的《消息报》等外国报刊都在重庆陪都分别设有记者站；文化刊物，诸如《中央周刊》《群众》《中苏文化》《抗战文艺》《文艺阵地》《七月》《中原》《文学月报》《天下文章》《戏剧岗位》《时与潮》《全民抗战》《东方杂志》《新声周报》《星期评论》《民族文学》《中国文学》《中国导报》《文化先锋》《文艺先锋》《中国诗艺》《诗歌丛刊》《木艺》，等等。就出版机构而言，据1942年统计，重庆陪都出版机构达130余家，诸如商务印书馆、中华书局、世界书局、生活书店、新知书店、读书生活出版社、正中书局、独立出版社、上海杂志公司、作家书屋，等等。这些充分表明在这一阶段里，重庆陪都文化运动具有了大发展的广阔阵地。汇聚于重庆陪都的广大文化人士利用这些阵地，开展了一系列抗战文化活动，推出了一批批文化力作。

重庆陪都文化界依靠"文协"等组织和《新华日报》《抗战文艺》等报刊和国际宣传处与中央广播电台等机构与传媒，积极开展抗战文化对外活动。一是向苏联、美国、英国等文化界进行信函交往，取得密切联系，求得国际舆论对中国抗战的广泛同情与声援，并致谢忱。二是进行抗战文化成果"出国"的讨论。《新华日报》发表孟长泳《改进国际宣传工作》的文章，呼吁组织中国抗战刊物出国，翻译中国抗战文学作品出国，结束等待外国刊物向中国抗战文化界索稿的被动局面。《抗战文艺》发表胡风、魏猛克、戈宝权、姚蓬子等人的文章，论述开展中国抗战文化出国的重要性。胡风在《民族战争中的国际主义》一文中，从国际主义原则出发，分析对外文化宣传和开展抗战文学作品出国的战略意义。"文协"召开理事会议，作出决议，成立专门机构，创办专门性刊物，为全面地深入地开展对外文化交流作了大量的组织领导工作。三是重庆陪都文化翻译界先后编译《中国抗战小说选》《中国抗战诗选》《中国抗战文艺选集》等，在美国、英国、匈牙利等国家出版发行。这些文学作品在外国产生了广泛影响，获得了普遍的好评。四是译介世界文学名著"入国"。特别是欧战爆发后，重庆陪都文化界把大量的世界反法西斯文学译入重庆陪都。这些对外文化交往活动不仅让世界人民感知了中国人民抗战的信心与力量，同时也使中国人民了解了世界，认识到中国抗战的世界意义。也由此开始，中国抗战文化的对外交流由无序进入有序，由零星分散到大规模地展开，呈现出双向交流与成熟的态势。

在这一阶段里，重庆陪都戏剧界，举行了三次声势浩大的戏剧演出活动。

第一次是1938年10月10日，"剧协"在重庆陪都举行首届戏剧节庆祝大会和戏剧演出活动。是日，假又新舞厅举行戏剧节庆祝大会，500余名文化界、戏剧界人士参加会议，张道藩主持，余上沅报告大会筹备经过。大会通过征求抗战剧本、在都市和乡村开展戏剧活动等提案。戏剧演出活动规模盛大，分歌剧联合公演与话剧联合公演两项。参加歌剧联合公演的单位有越剧团、刘剧团、厉家班、青年剧社、新生剧社、第五师抗敌剧团、洪盛评戏团、文化歌舞剧团、又新川剧班、南渝中学生演剧队、怒吼剧社、"七七"剧团，等等；演出的戏剧有《我们的国旗》《重整战袍》《秋阳》《女英锄奸》《死里求生》《抗战进行曲》《汉奸和十字舞》《争取最后的胜利》《逃难到四川》《抗战救国》，等等。参加话剧联合公演的单位有国立戏剧专科学校、中央电影摄影场、中国电影制片厂、怒吼剧社、上海业余剧人协会等等，演出剧目数十种，在渝剧人200余人参加。仅第一天街头公演，就出动了25个演剧队，观众达10万之众。特别是曹禺与宋之的改编的四幕国防话剧《全民总动员》，由应云卫执导，宋之的、曹禺、白杨、舒绣文、张瑞芳、赵丹、吴茵、张道藩等人参加演出，连演20余天，盛况空前。

第二次是1939年元旦，重庆陪都戏剧界为纪念"剧协"成立一周年，更为声讨逃往河内做汉奸的汪精卫，举行了有2800余人参加的火炬游行演出活动。演出由《自由魂》《民族公敌》《群魔乱舞》《怒吼吧，中国》《为自由和平而战》《全民总动员》《最后的胜利》等剧目组成的"抗战进行曲"，轰动了重庆陪都，吸引了广大观众。这两次类似"造山运动"式的戏剧演出活动起着抗战文化大动员、大普及的作用，在中外现代戏剧史上都不曾多见。

第三次是1942年4—6月的《屈原》演出。4月3日，郭沫若的五幕历史剧《屈原》由中华剧艺社在国泰大戏院公演。陈鲤庭导演，金山、白杨、张立德、苏绘、卢业高、顾而已、张瑞芳、孙坚白、施超、丁然等演员参加演出。公演两个多月，场场客满，座无虚席，台上台下，场内场外，合声共鸣，形成一股反对投降、坚持抗战的热潮。该剧演出后，周恩来在天官府郭沫若寓所设宴招待全体演出人员与部分文艺工作者，祝贺该剧演出成功，肯定了郭沫若的功绩。《新华日报》《新蜀报》《新民报》《时事新报》《大公报》《扫荡报》《中央日报》《文学创作》等报刊相继发表评论文章，计有 SY 的《最适宜写〈屈原〉的剧作者》、徐訏的《关于〈屈原〉来信》、罗荪的《读〈屈原〉》、柳倩的《由〈屈原〉说起》、长之的《〈屈原〉书评》、白芜的《观话剧〈屈原〉》、刘卢然的《评〈屈原〉剧本与演出》，等等。这些评论文章一致认为，该剧的创作与演出是重庆陪都剧坛上的一个奇迹。苏联驻华大使潘又新观看演出后，对郭沫若说："可惜是在战时，否则我一定想法要把你们请到莫斯科去。"他还撰写了《论郭沫若之〈屈原〉》一文加以赞扬。同时，重庆陪都文化界还出现《屈原》唱和诗运动，仅《新华日报》就发表有 60 余首《屈原》唱和诗歌。这种现象，在中外戏剧史上均属罕见。

重庆陪都文化界中的诗人在 1941 年间亦举行了颇有声势的诗歌活动。1941 年初，"文协"诗歌组倡议以中国爱国诗人屈原的忌日为中国诗人节，每年农历五月初五召开纪念会。"文协"在《诗人节缘起》中，指出："我们决定诗人节，是要效法屈原的精神，是要使诗歌成为民族的呼声，是要了解两千年来中国诗艺已有的成就，把古人的艺术经验，作为新诗创作途中的养料，是要现代的诗人们互相检阅，互相砥砺，以育成中国诗歌的伟大的将来，是要向世界高举起独立自由的诗艺术的旗帜，诅咒侵略，讴歌创造，赞扬真理。中华民族新生的朝气在飘荡，中华民族独立自由的精神在飞扬，中国新的诗艺术的光芒，将永远在宇宙中辐射。"这一气势磅礴的声音，表达了重庆陪都诗人、文化人和中国广大民众所具有的英雄气概与伟大精神。同年 5 月 30 日（农历五月初五），重庆陪都文化界和诗歌界人士假中法比瑞同学会举行首届诗人节庆祝会，于右任、郭沫若、老舍、阳翰笙、潘梓年等 200 余人出席会议。于右任任主席。他在致词中说道：诗人乃民族之灵魂，屈子守正不阿，洁人忧国，堪为今人之效。老舍报告诗人节筹备经过。郭沫若发表演讲，指出：屈原投江实在由于不甘忍受楚国之沉沦，并非一般人所指的牢骚而自杀，屈原是一位有民族气节的诗人，他是以崇高的殉国精神而从容就义的。最后，由常任侠朗诵屈原的《国殇》。同时，成都、桂林、昆明等地的诗人们响应"文协"诗歌组的倡议，亦举行首届诗人节庆祝会。以后，每年的诗人节，重庆陪都的诗人都要集会庆祝，以吊古而自吊、自发、自奋！

重庆陪都文化界在1941—1943年间，为冯玉祥、柳亚子、郭沫若、洪深、潘梓年、叶圣陶、欧阳予倩、张恨水等社会名流或知名作家举行祝寿活动。其中，郭沫若的祝寿活动最具代表性。

1941年11月16日是郭沫若50诞辰和创作生活25周年纪念日。重庆陪都文化界2000余人假中苏文化协会为他举行盛大的庆祝会议。冯玉祥致开幕词，老舍报告筹备经过及纪念计划安排。周恩来到会并发表讲话，对郭沫若的地位、作用及其精神特征作了精辟论述。沈钧儒、黄炎培、张道藩、潘公展、梁寒操、张申府以及苏联驻华大使代表丕赞诺夫相继发表讲话，对郭沫若25年来在学术上的成就和对国家、民族的贡献一致推崇。郭沫若致谢词。陈天国朗诵郭沫若的长诗《凤凰涅槃》，孩子剧团合唱歌曲。同日，《新华日报》等报刊出纪念特刊，发表周恩来、董必武、邓颖超、潘梓年、吴克坚、沈尹默、王亚平、张西曼及日本反战作家绿川英子等人为郭沫若祝寿而撰写的诗文。桂林文化界500余人集会祝贺郭沫若的诞辰，桂林《文艺生活》等报刊发表纪念文章。香港文化界90余人亦为郭沫若举行祝寿集会，《大众生活》发表茅盾等127人联合署名的《敬祝郭沫若先生五十初度》的长篇文章。新加坡华侨文化界200余人举行聚餐会，庆祝郭沫若50寿辰，《星洲报·星芒》特出纪念专刊。成都、昆明、贵阳、延安等地文化界亦举行隆重集会，为郭沫若祝寿。郭沫若的祝寿活动表明了郭沫若确实被文化界公认为是继鲁迅之后中国文化战线的又一面旗帜。同时，这次祝寿活动对中国抗战文化界与海外中国抗战文化人士起着互励告勉、加倍振奋精神，一同走以后的路的巨大作用。

这一阶段里，重庆陪都文化界开展了几次既有政治意义又有文学意义的大论争。其中，主要有"民族形式"讨论、"与抗战无关论"论争、"战国"派批判、文艺政策论战。重庆陪都文化界通过这些论争澄清了一些理论是非，冲破了一些障碍，促使抗战文化运动向着现实主义与抗日民主相结合的道路深入向前发展（这些论争将在本书第三章详细论述）。

重庆陪都文化界的文艺家在这一阶段里推出了一批长篇巨制。其中，有艾青的《火把》、老舍的《剑北篇》、力扬的《射虎者及其家族》等长篇叙事诗，茅盾的《腐蚀》、巴金的《火》（第三部）、老舍的《火葬》等长篇小说，宋之的的《雾重庆》、老舍的《残雾》、陈白尘的《结婚进行曲》以及郭沫若的《屈原》、阳翰笙的《天国春秋》、欧阳予倩的《忠王李秀成》等多幕现代剧与历史剧。这一批或直接或间接贴近现实社会人生的作品，代表了这一阶段重庆陪都文学乃至整个中国抗战文学创作取得的新成就和达到的新水准，为抗战文化运动增添了厚厚的文学色彩。

1944年1月—1945年10月，为重庆陪都文化运动的高涨阶段。

随着世界反法西斯战争的胜利推进，一股汹涌澎湃的民主潮流席卷欧美和中国大地。《新华日报》在1944年1月2日发表《扩大民主运动》社论之后，连续发表《纪念"五四"廿五周年》《民主作风与环境》等多篇社论，号召以重庆陪都为中心的大后方文化界振臂而起，"把实现民主的促成当作目前新文化运动本身的一个主题来奋勉"。[①] 周恩来和董必武在《关于大后方文化人整风问题的意见》中也号召文化界的左翼人士联合中间人士，向国民党当局作要求学术、言论、出版自由的斗争，向顽固分子作思想斗争，抨击国民党推行的文化专制主义，以便实际参加和推动群众性的民主运动。重庆陪都文化界多数文化人抓住世界民主潮流提供的机遇，呼应周恩来和《新华日报》传达出的共产党的声音，在文化界开展了一系列规模较大的"争民主"活动，促进了文化运动与民主运动的合流。

援助贫病作家运动是这一阶段里重庆陪都文化界开展的第一桩民主运动。1944年7月15日，"文协"在《新华日报》上发布筹集援助贫病作家基金缘起，指出：作家们为抗日斗争和抗战文艺运动的发展"坚守岗位"，"曾未少懈"，然而却处于贫病交迫困境，"因贫而病，因病而更贫，或呻吟于病榻，或惨死于异乡，卧病则全家断炊，死亡则妻小同弃"。"苟仍任其自生自灭，则文艺种子渐绝，而民族精神之损失或且大于个人之毁灭。"呼吁广大社会人士"乐为输将"，"一元不薄，百万非奢"。"缘起"一发表，应者云集，很快形成援助贫病作家运动。《新华日报》等报刊在经济困难的情况之下，慷慨捐赠；宋庆龄主办两次晚会，捐款80万元；工人、市民也纷纷捐赠。苏东、谭风、诸华等市民捐款8000元，并致书"文协"，对作家的悲苦状况和悲惨处境表示同情与愤慨，"以强烈的热情"与

[①] 《新华日报》社论：《纪念"五四"廿五周年》，《新华日报》1944年5月4日。

作家们"紧紧握手",希望作家们在这"黎明前最黑暗的时候","坚毅地生活下去,顽强地工作下去!更大胆地正视黑暗,揭发黑暗"。成都、昆明、桂林等地抗战文化界及各界人士也投入了"文协"发起的这一援助贫病作家运动。云南省主席龙云捐款20万元。同年12月31日,"文协"发布结束募集援助贫病作家基金运动公启,宣布这一运动告一段落。这一持续半年之久的援助贫病作家运动不仅募集到700多万元,可解部分贫病作家生活之危,更重要的是动员了社会各界声援文化界争民主斗争,鼓舞了作家们的斗志,密切了作家与民众的广泛联系。老舍在"文协"第七届年会上的会务报告中就这样指出:"这足以证明作家们的血汗没有白流,没有洒到沙漠里,社会上各阶层人民在关心着我们。"

1944年9月,重庆陪都文化界召开了文艺的民主问题座谈会,讨论的中心议题为"今天文艺工作者的切身问题"。以群主持,茅盾、胡风、何其芳、沙汀、艾芜、臧克家,宋之的、沈起予、徐訏、姚雪垠、聂绀弩等人出席。与会人士在发言中,倾吐了重庆陪都"篱笆"下的痛苦,深感欲写不能,欲罢不忍,呼吁给作家以民主自由。聂绀弩在发言中,说道:作家写作品也像母亲生孩子一样,"要有婴儿生存权",首先就得反对"使母亲不敢受孕的社会。"紧接着,昆明文化界也召开了类似的文艺民主问题座谈会,讨论"文艺作家怎样实现民主运动中的任务?文艺作家应当如何创作民主主义的新文艺?文艺作家如何反映民主运动的内容?"这样的文艺民主问题座谈会大大强化了文艺运动的政治功能,推动了文艺运动与民主运动的结合。

标志着以重庆陪都为中心的大后方抗战文化运动与民主运动结合并走向高潮的是1945年春文化界要求民主的签名运动和宣言书的公开发表。1945年1月1日,黄炎培、王云五、褚辅成等60余人发表《转变当前局势献言》,要求国民党与各党派合作,挽救当前危局;1月15日,中国民主同盟发表《对时局宣言》,提出结束一党专政,承认各党派的合法性,保障人民言论、结社集会、自身自由等10项主张;2月13日,史良、白杨等104位妇女发表《对时局的主张》,要求召开"国是会议",成立联合政府,给人民言论、集会结社等权利。1945年春,重庆陪都文化界人士两次集会于"文工会"和郭沫若寓所,商议具体开展民主斗争问题。大家公推郭沫若起草《对时局进言》。《对时局进言》写成后,"文工会"委员和工作人员分头征求哲学界、社会科学界、文艺界人士的意见,郭沫若亲自登门征求美术大师徐悲鸿的意见。重庆陪都文化界的大部分人签了名,政治上处于中立或偏右但又有一定民主倾向的人士也签了名。于是,312人的签名宣言书——《对时局进言》于2月22日在《新华日报》上发表了。接着,成都文化界200余人签名的《对时局献言》、昆明文化界300余人签名的《关于挽救当前危局的主张》也公开发表了。一个要求结束国民党一党专政、废除一切限制民主的政策法令、成立联合政府的民主运动的强大洪流猛烈地冲击着国民党的统治,要民主的呼声响彻着大后方通都大邑乃至穷乡僻壤。抗日民主根据地文化界对重庆陪都文化界这一争民主行动给予了极大关注。陕甘宁边区文化协会于4月7日电慰重庆陪都文化界,"对《对时局进言》深表赞同,坚决反对国民党法西斯主义者的压迫,誓为后盾"。

国民党当局对《对时局进言》及其影响大为惊惶,一面警告所有签名人士,派遣特务逮捕与暗杀签名者之一的浙江大学教授费巩,强令签名者顾颉刚停刊编辑的《文史月刊》,强令解散"文工会";另一方面,由张道藩出面,强迫签名者华林、汤灏等人登报声明"并未参加",并由CC系另拟一篇《宣言》,刊于《中央日报》上。国民党当局的这一倒行逆施,激起了重庆陪都文化界广大人士的更大义愤,他们开展了声势更为浩大的反独裁、争民主的斗争。3月31日,"文工会"被政府当局解散的消息传出后,重庆陪都的新闻记者、律师、医生、青年、驻渝外交使馆人员及郭沫若的友好络绎不绝地来到郭沫若寓所拜访,不少人士还致书慰问。4月8日,重庆陪都文化界和各党派领导人集会,宴请郭沫若和"文工会"成员。到会宾主郭沫若、沈钧儒、左舜生、章伯钧、柳亚子、董必武、王若飞、夏衍、阳翰笙、胡风、邓初民、史良等100余人一致指出:国民党当局解散"文工会"是要进一步推行其文化专制主义,对此表示极大的义愤,对郭沫若及"文工会"给予高度评价和热忱的慰问。

重庆陪都文化界的左翼文化人在开展争民主斗争的同时,还在周恩来和中共中央南方局领导下学习毛泽东的《在延安文艺座谈会上的讲话》(简称《讲话》),研讨以重庆陪都为中心的大后方文艺运动中的一些重大思想理论问题。延安文艺整风和毛泽东的《讲话》早在重庆陪都文化运动深入发展的后期就在重庆陪都传播开来。1942年6月12日,《新华日报》

转载延安《解放日报》6月14日刊登的萧军《对于当前文艺诸问题底我见》的文章。这使重庆陪都文化界第一次了解到延安文艺整风的信息和毛泽东《讲话》的部分内容。1943年11月11日，《新华日报》发表《文化建设的先决条件》的社论，初步宣传毛泽东《讲话》的基本内容：文艺的工农兵方向、文艺工作者的思想改造和普及与提高等。重庆陪都文化运动高涨期开始之日的1944年1月1日，《新华日报》在显著位置刊登《毛泽东同志对文艺问题的意见》，节录发表毛泽东《讲话》部分原文。1945年1月，《新华日报》社以《文艺问题》为书名，出版并发行毛泽东《讲话》全文。这就为以重庆陪都为中心的大后方广大文艺工作者学习《讲话》，进一步理解共产党的文艺方针提供了条件。同时，1945年秋冬，周恩来和中共中央南方局接受中共中央的委托，在重庆陪都召开以文艺整风为内容的文艺座谈会。广大左翼文艺工作者学习毛泽东《讲话》，联系抗战文艺——大后方文艺——重庆陪都文艺发展的实际，总结经验教训和成败得失。郭沫若、茅盾、冯雪峰、何其芳、夏衍、胡风、邵荃麟、沙汀、艾芜等文艺家参加座谈会和撰写文章，反思抗战文艺——大后方文艺——重庆陪都文艺，探讨今后努力的方向。他们结合已经形成理论体系且有重大影响的"主观论"和两个话剧剧本《清明前后》与《芳草天涯》，深入学习和理解毛泽东《讲话》基本精神；并依据毛泽东《讲话》精神，提出了"文艺面向农村"的口号。在学习和讨论中，虽然意见不尽一致，甚至严重对立，然而对"文艺为人民大众服务"这一根本方向获得了共识。尤其是在文艺创作上，还出现了一些显示文艺新方向实绩的文艺作品，如袁水拍的《马凡陀的山歌》、臧克家的《宝贝儿》以及沙汀的《还乡记》，等等。重庆陪都文艺，如郭沫若在《为建设新中国的人民文艺而奋斗》一文中所说的"开始了若干在毛泽东文艺新方向的影响之下的和人民大众结合的努力"。

1945年10月21日，中华全国文艺界抗敌协会易名为中华全国文艺界协会。由此开始，重庆陪都文化运动进入尾声期。

1945年11月—1946年5月，为重庆陪都文化运动的结束与总结阶段。

抗日战争虽然结束了，"文协"虽然易名了，但是国民政府还在重庆陪都，中国共产党代表团和中共中央南方局还在重庆陪都，一些重大的文化论争还在进行，一批抗战文艺作品还在问世，重庆陪都文艺界及成都、昆明文艺界或召开讨论会或撰写文章，对抗战文艺运动与抗战文艺创作进行总结。直到1946年5月，国民政府还都南京，中国共产党代表团移驻南京，大批文化人士离开重庆陪都，贯穿抗战文艺运动始终的《抗战文艺》杂志终刊，重庆陪都文化运动才算是宣告结束。因此，1945年11月—1946年5月，为重庆陪都文化运动的结束与总结阶段。

这一阶段里，最大的文化事件是《沁园春·雪》唱和运动。《沁园春·雪》是毛泽东1936年2月创作的。抗战胜利后，毛泽东在重庆陪都谈判期间，应柳亚子"索句"，将这首词抄赠予柳。1945年11月14日，《新民报晚刊》发表了这首词。由此开始，这首词在重庆陪都乃至全中国迅速流传开来，"和韵之作布满天下"，①"赞成和反对者都大而特和起来，成为一个轰动全国的高潮"。② 这次历时半年之久的《沁园春·雪》唱和运动，始终围绕这一特定历史转折期的社会政治热点展开，集中体现出两种政治观和两种文化观的交锋。

《中央日报》《和平日报》《益世报》等几家报刊相继发表了10余首和词与多篇文章，形成了具有鲜明政治色彩的反对派阵势。其中，号称"东鲁词人"的王新命与"三湘词人"的易君左最为卖力。他们的"和词"与文章概括起来不外三点旨意：共产党挑起内战；毛泽东的词表达了谋王图霸的"帝王思想"；颂扬国民党当局。毛泽东的这首词与"反对者"的"和词"发表之后，柳亚子、郭沫若、聂绀弩、黄齐生、崔敬伯、吴景洲等社会名流以及远离大后方为中华民族解放事业屡立战功的陈毅，纷纷撰写和词与文章，表达他们各自的见解，由此形成毛泽东词"赞成者"阵势。这批"赞成者"的和词与文章，或高瞻远瞩，审时度势，揭示出中国社会所面临的新危机及"反对者"所传达出的政治意图；或细微观察，对"反对者"的和词予以批驳；或赞颂毛泽东的宏图大略及其词章的博大精深。郭沫若一气呵成的两首和词，回顾了"八年抗战，血浪天滔"的惨景，抒写对日寇及敌伪的憎恶之情，表达了要和平、要民主的强烈愿望，幽默而又严肃地指出：挑起内战的是在美国帝国主义支持下的国民党当局；称颂了毛泽东的伟大及其词章的精湛。他写道："西方彼美多娇，振

---

① 郭沫若：《摩登唐·吉诃德的一种手法》。
② 柳亚子：《关于毛主席咏雪词的考证》。

千纫金衣裹细腰。把残钢废铁,前输外寇,飞机大炮,后引中骚。一手遮天,神圣付托(杜鲁门曾言:"美国有原子弹,乃上帝所付托"),欲把生民力尽雕。堪笑甚,学狙公茅赋,四暮三朝。""说甚帝王,道甚英雄,皮相轻飘。看古今成败,片言欲折,恭维信敏,无器民滔。岂等沛风?还殊易水,气度雍容格调高。开生面,是堂堂大雅,谢绝妖娆。"可见,这次围绕毛泽东《沁园春·雪》开展的唱和运动,是在抗战胜利后的历史转折期中民主与独裁、和平与内战、团结与分裂的政治斗争的诗化体现,是当时关于中国两种前途、两种命运论战的一种独特方式。这场唱和运动,扩大了毛泽东词章在文化界的广泛影响,使之成为左翼文化界进行新的文化运动的精神力量。

1938年8月—1946年5月的重庆陪都文化作为一个完整的历史存在而为中国现代新文化的重要构成部分,并以其丰硕成果、卓越成就以及得与失载入中国现代新文化的史册。

四、重庆陪都文化:爱国主义母题

重庆陪都文化的爱国主义母题,集中于一点即文化如何为抗日民族解放战争服务的问题。对此,胡风有一个诠释,我以为是较为中肯的。胡风从抗日民族解放战争爆发后中国文化存在状态,归纳出了文化为抗日民族解放战争服务的两种表现方式与行为途径。其一,"通过正确地反映生活现实,反映人民大众底生活欲望与战斗意志这一条道路"去为抗日民族解放战争服务。[①] 其二,"把文化作用确定在使人民单纯地做战争'工具'的鼓动宣传"去为抗日民族解放战争服务。[②] 胡风把前者称为"全民性的爱国主义",把后者称为"抽象的爱国主义"。胡风要求"从抽象的爱国主义解放出来,通过人生苦恼和理想燃烧对于战争服务和民族新生的渴求,这种带着全民性的爱国主义依然是历史要求底反映,因为它是通向人民方向的;然而,只是简单地企图用抽象的民族气节动员人民参加战争,使人民

[①] 胡风:《民族战争与新文艺传统》,《胡风评论集》(中),人民文学出版社1984年版。
[②] 胡风:《论现实主义的路》,《胡风评论集》(下),人民文学出版社1985年版。

成为战争工具的那种'爱国主义',已经完全转化成了抹杀历史要求的反动的武器。"① 这里,胡风已经涉及了爱国主义和文化文学创作中的爱国主义内涵的界定即广义的爱国主义与狭义的爱国主义范畴了。其实,爱国主义和文化文学中的爱国主义的内涵,始终是多样的丰富的而非单一的褊狭的。中国的爱国主义积淀的存在状态、中国传统文化文学中爱国主义表现形态以及陪都文化文学中的爱国主义母题,莫不如此。在这里,我自然倾向于认同于"全民性的爱国主义",但对"抽象的爱国主义"作具体地深入地分析,而视其服务对象——战争的正义或邪恶等属性予以取舍,加以褒贬或抑扬。我倾向于认同于的"全民性的爱国主义",也是多样的,多维度的。

爱国主义作为一种情感形态,主要表现为对人的爱,对"家园"的爱,对"祖国"的爱。这种爱带有泛爱的特性。爱人和爱家园,早在中国古代禹之前就出现了。经过千百年历史的演进,成为中国人共有的情感基因,浸入中国人的骨髓。"国家"出现之后,这一爱人与爱家园之爱,扩展而为对国家的爱和人民的爱。《尚书·五子之歌》中说:"民惟邦本,本固邦宁。"便说的是"民"与"邦"的关系,爱民与爱邦的关系。爱国主义作为一种情感形态,反映和标志着人与人、人与国家的一种人生态度与情感指向。爱国主义作为一种意识形态,表达了人们对所生活的国家的一种思想政治态度与行为方式。爱国主义进入意识形态领域,大约在禹之后开始的。禹之后私有制建立,血缘与亲情以及由此而扩展的属于情感范畴的爱,被一种公共的礼仪所取代。这种礼仪规范着君臣、父子、夫妇、兄弟之间的关系,且贯穿于制度的构建、疆界的划分、人才的选用、个人利益的谋取以及用兵打仗等一切领域之中。从西周到秦汉,爱国主义作为一种意识形态,逐渐演变为儒家的一种政治思想意识,或者说儒家思想意识构成爱国主义意识的基本内容。尤其是,汉武帝"罢黜百家,独尊儒术"之后,儒家思想成为中国两千余年皇权专制社会的主要统治思想。其间,凝成的"忠君报国""忠君爱国""精忠报国"信念,成为一代又一代爱国志士仁人奉为圭臬的思想意识准则与行为方式标准。但是,以家庭为单位构成的宗法社会国家,把血缘与亲情之爱推到了超血缘与亲情之爱的范

---

① 胡风:《论现实主义的路》,《胡风评论集》(下),人民文学出版社1985年版。

畴。这就不能不使血缘与亲情之爱发生变异,由此出现"忠"与"孝"不能两全的分裂现象。这就使得部分志士仁人常常会舍孝而从忠。于是,在漫长的宗法社会历史演进过程中,就出现与"君本位"相并立的而呈弱势的"民本位"爱国主义观念。这就使得作为政治思想意识的爱国主义,在不同阶级、阶层、集团那里,有了不同的具体内容。被统治阶级、阶层、集团的反抗斗争,无疑是爱国主义的一种构成成分;揭露统治阶级的黑暗与社会弊害,无疑也是爱国主义的又一种构成成分。反之,统治阶级为着维护其统治秩序和巩固其统治地位,也在爱国主义名义之下实行种种行为措施。因此,爱国主义烙上了浓厚的政治色彩与阶级印记。爱国主义作为一种精神,尤其是作为一种民族精神,便具有全民性与民族性,成为全民与民族的凝聚力与向心力。以汉族为主,由多个民族组成的中华民族,在几千年历史演进中而形成而生生不已。作为一种共有的精神支柱的民族精神,也就在这一求生存求发展过程中积淀而成,且充分体现了出来。无论朝代怎么更替,帝王怎么更换,民族间怎么争斗,中华民族而不散而长存,乃至延续至今,走向未来,靠的就是这一最基本的内在的民族精神的支撑。那么,这一以贯之的民族精神是什么?自然,可以说出多种多样的内容。但是,其内核,我以为则是夏、商、周为源头的刚健有力、坚韧不拔、自强不息的精神,即《周易》开篇说的,"象曰:'天行健,君子以自强不息'"。这一精神力量内化为一些至今仍具活力的故事传说,如夸父追日、精卫填海、愚公移山、大禹治水等。我以为,这就是以汉族为主体的中华民族的民族精神的内核,这就是中华民族生生不息的内在张力得以生长的酵素。这一内核构成的民族精神,便是中华民族的"民族魂",便是中国的"国魂"。中华民族正是依赖于这一内在的"民族魂",才度过了一次次劫难而繁衍至今,成为人类文明史上历史最悠久的民族;中国这只航船,也正是依赖于这一内在的"国魂",才在一次次狂风巨浪撞击中,不断驶向新的航程。爱国主义作为一种行为方式,集中体现为人或人们的一种行动。其中,有自卫行动,有进攻行动。这种行为,带有较大的指令性乃至强制性。因而也带有或多或少的盲目性,并非完全出于一种清醒的自觉意识与精神的支配。但却成为人们或人的一种行为准则。

1937年—1945年间,正值中国抗日民族解放战争和世界反法西斯战争之际。中国人民在这场战争中承受空前的民族灾难,担当着民族解放和助推世界反法西斯战争胜利的艰巨使命。这场战争，也是中国自身改造和中华民族洗雪百年耻辱获得新生而作世界市民的契机。因此，中国广大军民的爱国主义精神，被空前激活了，爱国主义内涵也同时具有了前所未有的繁富形态。中国军民的爱国主义，较之传统的爱国主义，无疑既有承传，更有发展与超越。刚健有力、坚韧不拔、自强不息的大智大勇精神，发扬得最为充分，得到淋漓尽致的展现。"忠君报国""忠君爱国"的传统爱国主义意识与行为，日渐为民族解放与国家独立而战斗的意识与行为所代替，爱国主义由传统向现代开始了大转换；中国抗日民族解放战争与世界反法西斯战争在消灭法西斯势力和维护世界和平、创造中国与世界各国能够共同发展的环境这一基本点是完全一致的。因此，中国的爱国主义与国际主义是融合在一起的。这又是爱国主义由传统向现代大转换的一个重要标志。这，便是中国抗战文化的爱国主义所在，也是重庆陪都文化的爱国主义所在。重庆陪都文化的爱国主义浓缩着彰显着中国抗战文化的爱国主义。

重庆陪都文化的爱国主义母题，粗分有两大内涵：民族解放意识与牺牲精神，凸现英雄情结；批判与自省意识，凸现忧患与启蒙意识。还可以细化为六个方面。一是硝烟弥漫战场和英雄壮举的描述，二是重庆陪都现实社会人生的剖析，三是战争背景下人的生命、命运、男女情爱的思考，四是传统文化的反思，五是启蒙主义的张扬，六是重庆固有人文精神的开掘。这些林林总总的爱国主义母题内涵，在重庆陪都文化中的文学、教育、新闻传媒、音乐美术、哲学宗教、对外交往中，都充分体现了出来。这里，我拟着重说说启蒙主义张扬问题。

启蒙主义作为文化思想理论思潮，在20世纪前半期大抵出现过三次。一次是梁启超于1902年间倡导"小说界革命"而掀起的启蒙主义思潮，一次是胡适、陈独秀、鲁迅、周作人等在五四新文化运动中掀起的启蒙主义思潮；一次是胡风、乔冠华、陈家康及路翎、舒芜等人在重庆陪都文化界掀起的启蒙主义思潮。这三次启蒙主义思潮，不管内涵与外延有多大的历时性差异，然而关注的焦点却是一致的，那就是作为个体的中国知识分子和作为群体的中国民众的个性解放意识与民族解放意识的觉醒。然而，这一共同关注点，不是重复，而是继承、发展、超越乃至刷新。

重庆陪都文化界掀起的启蒙主义思潮，后于延安文化界倡导的启蒙主义思潮。1937年11月,延安成立陕甘宁边区文化界抗日救亡协会。该会在发表的《我们关于目前文化运动的意见》中,提出一个响亮的口号:"保卫祖国,开发民智,展开新启蒙运动。"这个口号,既是该会的宗旨,也是该会同仁们担当的一项新的历史使命。在这里,该会同仁们自觉地把爱国主义与启蒙主义结合了起来,并同时放在了"开发民智"上面,即民众智慧的开发,民众觉悟的开启,也就是个性解放意识与民族解放意识的开发开启。接着就是何干之的专著《中国启蒙运动史》的问世和洛蚀文的文章《论抗战文艺的新启蒙意义》的发表。这些著述文字,旨在追求"个性解放、人的觉醒、自我意识、人性、人道主义",以开发民智,激活民族意识与民族精神。这次启蒙运动与五四新文化运动的启蒙主义不同,就如洛蚀文的文章所说的:目前的革命任务反映到文艺上来的就是新启蒙运动。此运动不是重复五四的启蒙运动。而是"否定之否定":五四的启蒙是"价值重新估定,口号是民主与科学。目前的新启蒙运动面临的是日本的侵略,因此它的中心内容有二:一是民主的爱国主义,二是反独断的自由主义,而且是一个大众化运动。抗战文艺就是具体口号,总方向,总目标"。但是,这股不大不小的启蒙主义思潮,如王元化在《清园论学集》中说的因"通知不要再用新启蒙的提法"而"夭折了"。不过,这股启蒙主义思潮,在1943年的重庆陪都文化界却公开露面了。这就是我所说的胡风们复苏的启蒙主义思潮。

　　1943年,重庆陪都文化界复苏的启蒙主义思潮,依然是人的个性解放意识与民族解放意识的觉醒问题、主观能动性与创造性的激活与发挥问题。这是胡风们基于共同的对其时社会人生个体与群体的存在状态与文化精神存在的实际状态的感受、体验、认识为内驱力的。胡风在1942年12月写的《关于创作发展的二三感想》一文中,描述了他所触摸到的社会人生存在状态:人民的情绪由兴奋转入沉炼、由万烛齐燃转入明暗不同,人民的意识由勇往直前转入深入分析,兴奋生活转入日常生活。文化人呢?随遇而安了,热情衰落了。——重庆陪都文化界和重庆陪都社会出现了精神危机与文化危机。1943年12月1日、3日,胡风连续写成《由现在到将来》和《现实主义在今天》两篇文章,表达了他对重庆陪都左翼文化人学习毛泽东《讲话》的忧虑:"要创作从一种思想出发","要作家写光明,写正面人物",这是"想杀死现实主义精神",是"使文艺在民族解放斗争里面解除武装","这实际上是不要文艺"。胡风把这"叫作危机",表示要"为文艺请命,不要逼作家说谎,不要污蔑现实人生"。他进而认为,这种以"教条主义反教条主义"的行为,无异于又把人禁锢在一种新的教条主义之中,人的自我意识、人的个性、人的主观能动性与创造性等等依然得不到解放。胡风以其清醒的现实主义精神敏锐地发现了这一问题,而且把它称为新的危机。新的危机与旧的危机,便是其时重庆陪都文化致命的危险倾向。吸收胡风思潮影响的路翎与舒芜,也投入了这场启蒙主义思潮之中。他们认为:"中国现在需要个性解放"。而且,认为:胡风说的"广义的启蒙主义运动"的真谛便是"个性解放"。这就如"一滴显影药水,一下子把我们说论过很多而模糊不清的一切显现为一幅清楚画面,又像一个箭头,一下子指出了中心之点,从而使一切条理都可以疏导"。舒芜写了《论主观》的长篇论文,路翎由此执着地开掘"人的原始强力,个性的积极解放"。

1943年3—9月,重庆陪都的《新华日报》《中原》《群众》等报刊上,发表了嘉梨的《人民不是一本书》、蔡仪的《艺术的主观性与客观性》、于潮(乔冠华)的《论艺术态度与生活态度》、胡绳的《思想的漫步》、沈友谷的《论中国民族的新文化的建立》、陈家康的《唯物论与惟"唯物的思想"论》等文章。这些文章比较一致地认为:"我们正处在方生与未死之间:旧的传统的遗毒还没有死亡,新文化还没有普通生根",因此便出现了"文化的=精神的危机"。"麻木""疲倦""消沉""观望"等等就是"旧社会的幽灵"与"精神传统"的体现,也就是"精神危机"的主要特征。克服之法,关键在于建立起一种新的生活态度,"承认旁人,关心旁人,用全副心肠去关心人民的命运",缩短"人与人之间的真实距离",而不是"抽象理论领域里"的"教条主义"和"感性艺术的领域里"的"公式主义"。这些观点在乔冠华、陈家康、胡绳、沈友谷的文章中都体现得鲜明突出。乔冠华认为:"新的文化必须从批判旧的开始,在这一点上,今天和五四运动当时并无二致。然而,一方面五四运动的任务没有完成,另一方面五四运动对旧文化的批判未能尽致。"[1] 他还借英国人韦尔斯之口,说出自己的话:"中国自辛亥革命以来,用来代替古典教育

---

[1] 于潮:《论生活态度与现实主义》,《中原》创刊号。

的各式各样的'新教育',不是服务于这一种狭隘的教条主义,就是服务于那一种狭隘的教条主义","它想着新的东西,实际上已经变成了旧的"。① 胡绳认为:"把自己当作人,就有了自由,把别人当作人,就有了平等。——有自由,有平等,于是才有民主。"那么,怎么才能获得自由民主呢?胡绳断言:人道主义。"对于我们人道主义更是一柄值得宝贵的双锋之剑。一面用以批判封建文化遗产,一面用以打击敌寇法西斯所灌输到中国来的奴化教育。"② 沈友谷更强调了人道主义的重要性,他说:"没有人道主义的精神,我们就只能从一种教条走到另一种教条,永远接近不了科学;没有人道主义的精神,我们就只能从一种专制走到另一种专制,永远接近不了民主;没有人道主义的精神,我们就只能用学究的理论解释一切事件,永远不能真切感受人民中的悲欢哀乐;没有人道主义的精神,我们就只得像伪宗教徒那样宣扬教义,永远不能以燃烧的热情去为所向往的'天国'生死不渝地斗争。"③ 如果说,乔、胡、沈还说得较为委婉曲折的话,那么陈家康就把问题的症结所在挑得十分明白了。他说:"两年来,我们整顿三风,要肃清以教条主义为其主要特征的主观主义,殊不知这种教条主义之哲学根源,就是惟'唯物的思想'论。"他还尖锐地指出:"不根据自在的自觉来创造思想,而根据思想来创造思想,这是一条最危险的道路。"④ 这一切都是针对其时重庆陪都左翼文化界学习《讲话》,开展整风所存在的问题而来的。这一点,乔冠华们与胡风有了共同之处,但不同点在于用什么思想来克服精神危机与文化危机?用什么思想来进行启蒙?乔冠华们坚持的是人道主义启蒙观,胡风坚持的是马克思主义启蒙观。不过终极人文关怀是完全一致的,那就是广大民众的个性解放意识与民族解放意识的觉醒,实现民族解放与人民解放的人生追求与美学追求。这场启蒙运动也是在中共中央宣传部的"应该纠正"的干预之下,戛然而止了。乔冠华们因此受到了批评,胡风等人从此开始屡遭批判。然而,这场启蒙主义运动作为最深层的爱国主义内涵的张扬,却在重庆陪都文化中大放异彩而为人们所记取。

---

① 于潮:《方生未死之间》,《中原》第3期。
② 胡绳:《思想的漫步》,《群众》第8卷第10期。
③ 沈友谷:《论中国民族的新文化的建立》,《群众》第8卷第12期。
④ 陈家康:《唯物论与惟"唯物的思想"论》,《群众》第8卷第16期。

五、重庆陪都文化的共时性与历时性意义

五四以来的中国新文化，在其发展过程中成就了三大文化中心。一是五四时期的北平文化中心，二是20年代末30年代前半期的上海文化中心，三是30年代末40年代中期的重庆陪都文化中心。按社会进化论来说，一个时代有一个时代的文化。这三大文化中心分别属于中国现代新文化30年不同"时代"的文化。但是，这三大文化中心有承传关系，更有发展与超越的关系。从文化队伍的构成成分去考察，重庆陪都文化队伍，除了重庆陪都新近文化人外，有北平文化中心期的文化人，更有上海文化中心的文化人。这三世同堂的文化人，在重庆陪都构筑文坛，创办或复刊文化刊物，组建文化社团，开展文化活动，撰写适应抗日民族解放战争多种需要的文化著作。特别是"第三厅""文工会""文协"与"文运会"移驻重庆陪都后，重庆陪都成为中国文化中心，吸引了中国各地文化人或来重庆陪都小住或把研究成果投寄重庆陪都出版或发表。重庆陪都文化起着引领的作用。从文化意识考察，重庆陪都文化意识也与北平文化中心与上海文化中心有着根深蒂固的联系。北平文化中心的文化意识为启蒙与救亡，表现为民主意识与科学精神；上海文化中心的文化意识为启蒙与救亡，表现为阶级意识与人文主义；重庆陪都文化中心的文化意识为启蒙与救亡，表现为民族解放意识为内核的爱国主义。这，可以说是中国现代文化一以贯之的文化意识在抗日民族解放战争大背景下的发展。民族解放意识为内核的爱国主义成为重庆陪都文化的思想特质、价值取向原则与审美意识的灵魂。这自然取决于抗日民族解放战争社会生活内容以及文化向这一生活内容的大倾斜。民族解放意识为内核的爱国主义成为一切不愿做亡国奴的中国人的凝聚力与向心力的支撑点。重庆陪都文化人把自己拥有的民族解放意识为内核的爱国主义融入于自己著述文字中，传达给读者，引起社会效应与审美效应。

同时，民族解放意识为内核的爱国主义，也是其时世界反法西斯历史大潮与世界反法西斯文化大潮的核心与基调，因为全世界都遭受着法西斯侵略战争的威胁，被侵略国家都陷入民族灭顶之灾的境地，世界文坛翻滚

着反法西斯文化潮流。正像重庆陪都是世界反法西斯战争同盟国中国战区统帅部所在地一样，重庆陪都文化不仅是世界反法西斯文化的有力一翼，而且也是这一反法西斯文化上的一颗明珠。可见，具有民族解放意识为内核的爱国主义的重庆陪都文化，契合着中国抗日民族解放战争与中国抗战文化及世界历史潮流，凸现中国抗战文化与世界反法西斯文化所具有的共时性特征。

第一，从重庆陪都文化创作主体即文化人的心理机制而言，民族解放意识为内核的爱国主义构成了他们的主导心理机制。他们具有的民族解放意识为内核的爱国主义，就个人而言超越了自我，就阶级而言，超越了阶级，就民族而言，超越了民族乃至种族的界限而与全世界爱好和平反对战争的人民的民族解放意识相通。这就决定了重庆陪都文化的民族解放意识为内核的爱国主义具有开放性的特征。

第二，从重庆陪都文化客体即文化成果的主题意蕴而言，民族解放意识为内核的爱国主义成为绝大部分文化成果的主题思想。这样的主题意蕴，融爱国主义与国际主义、民族解放与人类解放、反对侵略战争与反专制独裁于一体，使之具有特殊历史时期的"现代意识"的鲜明色彩。由此，大大强化了"五四"以来中国新文化反帝反专制独裁的双重主题。

第三，从重庆陪都文化的审美风格而言，悲壮美为其基本格调。文化人的主导心理机制与艺术个性、文化成果描述的"客观真实"——"主观真实"渗透过的"客观真实"以及读者的接受心理与期待视野，都制约着甚至决定着重庆陪都文化应具有的巨大力度。由此，形成特殊历史时期重庆陪都文化的审美品位即"力"的美、悲壮美。

重庆陪都文化的重要历史地位，不仅在与中国现代文化演进的比照中显示出来，不仅在与世界反法西斯文化的共时性特征中显示出来，也在与共时性的世界反法西斯文化交往中得到展现。

中国现代新文化是吸收世界文化影响发生的，又是在与世界文化交往中得到发展的。抗日民族解放战争时期，重庆陪都文化对外交往，是其时中国抗战文化对外交往的缩影，呈现出全方位与全景式的交往格局，最大限度地实现着中外文化的汇合与认同。由此，加速着中国文化的"现代化"与"民族化"相结合的历史进程。

这里，着缕析重庆陪都文化中的文学对外交往。

重庆陪都文学与世界反法西斯文学的大交往、大汇合，具有宽泛性特色。其宽泛性主要涵盖两个大的向度。一是从"增多激励，广为宣传"出发，同世界各文学社团与个人频繁往来，大量译介世界反法西斯文学作品，二是从民族精神与民族文学建设出发，译介世界文学名著与现代主义文学作品。

首先，注重于苏联反法西斯文学作品的译介。苏德战争爆发后，苏联1000多位作家上了前线，大多为握笔从戎者。他们写出了一批作品献给卫国战争。重庆陪都文学家译介苏联反法西斯文学作品，以小说与剧本的译介成就显著。戈宝权在《伟大卫国战争中的苏联文学》的长篇论文中，系统地评介了苏联反法西斯文学的非凡成就。重庆陪都的读者界，从译介的苏联反法西斯文学作品中，感受到如 A. 托尔斯泰所说的"苏俄人初看起来，是普普通通的人，然而大祸临头，无论老少都会升起种种伟大的力量——人类美"。与此同时，重庆陪都文学界还继续译介苏联的社会主义现实主义文学理论。1939年后，重庆陪都文学界在苏联文学界关于社会主义现实主义研讨影响下，开展了几次现实主义讨论。其中，斯大林的文学"真实观"与卢卡契的文学"真实观"，被译介过来，并影响着重庆陪都文学思想理论建设。

其次，译介美国反法西斯文学作品。这里，包含两个方面的文学作品的译介。一是美国作家来华后写的反映中国抗战的作品，如约翰·根室的《亚洲内幕》、兰姆·贝克的《一个美国人看旧中国》。这些作品在重庆陪都和世界都产生了巨大反响。一是美国作家反映欧、非、亚反法西斯战争的作品。珍珠港事件后，美国一批作家随美国百万之师奔赴欧、非、亚战场。他们写的小说、剧本、诗歌、报告文学，多为直接反映战斗生活，近距离透视反法西斯战争。其中，海明威与斯坦贝克在1943—1944年的重庆陪都翻译界"是最出风头的"。重庆陪都文化界译介英国反法西斯文学作品，大抵也分为这么两个方面。来华英国作家詹姆斯·罗芒·贝特兰作的《华北前线》《战争阴云》等，不仅在英美等国出版，也先后译成中文见诸中国报刊。当希特勒把战火烧到英国领土后，英国文学界一面在国内与民众一道奋起反击，一面派出作家随军到欧亚非前线，从事新闻报道与文学创作。其中，译入重庆陪都而又产生重要影响的要数格林伍德的长篇小说《和平时期和战争时期的朋丁先生》以及普斯特的长篇小说《格雷特里的灯火管制》。

再次,译介德、意、日法西斯国家的文学作品。法西斯国家的众多作家,远走异国他乡,从事反法西斯活动与写作,成为世界反法西斯文学大潮的一部分。他们的作品倍受重庆陪都读者、评论家所欢迎。重庆陪都文学界对法西斯国家的法西斯文学如日本的火野苇平的《士兵三部曲》和意大利的"黑衫文学",是猛烈地加以抨击。

这些既有重点又宽泛的带功利性的译介活动,增进了中国人民、重庆陪都人民与世界民众的相互了解,为中国人民、重庆陪都民众认识世界创制了一个窗口,输送了大量生动形象的时态信息。

在与世界反法西斯文学频频交往的同时,重庆陪都文学界还重视世界文学名著与现代主义文学的译介。重庆陪都文学家,从充实与健全中国民族精神与民族文学发展出发,直接以英文、德文、俄文原作为范本,较系统地译介没有硝烟味的世界文学名著和现代主义文学作品。如《时与潮文艺》,就译介有但丁的《神曲》、莎士比亚的《李尔王》、乔叟的《坎特布雷的故事》。这一方面可以归结为现代主义作家们大多投入了反法西斯战争洪流和重庆陪都作家们对现代主义文学有着新的认识,另一方面是重庆陪都文学需要吸收多种文学营养,以提高重庆陪都文学创作水准。

总之,重庆陪都文学界,紧紧抓住了世界反法西斯战争所提供的机遇,以民族解放意识为内核的爱国主义为文学的灵魂,与世界文学进行对话,开展交往。这种交往的规模之大、范围之广、目的性之强、眼光之深邃,都是中国现代文学交往史上任何别的阶段不可比拟的。尤其是,对现代主义的"扬"或"抑",更不是二三十年代中国现代文学对现代主义所持态度与眼光能比拟的,而深入到了现代主义文学本体里,把握其精髓,发展其真正异质与艺术价值的所在。中国现代文学对外交往,于此开始走向成熟。

重庆陪都文化,虽然随着抗日民族解放战争的结束而成为历史陈迹,然而对后世文化却有着不小的启示与影响。

重庆陪都文化对于人民共和国文化来说,不管是"流"还是"源",其诸多文化元素,似乎或明或暗地仍在流动。归纳起来,我以为主要是重庆陪都文化界形成的"民族化"与"现代化"结合探讨中的得与失。

重庆陪都文化爱国主义母题的内核民族解放意识,促进了中国现代文化到此时趋向于民族传统文化的复归和"现代化"的反思。这自然也是五四以来中国现代文化发展的必然走势。五四新文化运动的形成，标志着中国文化从此走上现代化的发展道路。但是，在其后的20年间，"现代化"与"民族化"问题纠结其间，左右颠簸，倾斜无度。只有到了抗战文化阶段，特别是重庆陪都文化期，"现代化"与"民族化"结合问题，才引起中国现代文化界一致的关注与热烈讨论，并试图加以解决。这集中体现在"民族形式"讨论与毛泽东《讲话》的传播方面。

长达3年多的"民族形式"讨论，归根结底，我以为是探讨中国现代文化的民族复归、中国作风与中国气派问题。讨论中，意见分歧较大，偏颇性大，但是有一种理论极富建设性，那就是郭沫若、茅盾、胡风等人提出的民族形式的建立应立足于现实生活、吸收西方文化营养、继承与发展民族文化精神和五四新文化运动以来既成的文化形式，以及赋予民族形式的内在含义即主题题材、语言、情感、表现方法与叙述方式等等。这便是抗战文化——重庆陪都文化建构的"现代化"与"民族化"结合的理论框架。这种理论框架，具有开放性与世界意识、多元化与宽泛性的特性。1942年延安文艺整风，是从战争与革命事业全局上来审视中国现代文化——抗战文化的发展，规范其发展方向。其核心是文化为群众和如何为群众。这一核心内容的实现仍然有待于"现代化"与"民族化"结合的解决。不过，在理论导向上，更向"民族化"——"大众化"一边倾斜。延安文艺整风与毛泽东《讲话》在重庆陪都文化界传播过程中，并未达成共识。这种共识差距与缺失，造成这么一种现象：重庆陪都文化向"现代化"一边倾斜，解放区文化向"民族化"——"大众化"一边倾斜。这种跛脚的共时性文化现象，一直延续到人民共和国文化历时性发展过程中。

五六十年代的人民共和国文化，基本上是沿着解放区文化的轨道运行的。解放区文化的"民族化"——"大众化"带有封闭或半封闭的文化氛围特性，缺乏"现代化"的文本意识与文体模式，自然难以解决"民族化"与"现代化"结合问题。这是毋庸讳言的。这一不应讳言的问题，在五六十年代文化中成了主流，取得独尊地位。当然，重庆陪都文化的"现代化"并未在五六十年代文化中绝灭，而是如幽灵一般不时闪现。五十年代前期，胡风的理论及路翎的著述文字和六十年代初邵荃麟的"中间人物论",便是其代表。这一承传性的"现代化"元素,由于是在一个大封闭环境里运行的,自然不免大减先前的锐气与光彩。历史车轮转到70年代末及其后,随着改革开放大潮的汹涌澎湃之势,文化界出现了"现代化"热潮。这自然也可视为对五六十年代、特别是"文革"十年封闭文化符合逻辑的反拨。然而,这种"现代化"趋势中又出现"洋化"现象。于是,后来又出现民族文化复归的呼唤。由此考察,不难看出,抗战文化——重庆陪都文化,为人民共和国文化建设的一块宝石,其中也留下了沉重的历史包袱。

中国文化如何"现代化"与"民族化",这依然是一个十分严峻的问题。任何一种民族文化,都必须要有自己的艺术个性与艺术特征。不过,这种艺术个性与艺术特征不是在封闭的与世隔绝的文化状态下形成的,而是立足于民族现实生活土壤,吸收民族传统文化精华,在与世界文化交往及碰撞中自然形成的。这样的民族文化,既排除了民族狭隘性,又排除了民族虚无主义,而以耀眼的光芒进入世界文化之林,成为世界文化大家族中的一员。这样的文化,既是民族的又是世界的。这也许就是重庆陪都文化"民族化"与"现代化"结合的探讨与尝试,留给后世加以研究的课题。

第一章　文化组织机构

重庆陪都文化运动是一种最广泛的统一战线的文化运动，包括了不同政治观、社会观和文艺观的文化人士和文化派别。在文艺方面，恰如鲁迅生前所描述的：只要赞成或愿意抗日，哥哥妹妹，之乎者也，鸳鸯蝴蝶，都是文艺统一战线的成员。①"第三厅""文工会"及"文协"等便是体现这一最广泛统一战线的组织机构与文艺团体。正是由于有了这么一条文化统一战线和这些文化组织机构与团体和广大文化人士尽心竭力，中国抗战文化运动，特别是其中的重庆陪都文化运动在大轰炸中才得以深入发展，并为抗日民族解放战争的行进和中国新文化运动的发展做出巨大贡献。

一、"第三厅"·"文工会"

（一）"第三厅"

"第三厅"全称为中国国民政府军事委员会政治部第三厅。郭沫若任厅长，范寿康任副厅长，阳翰笙任主任秘书。"第三厅"下设三个处：第五处，处长胡愈之，主管一般宣传工作；第六处，处长田汉，主管艺术宣传工作；第七处，处长范寿康兼任，主管国际宣传工作。该厅集中了一批文化界和文艺界知名人士与社会贤达，盛称"名流内阁"。该厅1938年4月组建于武汉，12月迁至重庆陪都，1940年11月被解散。

"第三厅"在重庆陪都期间，虽然人员被减少，活动受限制，但依然作了大量的宣传工作，对大轰炸中的重庆陪都社会与文化的发展与建设起

---

① 鲁迅：《答徐懋庸并关于抗日统一战线问题》，《鲁迅全集》（第6卷），人民文学出版社1981年版。

着重要作用。

1939年5月3—4日，日本飞机对重庆陪都进行轮番大轰炸。山城火光冲天，废墟成片，死伤惨重。"第三厅"驻市内的人员立即组成护救队。护救队的成员冒着生命危险，排除交通阻塞，疏散难民，抢救伤员和财物。"第三厅"驻市郊赖家桥人员亦组织抚慰队进城参加抢救。他们在抢救过程中，在断垣瓦砾之处，书写抨击日本帝国主义的罪恶和鼓舞民众斗志的标语："看！是谁炸毁了我们的家园？""看！是谁炸死了我们的父母兄弟妻儿！"并画上被炸死的母亲和还活着的孩子。类似的标语与画图，在重庆陪都大街断垣上随处可见。"第三厅"成员们的抢救行动和涂写的标语与画图，无疑给混乱而惊恐一时的重庆陪都市民以巨大的精神力量，并表达了重庆陪都市民回击日本帝国主义绝灭人性的大轰炸的决心。他们的这一行动，在重庆陪都文化界与文艺界确实起了表率的作用。重庆陪都文艺界广大文艺工作者奋笔疾书，声讨日本帝国主义的罪行，可以说是这一表率作用引起的回应。这就是《抗战文艺》上推出的一组文章，计有老舍的《以雪耻复仇的决心答复轰炸》、蓬子的《不能威胁和动摇的铁石意志》、冯玉祥的《新的血债》、王礼锡的《毒炸后》、白朗的《在轰炸中》、安娥的《炸后》、梅林的《以亲爱团结答复敌人的狂炸》、李辉英的《空袭小记》、陆晶清的《重庆在烈焰中》、胡秋原的《轰炸所感》、任钧的《血火小记》、张周的《血的仇恨》等等诗文。

郭沫若和"第三厅"的主要成员参加了重庆陪都文化界举行的一系列活动，发表演说，撰写文章，宣传抗日民主。1939年3月9日，郭沫若出席"文协"第一届年会，被推举为大会主席团成员，被选为理事，田汉、阳翰笙、冯乃超等"第三厅"主要成员也被选为理事。郭沫若在大会发言中，针对其时国民党中宣部部长叶楚伧在讲话中提出调整文艺机构——把"文协"与中宣部、政治部合为一体，使文艺家成为中宣部与政治部的编辑员、撰稿人，中宣部与政治部作为作家的发行部，以解决文艺界的困难——而指出现在的问题，主要是物资条件太差：我们知道，现在世界上有许多国家都有他们的文艺政策，即使敌人日本，每年也以30万元的经费来培植他们的"号筒作家"。我们现在这个空前庞大的全国文艺组织仅有1000元经费，实在非常惭愧，非常不够的。我要说的很简单，只要把现在中宣部的500元扩充到5000元，把政治部的500元扩充到5000元，那么有了一万元的补助费,我们成绩必更可观了,组织前线工作队也不成问题了,出版条件也不至再如此感到拮据了。不然,可也真是"不得了!"他还号召作家要加强冒险精神,要像拿枪的战士一样勇敢地对着敌人!① 同月14日,郭沫若、光未然等"第三厅"成员出席重庆陪都文化界文艺界举行的马雅可夫斯基逝世10周年纪念会。会上,郭沫若在讲话中特别指出了诗歌的政治作用与宣传功能,光未然朗诵的《好》一诗引起与会诗人们极大兴趣,并研讨《好》及其朗诵的意义。6月18日,郭沫若和"第三厅"部分成员出席了重庆陪都文化界举行的高尔基逝世三周年纪念会。郭沫若题词,号召文艺家们成为高尔基"所歌颂的海燕,不怕暴风雨,在黑暗当中确信着光明就在眼前!"② 1940年5月12日,郭沫若和"第三厅"第七处的部分成员出席重庆陪都各界举行的欢迎在华日人反战同盟西南支部巡回工作团来渝大会,郭沫若被推为大会主席。他在致开会词中,对"冲出火线,跳出死角,冒最大危险,毅然决然来到我阵线,参加打倒日本帝国主义之工作同志"表示"热忱欢迎",并"谨祝中国抗战成功,日本民族解放"③。这以后,"反战同盟"在"第三厅"的有力支持与密切配合之下作了大量的反战工作。1940年8月3日,郭沫若和"第三厅"部分成员参加重庆陪都文化界举行的鲁迅诞生60周年纪念会,郭沫若发表了热情洋溢的讲话,称颂鲁迅的伟大精神、人格力量及其作品的意义。他指出:"通过这个巨人的笔尖,中国正视了世界,而且向人类喊出了自己的心曲。"鲁迅"在思想、文学和革命的斗争的各方面都放射了不可比拟的光辉。""我们要学习他",就要"在各个人的各个部门之内,尽我们的力量,不断地努力,比如在文学方面的,在学术方面的,在思想方面的,各个人尽力学习他,用集体创造的方法,集中各人在各方面的成绩,构成许许多多的伟大的鲁迅,是可能的,是一定会成功的,也只有这样,才是纪念他的最好的办法"④。这期间,郭沫若还应中央大学、复旦大学、《新民报》职工读书会、中国国民外交协会等文化教育机关、新闻机构及社会团体的邀请,发表讲演,揭露日本帝国主义国内出现的政治、经济、文化的

---

① 郭沫若:《在文艺界抗敌协会第一届年会上讲话》,《抗战文艺》第4卷第1期。
② 转引自罗寒衣《纪念高尔基逝世三周年大会》,《中苏文化》第4卷第1期。
③ 郭沫若:《在欢迎在华日人反战工作团大会上的致词》,《新蜀报》1940年5月13日。
④ 郭沫若:《在纪念鲁迅诞辰六十周年大会上的致词》,《新华日报》1940年8月4日。

严重危机，阐释中国抗战必胜、日本侵略者必败的道理，鼓舞各界民众精诚团结，抗战到底。同时，郭沫若和"第三厅"第七处的同仁们还在重庆陪都开展了一系列戏剧、电影、美术、音乐活动。第七处戏剧科的戏剧家在重庆陪都举行了1939年元旦火炬游行演出和1940年第二届戏剧节以及戏剧的"民族形式"问题研讨会；第七处电影科的电影工作者于1940年3月在重庆陪都举行了盛大的"影协"第二届年会，通电慰问前方将士，声讨汪逆，举行电影公映；第七处美术音乐科的艺术家于1939—1940年间，在重庆陪都主办大型的木刻展览会和大型的音乐演唱会，宣传抗敌，声讨汪精卫投敌叛国。这一切活动，宣传了抗日救亡，促进了文化艺术界相互学习、相互支持、相互激励。

这里，还应论及"第三厅"管辖的孩子剧团和慰劳总会在重庆陪都所开展的活动。

孩子剧团是"第三厅"最活跃的一支宣传队伍。该团于1937年9月3日在硝烟弥漫的上海建立。吴新稼任团长，全团22人，年龄在9—19岁之间。他们大部分是沪东战区里的孩子，爱演剧，爱唱歌，用戏剧与歌声宣传抗战。上海沦陷后，他们辗转到达武汉。"第三厅"组建后，隶属于该厅管辖，参加了一系列宣传活动。

1939年1月8日，该团到达重庆陪都，在"第三厅"支持下，在重庆陪都开展了多次宣传演出，引起重庆陪都各界的关注与好评。1939年1月25日，孩子剧团假大梁子一园，为纪念"一·二八"七周年举行公演。演出的节目有国歌、水兵舞、儿童舞、快板及《不愿做奴隶的孩子》《捉汉奸》《帮助咱们的游击队》等等。《新华日报》为这次公演开辟专栏，发表戈宝权、范钦宪、何忆娴等人的评介文章。戈宝权在《写在孩子剧团公演之前》一文中，为其演出效应作了这样的描述：小演员们"所表演的戏剧，不知打动了多少人的心弦，感动了多少人落泪，激起了多少人去舍身卫国！"同时，吴新稼发表了《关于纪念"一·二八"的公演》和孩子剧团的《为纪念"一·二八"写给全国小朋友的一封信》。他们的文章与他们的演出一样，表达了中国孩子们与成人们的共同心声。同年11月7日，国民政府国防委员会为纪念苏联十月革命22周年举行纪念晚会，苏联驻华大使、专家、顾问和周恩来等应邀出席。孩子剧团参加了这次纪念晚会，他们演唱的抗日歌曲获得苏联在席人员的热烈掌声。"东洋强盗野心狼，奸淫掳掠抢钱粮。杀我们的父母，掳我们的村庄。我们要拿起镰刀斧头，拿起炸弹钢枪。一齐冲上去，把日本强盗都杀光。"1940年上半年，孩子剧团在重庆陪都公演《乐园进行曲》，亦颇获好评。孩子剧团确实不愧是"抗战的血泪中产生的一朵奇花"①。

"第三厅"领导的"全国慰劳总会"迁至重庆陪都后，为发动重庆陪都广大民众支援前线和促进军民团结作了许多实际工作。缝制衣服劳军便是最为突出的一例。1939年2月，慰劳总会与政治部及国民党重庆陪都市党部发动春节慰劳活动，为伤病兵赶制棉衣。"第三厅"多数成员投入了此项活动。郭沫若被推选为慰劳大队队长。这以后，慰劳总会发动重庆陪都市民和工商界人士为前线将士缝制了20万套暑衣。同年秋，慰劳总会发动市民与工商界人士缝制了40万套棉衣送往前线，其中有5万套送到了八路军将士手中。1940年春，慰劳总会又将20万套蚊帐送往前线。慰劳总会还组织了大规模的慰问活动。郭沫若等人亲自带团到前线慰问，将大批报刊、书籍及慰问品送到前线，大大鼓舞了前线将士的斗志与士气。

郭沫若率领的"第三厅"在重庆陪都所开展的上述一系列活动，无疑有功于抗日救亡，但国民政府却多加设防，多加阻挠，直至"改组"。

（二）"文工会"

"文工会"全称为国民政府军事委员会政治部文化工作委员会。1940年11月1日成立，1945年3月30日被解散。郭沫若为主任，阳翰笙、谢仁钊、李侠公为副主任，沈雁冰、沈志远、杜国庠、田汉、洪深、郑伯奇、尹伯休、翦伯赞、胡风、姚蓬子10人为专任委员，舒舍予、陶行知、张志让、邓初民、王昆仑、侯外庐、卢于道、马宗融、黎东方、吕振羽10人为兼任委员。下设三个组：第一组国际问题研究，第二组文艺研究，第三组敌情研究；三个室：敌情收听室、城内秘书室、乡间秘书室。"文工会"确实"包容了比第三厅更广泛的各界代表人物"，有著名的哲学家、历史学家、社会学家、文学家、电影艺术家、美术家、音乐家、教育家、经济学家、自然科学家。蒋介石和国民政府规定"文工会""只能做研究工作，不能从事对外政治活动"，并派遣特务监视、盯梢。在较为险恶的

---

① 茅盾：《记"孩子剧团"》，《少年先锋》第1卷第2期。

生存环境里,"文工会"采取了与"第三厅"不同的活动方式与途径,冲破国民政府的约束,在重庆陪都做了大量抗战文化工作。

1940年12月7日,"文工会"假抗建堂举行招待会,向文化界与社会界正式宣布成立。郭沫若在报告中向与会各界人士介绍了"文工会"的组织情况及今后工作方向,指出:"抗战以来,文化战士已尽了最大的努力。今后,希望将所有的笔杆一致对外,将来更一致建国,抗战就是伟大的新文化运动,盼大家担负起这一个伟大的担子。"① 从此开始,"文工会"走向社会,频频开展文学活动、戏剧活动、学术研究、对敌宣传、民主运动,等等。

1940年12月28日,"文工会"假国泰大戏院举行第一次文艺讲演会,听众达1000余人,以文化界人士、职业青年及青年学生为最多。郭沫若在致词中指出:召开文艺演讲会之主旨在于检讨1940年文艺战线上的战士们对于抗战建国的贡献和研讨今后文艺工作者之努力方向。中国今日正与最粗野、凶横、破坏文化的日本帝国主义者搏斗,因之今日中国在文艺上的反映亦为建设性的、创造性的、进步的、反侵略的。希望今后将有大批青年作家诞生,用文艺之笔来帮助抗战早日胜利。旋即,他开始报告与讲演,题为《一年来抗战文艺的问题的回顾与前瞻》。茅盾、老舍、马彦祥、龚啸岚、赵沨、史东山等人分别作了文学、戏剧、音乐、电影等专题报告。这次文艺讲演会颇受听众欢迎,整个国泰大戏院座无虚席,不少听众还伫立聆听,反响甚大。"文工会"从1941年1月4日起,举行地方戏剧研究公演,参加研究演出的剧种有评剧、川剧、楚剧。这次演出不仅吸引了重庆陪都戏剧爱好者关心、支持这些剧种,而且对于提高这些剧种的创作质量与表演水平大为有益。同月8日,茅盾、胡风、光未然等"文工会"成员与重庆陪都文艺理论界人士聚会,讨论"作家的主观与艺术的客观性"问题。发言者就什么是世界观、世界观是怎么形成的、世界观与现实的矛盾、世界观与创作方法的关系等现实主义文艺理论问题并"针对当前文艺上的倾向"进行了热烈而有益的讨论。胡风在发言中指出:"现实主义的力量,可能把不正确的世界观打碎,减弱。强调现实主义的力量就是在此。但是,并非说,正确的世界观可以妨碍艺术作品,如果这个作家

---

① 郭沫若:《在文化人夜宴上讲话》,《新民报》1940年12月8日。

有正确的世界观,他的成就一定更大。也就是说,不正确的世界观在现实主义面前便要打碎,被减弱,如果是正确的世界观,则现实主义的力量便显得更大。"茅盾、光未然也就这些问题发表了各自的见解。这次座谈会是重庆陪都文艺界中的左翼文艺家举行的关于社会主义现实主义文艺理论中一些基本问题的研讨会,对于抗战文艺理论建设无疑有着积极的意义。"皖南事变"后,"文工会"还协助周恩来和中共中央南方局疏散茅盾、艾青等一批左翼文艺家离渝或到香港或到延安。在1941年1月8日座谈会后,"文工会"连续多次在重庆陪都主持召开文艺会议,团结在渝文艺工作者坚守文艺岗位,促进抗战文艺运动深入发展。1941年2月10日,"文工会"在《新蜀报》创办副刊《七天文艺》,共出130多期后终刊。《七天文艺》多发表文艺理论、文艺批评及作品评介等方面的文章。1942年3月25日,"文工会"假中苏文化协会举行戏剧批评座谈会,"检讨最近上演各剧"。凌鹤主持,阳翰笙、姚蓬子,张骏祥、凤子、葛一虹及孩子剧团的代表共30余人出席。发言者对这么几个剧本作了"检讨";认为凌鹤编导、孩子剧团演出的《乐园进行曲》是成功的,《国贼汪精卫》被删数段,深感遗憾;《天长地久》与现实太不相衔接。3月28—30日,"文工会"与中华全国木刻界抗敌协会合办的战时木刻展览会假中苏文化协会向全市观众展出,并举行作品义卖劳军。4月27日,"文工会"假抗建堂举行文艺讲演会,听众踊跃。老舍主讲小说创作方法,孙伏园主讲散文创作方法,郭沫若主讲诗歌创作方法。讲演完毕,由孩子剧团合唱《乐园进行曲》中的插曲。郭沫若在《诗歌的创作》讲演中对诗的本质及灵感问题做了论述。他指出:"诗的伟大不伟大,不是诗的形式的问题,而是人的问题"。作诗"很需要灵感",而灵感"是一种新鲜观念突然使意识强度集中所出现的'诗兴'","诱发灵感的源泉"是"忠于正确思想""而养成的极端犀利的正义感","极端真挚的憎与爱","以人民大众的生活为生活,人民大众的情感为情感,那你的灵感便是代表人民大众的,更进一步的努力,便是要用人民大众的语言,来巧妙地记录这种灵感";"这样的诗人和这样的诗,正是时代所期待着的"①。6月25日,"文工会"举行民歌研究演唱会,参加研究演出的有边疆歌舞业余歌咏团、四川水泥厂职工歌咏团

---

① 郭沫若:《诗歌的创作》,《文学》第2卷第3期。

和舞蹈家吴晓邦。5月30日,"文工会"的郭沫若、阳翰笙、老舍、姚蓬子等人出席第一届诗人节纪念会。郭沫若在讲演中指出:屈原是伟大的民族诗人,他是以崇高的殉国精神而从容就义的。郭沫若在讲演中还列举楚怀王的昏庸与奢侈及其造成楚国贫弱、被欺凌、被侵略。6月18日,"文工会"联合中苏文化协会、国际反侵略大会、"文协""美协""剧协""影协"等10家团体,假中苏文化协会举行高尔基逝世五周年纪念会。郭沫若以"活的模范"为题发表了讲演,斥责仇视高尔基和鲁迅的人以及出卖民族利益的大汉奸汪精卫,并用"敌人不投降,我们就消灭它"这一名言激励大家抗战到底。① 7月8日,"文工会"假抗建堂举行"抗战艺术的新任务"文艺讲演会,郭沫若主席,阳翰笙、应云卫、叶浅予、郑伯奇等人出席,就文学、美术、戏剧、电影的新任务问题发表讲演。郭沫若在讲话中阐释了举行这次讲演会的目的与意义。他说:"目的是根据客观的需要和主观的力量来检阅一下阵容,并且针对着新的国内外形势所引起的各种现实问题,来决定新的战略和战术。"他要求文艺工作者:"此时应该认清文学和艺术的本质以及它的使命",那就是"与一切后退的力量作斗争!"②

为着高扬"坚持抗战反对投降,坚持团结反对分裂,坚持进步反对倒退"旗帜,进一步促进抗战文化运动的发展,"文工会"的主要成员团结所有在渝的戏剧工作者,于1941年10月—1944年6月开展了规模空前的"雾季演出"。重庆陪都地处长江与嘉陵江交汇处,四面又有高山环绕,每年10月到翌年4月,大雾弥漫,被称为"雾季"。战时,每到雾季,重庆陪都也少遭到日机大轰炸。重庆陪都广大戏剧工作者,抓住这一时机,在城内开展戏剧公演活动。1941年10月—1942年4月为第一届雾季戏剧公演。参加演出的剧种有话剧、川剧、越剧、评剧及民间曲艺等等,参加演出的戏剧团队有中华剧艺社、中国万岁剧团、中央青年剧社、孩子剧团、中央广播电台、中电剧团、中国实验歌剧团、中宣部实验剧院、中国艺术剧社、怒吼剧社、育才学校戏剧组、朝阳大学剧社、国立剧专校友剧团、中国银行业余剧团、越剧剧团、川剧团等等。特别是话剧团队的话剧演出,成就最为显著,影响最大。据统计,演出大型话剧29部之多,如

---

① 郭沫若:《活的模范》,《时事新报》1941年6月18日。
② 郭沫若:《抗战艺术的新任务》,《新蜀报》1941年7月22日。

《天国春秋》《大地回春》《愁城记》《面子问题》《棠隶之花》《北京人》《猴儿大王》《屈原》，还演出了多部歌剧，如《法西斯丧钟敲响了》《秋子》《农村曲》，独幕剧《孤岛小景》《女房东》《一心堂》，等等。1942年10月—1943年4月和1943年10月到1944年4月为第二、三届雾季戏剧公演，亦盛况空前，共演出大型话剧40部之多，如《风雪夜归人》《祖国在呼唤》《虎符》《蜕变》《家》《法西斯细菌》《复活》，等等。在这三次雾季戏剧公演中，中华剧艺社成绩卓著。该社是由阳翰笙根据周恩来的指示组建的，成立于1941年10月11日。其基本成员为原中国电影制片厂、中央电影剧团、中国青年剧社等单位的电影戏剧从业人员，由应云卫任社长，陈白尘任秘书长。该社成立后，全力投入了重庆陪都雾季演出，共演出大型话剧20部左右，如《屈原》《天国春秋》《法西斯细菌》《大地回春》《南冠草》，等等。可以说，该社的活动及其演出为这三次雾季公演起着导向性作用。该社公演的《天国春秋》，连演25场，观众达2.2万人次，剧中人物洪宣娇惊呼的"大敌当前，我们不该自相残杀"的声音，牵动着广大观众的心弦，引起雷鸣般的掌声，第一届雾季戏剧公演出现第一个高潮。该社公演的《屈原》将第一届雾季戏剧演出推向又一个高潮。它那"剧坛之精英"的演员阵容及精湛的艺术表演，得到了重庆陪都各界观众和新闻传媒的热烈赞扬与充分肯定。这三届雾季公演的话剧，就其内容而言，多与抗战有关，《大地回春》《法西斯细菌》《愁城记》《长夜行》《结婚进行曲》《重庆二十四小时》《祖国在呼唤》《江南之春》《战斗的女性》《法西斯丧钟敲响了》《范筑先》《天网》《野玫瑰》《蜕变》等等，都是直接反映中国抗战生活的；《屈原》《虎符》《高渐离》《孔雀胆》《南冠草》《清宫外史》《天国春秋》《忠王李秀成》《石达开》《正气歌》等等历史剧，其深层次意蕴也程度不一地暗合着抗战时代内容；《哈姆雷特》《钦差大臣》《大雷雨》等等世界著名戏剧，表面与中国抗战无关，但因输送的是异国优秀文化精神食粮，依然间接与中国抗战有关。音乐演出也为戏剧雾季演出增添了新的色彩。1942年12月，教育部音乐管理委员会倡办的音乐月活动声势浩大。参加的音乐团队有中华交响乐团、大同乐会、中央训练团音乐干部训练班、政治部抗敌歌咏队、军政部军乐演奏团、国立音乐学院实验管弦乐团、重庆陪都曲社、中央广播电台国乐组等等，先后举行了管弦演奏会、国乐演奏会、独唱会、歌咏大会。著名作曲家、指挥家马思聪与郑志声亦参加演出。

这三次雾季戏剧公演，在中外近现代戏剧史上都属壮举，意义重大，对于重庆陪都抗战戏剧界乃至整个文艺界文化界都起了大动员、大检阅、大团结的作用，推动了抗战戏剧运动的发展和抗战戏剧创作与演出的质的提高。1944年10月—1945年4月，还举行了第四届雾季戏剧公演，演出20多部戏剧，也起着类似的作用，具有相似的意义。①

"文工会"在存在的几年间，除开展上述活动外，还在学术研究方面取得了重要成就，确实不愧是"一所新型的学术机构，人才荟萃，硕果累累"。②哲学研究成果有杜国庠的《先秦诸子思想概要》《先秦诸子的若干问题》等；历史学研究成果有吕振羽的《简明中国通史》、邓初民的《中国社会史教程》、侯外庐的《中国古代思想学说史》等；文艺理论研究成果有王昆仑的《〈红楼梦〉人物论》、蔡仪的《新美学》、胡风的多种文艺论著等。与此同时，"文工会"还举办学术讲座，计有郭沫若的"古代社会研究"讲座、邓初民的"清国政治史"讲座、翦伯赞的"新史学"讲座、卢于道的"人类进化问题"讲座。这些学术讲座在文化界听众中颇获好评。这些学术研究成果与学术讲座不仅具有极强的科学性、学术性，而且具有极尖锐的现实性，成为推动抗日民主运动和抗战文化运动的一种方式。其中，尤以郭沫若的学术研究成果最为丰硕，影响深远。他先后出版了《青铜器时代》《十批判书》《甲申三百年祭》，还有他以后出版的《中国古代社会研究》论文集中的大部分论文。《甲申三百年祭》是郭沫若于1944年3月写成的著名史论文章。郭沫若是怀着"冲破那回旋，不让历史重演，正是我们当今的急务"③这一目的来写这篇史论文章的。这篇史论文章，剖析了明王朝的腐败，赞颂了李自成领导的农民起义，揭示出李自成领导的起义由胜利到失败的主客观原因，尖锐地指出：引起清兵入侵的不是李自成领导的起义而是明王朝的昏君、佞臣、不抵抗将军以及引清入关的吴三桂。这篇史论文章中的两大观点，即太平天国失败的原因探讨与清兵入关的论述，引起强烈反响，具有尖锐的现实政治意义。《新华日报》

---

① 雾季公演剧目及参加剧团、编导的名单详见石曼的《抗战时期重庆陪都雾季公演剧目一览》，《抗战文艺研究》1983年第5期。
② 阳翰笙：《五十年风雨》，四川文艺出版社1986年10月版。
③ 郭沫若：《洪波曲》。

连载这篇史论文章后，延安《解放日报》转载全文。毛泽东给予高度评价，指出："近日我们印了郭沫若论李自成的文章，也是叫同志们引为鉴戒。"① 称赞该文"有大益于中国人民"。② 李一氓还根据该文改编成评剧《九宫山》，供抗日民主根据地各地剧团演出。国民政府前太原晋绥公署政治部少将副主任在《今日吴三桂》一文中说道：读了郭先生的《甲申三百年祭》，觉得我们在某些方面似乎是生活在300年前的局面。当时，闯王领导农民起义军推翻了封建明王朝，大明臣子吴三桂为镇压农民运动，便把满洲辫子兵请了进来。蒋介石现在的行动不是也相类似吗？大概正因为该文有如此强烈的现实性与时效性，才遭受到当局的攻击与抵制。1944年3月24日，《中央日报》发表社论《纠正一种思想》，攻击郭沫若，诬称《甲申三百年祭》"鼓吹战败主义和亡国思想"，扬言"决不姑息，毫不放松"。这篇史论文章和郭沫若别的历史研究著述文字以及历史剧作都显示出这一特定历史阶段里学术著作及文学作品取得的卓越成就和具有的战斗精神。

"文工会"在存在的几年间，还在社会上开展了形式多样的对外对内的文化政治活动。"文工会"对外文化交往活动：一是依靠中苏文化协会加强与苏联文化界的交往，比如高尔基纪念会、马雅可夫斯基纪念会、致苏联人民书和致苏联文化界书；二是依靠中国文化人士个人与美国文化界、英国文化界加强联系，呼吁携手合作，推动世界反法西斯战争的行进；三是创办对外文化刊物，强化对外文化交往。其中，有两个刊物颇有影响。一个刊物是《中国报道》。该刊由"文工会"第一组国际问题研究成员叶籁等人编辑，该刊发表的多篇以中国抗战问题为内容的文章，为世界各反法西斯国家朝野人士或党派了解中国、认识中国抗战、声援和支持中国抗战起了重要作用。另一家刊物是《国际问题周刊》。该刊为"文工会"第一组编辑。该刊所发国际问题研究论文与消息报道，起到了让中国人民、重庆陪都人民及时了解世界，加深对中国抗日战争的世界意义的认识的作用。四是直接开展敌情研究与宣传。"文工会"第三组和敌情收听室继续编译《敌情研究》，供有关部门了解敌情之参考；继续编印对日宣

---

① 毛泽东：《学习和时局》，《毛泽东选集》（一卷本），人民出版社1964年6月版，第902页。
② 转引自于立群《化悲痛为力量》一文。

传品,向日军与日本民众散发;继续积极支持以鹿地亘为代表的"日本人民反战同盟"的活动。五是"文工会"主要成员主讲国际国内问题,其中尤以郭沫若主任的讲演次数多、影响大。比如,他于1941年"七七事变"四周年大会上作的《四年来之文化抗战与抗战文化》讲演、同年7月15日在中苏文协作的《苏联抗德战争的形势》报告、同年11月12日在纪念孙中山诞辰75周年纪念会上作的《加强国际国内的团结》讲演、同年12月2日在中国国际广播电台作的对敌广播,以及1942年5月27日在中美文协会上作的"中国战时的文学与艺术"讲演,等等。"文工会"开展的对内文化政治活动,除了已经论及的戏剧活动、美术活动、音乐活动及文学理论与文学创作评论活动之外,还需着重论及的是对内的政治上争民主的斗争。如果说,前面论及的文化活动只是颇含政治上争民主的内容的话,那么,1945年的《对时局进言》和"文工会"被解散时举行的会议就完全是直接地争民主的斗争了。重庆陪都文化界312人签名的文化界《对时局进言》是"文工会"的政治实绩,喊出重庆陪都广大民众及整个大后方民众要民主、要自由、反对独裁、结束一党专政、建立联合政府的呼声。这呼声,响彻巴山蜀水,动摇着国民政府的统治地位。

"文工会"对抗战文化的重大贡献得到了重庆陪都各界人士的高度赞扬与充分肯定。1945年4月8日,重庆陪都各党派领袖及文化界人士宴请郭沫若和"文工会"成员便是有力的佐证。王若飞在宴会上的讲话中历数了郭沫若及"文工会"在抗战中所做的贡献,对因政治不民主造成郭沫若与"文工会"同仁的才能不能充分发挥表示遗憾,并欢迎郭沫若和"文工会"成员到解放区去工作。邓初民在宴会上的讲话中,以愤激言词斥责当局解散"文工会"是为着进一步"统制文化"。他以热情的语言,"祝愿郭先生永远站在我们前面而奋斗!"侯外庐在宴会上的讲话中,称赞郭沫若在文化学术方面"不但是中国的权威,也是世界的权威之一"。左舜生、柳亚子、陶行知、章伯钧等人都发表了类似饱含深情厚谊的讲话。郭沫若在致谢词中表示:"文工会"被解散了,"仍要做一个民主、文化、文艺的小兵"[①]。

---

① 以上引文均见《新华日报》的"本报讯",《新华日报》1945年4月9日。

二、"文运会"·"文协"

(一)"文运会"

"文运会"全称为国民党中央宣传部文化运动委员会，成立于1941年2月7日。张道藩任主任委员，潘公展、洪兰友任副主任委员（后，潘公展辞职，胡一贯继任），林紫贵为秘书（后，赵友培继任），华林为总干事，梁寒操、程沧波、肖同兹、吴大钧、何浩若、张廷休、陶百川、许孝炎、刘百闵、李中襄、彭苹陈、罗学濂、王冠青、顾毓绣、陈博生等15人为常务委员，丁燮林、太虚、方令孺、王平陵、王向辰、王芸生、王云五、包华国、田汉、江一平、伍蠡甫、安娥、朱光潜、封凤子、吴文藻、吴有训、吴漱予、汪日章、余上沅、李辰冬、何容、何汉文、宋之的、沈雁冰、易君左、宗白华、竺可桢、胡秋原、胡焕庸、洪深、姚蓬子、马思聪、徐悲鸿、梁实秋、张恨水、曹禺、叶青、黄炎培、郭沫若、舒舍予、阳翰笙、傅斯年、冯友兰、刘海粟、赵太侔、赵清阁、熊佛西、潘孑农、谢冰心、顾颉刚、欧阳予倩等242人被聘为委员；内设社会科学组（组长何浩若）、自然科学组（组长胡焕庸）、文艺组（组长舒舍予）、戏剧组（组长赵太侔）、电影组（组长罗学濂）、美术组（组长汪日章）、新闻组（组长肖同兹）、出版组（组长许孝炎）。1943年7月，西康、青海、甘肃、陕西、福建、江西等地还建立了地方性文化运动委员会。1943年11月，国民党五届十一中全会通过的《文化运动纲领》规定"文运会"为文化运动的指导机关，各省市县党部所属"文运会"均为各省市县文化运动之指导机关。

"文运会"在重庆陪都存在的几年间，大力"展开三民主义文化运动"，① 力图"切切实实履行思想领导责任"。②

1942年2月7日，"文运会"联合重庆陪都36个文化团体举办"国家总动员法文化界宣传周"活动。是日，假广播大厦举行开幕大会，500余

---

① 赵友培：《文坛先进张道藩》，重光文艺出版社1975年版。
② 见《中央日报》1941年2月8日。

人出席，潘公展主持，冯玉祥、陈立夫、谷正纲、黄少谷等人讲话。《新华日报》于是日发表社论《论文化界总动员》，指出："平心检讨一下过去文化界的活动，不论在新闻方面也好，文艺方面也好，理论方面也好，教育方面也好，工作者本身，不能说热情不够，努力不够"，"然而，文化界动员宣传工作做得远不充分，这也是事实"。是日晚，张道藩作《文化界对国家总动员应有之认识与努力》的广播讲演。2月7日，可为这次文化界总动员宣传周的开幕日。2月8日为文化界总动员宣传周的文艺日。这一天，"文协"召开文艺座谈会，与会者60余人，围绕"如何加强文艺界总动员"议题，讨论了如下具体问题：在抗战中，文艺作家应怎样集中精力努力创作、怎样能使文艺作家安心于创作、抗战以来文艺界动员之情形。并举行诗歌朗诵和文艺作品展览。"音协"还假新运广场举行露天音乐会，政治部抗敌歌咏团、育才学校等11个单位的歌咏团队参加演出，听众1000余人。2月9日，为文化界总动员宣传周戏剧电影日。这一天，"剧协"假"文运会"处举行座谈会，与会者围绕"戏剧界如何加强总动员"议题，讨论了如下具体问题：戏剧界总动员的对象、戏剧界总动员须配合国际反侵略战争之进行、加强"剧协"组织领导、解决戏剧界自身之困难。"影协"也于同日召开座谈会，讨论加强电影界总动员问题。是日晚，中央电影摄影场和中国电影制片厂在新运广场放映抗战电影，国泰剧院和实验戏院举行话剧与地方戏演出。2月10日为文化界总动员宣传周的音乐日。这一天，"音协"假中苏文化协会举行座谈会，讨论加强音乐界总动员问题。是日晚，"音协"假广播大厦举行室内歌咏广播会，政治部抗敌歌咏团演唱《国家总动员之歌》。2月11日为文化界总动员宣传周美术日，"美协"假新运模范区广场举行画展，晚上汪日章播讲《国家动员与美术家之责任》。2月12日，为文化界总动员宣传周科学日。这一天，科学界人士举行科学广播座谈会，陈立夫作《教育界总动员》、翁文灏作《科学总动员》广播讲演，并举办国防科学画展和放映国防电影。2月13日，为文化界总动员宣传周的新闻出版日。这一天，新闻学会与各报联合委员会举行广播座谈会，冯友真作《上海新闻界奋斗经过》、彭革新作《新闻总动员与新闻战》的广播讲演，并印发总动员标语。2月14日，为国际文化日。这一天，举行国际文化团体座谈会，讨论加强国际文化交流问题。2月15日，为宗教日。这一天，各宗教团体举行座谈会，天主教、佛教还举行了祈祷等宗教活动。《益世报》出"宗教与文化"特刊。这次文化界总动员宣传周活动为实施同年5月国民政府颁布的《国家总动员法》起了一定的宣传和准备的作用。1942年11月12日—12月12日,"文运会"在重庆陪都文化界发动劳军运动。文学界、戏剧界、电影界、美术界、音乐界、新闻出版界都投入了这次劳军运动。国立戏剧专科学校校友剧团受"文运会"委托,为筹募文化界劳军捐款,假文化会堂举行话剧公演,先后演出了《柳暗花明》等话剧。

1942—1943年间,"文运会"还在重庆陪都主持"国民月会"和文化界联谊会,或意在"交换工作意见,联络文化机关的感情,以互相观摩",或意在"传达中央法令,沟通政府与作家的感情"。[1]

1945年4月,"文运会"针对"文工会"于同年3月掀起的重庆陪都文化界要求民主、结束一党专政的签名运动,起草了一份"教育文化界人士联合发表意见"的《为争取胜利敬告国人书》,于同月15日发表在《扫荡报》上,签名者750余人。《告国人书》的主要内容为:一切言论行动必须有利于胜利第一的原则,否则用全心全力来排除纠正;国民政府代表全国人民的精神意志,必须巩固国民政府的基础,才能保证抗战必胜,建国必成;务使政令军权真正统一于国民政府,任何政党不拥有自己的军队,任何地方不违背中央的法令。1944年11月5日,"文运会"还组建了中国著作人协会。是日,召开成立大会,150人出席,张道藩在报告筹备经过及意义时说道:成立该会的目的在于"一面使著作人如何能贡献于国家,一面帮助著作人解决困难"。大会在讨论提案时,洪深、阳翰笙等人提出三项提案,请予通过。一是转请政府放宽图书杂志审查尺度;二是转请政府废除剧本和演出的事先审查;三是转请政府重审自去年7月以来被禁的100种剧本。洪深与阳翰笙等人的这三项提案均因张道藩、潘公展的反对和"一'不知其为何许人也'的人"的"声色俱厉地大骂"[2]而未能通过。是日晚,"文运会"联合国民党中央秘书处、中央宣传部、国民政府教育部、政治部等单位举行晚宴,招待与会人士。"文运会"不仅通过上述多种文化活动推行国民政府对重庆陪都文化运动的"思想领导",同

---

[1] "文化消息":《陪都文化界联系情形》,《文化先锋》第3卷第2期。
[2] 阳翰笙:《阳翰笙日记选》,四川文艺出版社1986年2月版。

时还创办发行《文化先锋》和《文艺先锋》两家刊物，试图进一步强化当局对重庆陪都文化运动的"思想领导"。

"文运会"为着奖励文学创作，于1942年5月27日筹设"文艺奖助金管理委员会"，并出版《抗战文艺丛书》多册，如老舍的《剑北篇》、吴祖光的《正气歌》、吴组缃的《鸭嘴涝》、沈起予的《人性的恢复》、洪深的《黄白丹青》，等等；还举行文学创作评奖活动，如王蓝的小说《一颗永恒的心》获一等奖。

"文运会"和"第三厅""文工会"虽然都属于国民政府或国民党开展文化宣传工作的机构，却有着明显的差异性。后两者是以左翼文化人为核心，以民族解放和人民解放为宗旨而积极开展抗战文化活动，对于战时重庆陪都文化运动乃至整个大后方抗战文化运动的发展起着重要的组织领导与推动作用；前者由国民党中宣部和该部部长张道藩领导，直接推行国民党的文艺政策与文化运动纲领，以图掌控抗战文化运动及其发展。当然，它所开展的一些具体文化活动，诸如举办宣传周、出版"抗战文艺丛书"、在《文艺先锋》上发表文艺家的作品与论文，等等，对重庆陪都文化运动的发展是有助益的。

（二）"文协"

"文协"全称为中华全国文艺界抗敌协会，1938年3月27日成立于武汉，同年8月移驻重庆陪都，1945年10月21日易名为中华全国文艺界协会。"文协"得到国民政府的承认，在经费方面得到国民政府的补助。"文协"也得到中国共产党的支持。"文协"是中国一切愿意或赞成"抗敌"的文艺家的共同组织。"文协"是中国现代新文化史上第一个全国性的文艺团体。"文协"在存在过程中，对中国抗战文艺运动和重庆陪都文艺运动，起着组织与领导作用。对中国抗日民族战争的胜利推进和抗战文艺的发展，做出了重要贡献。

"七七"，特别是"八一三"之后，中国广大文艺家由北平、上海等地流徙到华中、华南、西南、西北及香港等地。战前原有的文艺格局被打破了，战前原有的文艺团体与文艺队伍被打散了。如何把分散在各地的文艺家组织与团结起来而形成新的文艺格局与新的文艺队伍？"文协"，便应运而组建并自觉地担当起了这一历史重任。这就是，"文协"在总会之外，还先后成立有成都分会、昆明分会、贵阳分会、桂林分会、西安分会、延安分会、新疆分会、襄阳分会、长沙分会、广东曲江分会、香港分会。这些分会便是分散在这些地方的文艺家的组织。"文协"总会通过各种渠道、采取多种方式与这些分会保持密切联系。由此而把中国文艺家结成一个新的整体。"文协"总会移驻重庆陪都后，接待了四方来客和外国文艺家，竭尽全力帮助他（她）们排忧解难。因此，可以说，"文协"在抗日民族解放战争时期，在极其艰难境遇里，为中国文艺家结成新的队伍、为中国文艺新的格局的形成，起了组织保障作用。在战争时期，在重庆陪都大轰炸的险境里，"文协"起了这样的作用，尽了分外分内之责，实属难能可贵，将永载史册。

"文协"在重庆陪都存在的7年间作了许多于抗日民族解放战争的推进与抗战文化的发展的工作，诸如组织作家战地访问团、主持召开多种纪念活动、主办数次文艺创作研究会、开展对外文艺交往，等等。

"文协"之能组成作家战地访问团，一是文艺家的要求，二是国民党和国民政府有关职能部门的支持，三是"文协"自身的职责。因此，1939年4月18日，"文协"常务理事会一致决定组建"文协"作家战地访问团。其担当的任务，就如王礼锡在《记"作家战地访问团"》日记中所说的："第一是写作，写游击区，为游击区而写作。第二是材料搜集，供给全中国作家写，因为这样一部大历史、大小说、大诗史、大场面，绝非我们这一团人来写就能的。第三是建立联系，就是把战地的作家和后方紧紧联系起来，同时要在士兵中、工人中、农民中、一切民众中发现新的作家。"该团由王礼锡为团长，宋之的为副团长，以群、葛一虹、杨骚、方殷、袁勃、李辉英、杨朔、张周等13位文艺工作者为团员。同时，"文协"决定派老舍参加全国慰劳总会组织的北线慰劳团，派姚蓬子和陆晶清参加全国慰劳总会组织的南线慰劳团。经过近两个月的准备，6月14日，作家战地访问团假生生花园举行出发仪式。周恩来、邵力子、郭沫若等人出席，并致词勉励。老舍在《欢送文协战地访问团出发》讲话中，阐释了派出作家战地访问团的原因，希望作家战地访问团发挥"流动的小文协"作用。作家战地访问团在致告别辞中，表示不辜负"文协"的期望，当好"笔游击队"，去前线和敌后写可歌可泣的英雄事迹，与敌后文艺家携起手来，并沟通与国际作家的联系。该团由重庆陪都出发，途经成都、宝鸡、西安、洛阳等地,到达中条山抗日前线与晋东南抗日前线,访问工厂工人、农村农民,会见和采访前线将士。尤其是该团在晋东南前线的20余天里,出席了八路军举行的欢迎大会,对军民做了大量采访工作。8月25日,团长王礼锡不幸病逝于洛阳。10月,该团离开晋东南的长子前线启程南行,12月12日返回重庆陪都。作家战地访问团历时半年的战地访问,行程万里,基本上完成了预拟的任务。仅计划出版的12种作品——《笔游击》(访问团集体创作)、《抗战文艺》(论文集,访问团集体创作)、《笔征》(王礼锡日记)、《红缨枪》(葛一虹戏剧)、《凯歌》(宋之的报告文集)、《老夫妻》(白朗小说)、《在战斗中成长》(以群)、《短篇小说集》(罗烽)、《独幕剧集》(杨骚)、《长诗》(方殷)、《短篇小说集》(李辉英)、《战地写生画集》(陈晓南),就出版发行9种之多。12月16日"文协"为作家战地访问团归来举行欢迎会,老舍、宋之的、姚蓬子报告各处抗战文艺的概况。《新华日报》为此特发表社论《积极加强战地文化工作》,号召文化人到战区去,加强文化宣传工作。

"文协"在重庆陪都7年间,前后举行了七次年会,报告会务、改选理事、研讨带有导向性的文艺问题,等等。第一届年会于1939年4月9日假陕西街召开,160余人出席,邵力子、叶楚伧、于右任、郭沫若等人组成主席团,邵力子作执行主席并致开幕词,老舍报告会务,胡风宣读大会《致全世界反法西斯侵略斗争的作家电》。叶楚伧在讲话中提出应"使作家与行政机构合而为一",应"使中宣部、政治部与文艺界协会很合理的配合起来"。郭沫若在讲话中对此主张发表不同意见,他说:"文协"处境困难,政府不加以切实的帮助,所有文章与言论都将归于空谈。大会通过决定,规定每年3月27日为文艺节。大会电请政府缉拿汪精卫,动员作家口诛笔伐。大会改选"文协"理事,叶楚伧、邵力子、张道藩、郭沫若、老舍、郑伯奇、胡风、阳翰笙、宋之的、孔罗荪、安娥、姚蓬子、华林、王平陵等人当选为理事。《新华日报》为这届年会的召开特发社论《用笔来发动民众捍卫祖国——纪念全国文协成立一周年》,对"文协"一年来的工作成就表示祝贺,并对今后工作提出四点希望:发动广大作家到敌人后方去、建立新的文化据点、加强"文章入伍"工作和实现"文章下乡"的口号、创作出反映伟大抗日战争和暴露日寇侵略的作品。1940年4月7日,"文协"假国泰饭店举行第二届年会,到会宾主100余人。老舍代表理事会报告一年来的会务，然后研究部、出版部、组织部、总务部分别报告一年来的工作。显然，这届年会，主要是会务报告。1941年3月27日，"文协"假张家花园举行第三届年会，50余人出席，老舍报告本届理事改选及响应出钱劳军事宜。在重庆陪都的叶楚伧、冯玉祥、郭沫若、张道藩、巴金、胡风、洪深、阳翰笙等25人选为理事，外地的邵力子、林语堂、叶圣陶、曹禺等4人选为理事；沙汀、张恨水、鹿地亘等15人选为候补理事。"文协"第四届年会未能正式召开，只在1942年2月22日假中苏文协举行会员会议，除讨论改选下届理事外，还通过了致图书杂志审查委员会的公开信和关于版税与版权问题以及慰问香港脱险作家等提案。1943年3月27日，"文协"假文化会堂举行第五届年会，100余人出席。会议通过取缔任意编选偷印、救济贫病作家、筹集文艺基金等提案，并改选理事。《新华日报》发表社论《祝"文协"成立五周年》，《新华日报》还出"文协"成立五周年纪念特刊，发表了郭沫若、茅盾、老舍等人的文章；《时事新报》亦出纪念"文协"成立五周年特刊，发表郭沫若、夏衍、葛一虹、SY、臧云远等人的文章；《中央日报》发表张道藩纪念"文协"成立五周年的文章。1944年4月16日，"文协"举行第六届年会，150余人出席。大会通过为贫病作家筹集救济基金、提高稿酬、定"五四"为文艺节等多项提案。胡风宣读代"文协"五位理事起草的年会论文《文艺工作底发展及其努力方向》，提出把"主观战斗精神""人格力量""战斗要求"作为克服文艺不良倾向和现实主义向前发展的必要条件（文章于当月17、18日连刊于重庆陪都版《大公报》上）。《新华日报》和《新蜀报》或发表社论，或发表老舍、茅盾、以群、张健等人的纪念文章。1945年5月4日，"文协"假文化会堂召开第七届年会和第一届文艺节大会，100余人出席，老舍作《文协七岁》报告，郭沫若发表讲演，会议通过与世界作家加强联系、切实保障人权、保障作家人身自由与写作自由等提案，并改选了理事。

从上论列的七届年会即"文协"纪念会可以看出，这些会议除例行的会务报告与改选理事外，多研讨与强化文艺和现实人生的密切关系。如果说，前三届年会着重在发动文艺家开展广泛的抗战文艺活动以促进抗战文艺和抗日救亡斗争的行进的话，那么后四届年会则重在发动文艺家开展抗日争民主斗争，民族的阶级的政治斗争色彩更浓重了。第四届年会通过的

"致图书杂志审查委员会的公开信"提案,即是抗议当局对抗战文艺书刊的严酷统制;第五届年会发表的多篇文章,很明显是在抨击当局文化专制主义,批驳"自由太多"论,老舍的《文与贫》和《病》、茅盾的《生活与"生活安定"》、张健的《尊重作家》、以群的《今日文艺家的急务》都要求给作家"人身自由"和"创作自由"。第七届年会通过的提案和郭沫若讲话中提出的扫除"三寸金莲主义""高跟鞋主义",表达了文艺界要民主反独裁的呼声,提出新文艺为人民大众服务的新方向。

"文协"在重庆陪都文化发展过程中举办了多次诗歌、小说、戏剧创作座谈会。

1938年11月25日,"文协"首次召开诗歌座谈会,老舍、蓬子、袁勃、鲜鱼羊、方殷、厂民、长虹、李华飞等人出席。与会诗人以"我们对于抗战诗歌的意见"为题发表了各自的见解。老舍在发言中论述了抗战诗歌应具有的特征:"一、在感情上,激发民众抗战情绪。二、在技巧上,不论音节文字要普遍的使民众接受,普遍的激励民众。三、思想上,正面发展抗战意识,反面检出汉奸的倾向。"他还检讨了"五四"以来中国现代新诗的不足,特别检讨了抗战诗歌存在的"口号标语化"等毛病。12月15日,"文协"举行第二次诗歌座谈会,胡风、厂民、袁勃、方殷、黄芝冈、沙蕾、程钧、鲜鱼羊等人出席,议题为"抗战以来诗歌创作之检讨",发言者论及了抗战诗歌的倾向及抗战诗歌的本质。1939年1月10日,"文协"举行扩大诗歌座谈会,胡风、厂民、方殷、袁勃、梅林、高兰、李辉英、贺绿汀、沙梅等人出席,讨论了诗与歌的创作问题。胡风作了《略观抗战以来的诗》的报告,贺绿汀作了关于抗战以来歌曲创作的报告。3月1日,"文协"举行第四次诗歌座谈会,老舍、胡风、孙钿、安娥、蓬子、罗烽、袁勃、方殷、厂民、杨骚、贺绿汀等人出席,讨论编辑出版《抗战诗歌》杂志事宜,总结抗战以来诗歌的成绩,起草论文介绍诗歌"出国"问题。1940年2月3日,"文协"举行诗歌座谈会,讨论"如何推行诗歌运动"问题,决定将诗歌座谈会改名为诗歌晚会,并推艾青、常任侠、力扬为召集人。11月24日,"文协"举行诗歌晚会,艾青任主席,着重讨论诗歌的语言问题,老舍、徐迟、任钧、王平陵等人围绕这一议题作了发言,艾青、光未然、常任侠等人朗诵了诗歌。1941年12月12日,"文协"举行诗歌晚会,安娥和方殷朗诵臧云远作的诗剧《雾海》,江村和陈天国朗诵方殷作的《平凡的夜话》，郭沫若作《中国音乐之史的检讨》的讲话。1942年以后，"文协"每年都举行"诗人节"庆祝会。这些诗歌座谈会或诗歌晚会促进了诗歌界和谐气氛的形成，研讨了诗歌反映现实社会人生、吸收中外诗歌营养、提高诗歌创作质量等问题。

1939年2月，"文协"成立小说座谈会并举行了第一次座谈会，会议决定工作方针、推定领导小组成员。罗烽、欧阳山、草明、胡风、宋之的、罗荪、王平陵、谢冰莹、崔乃秋、郑伯奇等人出席，检讨抗战以来小说、报告文学的创作成绩，起草论文介绍中国抗战小说"出国"。1940年11月17日，"文协"举行小说晚会，老舍、沙汀、罗烽、欧阳山、胡风等70余人出席，沙汀主席，欧阳山报告《抗战三年来的中国小说》，老舍朗诵了《骆驼祥子》片断，会议决定改小说座谈会为小说晚会，并推选沙汀、罗烽、欧阳山为召集人。12月8日，"文协"举行小说晚会，茅盾、老舍、沙汀、胡风、以群、胡绳、徐盈、潘梓年、黄芝冈等60余人出席，议题为"小说中的人物描写"。以群等人在发言中，讨论了典型形象创造、作家主观与现实生活客观的关系等理论问题。

1939年春，"文协"成立戏剧座谈会，宋之的、葛一虹、章泯、赵铭彝、郑伯奇等人出席，讨论座谈会应研讨的战时演剧理论、建立戏剧批评等中心问题，还议定由胡风、郑伯奇、葛一虹、章泯、赵铭彝、凌鹤等六人起草论文，介绍抗战戏剧"出国"。1940年2月21日，"文协"举行戏剧座谈会，胡风、葛一虹、章泯、万籁天、黄芝冈、臧云远、凤子、辛汉文等人出席，议题为"对目前戏剧工作的意见与感想"，发言者批评了戏剧创作与演出中出现的"噱头主义"等倾向，决定改戏剧座谈会为戏剧晚会，推葛一虹、万籁天、黄芝冈为召集人。11月10日，"文协"举行戏剧晚会，老舍、胡风、章泯、黄芝冈、葛一虹、应云卫、王平陵等60余人出席，与会者就"怎样表现主题与怎样创造人物"进行了热烈的讨论。12月1日，"文协"举行戏剧晚会，田汉、洪深、葛一虹、黄芝冈、高长虹、安娥等50余人出席，与会者就"怎样发扬戏剧上的现实主义"议题进行了较为深入的讨论。1941年以后，"文协"举行"戏剧节"庆祝活动，重庆陪都剧人们踊跃参加，特别是"雾季演出"，重庆陪都戏剧界同仁全力投入。

同时，"文协"还举行"回顾与前瞻"一类的文艺座谈会。这一切文艺会议引导了中国抗战文化运动和重庆陪都文化运动沿着抗日民主政治方向与现实主义轨道向前发展。

"文协"在重庆陪都几年间，还频频开展对外文艺交往活动。"文协"成立国际宣传委员会，1939年2月举行首次会议，决定致函世界各国文学团体及文学杂志，感谢世界对中国抗战的同情与声援，计划系统地介绍中国抗战文艺作品"出国"，决定聘请林语堂、谢寿康、肖石君为驻法代表，熊式一、苏芹生为驻英代表，肖三为驻苏代表，胡天石为驻日内瓦代表，大力推进抗战文艺出国运动。"文协"在成立周年纪念会上，通过了"致全世界反法西斯侵略斗争的作家书"。1940年8月，"文协"致书世界作家，揭露日本帝国主义"对我不设防城市及与军事无关的民宅、商店、村庄、文化机关滥施轰炸的罪行"，吁请齐声声讨。"文协"还举行了高尔基纪念会、普希金纪念会及罗曼·罗兰逝世悼念会以及美国作家贝克来渝等欢迎会。通过这些活动，沟通了"文协"与世界各文艺团体的联系，促使抗战文艺走向世界和世界文艺走向中国。

总之，"文协"在重庆陪都几年间所做的这一切工作，充分表明了它不愧为中国现代文艺史上中国"作家团结的豪华版"，对于团结一切不愿做亡国奴的中国文艺家，投身于抗日救亡运动和抗战文艺运动，有着巨大的贡献。"文协"没有设立主席或会长，大量的会务工作由总务部主任担任。老舍从"文协"成立之日起，就被选为总务部主任。"文协"的存在和开展的众多活动，出力最多、流汗最多、贡献最大的无疑是老舍。

第二章　新闻传媒

有人，必有新闻；有新闻，必有传媒。这似乎是古今中外一种带永恒性的逻辑常识。人、新闻、传媒的与时俱进，似乎是又一种古今中外带永恒性的逻辑常识。因此，新闻传媒普遍存在于社会演进之中，成为社会文化不可或缺的构成要素。战争时期，新闻传媒，尤显重要。20世纪第二次世界大战和中国抗日民族解放战争时期，美国、英国、苏联、中国等同盟国和德国、意大利、日本等轴心国，都把新闻传媒纳入战争轨道，使之成为与"武"配合的另一条战线。新闻传媒与战争，一荣俱荣，一损俱损，到了生死相随的程度。

一、新　闻

1840年鸦片战争以后，中国新闻除了"人咬狗"之类的奇闻趣谈外，大都与政治事件密切相关。这是因为"天下兴亡，匹夫有责"已成为一种社会文化心态，已成为中国人尤其是广大知识分子的认知与行为准则。这在近现代中国新闻史中已积淀为一种传统。这一新闻传统在中国抗日民族解放战争时期，得到了空前的发扬与提升。重庆陪都新闻便是其中的一个范例与缩影。

重庆陪都新闻是战时中国新闻的中心，同时也是中国新闻与世界新闻的集散地。中外新闻源源不断地送入这里，又从这里输送到中外各地，形成庞大的新闻网络。由此，各地、各国获得新闻共享，互通信息，互相声援，为中国抗日民族解放战争和世界反法西斯战争的推进给予有力帮助。这大概是重庆陪都新闻总的存在状态与特征。

随着国民政府入驻重庆，重庆成为陪都之后，中外新闻机构先后来此安营扎寨。其中，有英国的路透社、美国的合众社、苏联的塔斯社、法国哈瓦斯社乃至德国的海通社与德新社，等等；中国有中央通讯社、中央广播电台、中国新闻摄影通讯社、新生命通讯社、国际新闻社重庆办事处，等等。同时，一批新闻院系与新闻团体亦相继出现。主要的新闻院系有复旦大学新闻系、中央政治学校新闻系、国立教育学院新闻系、重庆陪都新闻学院、民治新闻专科学校，等等；新闻团体中，最大的要算中国青年新闻记者学会与中国新闻学会。国际新闻社重庆办事处，是中共领导的一家新闻通讯社，主要任务是向国统区与海外华侨报刊发送新闻通讯与专论文稿。重庆陪都新闻学院，系中国与美国合办的专门新闻学院，1943 年 3 月成立。招收的新闻学生，先在重庆陪都学习，后去美国学习，主要是实习，培养中外高端新闻人才。中国青年新闻记者学会，成立于 1938 年 3 月的汉口，同年 10 月迁入重庆陪都。该会除总会外，有 18 个分会，9 家通讯社，会员 1200 余人，分布于中国的 150 余家报刊。该会从成立到 1941 年被国民政府查封，始终践行一个宗旨即"团结学习，致力抗战宣传"。该会多数会员成为国际新闻社成员。可以说，1938 年及其后，重庆陪都的新闻机关、团体及报刊遍布于城区各地。

为了管控与规范重庆陪都新闻，国民党中宣部和国民政府，采取了两大措施。

一是集体宣誓抗战。1939 年 4 月 15 日，汇聚于重庆陪都的新闻报刊、通讯社的记者们分组进行集体宣誓抗战。第 1 组为《中央日报》《大公报》《新民报》《国民公报》《商务日报》《西南日报》《新蜀报》，在国民党市党部宣誓抗战；第 2 组为《自由西报》《新华日报》《扫荡报》《时事新报》，在商会大礼堂宣誓抗战；第 3 组为中央通讯社、中国新闻摄影通讯社、新生命通讯社、《新蜀晚报》《大公晚报》《大陆晚报》《四川晚报》《南京晚报》，在中央通讯社总社宣誓抗战。意在团结新闻同仁，坚定抗战意志，遵纪守法。

二是制订与实施一系列新闻法规。1939 年 6 月 1 日，国民党中常会通过《战时新闻检查法》《战时新闻局组织大纲》，规定新闻稿件必须送审。同年 12 月 18 日，国民政府军事委员会颁发《战时新闻违检惩罚办法》，共 9 条，规定各通讯社的新闻稿件，未经检查而先发表者，惩罚；不遵照删改就发表者，惩罚；删发稿件之地位不设法补足者，惩罚；新闻稿件文字内故意留空白或另作标记易致猜疑者，惩罚。规定惩罚办法有5种："忠告、警告、严重警告、定期停刊、永久停刊"。同年，国民政府决定改新闻检查所为新闻检查局，各省市成立新闻检查所，各县成立新闻检查室，形成从中央到地方的新闻检查网络。1941年，国民政府内政部起草《新闻记者条件草案》，共6章24条，有总则、资格认证、秩序、责权、罚则、附章。1943年2月15日，国民政府颁布《新闻记者法》，共31条。对新闻记者及其公会组织做出详尽的规定。第1—6条规定：新闻记者必须要有新闻记者证，必须担任日报或通讯社发行人、撰述、编辑、采访或主办发行广告人；第7条规定："新闻记者应加入其执行职务地新闻记者公会或联合会，其地无公会者，应加入其邻近之新闻记者公会。"第8条规定："市县新闻记者公会，以在该管区域内执行职务之新闻记者15人以上之发起组织之，其不满15人者，应联合2个以上县或与市共同发起组织之。"第9条规定："省新闻记者公会得由省内县市公会或联合会5个以上之发起及全体过半数之同意组织之。其县市公会其及联合公会不满5个单位者，得联合2个以上省共同组织之。"第10条规定："全国新闻记者联合会得由省或其联合公会或院辖市公会11个以上发起全体过半数之同意组织之。"第11条规定："同一区域内，同级之新闻记者公会以一个为限，新闻记者之委员，必须有证书而现执行职务之新闻记者为限。"第21—29条，规定了新闻记者应遵守之条文。还规定主管新闻记者公会的是国民政府各级行政机关。国民党中宣部主管的国际宣传处操持新闻发布。该处在每周五下午2—5时，举行新闻发布会。汇聚重庆陪都的美、苏、英、法等国家通讯社记者与报刊记者以及中国记者，都届时出席，仅1940年4月前就举行过记者招待会600余场次。

至此，国民党及国民政府的管控新闻，从组织到法规已达到完备度。

凡事有利亦有弊。用一个时髦的词来说，凡事有正能量亦有负能量。作为执政的国民党和执政的国民政府，对新闻从组织到法规加以约束，使之规范，有利于抗战，这是职责所在，理应如此。因为这是战争时期，这是中华民族生死存亡时期，军事、外交，特别是军事方面的秘密如军队布防、武器装备、军队人数、战略战术、攻防等等，就不得随意作为新闻内容加以报道，就必须遵守新闻法规。不仅中国国民政府如此，美国政府亦然。1942年1月15日，美国政府颁布《美国报刊战时行为准则》，规定包括新闻在内的印刷品不得报道与军队、飞机、舰船、战时生产、武器、军事设施等不适当的消息。同年6月,美国政府还成立战时新闻检查局,负责检查国内外来的邮件、电报、无线电通讯。总统罗斯福在颁布成立战时新闻检查局命令时,要求凡与战争密切相关的消息,必须通过战时新闻局发布。这些,都是执政党与执政政府管控新闻的正能量及其释放的所在。中国的国情与美国国情不同。中国的抗日民族解放战争是国共联合为基础的抗日民族统一战线的战争。加之,1939年及其后,国民党及国民政府对共产党实行"限""溶""反"的方针与行为了。因此,国民党及国民政府通过组织与法规对新闻的管控,实际上变为了垄断,垄断新闻及新闻发布。事实上,1939年及其后,抗日民主根据地及八路军、新四军的新闻就受到不同程度的限制乃至禁止发布了。比如1939年10月20日,国民政府战时新闻检查局以《新华日报》在19日刊登了《毛泽东同志与中央社记者谈话》为由,而令《新华日报》停刊1日,并派宪兵搜查报社、检扣报纸、撕毁市内张贴的报纸。《新华日报》是国民政府承认的在国统区公开印行的报纸,是中共派出机关的报纸;国民党中央监察委员会在1938年6月就做出了恢复毛泽东等人的国民党党籍的决定;毛泽东作为中共的领导人也是国民政府知晓的;加之,毛泽东与中央社记者的谈话内容又未违反抗日原则。凭什么要这样"惩罚"《新华日报》?这自然表明,其检扣与处罚这一新闻手段是为其"限""反"共的方针服务的。还有对八路军进行的"百团大战"消息的查禁。八路军总司令朱德与副总司令彭德怀在1940年8月22日就致电蒋介石报告八路军投入105个团的兵力对日展开大规模战斗。到同年10月28日先后送交国民政府统帅部115份《百团大战要报》。蒋介石一面于同年9月11日,致电朱德与彭德怀,称:"贵部窥此良机,断然出击,予敌甚大打击,特电嘉奖。"却又于10月20日电令国民党中宣部绝对查禁有关"百团大战"消息:"案奉总裁酉皓侍秘,渝字第四二一号代电开,查近来报上常有记载'百团大战'字样,……此项名词及有关之新闻,以后应绝对禁止登载。"据统计,1938年12月—1945年10月,《新华日报》被检扣处罚达148次之多,阻挠《新华日报》出版发行达100余次,调查甚至迫害《新华日报》读者与投稿人15起之多。《大公报》《新蜀报》的新闻稿件也多次被检扣与查处。可见,国民党与国民政府的新闻组织与新闻法规,包含了一党之私利,而有损于抗日民族解放战争之大业与大利。这便是国民党及国民政府的新闻组织与新闻法规及其释放出的负能量所在。这一负能量的日益暴露，自然会遭到新闻界的反对。到1945年时，包括新闻界在的重庆陪都文化界，掀起了报刊、书籍的"拒检"运动。

重庆陪都新闻，虽遭如此负能量的挤压，但依然成就卓著，品种繁多，硕果累累。

"消息"。"消息"作为新闻中常见的一种文本或称体裁，在1939年前的重庆陪都新闻中量最大，各家报纸、通讯社几乎都放在头版头条刊发。其中，主要有战争的"消息"和重庆陪都被敌机大轰炸的"消息"。淞沪战争、南京大撤退、武汉保卫战、台儿庄战役、平型关战役、长沙会战等等前线战事，在《中央日报》《新华日报》《大公报》《新蜀报》等等报纸上，都以"消息"或"简讯"形式快速地加以报道。新闻工作者出于职业的敏感，让重庆陪都各界民众及时地了解了战事进展状况。比如，1938年4月7日，台儿庄的中国军队与日寇激战8昼夜，毙伤日军3万余人。这一胜利喜讯在重庆陪都的各大报纸的头条刊发，引起民众争相传阅与称赞。重庆陪都除雾季以外，有长达5年半的时间都遭受日机的大轰炸。重庆陪都的新闻工作都及时地将此"消息"发表于报刊并加以谴责。1938年2月18日，重庆陪都第一次遭受日机大轰炸。这一事件，《新蜀报》和迁入渝不久的《新民报》及别的报纸头版上作为"消息"发布出来。2月19日的《新蜀报》以"本市消息"为标题，详细报道了这次大轰炸的过程，中弹地方受伤人名，投入传单，等等。1938年10月4日，日机对重庆陪都市区大轰炸。《中央日报》、《扫荡报》、《国民公报》、中央通讯社都以"消息"方式向中国与世界传播。《国民公报》以"本报特讯"方式作了详细报道。1939年1月，重庆陪都四次遭受日机大轰炸。第1次是1月7日，31架日机大轰炸；第2次是1月10日，30架日机大轰炸；第3次是1月15日，27架日机大轰炸，炸死民众124人，伤166人；第4次是1月16日，日机大轰炸，炸死伤民众300余人。重庆陪都这一个月四次被大轰炸，重庆陪都的报刊《中央日报》《新华日报》《大公报》等等，都作了报道。1939年5月3日与4日，重庆陪都接连两天遭受大轰炸，炸死民众近4000人，炸伤民众3000余人，《中央日报》《新华日报》《大公报》《扫荡报》《新民报》《新蜀报》《时事新报》《国民公报》《商务日报》

《西南日报》10家大报社被炸，英、法、德大使馆被炸。这两天的大轰炸，震惊了世界，成为重庆陪都报刊和通讯社、中央广播电台的头条新闻。以后，日机的大轰炸，重庆陪都的报刊都以"消息"发表于报纸头版头条，对日寇的暴行加以谴责，对我空军与民众的奋起战斗予以赞扬。比如1940年6月30日，日寇飞机48架大轰炸重庆陪都，《新民报》于第二天以《寇机与山水为敌昨轰炸南山之巅》为题详加报道，并在文末写道："……昨天敌机又在瓦砾堆上加了几颗炸弹，市民们只是冷笑敌人的无聊。"1941年7月29日，寇机101架大轰炸重庆陪都，中央社于第二天发表"消息"，《国民公报》亦发表"消息"。至于"大隧道惨案"，《新华日报》《大公报》更是发表"消息"加以报道。

新闻文学作品。这类新闻不限于记者的手笔，不少诗人、小说家、散文家、戏剧家、理论家乃至外国在渝作家都参与写作。他们关注与"报道"的事件，还是大轰炸与战争居多。

"五三""五四"重庆陪都遭受敌机大轰炸，重庆陪都各报刊登发"消息"外，还发表多篇特写类的文学新闻作品，如《新华日报》发表的"本报特写"《这是青天白日下兽性的屠杀》和"短评"《用战斗回答寇机轰炸》，《七月》发表老舍的散文《五四之夜》，《全民抗战》发表知辛的《残酷炸后——重庆市夜巡礼》，《群众》发表于鸣的《敌机轰炸后的难民》与陆诒的《敌机轰炸重庆》，《防空军人》发表梦星的《五月的血火——重庆惨炸纪实》。还有杨述于五月四日写的一首诗《五月四日敌机炸渝》："敌寇凶残甚，渝州继火焚。举家随国毁，烈焰逐人奔。一响皆驱死，齐呼不共生。愿栖碎瓦上，重建汉家春。"更有日本反战作家绿川英子写的散文诗《五月的首都》："您，可爱的大陆首都，重庆陪都哟！银翼飞来了，恶魔出现在天空，轰！轰！轰！我的脚下，大地在流血，您的头上，天空在燃烧，……您失去了几千人，留下了那么多可怜的孤儿、寡母。您哭泣，因为您折断了手，因为您烧伤了脚，您正处在痛苦中。您满身流血——可是您不怕！……新中国伟大的母亲重庆陪都，不论何时，不管怎样，都会经受住任何考验！"

还有不少新闻文学作品，描述着日寇绝灭人性的屠杀和对后方不设防城市的轰炸。汝南的《当南京被虐杀的时候》与适夷的《第7次挑选》记录着日寇屠杀南京民众的罪行，俟风的《血债》记录着日寇屠杀芜湖民众的罪行，适夷的《人兽之间》记录着日寇屠杀杭州民众的罪行，魏伯的《伟大的死者》记录着日寇屠杀晋南民众的罪行，莎寨的《"文明人"走过的地方》记录着日寇屠杀东南民众的罪行，等等；草明的《遭难的葬礼》、默容的《空袭》、燕军的《广州受难记》，记录着广州民众被敌机大轰炸，俞棘的《第一颗炸弹》记录着福州民众被敌机大轰炸，等等。

这里，还应提及的是电影新闻片的拍摄与放映。电影新闻进入新闻领域，应该说这是抗战时期才有的新闻品种。这种新闻品种，是中国新闻界与电影界的首创。电影新闻与纸质的新闻相比较，其有直观性、立体性、形象性，更易于为观众所接受。因此，重庆陪都电影界为着鼓动民众抗日救亡而拍摄了较多的新闻片，使"一寸胶片"，成为"一粒子弹"射向日寇。仅中国电影制片厂就拍摄有12部重庆大轰炸的新闻片，中央电影摄影场就拍摄有23部重庆陪都大轰炸新闻片。这些大轰炸新闻片，常常是在大轰炸后的两三天就放映了。这些新闻片具有尖锐的政治性与及时性的特征，因而产生了极大的社会效应。

所有这些新闻品种，都具有新闻中的"通讯""特写""报告"等等文体的特征：第一，有新闻的五要素即时间、地点、事件、人物、原因；第二，有新闻性与形象性；第三，运用多种手法，从不同角度反映事件的片断；第四，有较浓的情感与较强的视觉效果。这些新闻品种，不仅丰富了抗战文化文库，更记录着日本帝国主义在中国土地上犯下的暴行和中国民众所受的灾难，以及中国民众对敌人仇恨的递增和顽强的反抗。因此，这些新闻品种，虽然鲜血淋漓，废墟满纸，然而却具有悲壮乃至激越的格调，一股股愤怒的热流牵动着千百万读者的心。

台儿庄战役、长沙会战等等战斗，为众多记者与文学家所关注。他们或亲临前线参加战斗、深入第一线作战地采访，或在重庆陪都瞩目于战斗状况。1938年4月7日，台儿庄战役打响的当天，《中央日报》《大公报》《新华日报》等多家大报的记者和中央社特派员曹聚仁夫妇和臧克家以及苏联塔斯社、美国合众社与《芝加哥每日新闻》等等通讯社及报纸的记者都一齐扑向前线，及时地报道了台儿庄战况与战绩。除"消息"外，还有不少新闻文学作品见诸报刊。计有以群的《台儿庄战场散记》、王西彦的《被毁灭了的台儿庄》、舒强的《战后的台儿庄》、长江的《台儿庄血战经过》、冯玉祥的《台儿庄》、郭沫若的《纪念台儿庄》、胡厥文的《台儿庄大捷》以及茅盾的书评《台儿庄》和沉的《郁达夫到台儿庄》，等等新闻文学作品。冯玉祥于当天得知战况，便创作诗歌《台儿庄》，写道："徐州东北台儿庄，军事据点为最上。倭寇来攻打，主力移此方。""战区司令苦运筹，发动民众大力量。军民成一片，胜利有保障。""倭寇死伤两万余，缴获兵器难计量。""此役胜利实空前，革命史上重荣光。价值无比拟，人人不能忘。从此打下好基础，最后胜利已稳当。"1939年9月14日至10月10日的长沙第一次大会战到1942年1月的第三次大会战，中国军队取得重大胜利，引起国内外朝野各界巨大反响。《新华日报》于1942年1月11日发表社论《论长沙保卫战与目前军事任务》，认为："我三湘健儿，我神鹰队伍，在此长沙保卫战中，誓死保卫家乡，有效击退敌人。这表明反法西斯战争的东方战场上，有着伟大的中华民族的抗日生力军，有决心，有实力，不让敌人在太平洋上得逞的时候，同时进攻中国，……所以此次长沙之捷，是有着国际意义的。"蒋介石在重庆陪都记者招待会上发表讲话，称"此次长沙胜利，实为'七七'以来最确实而得意之作"。英国《泰晤士报》发表社评，认为："12月7日以来，同盟国军队唯一决定性之胜利系华军之长沙大捷。"诗人们也纷纷拿起笔来，予以书写。计有郭沫若的《传湘北大捷》、杨沧白的《喜闻湖南大捷》、李竹侯的《湘北我军大捷，英军赞我已获崇高地位》与《湘北第三次大捷》、钱来苏的《长沙大捷》与《长沙三捷》，等等。杨沧白在诗中写道："闻道长沙捷，幽忧病欲苏。腐心酬敌久，狂喜卷书无。锁钥西南固，游魂十万诛。汨罗江畔立，流恨满湘湖。"

还有一些写北线战斗的新闻文学作品，如碧野的《北方的原野》与《太行山边》、刘白羽的《游击中间》、曾克的《在汤阴火线》、立波的《晋察冀边区印象记》、丁行的《沉寂中的前线》、田涛的《中条山下》、宋之的的《长子风景线》，等等。

所有这些新闻文学作品，记录着中国军民一幅幅战斗生活的剪影，写得逼真而情感喷涌，充满了中国军民的悲壮与坚韧、苦难与新生、对于抗战的热情和对于抗战胜利的确信。这些确实是一幅幅战斗的素绘。

二、传　媒

抗战八年间，在国民党与国民政府有关部或局注册的报刊共127种，通讯社30家。这些便是重庆陪都的新闻传播媒体。通讯社作为一种新闻传播媒体及其作用，拟放在本书的第十一章对外交往中去叙述，这里着力叙述几种重庆陪都新闻传播媒体中的报刊及其作用。

（一）《中央日报》

该报1928年创办于上海，1929年迁入南京，1938年9月1日入驻重庆陪都，9月15日复刊。该报在重庆陪都8年间，辟有"政治要闻""社会新闻""国际新闻"等栏目。"国际新闻"，多采自路透社与合众社的电文。如1939年9月，英法为将德国法西斯东引而牺牲捷克作出的"慕尼黑协定"，《中央日报》便大加报道。其中，有《捷克的惨痛》一文，称捷克"屈服矣"而"不胜怅惘"。对欧洲战场与太平洋战场，也及时报道其战况。如1941年12月8日，珍珠港事件发生时，《中央日报》发表《大战关键在太平洋》一文，加以报道与评介等等，给中国各界人士传递第二次世界大战中欧非战场的多种信息。"政治要闻""社会新闻"多报道国内状况。此外《每周战况》，战讯由中央社提供，多报道战况，如晋北战斗、徐州战斗、武汉保卫战、平型关大捷，等等。其中，报道平型大捷时，说："敌犯平型关受伤后，敌大举进犯雁门关，我军奋勇出击，连日战事激烈，我善于游击之部已开抵前线作战，敌连日损失甚巨。"还有"陪都动态""各省动态"等等栏目。

《中央日报》系国民党中央机关报，传达较多的是国民党、国民政府、蒋介石的声音，其党派的政治色彩在1939年以后尤为鲜明突出。1939年7月8日，《中央日报》发表《抗战两周年》一文，极力称颂蒋介石，说："中国国民党的主义与精神，集中在我们领袖的身上。领袖秉着党的主义领导全民族对日抗战。领袖深知我们的抗战必定得到最后的胜利。"称"领袖果断""领袖贤明""天才军事家""革命政治家"。1941年1月8日，《中央日报》"要闻"：称"新四军抗命叛变，全部解散，番号撤销"。

同时发布《军委会命令》，指责新四军"蓄意扰乱战局，破坏抗战阵线，密谋不轨，已非一日"。1942年5月16日，《中央日报》报道《陕甘宁边区种植鸦片烟》，此报道带有强烈的攻击性。1943年3月3日，由陶希圣执笔以蒋介石署名的《中国之命运》一书出版。《中央日报》称本日为该报之大事。为配合宣传本书之需要，《中央日报》发表多篇文章，如《释行知》《释命运》。这些文章千篇一律，如新闻导语一般，开头总是："总统在《中国之命运》一书写道"或是"正如总统在《中国之命运》一书所说的"。1943年5月，共产国际解散。《中央日报》于同月29日发表《伟大的祖国爱》一文，暗示中共也应解散，"共同集中于三民主义信仰"。总的说，《中央日报》在1939年及其后，多传达"一个主义、一个党、一个领袖"的理念。

《中央日报》在重庆陪都8年间，对于重庆陪都文化界的震动与文化建设，应该说还是注入了一些正能量的。

1938年12月1日到1939年4月1日，《中央日报》副刊《平明》由梁实秋主编。这四个月时间虽短，却引发全国性的"与抗战无关"论的论战，而且持续到20世纪80年代。除成都、昆明、桂林、上海、香港、延安等地的报刊发表文章参加论战外，重庆陪都的大小报刊几乎都卷入这场论战中。《中央日报》发表了如胡风的《关于时代现象》这样的驳难文章。这场论战得出的结论，正如老舍在《文艺成绩》一文中说的："文艺必须抗战，抗战需要文艺，这二者在今天已然不仅是一种理论或理想，而是明显的普遍的事实上有了证明。"从这以后，《中央日报》发表了较多的文艺创作、文艺评论与描述文人心态的文章。1939年2月1日，《中央日报》发表柳青的《后方文人的苦闷及其出路》；同月17日，发表吴新稼的《一年来的孩子剧团》；4月12日，发表陈铨的《宣传剧的最低条件》。1940年2月18日，《中央日报》发表张骏祥的《我对于目前戏剧工作的一点意见》；4月13日，发表常任侠的《观〈国家至上〉》。1941年3月5日，《中央日报》副刊《中央副刊》创刊，其"发刊词"声称：提倡"刺"与"蜜"。创刊号，发表老舍的文章《论新诗》；10月24日，连载吴祖光的《读〈北京人〉》；11月25日，发表王冰洋的《〈棠棣之花〉观感》。1942年1月24日起，连载郭沫若的剧本《屈原》；10月23日，发表田鲁的《〈法西斯细菌〉观后》；11月14、15日，发表张道藩的《我们所需要的文艺政策》。1943年4月1日《平明》复刊。从当日起，连载陈铨的《无情女》；4月22日，《平明》全版刊登介绍陈铨的剧本《蓝蝴蝶》的文章，成为《蓝蝴蝶》特刊；5月6日，还发表寒梅的《"复活"与"蓝蝴蝶"》；5月25日，发表海东的《"蓝蝴蝶"读后并略论其演出》。1945年1月24日，《中央日报》发表如侗的《读〈北极风情画〉》、24日发表章伊雯《悲剧艺术的意义——评〈北极风情画〉》，此二文评介徐訏的长篇小说《北极风情画》；同年12月，《芳草天涯》与《清明前后》两个剧本讨论时，《中央日报》发表远原的《"罗亭"与"芳草天涯"》。罗列这些文章题目，读起来是枯燥的，或许会令人头疼的，然而却表明了一个问题，那就是《中央日报》在文化文艺方面，所持的观点，显得宽泛，不过基本的还是"三民主义"文化文艺观。这样的文化文艺观，从抗日民族解放战争的推进和中华民族文化的建设与发表来说，利与弊、正负能量兼而有之。

（二）《新华日报》

该报创办于1938年1月1日的汉口，同年10月25日在重庆陪都继续出版发行。该报是中国共产党在国统区公开出版发行的一张报纸，得到国民党和国民政府认可的。该报一贯遵循的办报宗旨正如《本报移渝发刊》社论中所说的："本报深愿与读者诸君及全国同胞共同一致地高举坚持抗战，坚持持久战之旗帜，在民族解放战争的洪流中，树立起独立自由幸福的新中国的根基。"这也是该报的自信与担当所在。为着高举这面旗帜与树立这样的根基——也即是为着践行这一自信与担当，该报在重庆陪都8年间作了不懈的努力，其中包括文化文学建设与发展的引导。

《新华日报》是直接受中共中央南方局和周恩来领导的。周恩来不仅审阅该报的重要社论，还亲自为该报撰写社论、代论、专论乃至新闻。据统计，周恩来在1938年10月到1946年5月，为该报写有37篇之多的专论文章。这就保证了该报的政治方向与办报宗旨的践行。

1938年11月26日，《新华日报》在渝陕西街举行招待会，当局党政军及各界人士赴会，中共的王明、博古、董必武等人出席，意在宣示本报办报宗旨。1938年底，汪精卫叛逃时，《新华日报》于翌年1月2日即发表社论《汪精卫叛国》，痛斥汪精卫叛国行径，批驳亡国谬论。《新华日报》还发表周恩来对路透社的谈话和周恩来在联中的演讲《抗战形势和坚持持久战问题》以及在南开中学的演讲《抗战建国与南开精神》，对于坚持抗战、反对投降、稳定人心起了重要作用。重庆陪都连年遭受日寇飞机大轰炸，《新华日报》都发表"新闻"，声讨日寇的罪行。《新华日报》对国民党和国民政府检查机关的多次打压，总是予以有理有利有节的抗争，总是在被检扣处"开天窗"，以示抗议。比如"皖南事变"时，《新华日报》的社论《团结起来打敌人》被检扣，却在"开天窗"处发表周恩来题写的悼词"为江南死难者志哀！"和挽诗"千古奇冤，江南一叶；同室操戈，相煎何急?！"《新华日报》社还编印《新四军皖南部队惨被围歼真相》，散发给重庆陪都新闻界与民众。这既让重庆陪都民众及全国民众了解"事变"真相，求得同情与支持起了重要作用，同时，也为重庆陪都多家报刊反抗打压起了表率作用。1940年9月，八路军"百团大战"进行时，《新华日报》于9月19日发表社论《华北百团大战的历史意义》，指出："华北胜利的事实告诉了我们，中国是有办法的，有前途的，是能克服困难的，是能战胜日寇的。"12月25日，《新华日报》又发表社论《论百团大战的伟大意义》，指出："百团大战""顿时牵制和吸引了日寇进攻重庆陪都、昆明、西安的大量兵力，破坏了敌寇原定的战略计划，坚定了全国上下的抗战信心，改变了国际对我抗战的观感。""在国家民族最危急关头，时局危机千钧一发之际，举千钧重担，以热血头颅，冲锋陷阵，用自己血肉，拼死搏斗，来克服时局危机，争取时局好转的不是别人，正是共产党领导的八路军和新四军。"《新华日报》还不时发表重庆陪都各界知名人士黄炎培、胡厥文、李烛尘、卢作孚、缪云台、胡子昂、黄墨涵、徐崇林、马寅初、千家驹、施复亮、章乃器等人的谈话、文章，辟《友声》专栏作为阵地。这就为壮大中共的影响与团结中间力量做出了贡献。1945年1月26日，《新华日报》发表中国民主同盟的《对时局宣言》，提出结束一党专政，建立联合政府；释放一切政治犯；保障人民言论、集会、结社、职业、身体自由等10项要求。同年2月22日，《新华日报》发表重庆陪都文化界郭沫若、沈钧儒、茅盾、巴金、陶行知、马寅初、柳亚子、徐悲鸿、侯外庐、顾颉刚等312人联合签名的《文化界对时局进言》，提出召开各派各党和民主人士参加的"国是会议"，组织举国一致的联合政府等6项要求。同年7月6日，《新华日报》发表毛泽东在中国共产党第7次全国代表大会上作的政治报告《论联合政府》，提出动员全国一切力量打败日本帝国主义发动的侵华战争，要求在全中国实行民主改革，废除一党专政，成立民主的联合政府。这些对其时以重庆陪都为中心的大后方民主潮流的兴起给了极大的助力与指导。1945年8月10—14日，《新华日报》连续发表多篇社论或专论《日本无条件投降，中国胜利万岁》《论无条件投降》《从胜利到和平》《战争尚未停止，彻底解决日寇》《光荣属于人民》《日本接受条件以后》，阐明抗日民族解放战争胜利的主要原因——中国人民八年抗战的结果，以及抗日民族解放战争的最终目的——建立一个真正的民主团结自由幸福的新中国。

《新华日报》在重庆陪都8年间，对重庆陪都文化建设与发展，也作了大量的带引领性的工作。其中，有两件工作具有长久的价值意义。

一是鲁迅纪念活动的持续开展。该报从1938年10月鲁迅逝世二周年纪念开始，一直到1946年10月鲁迅逝世十周年纪念止，每年不断地举行纪念会，刊发纪念文章。这在当时所有报刊中不说是独一无二的但可以说是不多见的。这是因为鲁迅拥有中华民族的脊梁精神，这是因为鲁迅是中国现代新文化新文学的旗帜，这是因为鲁迅逝世前夕预拟了中国现代新文化新文学在未来岁月的大体走向。我以为这便是该报8年间始终坚持纪念鲁迅和发表纪念鲁迅文章的缘由所在吧！而事实也的确是如此的。1938年10月19日，该报出"鲁迅逝世二周年纪念"特刊，在显著位置刊发周恩来的题词："鲁迅先生之伟大，在于一贯的为真理正义而倔强奋斗，至死不屈，并在于从其艰险困难的处境中，预见与确信有光明的将来。这种伟大，是我们今天坚持长期抗战，坚信最后胜利所必须发扬的民族精神！"还刊发有郭沫若的《持久战中纪念鲁迅》、田汉的《鲁迅翁逝世二周年》、安娥的《把鲁迅先生的教言武装起来》、吴克坚的《纪念伟大的鲁迅先生》等文章。这是该报第一次举行的纪念鲁迅活动和出的第一期纪念鲁迅文章，映现出了该报的宗旨与追求。1939年鲁迅逝世三周纪念时，该报特发社论《纪念伟大的民族战士鲁迅先生》，出"鲁迅三周年纪念"特刊。社论号召人们学习鲁迅的"政治的远见，斗争的精神和牺牲精神"，坚持抗战。刊发潘梓年的《纪念为自由而奋斗的战士》、草明的《不妥协的人》、吴敏的《中国知识分子的道路——纪念鲁迅先生》、汉夫的《鲁迅先生的伟大思想——纪念鲁迅先生》、胡风的《鲁迅先生·日本·汪精卫》等等文章，还发消息"战时首都千余群众纪念民族战士鲁迅先生"。即使是

1943年10月19日，鲁迅逝世七周年纪念会未能举行，但该报依然出"鲁迅先生逝世七周年纪念专页"，刊发林召的《鲁迅精神》、林辰的《鲁迅北京避难考》。该报的报道称，"今天没有举行大规模的纪念会，然而在人们的心里并没有忘掉这个日子。许多书店为了纪念这个中国文豪、青年的导师，都自发地减价出售鲁迅先生遗著和其他的文艺书籍，读者也很踊跃地购买这些书籍。据书店方面的人讲：'平时鲁迅先生的著作，就销得很好，而在昨天较往日都好。'鲁迅先生仍然活在人们的心里"。1946年10月19日，重庆文化界举行盛大的鲁迅逝世十周年纪念会。该报出"纪念鲁迅逝世十周年"特刊，发表16篇相关文章或报道文字。其中有吴玉章的讲话，指出：鲁迅为代表的新文化运动的特色是民族的民主的科学的大众的。有该报社论《鲁迅的方向》。有重庆文化界纪念大会的报道称：大家认为应以反内战、反帝国主义、反法西斯统治，争取中国独立、民主、和平来纪念鲁迅。总之，这些纪念会及纪念文章，较为充分地发掘了鲁迅的精神内涵，紧扣着抗日民族解放战争的政治目的性即该报的宗旨与追求目标。从鲁迅研究史这一角度来说，这也是鲁迅逝世后第一次集中地大规模地持续时间较长地鲁迅研究，为后世鲁迅研究作了一定的精神文化与史料的积累。

二是毛泽东《讲话》的传播。毛泽东于1942年5月两次在延安文艺整风座谈会的讲话，后经修改题目为《在延安文艺座谈会上的讲话》于1943年10月在《解放日报》上公开发表。这个讲话，是毛泽东文艺思想的体现，是中国共产党制订文艺方针政策的理论基础。因此，这个《讲话》之应该广泛宣传就不言而喻了。这个《讲话》不仅在抗日民主根据地兴起学习热潮和贯彻执行，同时也在重庆陪都为中心的大后方等地区得以传播。《新华日报》为毛泽东的《讲话》在重庆陪都为中心的大后方乃至香港等地的传播，作了大量的行之有效的工作。首先是逐渐传播《讲话》。1942年5月毛泽东作的《讲话》，6月12日《新华日报》发表萧军的文章《对于当前文艺诸问题底我见》，转述了毛泽东于5月2日《讲话》的"引言"内容。1943年1月1日，周恩来在曾家岩住所传达毛泽东《讲话》基本精神，阐述其意义，要求文艺工作者学习《讲话》；同日，《新华日报》发表茅盾、胡风、陈白尘、宋之的、吴祖光、碧野等人新年展望文章，表示要用深沉的笔触去刻画工人与农民的不同的灵魂。1943年3月24日，

《新华日报》发表"延安讯"：3月13日，《解放日报》报道，中共中央文委和中央组织部召开党的文艺工作者会议，传达贯彻毛泽东于去年5月23日在文艺座谈会上讲话精神，指出：毛泽东的文艺为工农兵服务，是这次会议的指针，也是文艺运动的总方向。1943年11月11日，《新华日报》发表社论《文化建设的先决条件》，首次在重庆陪都为中心的大后方公开地系统地阐释毛泽东《讲话》的基本精神和中国共产党的文艺政策。1944年1月1日，《新华日报》在显著位置发表"毛泽东同志对文艺问题的意见"，节录发表《讲话》三个部分："文艺上为群众和如何为群众的问题""文艺和政治""文艺的普及和提高"。并在《编者按》中指出：毛泽东的《讲话》，"系统地说明了目前文艺和文艺运动上的根本问题"。1944年8月26日，《新华日报》全文发表中共中央宣传部于1943年11月7日颁布的"关于执行党的文艺政策的决定"。1945年1月，《新华日报》社以《文艺问题》为书名，出版发行毛泽东《讲话》。《新华日报》不仅传播毛泽东《讲话》，而且组织重庆陪都左翼文艺工作者联系重庆陪都文学、大后方文学实际，学习《讲话》。其中，最为突出的联系实际学习《讲话》是1945年11月10日，《新华日报》副刊"新副"召开的《清明前后》和《芳草天涯》两个话剧座谈会，座谈纪要发表于本月28日《新华日报》上。发言者大都以毛泽东《讲话》精神为准则评议这两部剧本。比如C说：《芳草天涯》"正是一个非政治倾向的作品，和《清明前后》恰成对照"。L说："《芳草天涯》以湘桂撤退为背景，这本是大地主大资产阶级统治的弱点和黑暗之总暴露，但在这里，却一点也看不出来，一点也没有过表示一个艺术家所应有的愤懑，却反而迁怒于无辜的人民了。"这也就为稍晚一点的国统区文学、大后方文学、重庆陪都文学"右倾"论给了提前预拟。类似这样的观点，还见于同年12月5日发表在《新华日报》上的默涵的文章《从何着眼》，认为文学批评主要应从作品的政治意义去着眼，政治价值是批评作品的第一个标准。当然，也有不赞成这样来评价两部话剧作品的意见。王戎的《从〈清明前后〉说起》一文发表于《新华日报》12月19日，他就认为"现实主义的艺术不必要强调所谓政治倾向，因为现实主义强调作者的主观精神紧紧地和客观事物溶解在一起，通过典型事件和典型的人物，真实的感受，真实的表现，自然而然在作品中会得到真实正确的结论"。"新副"发表王戎此文后，在"编者的话"中说：

"两个话剧"引起的讨论,实际上是包含着一个更重要的问题,艺术与政治的关系和近年来大后方文艺的倾向的问题。这个问题,如果能在争论中得到一个正确的解决,那将是非常有意义的。并"希望文艺界的先进和读者们都来参加这个讨论"。于是,由文艺的政治倾向为题,引起关于"主观论"的讨论。26日《新华日报》发表荃麟的文章《略论文艺的政治倾向》,批评王戎的观点,并指出:强调政治倾向来作为文艺创作与文艺批评的一个共同方向,无论如何是十分必要的。翌年1月9日,《新华日报》又发表王戎的反批评文章《"主观精神"和"政治倾向"》。同月23日,《新华日报》发表画室的文章《题外的话》,彰显作者关于文艺与政治的关系的新见解,不赞成用简单的政治性与艺术性去评价文艺作品。2月13日,《新华日报》发表何其芳的长篇论文《关于现实主义》,针对两个话剧讨论中提出的文学创作应该强调什么阐释自己的意见,批评"主观论",强调文艺应该与人民群众结合。2月20日,《新华日报》发表默涵的文章《再说写什么》,批评"主观论"。这场激烈的然而还算自由的宽松的文艺论争,随着重庆陪都文坛的不复存在而转移到别的文坛作另一番争论、争斗、搏杀了。

《新华日报》在重庆陪都发行8年间,作了许多事情,大都有着史的价值意义,唯独这两件事,我以为应载入史册,乃因为这两件事还留给研究者有不少的话可说,有不少的课题可做!

(三)《大公报》

该报属于一家资深报纸,1902年创办于天津,1936年迁至上海印行,抗日战争时期在香港、桂林、重庆陪都等地印行。1938年12月1日,《大公报》发表社论《本报在渝出版》称:本报于10月17日在武汉停版,经月余筹备,始于1938年12月1日在渝出版。该报在重庆陪都8年间,仍然持的是"国家中心论",仍然以"客观、公允"自居。该报设有"专讯""特写""特派通讯员信"等栏目,发表有关战争的"消息"和分析敌情、斥责敌人罪行、坚持抗战之类的新闻文学作品。同时,该报还在美国、英国、新加坡、缅甸、印度乃至日本都派有记者。因此,该报的信息量大,内容丰富。1938年底,该报发表了几篇文章,呼吁抗战到底,喊出"中国只有战斗里求生的一条道路"。1942年,河南大旱饿死几百万人。

《大公报》于1943年2月1日，发表记者张高峰的实地采访通信《豫灾实录》，反映实际灾情。时任该报主编的王芸生据此文而写《看重庆，想中原》一文，表达对灾区民众的同情和对重庆陪都社会的不满。但却招致该报被当局的处罚，停刊3天。1944年7—9月的衡阳之战过程中，《大公报》于同年9月14日发表专文《衡阳十七天》寄予厚望，指出："衡阳战后，敌军整顿准备了近一个月，现又发动攻势，战斗正在湘桂进行。拿衡阳做榜样，每一大城市都打四十七天，一个个地硬打，一处处地死拼，请问日寇的命运还有几个四十七天？中国人民人人尽责，以不愧为战时的中国人民，而中国军人也必然人人奋斗，以不愧为战时的中国军人。"但是，事实却令《大公报》大失所望。因此，《大公报》又于同年12月13日发表专文《向方先觉军长欢呼》表示强烈不满，写道："衡阳失守后将近一个月，敌人继续发动攻势，大家以为全州是第二个衡阳，而敌人一腿就跨过了大榕江，全州不战而弃。桂林名城天险，调重兵，聚粮械，连布防备的负责人都说'桂林能打三个月'，结果啊，三十六小时而陷！""柳州弃守之后，敌人马不停蹄，跟踪入侵，陷宜山，越怀远，破金城，踏河池，蹂南丹，窜六寨，破下司上司，突黑石关，过中捞河，闯过了独山，进军千里，直入无人之境。在这极短期间内，由柳州到独山这一条直角的曲线上，多少人民家破荡产，流离逃亡，更有多少物资损失、生命死亡。国家养兵谁叫他们这样无用？统帅数将，谁叫他们如此无用？"但是，《大公报》并未绝望，所以1944年12月，日寇打到贵州独山时，《大公报》发表社论《最近的战局》，指出：现在是"到了转折关头。我们也应该有我们的斯大林格勒"！

《大公报》在重庆陪都8年间，还参与了一系列文化思想理论的论争。比如1939年1月16日，发表本刊作者联欢杂记：谈关于"与抗战无关"的问题。1940年3月24日，发表向林冰的《论民族形式的"中心源泉"》；28—30日发表周扬的《新文艺与旧形式》；6月9日发表郭沫若的《"民族形式"商兑》；8月6、7、9、16、19、20、21日，连载向林冰的长文《关于民族形式问题敬质郭沫若先生》。1941年1月1日，发表茅盾的《时代错误》，批驳"战国"派政治观；28日，发表林同济的《战国时代的重演》（此文于1940年4月1日在昆明的《战国策》上发表过）；3月25日，发表罗梦册的《不是战国时代的重演，而是人类解放之来临》；4月15—

17日，发表柳凝杰的长文《论所谓"战国时代的重演"及所谓"人类解放的来临"》；5月4日，发表林同济的《从五四到今天——中国思想动向的转变》。该报在重庆陪都8年间，关注文艺发展，发表文艺评论文章。比如，1940年3月31日，发表刘念渠评洪深的剧本《"包得行"》；1942年1月26—31日连续6天发表李长之的长文《论曹禺及其新作〈北京人〉》；1943年1月16日，发表胡风的《一个女人与一个世界——路翎〈饥饿的郭素娥〉序》；1944年9月17日，发表蒋星煜的《东北作家论》。该报在重庆陪都8年间，还发表有一些文艺作品，比如，1942年3月29日，发表高兰的《哭亡女苏菲》长诗；1943年1月6日，发表老舍的《不成问题的问题》小说。1944年4月16日，发表有老舍、茅盾、夏衍、袁水拍、徐盈等作家的《我们的生活》；4月17日，发表胡风的《文艺的发展及其努力方向》。这一切，都是该报在"客观、公正"的旗帜下参与重庆陪都文化的发展与建设的。该报不失为重庆陪都文化的一块重要阵地。

（四）《新民报》

该报于1929年创刊于南京，1938年1月15日迁入重庆陪都，是外地报纸入渝较早的一家。该报在重庆陪都8年间，注重社会新闻与文化新闻的报道，还着力于副刊的创办。这得力于张恨水、张友鸾、张慧剑与赵超构的支撑。该报办的"延安通讯"，报道了延安社会、文化的新人新事新气象。《延安一月》访问记，连载于该报上，产生轰动性的效应。1945年8月28日，毛泽东来渝与蒋介石谈判期间，该报不时作如实报道。该报报道的文化新闻甚多。1939年1月25日的记者《介绍孩子剧团》：孩子剧团于1937年9月23日在上海成立，团长吴新稼，全团共25人，11月8日离沪，花一个月二十天时间才到武汉，由政治部接收，与长沙儿童剧团合并，人数增至60人。武汉沦陷后，经衡山、长沙、桂林，到重庆陪都。1938年1月25日在渝第一次公演，大梁子剧院演出。茅盾盛赞说：该剧团是抗战的血火中产生的一朵奇花。1941年2月7日，该报刊发"消息"：国民党中央文化运动委员会举行成立大会，主任委员张道藩，副主任委员潘公展与洪兰友，华林为总干事，下设文艺、设计两个组；4月8日，刊发"消息"：《北京人》《野玫瑰》获教育部学术审议委员会三等奖。1943年6月6日，该报刊发"消息"：《欢迎诗人节》（第三届），在渝诗人完成五部叙事长诗，计有臧克家的《感情的野马》、臧云远的《虎子》、王亚平的《二岗兵》、柳倩的《震撼大地的一月间》、力扬的《哭涕的年代》；10月30日，刊发"文讯"：于伶作《杏花春雨江南》上演，成绩甚佳，主管当局以该剧提倡人伦气节、激励捐躯报国、深获国父遗教，特颁给荣誉奖状。1943年5月26日，该报刊发"消息"：中央图书杂志审查委员会最近发表《取缔剧本一览表》，不准上演和不准出版之剧本共116种，兹将为观众所知之若干种探明列后：阳翰笙的《桃花扇》《欲魔》《一刻千金》《国粹》、熊佛西的《袁世凯》、老舍的《残雾》、李健吾的《委曲求全》《以身作则》《信号》、陈白尘的《石达开》《扫射》、阿英的《不夜城》、田汉的《年午饭》《乱钟》《梅雨》《暴风雨中七女性》《南归》、曹禺的《日出》、袁俊的《小城的故事》、郭沫若的《高渐离》、张天翼的《猴子大王》《老少无欺》、章泯的《夜》、吴祖光的《风雪夜归人》、凌鹤的《山城夜曲》等等。此外，尚有7种须修改后才准上演的剧本：《重庆廿四小时》《天国春秋》《第7号风球》《小元人》《大地黄金》等。1944年5月7日，新民报刊发"消息"：本报成立总管理处，张恨水任渝社经理；5月16日，刊发"消息"："谨以今日之篇幅献于张恨水先生之五十岁寿辰及其创作三十年纪念。"发表有署名沙、赵清阁、司马訏、方奈何等人的文章。其中，沙的文章评介甚详。沙的《恨水的创作表现》，称张恨水所写的小说有百多种，是"旧形式新写法"，其内容有的属于百分之百的才子佳人小说，有的属于讽刺暴露的社会小说，有的确实表现我们的希望与理想；在他两千万字的作品中，有痛苦的呻吟，有恶毒的诅咒，也有高昂的黎明之歌。他以鸳鸯蝴蝶成名，却能够顿然舍去成名的旧路，描写新的东西。1945年2月22日，新民报刊发"消息"：《三十三年度影剧统计》；话剧印成书本而出版的有56种，演出的只有32种；电影方面，共放映美国电影419部，英国影片140部，苏联影片56种，国产影片252部。新民报在重庆陪都8年间，办有副刊《最后关头》，张恨水主编；办有《西方夜谈》，张慧剑主编。连载有张恨水的长篇小说《八十一梦》《牛马走》《第二条道路》。同时，发表多篇文艺评论文章，比如1945年6月、7月、8月，该报发表的评"色情文艺"的文章计有难寄的《色情文艺我见》与《色情文艺再论》，林燕的《色情文艺浅释》（上、下），韦晓萍的《从"塔里的女人"说起》。同年9—12月，该报发表15篇有关《清明前后》

与《芳草天涯》的评论文章，计有赵铭彝的《反映当前现实的"清明前后"》、唐讷的《说"清明前后"公演》、郁文哉的《读"芳草天涯"》、余介平的《壮丽嘹亮的呐喊——"清明前后"观后》、徐迟的《读"芳草天涯"》、尤成美的《评"芳草天涯"》、金山的《更残酷地给他一刀——"芳草天涯"导演手记》，等等。该报拥有的这样大容量的文艺新闻与文艺评论，在重庆陪都报刊中尚属少见。

《新蜀报》《国民公报》等等报纸，作为重庆陪都的重要新闻传播媒体，为抗日民族解放战争的推进和抗战文化的发展与建设也做出过颇多贡献，功不可没。

重庆陪都的刊物（报纸的副刊除外），对抗日民族解放战争和抗战文化，尤其是重庆陪都文化的发展与建设所起的作用也不可低估。这里，拟就《抗战文艺》《中苏文化》《文化先锋》《文艺先锋》加以叙述。

《抗战文艺》，系"文协"会刊。该刊随"文协"成立而组建编委会，1938年5月4日创刊于汉口；随"文协"移驻重庆陪都，于1938年10月8日出版发行；但并未随"文协"于1945年10月易名而易名，一直以此名出版发行至1946年5月4日终刊。该刊编委成员有30余人，但作实际编辑工作的只有几人。该刊先后由读书生活出版社、上海杂志公司、华中图书公司、三联书店等出版机构出版发行。[①] 该刊在重庆陪都期间共出43期（凡两期合刊均为一期）。该刊是抗日战争时期所有文艺刊物中存在时间最长的一家文艺刊物。这自然得力于国共的支持、广大文艺工作者的支持、"文协"出版部及老舍的奉献。该刊在存在过程中，始终追寻"发刊词"所拟订的价值目标："首先强固起自己的阵营的团结，……把大家的视线一致集注于当前的民族大敌。其次把文艺运动和各部门的文化的艺术的活动作密切的机动的配合，谋均衡的普遍的健全的发展。"

在践行这两大价值功能的过程中，该刊以"文艺简报"或"文艺简讯"的方式，传递各地区的文艺信息，同时还以集束式的方式发表文章较详细地介绍各地文艺活动概况。比如，1939年4月10日出版的第4卷第1期，就发表有周文的《成都抗战文艺运动鸟瞰》、简又文的《香港的文艺界》、QS的《广州文艺活动简报》、罗荪的《抗战前后的武汉文坛》、郑伯

---

① 参见罗荪《关于抗战文艺》，《新文学史料》1980年第2期。

奇的《西安文艺现象点描》、李华飞的《重庆文艺界漫话》。这时，该刊犹如一座蓄水池，各地的文艺之溪水流向这里，而又由这里流向各地，整个中国抗战文艺概况呈现了出来。该刊在"每周论坛"或"论坛"上，发表敌后与沦陷区文艺工作开展问题的研讨文章，计有蕻的《两个后防》、蓬的《敌人的文化麻醉政策》、荪的《过去在敌人后方的文化工作》、虹的《展开沦陷区的文化工作》以及荒煤、梅行、黄钢等3人的《关于敌后文艺工作的意见》，意在求得这些地区文化文艺工作均衡的普遍的健全的发展，以配合抗日民族解放战争的推进。

该刊在重庆陪都文学论争中，不仅参与了论争，而且起着引导论争的作用。比如在"与抗战无关"论的论争中，该刊就发表了一组文章，计有宋之的的《谈抗战八股》、姚蓬子的《什么是抗战八股》与《一切都与抗战有关》、魏猛克的《什么是"与抗战无关"》，针对梁实秋的"无关"论和"八股"说，进行论辩。"暴露与讽刺"论争，该刊自始至终都参与其中，先发表有茅盾的《论加强批评工作》，后发表有荪的《强调现实主义》、寒的《关于讽刺》、野黎的《暴露·讽刺·锄奸》。"民族形式"讨论中，该刊发表有郑伯奇的《关于民族形式的意见》、茅盾的《戏剧的民族形式问题》。为配合与推进"抗战文化"出国，该刊发表一组文章研讨抗战文艺出国问题，计有蓬的《翻译抗战文艺到外国去的重要性》、猛的《关于翻译作品到外国去》、权的《加紧介绍文艺作品的工作》，等等。还译刊一些外国文学作品。该刊为着激励作家们的士气，促进抗战文艺的发展，还配合"文协"等机构召开作家纪念会、出纪念特刊或特辑。其中，最有影响力的纪念特刊或特辑有二：一是"鲁迅逝世二周年纪念特辑"和"鲁迅逝世四周年特辑"。前者发表有8篇纪念文章，后者发表有12篇纪念文章，掀起了纪念鲁迅、学习鲁迅的热潮。二是作家创作生涯与寿诞纪念特刊。1942年6月15日出版的第7卷第6期的"纪念郭沫若先生创作生活25周年"专栏，发表有冯乃超、茅盾、老舍等人写的7篇文章；1944年9月出版的第9卷第3、4期合刊的"老舍先生创作生活20年纪念文选辑"，包括郭沫若、茅盾、胡风等人的8篇文章；收有老舍、朱自清、柳亚子等人写的8篇文章的"茅盾先生50岁及创作25周年纪念特辑"，因第10卷第4、5期合刊未能出版而不曾面世，但这些文章先后在别的报刊上得以发表。这些纪念特辑和发表的文章，不仅彰显纪念主人的品德、精神、业绩，同时激励作家们的斗志，促进抗日民主运动和抗战文学运动的进一步开展。

该刊为着提升抗战文学创作水平，还发表不少作家作品评论文章和作家创作经验谈。1941年1月10日出版的该刊第7卷第1期，辟"创作经验"专栏，刊发老舍的《三年写作自述》、欧阳山的《我写大众小说的经过》、艾青的《为了胜利》、沙汀的《这三年来我的创作活动》；同年3月20日出版的该刊第7卷第2、3期合刊，辟有"关于小说中人物描写的意见"栏目，刊发巴金的《关于两个"三部曲"》、靳以的《我对创造人物的意见》、胡风的《一个要点的备忘录》、叶以群的《关于小说中的人物的描写》、茅盾的《关于小说中的人物》、老舍的《略谈人物描写》、草明的《我创造小说里的人物》、吴组缃的《如何创作小说中的人物》。该刊还不时发表作家作品评论之类的文章，其中最有分量的要数吕荧的《论曹禺的道路》。

该刊还是作家作品发表阵地。该刊仅在重庆陪都存在期间就发表有中、长、短小说80余篇部，当然居多的小说是短篇。这些作家作品有沦陷区的，有抗日民主根据地的，有香港、台湾的，有大后方和重庆陪都的。可以说，是抗日战争时期中国抗战文学作品的大荟萃，而且不分政治思想倾向和不同文学观的作家作品，当然底线是不背离"与抗战有关"。

这里，还应不能遗忘的是该刊最后一期及其刊发的文章。1946年5月4日，该刊第10卷第6期出版了。这是终刊号。发表文章的顺序，透露这么一些信息：一是关于抗日民族解放战争和政协会议召开所持的态度，有文协总会的《为庆祝胜利告国人书》《关于调查附逆文化人的决议》《慰问上海文艺界》和茅盾等人的《陪都文艺界致政治协商会议各会员书》。二是关于8年文艺工作的总结，有老舍的《文协的过去与将来》、郭沫若的《一切为了人民》、胡风的《关于结算过去》等等。三是关于纪念"五四"文艺节和该刊易名及迁至上海出版发行。这一期为《抗战文艺》划上一个看似完满而实存遗憾的句号。

贯串重庆陪都文学始终的《抗战文艺》，不愧为重庆陪都文坛和大后方文坛、中国抗战文坛的一面鲜艳旗帜，标举着重庆陪都文学、大后方文学和中国抗战文学所经受的风风雨雨及其所取得的巨大成就。《抗战文艺》是一座文学矿藏，储存有丰厚的文学资源，足够后人开采与研究，从中汲取精神养分。

（五）《中苏文化》

该刊系中苏文化协会主办，中国文化杂志社编辑出版，1936年创刊于南京，1937年11月移至重庆陪都，改出抗战特刊半月刊，后改出月刊，至1946年9月迁回南京。该刊为综合性刊物，然而却是重庆陪都文学和大后方文学以及整个中国抗战文学不可多得的一块重要阵地。这集中体现在对重庆陪都文学与大后方文学及中国抗战文学的评介、刊发和中苏文学交流方面。

该刊先后刊发有含沙的作品《四行仓库的八百壮士》和《南口战役》，第一次把淞沪战役及八百壮士的抗战事迹和英雄主义精神传达了出来，告诉日本帝国主义：中国不可侮！中国人誓死保卫祖国！该刊发表的鲁彦的《伤兵旅馆》，也是较早的把伤兵的状况呈现于读者面前。该刊还发表有沙汀的《小鬼》、老舍的《剑北篇》与《张自忠》、徐盈的《向西方》、艾青的《火把》、陈翔鹤的《一个绅士的成长》、刘白羽的《缝纫机》、徐迟的《献诗》等等文学作品。

该刊刊发文章，参与文学论争。其中，发表向林冰的《民间形式的运用与民族形式的创造》和胡风的《论民族形式问题的提出和争点》。此二文，是重庆陪都文学界关于"民族形式"论争中有一定代表性的文章。该刊刊发此二文，足见编者的眼光与对"民族形式"及其论争所持的见解。

该刊刊发文章，参与重庆陪都文学界几次大型的极有影响的纪念活动。一次是鲁迅逝世四周年纪念，出"纪念鲁迅先生逝世四周年特辑"，有聂绀弩的《鲁迅——思想革命与民族革命的倡导者》、张友渔的《为反帝反封建而斗争的鲁迅先生》、欧阳凡海的《从〈鸭的喜剧〉与爱罗先珂来看鲁迅先生》、韩幽桐的《拥护女权的鲁迅先生》、张西曼的《学习鲁迅》等文章。这些文章较充分地开掘了鲁迅精神及其思想的内涵，特别聂绀弩的文章富有创新性，可以说是鲁迅研究史上第一次十分鲜明地提出了鲁迅是思想革命的倡导者，这对后来的鲁迅研究具有深远影响。二次是郭沫若创作25年纪念。该刊发表有郭沫若创作生活25周年纪念筹备会编写的《郭沫若先生50年简谱》和《郭沫若先生25年著译编目》，荆有麟的《郭沫若与鲁迅》，A. N. 彼得洛夫作、苏凡译的《郭沫若、鲁迅与中国新文学》。这四篇文章体现出三个第一：一个"第一"是第一次编辑发表郭沫若50年年谱和郭沫若25年著译编目，为研究郭沫若积累了必备的史料；一个"第一"是第一次将郭沫若与鲁迅作比较研究，开郭沫若与鲁迅比较研究之先河；一个"第一"是第一次将郭沫若与鲁迅放在中国现代新文学25年发展史上加以研究，展示两位大家的价值意义。这个"特辑"与别的刊物上同类的特辑相比较，史料性、学术性更为浓烈，可持续意义自然更大。

该刊采取分散与集中相结合的方式，对抗战文学进行小结。尤其是，在抗战文学走过四周年的征程之际，该刊出"抗战四年来之新文学运动特辑"。这个特辑对抗战以来的中国新文学各个方面进行了扫描。计有老舍的《文章入伍，文章下乡》、以群的《抗战以来的中国报告文学》、艾青的《抗战以来的中国新诗》、卢冀野的《抗战以来的中国诗歌》、葛一虹的《抗战以来的中国戏剧》、史东山的《抗战以来的中国电影》以及陈烟桥的《抗战以来的新兴木刻》、林垦的《抗战以来的漫画运动》、吴晓邦的《在抗战中生长起来的舞蹈艺术》。这个特辑堪称四年来中国抗战文艺的大检阅、大总览。这些文章的作者既是名家又是各自所从事的文艺行当的践行人，因此文章的内容丰富真切，令人可亲可信可佩！为抗战文艺的发展大为有益，为后世抗战文艺研究，给予了准备。

该刊对中苏文学交流做了大量工作，起了其时任何别的报刊不能起的作用。该刊辟的"中苏文艺"栏目，专门发表有关中苏文艺交流的文章。24期"中苏文艺"栏目，共发文章100余篇，把中国现代新文学、特别是抗战文学介绍给苏联文艺界与读者界，也把苏联文学特别是苏联反法西斯文学译介给中国文艺界与读者界。并非连续性的这24期"中苏文艺"栏目和发表的100余篇文章，标明中苏文艺交流以苏德战争爆发为界前后有所不同——前偏重于苏俄文学的译入和中国抗战文学的译出，后偏重于苏联反法西斯文学的译入。比如1939年4月1日出版的第3卷第10期的"中苏文艺"栏目，发表有老舍对苏广播《抗战中的中国文艺》和沙濛译的《20年的苏联演剧》。1940年8月15日出版的第7卷第1期的"中苏文艺"栏目，发表有周行译的布拉果夷作的《论别林斯基》、葛一虹译的狄那莫夫作的《论卢拉察尔斯基》、戈宝权译的A·舍拉菲莫维支作的《论肖洛浩夫》、曹靖华的《论卡达耶夫》，等等。同时，苏德战争爆发前，该刊还出几个大型的特刊，刊发中苏文学交流文章。比如，1941年元旦出版的"中苏文化文艺特刊"，刊发茅盾领衔的9位《中国作家致苏联人民书》和巴甫连科领衔的3位《苏联作家致中国作家并郭沫若先生的信》、肖三的《鲁迅在苏联》、见之译的罗果夫作的《鲁迅与俄国文学》，等等；还出版"玛耶可夫逝世11周年纪念特辑""高尔基逝世五周年纪念特辑"。还出版苏联文学作品特刊。比如1940年10月10日出版的第7卷第4期的"苏联戏剧电影专号"特辑，发表有王语今译的乌利亚宁斯基作的《驿站》、葛一虹译的包哥廷作的《带枪的人》、肖三译的古舍夫作的《光荣》以及王语今译的肖洛可夫作的电影剧本《静静的顿河》（根据同名小说改作），等等；1941年4月20日出版的第8卷第3、4期合刊的"报告与短篇小说选辑"，刊发有6篇作品，都是苏联作家创作的中国翻译家译的作品。苏德战争爆发后，该刊的"文艺"栏目，发表有多篇译介苏联文艺家在前线的概况及其创作的作品。比如1943年1月31日出版的第13卷第1、2期合刊的"文艺"专栏，发表有9篇相关文章与作品，有戈宝权的《近年来的苏联文坛》、桴鸣译的西蒙诺夫作的剧本《俄罗斯人》及"苏联作家在前线"的报道与苏联抗战纪录片《战斗中的列宁城》的介绍，等等；1943年5月30日出版的第13卷第9、10期合刊的"文艺"栏目，发表有曹靖华译的瓦希莱夫斯卡娅作的长篇小说《虹》；1943年12月13日出版的第14卷第11、12期合刊发表有聊伊译的考尔涅邱克的《前线》、玉辛译的索昂诺夫作的《侵略》以及"苏联文化消息"；1944年11月出版的第15卷第10、11期合刊辟有"小说·散文"栏目，发表有曹靖华译的A·托尔斯泰作的《保卫察里津》、戈宝权译的爱伦堡作的《一枝带着"生命之水"的军队》，等等；1945年3月出版的第16卷第1、2期合刊与同年7月出版的第16卷第6、7期合刊辟有"战时苏联文艺特辑"（上、下）两辑，发表有8篇中国翻译家译介的战时苏联文艺概况的文章。

（六）《文化先锋》

《文化先锋》创刊于1942年9月1日，终刊于1948年10月，"文运会"主办，张道藩发行，初为周刊，第6卷第18期起改为旬刊。该刊在存在几年间，着力于三民主义理论宣传。这恰如该刊发刊词《我们的态度》所宣称的："只要不背于中华民国建国最高标准——三民主义言论，本刊无不欢迎。"该刊创刊号发表了张道藩署名的《我们所需要的文艺政策》一文。这篇文章提出三民主义为文艺指导思想，文艺为"国家至上，民族至上"的国策服务，"六不"和"五要"为文艺描写应遵守的原则。那么，这是张道藩的个人行为吗？赵友培在后来的《张道藩与文运会》一文中说得十分明白。他说：文章"虽由道公用自己的名义发表，实际上，也相当于中央的文艺政策。"大概正因为如此，该刊连续数期发表多篇文章对"文艺政策"加以阐释或辩解。比如该刊第1卷第9期，发表有张道藩的《关于文艺政策的答辩》、丁伯骝的《从建国的理论说到文艺政策——〈我们所需要的文艺政策〉读后感》以及沈从文的《关于"文艺政策"》等文章；第1卷第20、21期专辟"文艺政策讨论特辑"，发表有陈铨的《柏拉图的文艺政策》、赵友培的《我们需要文艺政策》、夏贯中的《读张先生"文艺政策"后》、文化先锋社的《关于文艺政策再答辩》、王梦鸥的《戴老光眼镜看文艺政策》、常任侠的《关于"文艺政策"的补充》、李辰冬的《推行文艺政策的一种办法》，等等；第2卷第24期发表了国民党第五届第十一中全会通过的《文化运动纲领》。"文艺政策"与"文化运动纲领"，只讲"服从"而无自由可言。因此，当文艺家们要求人身自由、创作自由时，该刊又发表文章，反对文学家要民主、要自由。该刊第4卷第3期发表署名"冬"的文章《写作的自由问题》，认为要求写作自由是"各仿一国，各宗一派，使文艺支离破碎"，并提出："文艺界的当前问题，不是自由不自由的问题"，而是"自由太多了。"

（七）《文艺先锋》

《文艺先锋》月刊，创刊于1942年10月10日，终刊于1948年9月，"文运会"主办，赵友培主编，张道藩发行。该刊宗旨正如发刊词《我们的态度》所宣称的："加强全国文艺界的总动员，补充全国读者精神食粮，供给全国作家发表作品，促进三民主义文艺建设。"该刊用稿要求也正如编者在《编后记》中提出的："意识正确，言之有物，能发生好的影响。"为实施和体现这样的办刊宗旨与用稿原则，该刊在重庆陪都几年间，发表署名"冬"的多篇短论，或直接或结合文艺现象间接阐释三民主义文艺政策。第2卷第4期特开辟"文艺政策讨论特辑"，发表有太虚的《对于文艺政策之管见》、易君左的《我们所需要的文艺原则纲要》、翁大章的《论情感与理性》等文章，与《文化先锋》开辟的"文艺政策讨论特辑"相配合，大力宣传"文艺政策"。该刊多刊以"三民主义文艺思想"为指导的文艺论文、文艺作品，也发表持异己文艺观的作家作品。该刊辟有"论著"栏，发表有丁伯骝、黄芝冈、任钧、陈瘦竹、葛一虹等人的文学研究论文，如任钧的《新诗在诞生时所遭遇的反对论调》；"小说"栏，发表有陶雄、张煌、刘以鬯等人的长篇与短篇小说，如张煌的长篇小说《迷羊》、刘以鬯的短篇小说《地下恋》；"剧本"栏内，发表有丁伯骝、王家齐、王泊生、老舍等人的多幕剧与独幕剧，如老舍和赵清阁合著的四幕剧《桃李春风》、王泊生的三幕剧《周颂》、丁伯骝的独幕剧《从军插曲》；"诗歌"栏，发表有赵友培、郑临川等人的新诗。该刊还发表有外国文艺家的作品及论文，如G.B哈烈逊撰写、葛一虹翻译的论文《莎士比亚研究》，哈代作、苏明译的短篇小说《往事》，等等。

《文化先锋》偏重发表理论文章，《文艺先锋》偏重发表文艺作品。这两家刊物均为国民党在抗战中后期和整个40年代的重要文化文学刊物。这两家刊物，与"文运会"一样，试图强化当局对重庆陪都文化文学与抗战文化文学的"思想领导"。

在重庆陪都复刊的《文艺阵地》《七月》和在重庆陪都创刊发行的《希望》《文学月报》《文哨》《中原》等等刊物，亦对重庆陪都文化文学与大后方文化文学及抗战文化文学的发展做出了各自力所能及的贡献。

第三章　文化思想理论及论争

　　重庆陪都文化运动是中国现代新文化史上最广泛的统一战线文化运动，包括不同文化意识、政治思想倾向以及文艺观点与创作风格的个人、群体、流派。因此，重庆陪都文化运动在其发展过程中出现了多次重大的文化思想理论论争，诸如政治思想意义大于文化文学意义的论争即关于国民党文化纲领与文艺政策的论战、"战国"派的论战，诸如文化文学意义大于政治思想意义的论争即关于"暴露与讽刺"论争、"与抗战无关论"论争、"民族形式"讨论、"主观论"论争。这些论争，是20世纪20—30年代中国文化战线上文化与政治、文化与现实、文化与大众、作家主观与创作客观的关系的论争在抗日民族解放战争新形势下的继续与发展。这些论争，强化了中国抗战文化与重庆陪都文化的抗日民主政治方向和现实主义的主导地位，影响深远。

一、"暴露与讽刺"讨论·"与抗战无关论"论争

（一）"暴露与讽刺"讨论

　　1938年4月—1940年10月，重庆陪都文化界、大后方文化界以及香港文化界围绕张天翼的短篇小说《华威先生》展开了一场规模大、时间长、意义深远的"暴露与讽刺"论争。小说《华威先生》塑造了一个只做"救亡要人"不做救亡实际工作，包而不办的"抗战官"华威形象，由此暴露和讽刺抗战初期抗战阵营中的黑暗面与剥蚀真正抗战力量的消极势力，显示出这篇小说强烈的现实主义真实性与倾向性。这篇小说于1938年4月问世后，引发了已经存在于抗战文化界的抗战文艺创作要不要"暴露

与讽刺"议论的公开化。

这场论争大抵经历了三个阶段。

1938年4月—1939年1月，为论争的最初阶段。论争的问题《华威先生》这篇小说值不值得欢迎，《华威先生》体现出的"暴露与讽刺"创作新倾向值不值得肯定。《华威先生》发表后的第八天，即4月24日，林焕平在《读〈文艺阵地〉》一文中对《华威先生》表示欢迎，并大加肯定。他指出：小说描绘了一个实际救亡工作一点不作，而去做"救亡要人"的典型。在抗战中，这种人物不少。小说正是对这类人物的有力讽刺，这是完全必要的。林焕平第一个从政治思想与社会热点角度肯定了《华威先生》的意义。半个月之后的5月10日，李育中发表文章《幽默、严肃和爱——读张天翼的〈华威先生〉》，对《华威先生》提出不同看法，认为："在紧张的革命行进和作生死决斗的时期，严肃与信心是异常需要的，接受幽默的余暇是太少了，何况幽默有时出了轨，会闹乱子的，伤害着严肃的。像《华威先生》，明眼人是知道所谴责的是什么，但是不能不说没有有些人[①]却会看过这篇小说之后，把一些真正若干救亡工作者也错认作'华威先生'，取着敬而远之的态度，甚至出言不逊，一口抹杀了组织的一切事宜。仿佛也学会了：你们是华威先生，你们只会开会，你们只会说漂亮话！"这段话，意思很明白，是说《华威先生》的讽刺幽默有损于抗战的严肃与必胜的信心且易滋误解。林、李两人的意见，对立而鲜明，论争赓即展开。高飞、唯庸、林焕平、文俞、罗荪、茅盾等人纷纷撰写文章参加讨论。他们论述的角度不尽相同，立论的高下也参差不一，但是意见大体一致，都认为"暴露与讽刺"于抗战有利，并不违反抗日民族统一战线原则，《华威先生》应当肯定。其中，茅盾的三篇文章更是从理论与实践结合上阐述了《华威先生》在政治上和文学创作上的意义，严肃地批评了否定《华威先生》的观点。他在《论加强批评工作》一文中，从文学与抗战现实生活、与人民大众的血肉联系的角度，论述了在光明与黑暗交错的现实生活中文学的社会职能，强调了在"写新的光明"的同时，"也写新的黑暗"的必要性。在《八月的感想》一文中，他在肯定《华威先生》的意义和影响的同时，进一步批评了否定《华威先生》的言论，诸如什么

---

① 原文如此——作者注。

"作家的悲观主义流露"呀、"抉摘丑恶实非必要"呀、"会发生误解"呀。在《暴露与讽刺》一文中,他更鲜明地指出:"暴露与讽刺仍旧需要!"并阐明了"暴露与讽"的对象,辨明了"暴露与讽刺"跟悲观主义者的诅咒的界限。茅盾的这三篇文章,对这一阶段的论争以及以后的论争都带有指导性意义。

1939年2月—6月,为论争深入阶段。论争的主要问题是《华威先生》"出国"会不会造成消极影响。1938年11月,成为日本军国主义喉舌的《改造》杂志译载了《华威先生》,并在编者按中肆意攻击、诬蔑中国的抗日工作者和中国人民,鼓动侵略者的"士气"。这便是所谓的《华威先生》"出国"。它引起了重庆陪都文艺界及大后方文艺界的极大关注与热烈讨论。林林在《谈〈华威先生〉到日本》一文中,首先对《华威先生》的"出国"表示了自己的意见。他认为:"可资敌作反宣传的资料,像《华威先生》这样,不仅不该出洋,并且最好也不要在香港地带露面",这是"减自己的威风,展他人的志气"。他由此指出:"无论如何,颂扬光明方面,比之暴露黑暗方面,是来得占主要的地位的。"林林意见发表的第四天,冷枫发表《枪毙了的华威先生》一文,对林林的观点提出了异议。他认为:"出国"的"华威先生"毕竟是一具僵尸,"华威先生"已经在我们抗战中给枪毙了,我们用不着担心敌人的嘲笑。他还指出:这次抗战,在求民族的上进,所以我们不怕承认自己的弱点,不讳疾忌医。只有帝国主义者才处处掩饰自己没落的真相,抹杀正义与真理,借以欺骗民众。林林出于民族自尊和爱国情感,提出"家丑不可外扬"与"颂扬光明为主"的主张,是可以理解的,冷枫对此提出异议,基本上也是正确的,但断言华威先生式的人物在抗战现实生活中已经给枪毙了、不存在了,却不符合生活实际。正因为如此,抗战文艺界就林林的观点展开讨论时,也涉及了冷枫的观点。张天翼、黄绳、育中、适夷、秋帆、周行等人著文参加讨论。他们的意见很快趋于一致:抗战现实生活中的黑暗面应当暴露与讽刺,《华威先生》式的作品不会产生消极影响。其中,张天翼的意见颇具代表性。他在《关于〈华威先生〉赴日——作者的意见》一文中指出:华威先生是生长在我们民族身上的小疮,我们把它揭出来,说明我们民族之健康,说明我们之进步。日本人想拿华威先生这个人物来证明我们全民族都是泄气的家伙,而向他们本国人做宣传,那只是白费力,是最愚蠢的，效果一定相反。假若日本人被他们法西斯叫昏了头，而看不见他们这家帝国主义的死症，只欢天喜地地来发现对方的毛病，则其愚尤不可及。日本被压迫民众绝不会这样的。张天翼这一席铮铮话语，揭穿了日本侵略势力译载《华威先生》的卑劣用心，同时也在一定程度上消除了抗战文艺界部分文艺工作者不必要的担心。就在张天翼的文章发表后不久，林林在《作家要深知祖国》一文中，公开修正自己的意见，对张天翼等人的意见表示赞同，强调"暴露与讽刺"的必要。他说：描写黑暗，就是在自己身上挖掘出一个污渣，把它明显地表露出来，使同胞们看出这污渣是什么而非洗掉不可，这种文学的力量才是巨大的。李育中对《华威先生》的看法也由非议转而为肯定。这一阶段的论争，时间短，意见比较集中，获得共识也比较快。但不久，另外的声音出现了，于是这场论争延续到1940年10月左右。

在抗战文艺界关于《华威先生》"出国"问题的讨论基本取得一致认识的同时，《文艺月刊》和《新蜀报》环绕文学上的暴露与讽刺问题发表了几篇文章。其中，主要有克非的《谈讽刺》、何容的《关于暴露黑暗》《文艺月刊》编辑室的《都应为了抗战》、华林的《暴露黑暗与指示光明》。这些文章，有的一方面称"暴露黑暗与表现光明原则上是不冲突的，而且是应该可有同等的价值的"，另一方面却又强调文学创作必须遵从"党国"的"国策"，"勿使它引起不健全的意识"，竭力想把暴露与讽刺性作品的内容限制在"党国"所允许的范围，甚至规定它的产量不得超过"事实所需"。① 有的则借口解释"一种文学现象"，反复强调"暴露黑暗，不容易做得恰到好处，稍一不慎，便会于抗战有害"，"足以引起一般人的失望，悲观，灰心，丧气"，总之，以不写为宜。② 有的则开门见山，直陈其义，将"暴露与讽刺"判为"破坏工作"，将"暴露与讽刺"文学的作者斥为"出气主义者"。③ 华林也曲折地表达了与如上观点相近的意见。他认为，能发现社会黑暗的人，本身就应是磊落光明者。否则，愈暴露黑暗，黑暗愈多。他还认为，当时没有暴露黑暗的作品，即使有，不是发私

---

① 克非：《谈讽刺》，《文艺月刊》编辑室《都应为了抗战》。此二文都发表在《文艺月刊》第3卷第10、11期合刊上。
② 何容：《关于暴露黑暗》，《文艺月刊》第3卷第7期。
③ 克非：《谈讽刺》，《文艺月刊》第3卷第10、11期合刊。

人牢骚，就是制造分化。① 很明显，何容、克非等人是反对"暴露与讽刺"黑暗的，抵制与否定《华威先生》式的文学作品的。

重庆陪都文艺界的广大文化工作者罗荪、默寒、戈茅、刘念渠、田仲济、风兮、野藜、卢鸿基等人，立即对何容、克非等人的观点做出了反响，给予了有力的驳斥。他们的文章分别发表于《文艺阵地》《抗战文艺》《读书月报》《七月》《文学月报》及《新民报》《大公报》《时事新报》《新华日报》等报刊上。他们一致指出：在抗战现实生活中，黑如漆的事实到处都有，如果会使人失望、悲观、灰心、丧气的话，那倒是黑暗事实本身，而不是暴露黑暗的文学作品。他们还一致指出：黑暗必须暴露，暴露黑暗于抗战无害，反而有益。吴组缃对"举凡一切稍有暴露意义的作品都要不得"的论调表示出极大的义愤。他指出：说《华威先生》式的暴露黑暗会使人"失却自信之类"，实在令人纳闷，"中国人民对抗战的信心是纸糊的么？中国的抗战力量是豆腐做的么？若果如此，那才真是动摇人心，使人悲观的事"！他还严肃地指出：唯有承认病根，并揭露它，扫除它，我们才能向上，才能前进，才能取得抗战胜利。② 田仲济也在文章中大声疾呼：黑暗不仅应当暴露，而且还应像鲁迅当年对黑暗那样施"以猛烈的焰火扫射"。③

为进一步批驳何容、克非等人的观点，一些文艺工作者还在《新蜀报》副刊《蜀道》召开的座谈会上对"暴露与讽刺"问题进行了讨论。田汉、罗荪、以群、宋之的、沙汀等人在发言中一致认为：《华威先生》式的"暴露与讽刺"是必要的，对抗战无害而有益。因为暴露黑暗是为了消灭黑暗，讽刺腐败是为了医治腐败。他们在发言中还指出：今后，作家们应更深入地观察现实生活，挖掘产生黑暗的根源，以积极战斗的精神去暴露、鞭挞黑暗。④

至此，围绕张天翼短篇小说《华威先生》展开的"暴露与讽刺"论争宣告结束。这以后，虽偶尔也有文章论及，那不过是荡漾的余波而已。

"暴露与讽刺"在二三十年代的文学理论与文学创作中是不成其问题

---

① 华林：《暴露黑暗与指示光明》，《新蜀报》1939年12月16日。
② 吴组缃：《一味颂扬是不够的》，《新蜀报》1940年1月22日。
③ 田仲济：《"暴露"和"颂扬"》，《新蜀报》1940年2月2日。
④ 《蜀道》座谈会：《从三年来的文艺作品看抗战胜利的前途》，《新蜀报》1940年10月10日。

的。其时的文学观念为"改造国民性""为大众服务"。国民性中的劣点、弱点是宗法文化思想、宗法制度及其统治造成的。暴露宗法专制主义的虚伪性、残酷性及其罪恶,以惊醒民众,使之觉醒、觉悟,从而认识自身的价值,起而抗争。到了左翼文学时期,文学必须面向大众。当时的大众正受着宗法专制主义和帝国主义的压迫、剥削与奴役。暴露宗法专制主义与帝国主义的罪恶促使大众投入革命斗争洪流,这是现实主义的左翼文学家的共识。所以,中国现代新文学的第一篇白话小说《狂人日记》就是"意在暴露家族制度和礼教的弊害"[①]。由此,形成了艺术个性与艺术风格各异的"暴露与讽刺"作家群落与作品系列。其中,有鲁迅式的"暴露与讽刺",有老舍式的"暴露与讽刺",有张天翼式的"暴露与讽刺",有沙汀式的"暴露与讽刺"……这些各具异彩的"暴露与讽刺"文学形成了一股巨大的文学潮流。那么,这一"暴露与讽刺"文学潮流为什么在抗战文学勃兴之时却成了问题并引起了一场较大论争?这确实令人深思。环绕《华威先生》所展开的这场关于"暴露与讽刺"问题的论争并不是偶然发生的。

"卢沟桥事变"的发生,标志着中华民族与日本侵略者的矛盾空前激化。抵抗日本帝国主义的大举进攻,争取抗日民族解放战争的胜利,已经成为中国人民首要的政治任务。广泛的抗日民族统一战线结成了,中华民族久被压抑的怒吼迸发了,汹涌澎湃的抗日洪流在中国大地上奔腾翻滚。然而,国内阶级矛盾并未消失,国内黑暗势力依然强大并危害着民族精神的发扬和抗日民主力量的发展。在抗战进程中,黑暗面的存在及其严重危害,虽逐渐为人们所认识,但揭露这黑暗面是否会有损于统一战线?是否会沮丧广大群众的抗日热情?这些尖锐的问题却使不少人感到困惑。可见,这场"暴露与讽刺"论争的发生,从文艺家的主观讲,在于对抗日战争本质意义认识的片面,在于对抗战文学创作本质意义把握的片面,在于对文学与生活关系理解的片面,以至于在抗战爆发后的最初两三个月间的抗战文坛上,"暴露与讽刺"文学作品留下了一片空白,以至于《华威先生》的问世竟引起一场论争。因此,这场论争既有直接的政治思想斗争的意义,更有文艺思想理论意义。茅盾和一些左翼文艺工作者的文章充分显

---

① 鲁迅:《中国〈新文学大系·小说二集〉导言》,上海良友图书印刷公司1935年7月版。

示了这场论争的政治作用。茅盾在《论加强批评工作》一文中对大后方的社会现实生活作了深刻的剖析。他指出："抗战的现实是光明与黑暗的交错——一方面有血淋淋的英勇斗争，同时另一方面又有荒淫无耻自私卑劣。"这里所说的"荒淫无耻自私卑劣"之物，便是同一文章中指出的"新的人民欺骗者，新的'抗战官'，新的'发国难财'的主战派，新的'卖狗皮膏药'的宣传家"。茅盾不仅将这些黑暗势力推出示众，更严肃地指出了揭露和消灭这些黑暗势力对于激发人民抗日热情和争取抗战胜利的重要性。他说："人民大众是目击这种种的，而且又是身受那些荒淫无耻、自私和卑劣的蹂躏的。消灭这些荒淫无耻自私卑劣，便是'争取'最后胜利之首先第一的条件。""首先"加"第一"，这是何等重要啊！广大文艺工作者在这场论争中，日益自觉地把抗日与争民主斗争结合了起来。

　　这场论争对于现实主义文学理论与现实主义文学创作具有强化的作用。抗战军兴之时，广大文艺工作者"以为抗战一起，一切都有办法"了，"乐观得几乎可笑，兴奋得也很天真，因为对内在的必须克服的困难还没有看到"。① 因此，他们所注目的是轰轰烈烈的抗战场面和抗战英雄人物；他们的笔下，基本上是些"飞机大炮""冲呀杀呀"一类弥漫硝烟的场景。他们的作品，只反映了抗战现实生活中的表层现象，而没有深入到生活的里层呼喊出人民大众还要民主的心声。因此，现实主义文学理论和现实主义文学创作，在抗战爆发之初也留下了一段空白。在这种情况下，由《华威先生》引起的"暴露与讽刺"论争，无疑对推动抗战文学运动和抗战文学创作沿着抗日民主的政治方向和现实主义道路向前发展具有积极的作用。对此可从如下几个方面去考察。

　　第一，现实主义作家如何面对新的现实生活。抗战爆发后，国共两党结成了抗日民族统一战线，国内社会状况较之战前发生了很大变化。然而，阶级矛盾依然严重地存在，黑暗腐败事实有增无减，新生劣点随处可见。这一"光明与黑暗交错"的现实生活向现实主义文艺家提出了新课题：只歌颂光明吗？还要不要暴露与讽刺抗战阵营中的黑暗？当时，多数文艺理论家与作家主张歌颂光明，否定暴露黑暗，担心暴露黑暗有损于抗战和抗日民族统一战线。《华威先生》这篇暴露与讽刺"抗战官"小说的

---

① 田汉在《新蜀报》副刊《蜀道》座谈会上的发言，《新蜀报》1940年10月10日。

问世，无疑会引起文艺家对现实主义的重新思考，对现实主义创作原则的全面把握。随着这场论争的日益深入开展，文艺家几乎一致地肯定《华威先生》代表的创作方向，强调"暴露与讽刺"的重要性与必要性，即可视为他们在新的现实生活面前对现实主义重新思考和对现实主义全面把握的佐证。

第二，现实主义文学作品如何暴露与讽刺黑暗。这里，涉及了两个很有深度的理论问题：一是典型问题，二是真实性与倾向性统一问题。茅盾、周行等人对这两个问题都有所论述。茅盾在《论加强批评工作》一文中，提出了暴露黑暗"必须描写出来的焦点"："如何而能克服了那黑暗的一面，或者为什么而终于不能克服那黑暗的一面；这才是必须写出来的焦点。"为能揭示出黑暗的根源，塑造出典型人物形象就显得特别重要了。茅盾鉴于现实生活中"新生的劣点""比新的抢救民族的人物，滋生得更快更多"的事实，认为塑造代表黑暗面的典型人物形象比塑造代表光明面的典型人物形象更重要，因为"这是痛心的'现实'，然而唯有把这痛心的'现实'全面反映出来，然后'争取最后胜利'一语有了正确深切的认识，然后负有此任务的文艺能发为行动的力量"。这就从现实主义文学作品与现实生活的密切关系及社会功能等方面，说明了塑造典型人物形象对于暴露黑暗的重要意义。茅盾在《暴露与讽刺》一文中还就暴露与讽刺黑暗的情感倾向问题做了论述。他指出："一个作家写他的暴露的对象时，应当是烈火似的憎恨！"并以此作为区分暴露黑暗还是展览黑暗的标志。

周行就如何暴露与讽刺黑暗而不至于产生消极影响的问题发表了有新的理论深度的见解。他认为：这"需要进一步在艺术的真实与现实生命的统一的关联上去考察"。他提出对于暴露黑暗的文学作品创作过程有着决定意义的"三个要点"：一是要向生活肉搏，不旁观，不浅尝即止；二是要作主体的（阶级的）把握、批判；三是要从黑暗中看出光明。[①] 这就从现实主义的主观与客观关系的角度强调了暴露黑暗作品创作过程中作家主观的决定作用，同时也回答了《华威先生》问世后引出的两个主要问题：它是否与统一战线原则相抵触？它会不会使读者悲观失望？填补了怀疑乃至反对《华威先生》这一创作方向的人"足供藉口"而留下的理论空隙，

[①] 周行：《关于〈华威先生〉出国及创作方向问题》，《七月》第4集第4期。

从而推动抗战文学创作转入新的创作方向。

总之,围绕《华威先生》展开的这场"暴露与讽刺"的论争,意义重大且深远。论争在文学与生活的关系上进行了比较深入的研讨,促使了现实主义的深化;在文学创作实践上,开创了以暴露与讽刺为主导的抗战文学创作新潮流,引导了一批又一批作家深入生活的里层,创作出一批又一批足以显示抗战文学实绩的优秀作品,尤其是对现实主义小说和戏剧创作具有导向性作用;也为1942年以后,重庆陪都文化界冲破国民党当局的"只许歌颂"的禁令和"文艺政策"的束缚做了思想准备和理论准备。

(二)"与抗战无关论"论争

1938年12月—1939年4月,重庆陪都文化界、大后方文化界乃至孤岛文化界围绕"与抗战无关论"展开了激烈的论争。

"与抗战无关论"是梁实秋提出的一种文学创作主张。1938年12月1日,梁实秋在他主编的《中央日报》副刊《平明》创刊号上发表了《编者的话》。他在这篇短文中谈到用稿原则时,说:"现在抗战高于一切,所以有人一下笔就忘不了抗战。我的意见稍为不同。于抗战有关的材料,我们最为欢迎,但是与抗战无关的材料,只要真实流畅,也是好的,不必勉强把抗战截搭上去。至于空洞的'抗战八股',那是对谁都没有益处的。"[①]

《编者的话》发表后的第六天即12月6日,梁实秋在《"与抗战无关"》一文中把上述文字表达的内容概括为两点:一是于抗战有关的材料,我们最为欢迎;二是于抗战无关的材料,只要真实流畅,也是好的。同时还指出:"我相信人生中有许多材料可写,而那些材料不必限于'与抗战有关'的。"[②]翌年4月1日,梁实秋在《梁实秋告辞》一文中,又一次强调指出:"我以为我没有说错话","四个月的《平明》摆在这里,其中的文章""十之一二是我认为'也是好'的'真实流畅'的'与抗战无关的材料'"。

可见,梁实秋当时确实主张文学作品可以写"与抗战无关的材料",而确立的"好的标准"是"真实流畅"。

---

① 梁实秋:《编者的话》,《中央日报》副刊《平明》1938年12月1日。
② 梁实秋:《"与抗战无关"》,《中央日报》副刊《平明》1938年12月6日。

梁实秋不仅在理论上倡导写"与抗战无关的材料",还在《平明》上刊登他"认为'也是好'的'真实流畅'的'与抗战无关的材料'",这就是1938年12月2、10、22日,《平明》上发表的《睡与梦》《说酒》《吃醋》等文章。《睡与梦》是吴祖光在战前的南京写的一篇散文,旨在抒发"人生本来是一个梦"的哀己叹世的思想情绪:"人生下地来就是一个大梦的开始,死去就是梦的终结",流露出作者不满黑暗现实而又找不到出路的颓伤情绪。抗战爆发后,作者展读这篇作品时,"百感交萦","大有昨非而今犹不是之感,发誓不再做梦了。"① 但梁实秋却"拉"来加以发表,并在编者按中称赞这篇文章"写得很好"。《说酒》一文除了谈论酒的种类之外,就是宣扬酒是"天禄",应该同情"大胆喝酒的人"。《吃醋》一文讲了一些莫明其妙的男女争风吃醋,各种人物相嫉吃醋,宣扬"嫉妒之心,人皆有之"。这些就是梁实秋所倡导的"与抗战无关的材料"。

由上面引述的历史材料可以看出,梁实秋在抗战时期的文学主张中,确实有"与抗战无关"的观点,他在《平明》上发表的别人写的几篇文章表明他实际上也确实在提倡写"与抗战无关"的作品。

梁实秋的可以"写与抗战无关的材料"的主张一出现,立即引起文艺界的广泛注意,以致在短短几个月时间内形成一场有声有色的论战。从1938年12月5日罗荪的文章《"与抗战无关"》发表之日起,前后四个月,重庆陪都以及昆明、桂林、上海孤岛乃至香港等地的文艺工作者几乎一致地群起而攻之。《抗战文艺》《文艺阵地》《读书月报》《新蜀报》《新民报》《国民公报》《大公报》《时事新报》《新华日报》《云南日报》《鲁迅风》《文汇报》等报刊成为这场论战的主要阵地,茅盾、老舍、胡风、罗荪、张天翼、宋之的、巴人、魏猛克、沈起予、金满成、陈白尘、黄芝冈、潘子农、张恨水、何酩生等人著文批驳。这场论战的焦点是可不可以写与抗战无关的材料。因为梁实秋提倡可以写"与抗战无关的材料",而且认为现实生活中有"与抗战无关的材料"。

因此,批评者们,首先从文学与生活、文学与政治的关系等方面批驳梁实秋的主张。罗荪在《"与抗战无关"》一文中指出:"这次的战争已经成为中华民族生死存亡的主要枢纽,它涉及的地方,已不仅限于通都大

---

① 吴祖光:《睡与梦》跋语,《中央日报》1938年12月2日。

邑，它已扩大到达于中国底每一个纤微，影响之广，可以说是历史所无，在这种情况之下，想令人紧闭了眼睛，装作看不见，几乎是不可能的事情。"他还指出："在今日的中国，要使一个作者既忠于真实，又要找寻'与抗战无关的材料'，依我拙笔的想法也实在还不容易，除非他把'真实'丢开，硬关在自己的客厅里去幻想。"这就是说，在抗战现实生活中，一切人与一切事都与抗战有关，现实生活中不存在无关抗战的材料，而梁实秋却叫人去找寻"与抗战无关的材料"，写出与抗战无关的作品，既违背文学源于生活的原则，也违背现实主义真实性的原则。胡风在《关于时代现象》一文中认为："现实生活既是以民族战争为轴心而旋转，而前进，作家所把握到的生活现实（创作对象）和他的看法（创作态度）就无法不在某一限度上和战争相关了。而且，因为我们的战争是求生存解放的战争，战争的命运要规定每一个人的命运，所以战争的要求在文艺活动上打退了一切反战争的甚至和战争游离的主题方面。"这就从现实主义的主观与客观的关系上，批驳了梁实秋的"与抗战无关"的主张。陈白尘在《地瓜与抗战》一文中说明现实生活中的一切现象，就连那无生命的地瓜，也要受到战争的影响，都与抗战有关。

批评者们在从论据上批驳梁实秋的"与抗战无关"论之后，紧接着揭示出其主张所包含的真实目的。梁实秋的"与抗战无关"论的真实内涵是什么？陈白尘就这样责问道：梁实秋"不劝人把抗战文章写好，而反劝人家写点不抗战的文章，是所为何来"。一些批评者在文章中对此也有所暗示。比如张恨水在《老板与厨师》中，借谈厨师与老板的关系指出："大家忘了他是糕饼师，更忘了他的老板是吃淡食的。"黄芝冈给《新蜀报》副刊《新光》主编沈起予的公开状《我只想和你谈谈》中，从报纸副刊与正刊的关系，指出副刊主编梁实秋的"与抗战无关论"是与《中央日报》"正张的使命"相"配合"的。这些暗示性文字，表明了梁实秋的"与抗战无关论"所暗含的政治背景与政治色调。胡风一针见血地指出："这样的主张结果是要拆开战争与文艺的姻缘的"，是要"把战斗生活里的作家拉回到寺院或者沙笼"里去！① 可见，问题是何等的严重。正因为如此，老舍才代表"文协"起草给《中央日报》的信，在信中严肃指出，梁实秋

---

① 胡风：《关于时代现象》，《中央日报》1939 年 9 月 24 日。

的"与抗战无关论""破坏抗战以来一致对外之文风,有碍抗战文艺之发展,关系甚重"。

在批评梁实秋"与抗战无关论"的过程中,还对梁实秋的《编者的话》一文中的另一观点,即"至于空洞的'抗战八股'那是对谁都没有益处的"加以批评。

抗战以来的文学作品有无公式化、概念化或"抗战八股"的缺陷呢?答案是肯定的。众多的文艺家也一致指出,这是一种不良的创作倾向。张天翼在《论"抗战八股"》中就尖锐地指出:"八股化是一个毛病,应切切实实诊好它。"既然抗战以来的文学作品存在这一毛病,文艺界众多文艺家承认它,并要求克服它,那为什么要批评梁实秋的"抗战八股论"呢?梁实秋的"抗战八股论",如果抽掉那样的语言环境,如果离开"与抗战无关"的前提,无疑是一个无可非议的命题,而且还应当视为一个正确的命题。但是,问题的症结并不如此简单,恰恰不能作如是观。因为,在梁实秋这里,它已经是一个涉及对抗战以来的文学作品的态度与评价问题,仍然涉及"有关"还是"无关"的问题。所以,梁实秋的批评"抗战八股"与众多文艺家的批评"抗战八股",在态度上、在目的方面,都是不同的。这是众多文艺家与梁实秋在这个问题上的真正分野。众多文艺家也正是抓住这一要害批评梁实的"抗战八股论"的。胡风在《关于时代现象》中这样指出:"他们所攻击的倾向看起来好像和圣·波孚所攻击的属于一类,但却有一点根本不同:圣·波孚的攻击是为了让文艺更和生活结合,他们攻击了那些东西是因为它们'支配了根柢和真实',但我们的论客却不过是想借个口实使文艺从实际斗争里面退却……"张天翼在《论"无关"抗战的题材》中也指出:我们指出我们写作有"差不多"或者害了"八股"症,与艺术至上主义者的用意不同,"我们恰正是为了要增强艺术的斗争力,要把他们避之唯恐不及的时代呀、现实呀这可怕的东西把握得更紧,更深入。"这也就是一些文艺家指出的:"值得注意的,不在打击公式主义,而在那所张起的那张'纯文学'的网的后面隐藏着的某些内容。"[1] 一些清醒的现实主义文艺家在指出梁实秋"抗战八股论"的要害之后,还分析了产生公式化、概念化或"八股"调的原因及其克服的办法。

---

[1] 罗荪:《抗战文艺运动鸟瞰》,《文学月报》第1卷第1期。

茅盾认为："要避免公式主义，就只有遵守作品产生的顺序：材料丰富了，成熟了，确有所见了，然后写。"① 当时，远在南洋的郁达夫也著文指出：如果"有了充实的内容，准确的意识，熟练的技巧的人，决不会写出千篇一律的八股文来"。他进而指出：千篇一律的病源，"根本，就在没有生命与生活"；"其次，是在作者的不去求生活，又其次，是在作者的有了生活而不能够紧紧地把捉住"。② 胡风在《关于时代现象》中也指出："战争的要求在文艺创作上的反映，归根地说，只能是生活现实在创作上的反映，我们向作家要求的只是要他捉得住'战争'这一根贯串在一切生活现实里面的红线，至于丢掉生活的或不能表现生活的热烈的词句，空洞的英勇故事，即令是出于真诚的爱国热情，也应该在真实的生活形象面前受到纠正的。"这些意见，不仅批评了梁实秋的"抗战八股论"，而且对于抗战文学与抗战的紧密结合具有理论与文学创作实践的意义。

那么，梁实秋为什么在这时提倡可以"写与抗战无关的材料"呢？

从当时政治气候来讲。武汉沦陷后，国民党当局的整个抗战政策重心有了变化。《中央日报》发表的文章也不如一年半前那么起劲宣传抗战了。这时，抗战的政治气势由高昂渐次转入低沉。梁实秋"与抗战有关的材料，我们最为欢迎，与抗战无关的材料，只要真实流畅也是好的"的主张就是在这一政治气候发生变化的时候萌发的。

从当时文学状况讲。其时，有两种文学现象易于引发梁实秋的"与抗战无关论"。梁实秋"与抗战无关论"提出前后，成都的《新中国日报》副刊《动力》编者在《关于动力》《今后的动力》等文章中，反复声称其用稿原则：鼓吹抗战的文章，我们固然将尽量登些，幽默隽永、写人间各面的文章，我们也不摒弃。鼓吹抗战的固然好，纯文学的也好。重庆陪都的《国民公报》发表署名民本《硬性副刊》一文，把宣传抗战的文章称为"硬性的东西"，"使人一见头痛，令读者看见开始几句就不愿卒读"。由此，反对报纸副刊登载这样的"硬性的东西"。昆明的《今日评论》发表了沈从文《一般或特殊》的文章，他把抗战作品称为"抗战八股""宣传文章"，认为远离了宣传空气、战争浪漫情绪的作品，"与战事好像并无关

---

① 茅盾：《公式化的克服》，《文艺阵地》第 2 卷第 7 期。
② 郁达夫：《关于抗战八股的问题》，《星洲日报半月刊》第 22 期。

系，与政治好像并无关系，与宣传好像更无关系，可是这作品若写好，它倒与这个民族此后如何挣扎图存，打胜仗后建国，打败后翻身，大有关系"！上海孤岛的《鲁迅风》也发表了亢德的文章《关于"无关抗战的文学"》，加以响应了，认为"既然写不了抗战文字，还是藏拙，不写为是，研究研究'什么莎士比亚'之类吧"。① 可见，当时中国大地上确有那么一股"与抗战无关"的文学之风在流动。梁实秋的主张适应了这股风潮的需要，更具有代表性，影响也更大。同时，梁实秋的主张提出前，抗战文艺界正在"检讨"抗战文学作品和呼唤现实主义，正在就抗战以来文学创作中的"差不多"和"抗战八股"问题展开讨论。讨论中，出现了两种尖锐对立的意见。以茅盾为代表的一批文艺家认为：抗战文艺为抗战服务做得多，做得好，但"我们把抗战时期文化工作的范围太限于'抗战'，太把题目看死了"，"太粘了'抗战'二字'死做'"。"现在有人慨叹于抗战刊物内容之'差不多'。我觉得这'差不多'的病源未始不在太粘住了题目"。② 以郭沫若为代表的一批文艺家则认为：只要对宣传抗战有利，"差不多"应值得欢迎，甚至应该喊几声"差不多万岁"。③ 这两种对立意见在文艺应为抗战服务上是一致的。所不同的，前者不仅从抗战来要求文艺，还从文艺自身的特殊规律来要求文艺；后者仅从为抗战服务来要求文艺。讨论中的不同意见也更易于引发梁实秋可以写提倡"与抗战无关的材料"的主张。

再从梁实秋本人的政治观与文艺观来考察。梁实秋是一个自由主义者。政治上如此，思想意识上如此，文学观点上也是如此。他自己就这样说过："国家是需要统一的，对外是需要团结的。但是思想不需要统一。"文学创作呢？自然就更应该多种多样了。④ 正是上述种种因素的"合力"，促使梁实秋提倡文学创作可以写与抗战无关题材。

最后，还须论述对这场论争的评估问题。因为在 20 世纪 80 年代前期，海内外有这么一种意见出现了：当年批评梁实秋的"与抗战无关论"是不

---

① 巴人：《展开文艺领域中反个人主义斗争》，《文艺阵地》第 3 卷第 1 期。
② 茅盾：《第二阶段》，《救亡日报》1938 年 2 月 8 日。
③ 郭沫若：《对文化人的希望》，《救亡日报》1938 年 2 月 19 日。
④ 《梁实秋文学回忆录》，岳麓书社 1989 年 1 月版。

公平的，这场论争属于误会引起的。①

首先，应当肯定，当年对梁实秋"无关论"的批评有其历史的合理性。这场论争实际上是文学要不要整体性地与抗战结合、整体性地为抗战服务的论争，是关涉到抗战文学的性质与发展方向的是非之争，不仅仅是文学创作题材之争。同时，这场论争发生在抗战文学在抗战中自我位置调整的时候，抗战文学如何克服自身发展过程中出现的"毛病"而更好地为抗战服务的带转折性的时候。因此，批评梁实秋的"无关论"，对于促使抗战文学更坚实地沿着抗战的政治方向和现实主义道路向前发展，就显得特别重要了。

其次，应当看到广大文艺工作者对梁实秋的"无关论""一致加以攻击"，实属必然。梁实秋的"无关论"就其核心而言，与20年代中期"现代评论"派和30年代初期"自由人"与"第三种人"的自由主义文学思潮一脉相承，是这一自由主义文学思潮在新的历史条件下的发展。如果说，前两次自由主义文学思潮的批评者就其阶级属性与文学观而言还不具广泛性的话，那么，这次批评"无关论"的参加者就无比广大了，几乎不同阶级、阶层、流派的文艺家都参加了批评"无关论"，既有茅盾、胡风、罗荪等文艺家，也有张恨水等文艺家，还有陆丹林等文艺家。陆丹林著文指斥梁实秋的主张是恶意的批评，简直是反动者的口吻。② 这种群起而攻之之势，实乃时代使然，实乃文艺家的历史责任感与使命感使然，绝非什么"宿怨"，更不是梁实秋后来说的什么"左翼仁兄的惯伎"。③

再次，这场论争及其评价确实也存在着严重的历史局限性。在批评梁实秋"无关论"过程中，确有过激的言词和简单化的毛病。比如，有的批评文章认为梁实秋的"用意是非常明显的。他要我们的作者从战壕，从前线，从农村，从游击区，拖回到研究室去"，"那意义"是"打在政治的阴谋这算盘上的。"他"要消灭的不是'抗战八股，而是'抗战'"。④ 有的批评文章还认为：梁实秋的主张"助长一种倾向，葬送一部分抗战的力

---

① 罗荪：《巴黎的抗战文学讨论会纪略》，《光明日报》1980年9月14日；柯灵：《现代散文放论——借此评议梁实秋与"抗战无关论"》，《文汇报》1986年10月13日。
② 陆丹林：《抗战八股》，香港版《大公报》1939年5月29日。
③ 《梁实秋文学回忆录》，岳麓书社1989年1月版。
④ 巴人：《展开文艺领域中反个人主义斗争》，《文艺阵地》第3卷第1期。

量"。① 后来，大陆出版的有的中国现代文学史著作中也用过一些极端的言词评价这场论争，将梁实秋称为买办资产阶级文人，认为梁实秋的"无关论""正和蒋介石反动集团准备妥协投降的做法是一鼻孔出气的"。② 在批评"无关论"中出现的过激言词是可以理解的。因为那是一个特殊的历史岁月，那是一个特殊的文学时期，文学与政治就是贴得那么紧。谁不赞成或反对，就是冒天下之大不韪。但是，就是在那样的时期里，文学也并不等于政治。文学为抗战服务应自有其独特的方式并经过读者起作用。当时，茅盾、胡风等一批清醒的现实主义文艺家就明白无误地阐述过这样的意见。实事求是地说，梁实秋本人在政治上是拥护抗战的，是一位有爱国心的中国文艺家。当年，梁实秋文艺观的主导部分不是仅用"无关论"能概括得了的。这从他的《编者的话》《"与抗战无关"》《梁实秋告辞》等文章即可看出。他把"与抗战有关"放在第一位，而且后面加上了"最为欢迎"的表态性文字；他把"与抗战无关"放在第二位，而且后面加上了"真实流畅"的限制性文字。同时，在他主编《平明》的四个月期间，《平明》上发表的文字绝大部分是"与抗战有关的材料"。当年批评梁实秋，主要是批评他的"无关论"，并未对他全盘否定，并未说他的"与抗战有关的材料，我们最为欢迎"是"耍花招"是"掩人耳目"！至于后来，有的中国现代文学史著作称梁实秋的"无关论""正和蒋介石反动集团一鼻孔出气"，那是抽掉具体内容的政治演绎之论了。当时，梁实秋认为要抗战，就需要国家统一，但对国民党施行的文化专制主义统治是反对的。1942年后，国民党大吹大擂其"文艺政策"时，梁实秋大发微词，加以抨击。

这场论争还存在着的另一个不足，那就是批评梁实秋的"抗战八股论"，而真正的"抗战八股"未得到应有的清算，影响着现实主义的深化。批评者们虽然指出梁实秋的"抗战八股"论是他倡导"无关论"的口实，而并非是为克服这一毛病，虽然有些批评家将清算"抗战八股"毛病与批评梁实秋的"抗战八股论"结合了起来，然而众多的批评者却只注意对梁实秋观点的批评，忽视了对抗战以来文学作品中存在的"抗战八股"毛病

---

① 魏猛克：《什么是"与抗战无关"》，《抗战文艺》第3卷第2期。
② 丁易：《中国现代文学史略》，作家出版社1955年7月版。

的清算。有的批评家就这样认为："抗战文艺的有'差不多'的倾向，是天公地道"的。"对于抗战文艺的有'差不多'的倾向，我非但不悲观，并且还很乐观。"① 这就使得已经够严重的"抗战八股"未能得到清算而继续蔓延。对于这一倾向，一些清醒的现实主义理论家当时就已注意到了。胡风在《民族革命战争与文艺》一文中指出："公式化是作家廉价地发泄感情或传达政治任务的结果"，"有人却以为作家一和政治任务结合，就只会写出'抗战八股'，那要不得，倒不如写些'与抗战无关'的'轻松'作品。这理论当然马上受到了批评，而且败退了，但问题底解决却不能不是鲜明以至克服终于引起了这个歪曲的反应的倾向罢。"但是，这一真知灼见并未受到普遍重视。

二、"民族形式"讨论·"主观论"论争

（一）"民族形式"讨论

1939年4月—1942年6月，重庆陪都文化界、抗日民主根据地文化界及香港文化界围绕"民族形式"问题进行了热烈的讨论。

柳湜的《论中国化》一文的发表，可以视为重庆陪都文化界"民族形式"讨论的开端。文章指出："'中国化'是中国学术运动在现阶段中提出的一个口号"，"是建设新中国文化的一个口号"。"中国化"要求文艺家们"根据自己民族革命运动，根据自己民族特点"，"创造新的文学"，这种新文学是"中国民主革命的内容和中国民族形式的文学"。② 这篇文章虽然比抗日民主根据地文化界柯仲平的文章《论中国气派》晚发表近两个月，但问题提得更具体更明确。不久，宋之的发表了与柳湜相似的意见。他认为，民族生活的特质是一切艺术作品的根源，只有发掘中国民族生活的特性，艺术作品才可以突破过去狭隘的范围，普及到广大的民众层里去。③

---

① 郁达夫：《关于抗战八股的问题》，《星洲日报半月刊》第22期。
② 柳湜：《论中国化》，《读书月报》第1卷第3期，1939年4月1日。
③ 宋之的：《关于艺术作品的民族性问题》，重庆陪都版《大公报》1939年5月1日。

这以后，重庆陪都文化界就民族形式与旧形式的关系、民族形式与"五四"新文艺形式的关系等问题开展讨论，出现了不同的意见。黄绳在《当前的文艺运动的一个考察》一文中发表了偏颇性极大的两个观点：一是否定"五四"新文艺形式，二是肯定旧文艺形式。黄绳的文章发表后，很快引起了不同凡响。首先是《七月》。《七月》第4集第3期发表周而复《从延安寄到重庆》的信，借以表示对黄绳意见的批评。其次是《新华日报》。《新华日报》发表戈茅《关于民族形式问题》的文章。文章指出："我们要了解到民族形式的实质，就不能离开今日之文学的任务去谈，而且它不能忘了这时期中的我们的艰苦斗争的历史和惊心动魄的可歌可泣的用鲜血创造出来的这新阶段的民族历史的内容。"这些不同意见都与延安文艺界"民族形式"讨论高潮中的意见相联系，相呼应。

1940年上半年，重庆陪都文化界"民族形式"讨论进入高潮，论争焦点是民族形式"中心源泉"问题。

民族形式"中心源泉"问题由向林冰提出。1940年2月以后，向林冰连续发表了五篇文章阐述民间文艺为民族形式"中心源泉"。这五篇文章是：《论"民族形式"的中心源泉》《封建社会的规律性与民间文艺的再认识——再论民族形式的中心源泉之一》《民间文艺的新生——再论民族形式的中心源泉之二》《新兴文艺的发展与民间文艺的高扬——再论民族形式的中心源泉之三》《民族形式的三个源泉及其从属关系——再论民族形式的中心源泉之四》。他认为，民间文艺是封建文艺内部孕育出来的自己否定契机，是随着人民大众的解放而趋于生长完成的。因此，在缔造民族形式上民间形式为中心源泉。民间文艺内部存在着变革与反动的对立斗争过程。抗日战争终止了这个过程，而使民间文艺获得了新生，成为民主革命的文艺了。因此，民族形式的建造应以民间文艺形式的批判性运用为中心源泉。民间文艺与"五四"以后的新兴文艺存在着对立统一的关系——新兴文艺发轫期，新兴文艺是与民间文艺的高扬相并行而确立起来的；左翼文艺期，民间文艺被放弃，文艺革命化压倒了文艺中国化，出现内容愈益深刻化而形式愈益外铄化的自己分裂，民族形式的提出正是基于这矛盾而在极高形态上重新建立起民间文艺与新兴文艺的对立统一关系。因此，民间文艺的成长必然形成民族形式的中心源泉。民族形式的三个源泉——"民间文艺形式的批判的运用""新兴文艺大众化传统的批判的继承""世界文艺的批判的移植"中,应以"民间文艺形式的批判的运用为缔造民族形式的中心源泉或主导契机"。向林冰还在《"国粹主义"简释》《民间形式的运用与民族形式的创造》《从猿到人》《关于民族形式敬质郭沫若先生》等反批评文章中,阐述了民间文艺形式为民族形式的"中心源泉"。与向林冰的"中心源泉"论同调者还有黄芝冈、方白、王冰洋等人。黄芝冈认为:"抗日的内容是火,'旧形式'是薪炭,'民族形式'是烈火锻炼成的。"① 方白认为:"民族形式的首要来源=中心源泉,是民间形式,而应包涵在民族形式中的发生领导作用的要素=导契机,也是这个民间形式。"② 王冰洋在《论民间形式的社会背景》一文中大抵也作如是观。

向林冰等人的民间形式为民族形式"中心源泉"的观点并非独创,而是延安文艺界"民族形式"讨论中陈伯达等人的观点的延续与发展。向林冰这样说过:陈伯达在《杂记》中表达的旧形式=民族形式的观点是"在文艺的领域里,则很少听到同调者的积极的批判指导"。③

重庆陪都文化界的多数文艺工作者对向林冰为代表的"中心源泉论",给予高度重视,纷纷发表意见予以辩驳。

葛一虹首先发表文章,与向林冰的"中心源泉"论论辩。他对民间文艺形式大加抨击,认为民间文艺形式这一历史产物到了今天"实在已濒于没落文化的垂亡之时的回光返照"。他把向林冰称之为"新国粹主义者"。同时,他对"五四"以来的新文艺予以肯定,认为"继续了五四以来新文艺艰苦斗争的道路,更坚决地站在已经获得的劳绩上,来完成表现我们新思想新感情的新形式——民族形式"。④ 葛一虹在批评和否定向林冰的"中心源泉"论后,提出了与此相异的"中心源泉"论。他在《民族遗产与人类遗产》一文中认为:"我们的'主要契机'或'中心源泉'还是在于我们的科学的世界观和我们的现实主义的创作方法。"他的这一"中心源泉"论也得到了大后方文艺界的回应。梅林在《民族形式"中心源泉"的商榷》一文中,批驳了向林冰的"中心源泉"论,认为"只有以科学的世界观与现实主义的创作方法为基准的新文艺才是完成民族形式的中心源泉"。

---

① 黄芝冈:《论民族形式》,《抗战文艺》第 6 卷第 1 期。
② 方白:《怎样创造文艺上的民族形式》,《新蜀报》1940 年 4 月 18 日。
③ 向林冰:《论通俗读物的文艺化》,《文学月报》第 1 卷第 2 期。
④ 葛一虹:《民族形式的中心源泉是在所谓"民间形式"?》,《新蜀报》1940 年 4 月 10 日。

这就形成了两种对立的"中心源泉"论。田仲济在论争中还提出另一种"中心源泉"见解：民族形式的"中心源泉不是民间形式，也不是新文艺，而是民间的'生活和语言'"。① 也有人呼应田仲济的这一"中心源泉"论，认为民族形式的"中心源泉就是大众的生活与大众的语言"。②

由此看来，重庆陪都文化界"民族形式"的讨论确实如罗荪指出的："似乎尚只偏于一局部的问题"，"局限于某一个小的症结上"。这个"局部的问题""小的症结"自然是指"中心源泉"论，即什么是民族形式的中心源泉。③ 为使重庆陪都文化界对民族形式作一个整体性理解与研讨，《文学月报》社和《新华日报·文艺之页》先后召开了民族形式问题座谈会。

1940年4月21日，罗荪以《文学月报》社名义，假中苏文化协会主持召开"文艺的民族形式问题座谈会"，黄芝冈、叶以群、向林冰、梅林、戈茅、葛一虹、方白、胡绳、潘梓年等21人出席会议。6月9日，潘梓年以《新华日报·文艺之页》名义，假重庆陪都一心花园主持召开"民族形式座谈会"，以群、罗荪、胡绳、光未然、沙汀、葛一虹、艾青、梅林、力扬、戈茅等18人出席会议。这两次座谈会，可算是对民族形式"中心源泉"论作总的清算。向林冰的"中心源泉"论受到了比较一致的批评，葛一虹的"中心源泉"论也受到了非议。胡绳在《新华日报·文艺之页》"民族形式座谈会"上的发言中对向、葛的观点都做了批评。他指出：向林冰"新的东西是要从旧的东西里成长出来"的"理论的根据都是没有问题的，但错误是由于对旧的理解有毛病，由旧形式自然发展中产生民族形式，是困难的，但并不是绝对不可能，而向先生的错误在于不理解现在已存在着新的东西与旧的矛盾中"。他也批评了葛一虹的观点，说："一虹先生的说法，似乎是不能说服人的，只提出思想，创作方法，是不能全部解决民族形式问题的。"至于怎样创造民族形式，叶以群的意见具有一定的代表性。他在发言中认为，民族形式的创造应以现今新文艺已经达成的成绩为基础，加强吸收如下三种成分：一是从诗经、楚辞到明清小说的历代优秀文学遗产，不仅学习其表现形式之优长，更重要的是学习作者处理现

---

① 田仲济：《中心源泉在哪里？》，《新蜀报》1940年4月15日。
② 陈鹏啸：《论形式与内容》，《新蜀报》1940年4月22日。
③ 罗荪在"文艺的民族形式问题座谈会"上的"开场白"，《文学月报》第1卷第5期。

实的态度，与现实搏斗的方法；二是民间文艺的优良成分，重点不在表面形式，而在丰富的语言；三是西洋文学精华，以丰富自己，完成自己。

这两次座谈会后，重庆陪都文化界"民族形式"讨论确实深入了一步。这表现在两个方面：一是戏剧界、诗歌界、小说界开始了戏剧、诗歌、小说的民族形式问题的讨论，二是郭沫若、茅盾、胡风发表了颇有分量与见解的文章。

在戏剧界、诗歌界、小说界的"民族形式"讨论中，最为热闹的是戏剧的民族形式问题讨论。仅戏剧春秋社在1940年11月2日就分别在重庆陪都与桂林召开"戏剧的民族形式座谈会"。两地理论界、戏剧界有影响有成就的人士都出席了会议，发言热烈踊跃，"论点亦较为深入"，"还提供了许多新鲜翔实足供考察的报告"。① 关于文艺与诗歌的民族形式问题，桂林文艺界亦举行会议开展讨论。

郭沫若、茅盾、胡风就向林冰的"中心源泉"论和怎样创造民族形式等问题著文探讨，反映出重庆陪都文化界对"民族形式"问题冷静而深入的思考。郭沫若在《"民族形式"商兑》中指出向林冰的"中心源泉"论"是不正确的"，"'民族形式'的这个要求，并不是要求本民族在过去时代所已经造出的任何既成形式的复活，它是要求适合民族今日的新形式的创造。"他认为，"民族形式的中心源泉，毫无可议的，是现实生活"。他呼吁文艺家们"深入现实吧，从这儿吸取出创作的源泉来。切实的反映现实吧，采用民众自己的言语加以陶冶，用以写民众的生活、要求、使命"。茅盾在《旧形式·民间形式·与民族形式》中论析了向林冰"中心源泉"论的错误所在：一是把"五四"以来受了西方文艺影响的新文艺形式看作是完全不适宜于"中国土壤"的异物，加以否定；二是把民间形式之所以能为民众所接受，认为是一个单纯"口味"问题；三是把民族形式误认为狭隘的民族主义口号。他尖锐地指出："我们和向林冰先生的论争，就因为他的主张不但是向后退的复古路线，而且有'引导'民族形式入于庸俗化与廉价化的危险，并有在文艺界散布'抄小路''占便宜'的倾向的危险！"他认为，"民族形式的建立，是一件艰巨而久长的工作，要吸收过去民族文化的优秀的传统，更要学习外国古典文艺以及新现实主义的伟大作

---

① 参见《田汉自记》，《戏剧春秋》第1卷第3期。

品的典范，要继续发展五四以来的优秀作风，更要深入今日的民族现实，提炼熔铸其新鲜活泼的质素。"胡风继郭沫若和茅盾之后，发表了《论民族形式问题底提出和论争》及《论民族形式问题的实践意义》（后合为《论民族形式问题》一书）等文章。他从实际的文艺发展过程和现实的文艺斗争情势上去分析和批评民族形式论争中出现的种种问题。他主要批判了向林冰的"中心源泉"论，因为向林冰的论点与"五四"以来新文艺传统方向形成了鲜明的对立，因为向林冰企图用自成体系的"辩证法"观点来解决文艺的民族形式。他认为向林冰的"新质发生于旧质的胎内"的辩证法是脱离了实际生活的社会内容，也脱离了实际的文艺发展过程的纸面上的图案，形成了对于文艺运动不但无益而且有害的主要的错误方向。他还批判向林冰的"偶然道伴"支持者方白等人的观点。同时，一方面肯定了向林冰"中心源泉"论反对者们或强或弱地守住了新文艺和民族形式发展的主要方向，另一方面也批评了他们或多或少地带有形式主义的要素。①他提出了关于建立民族形式的主张："以现实主义的五四传统为基础，一方面在对象上更深刻地通过活的面貌把握民族的现实（包括对于民间文艺和传统文艺的汲取），一方面在方法上加强地接受国际革命文艺底经验（包括对于新文艺底缺点的克服），这才能够创造为了反映'新民主主义的内容'的'民族形式'。"胡风的这些意见，带有强烈的实践意义与浓厚的理论色彩。

　　1941年及其以后，重庆陪都文化界"民族形式"讨论进入尾声期。这一尾声期的"民族形式"讨论主要包含着三种极不协调的声音。

　　一是唯明、郑学稼、严明等发出的声音。他们或认为"三民主义""本身就是一个最好的民族形式"。②或认为"中国现在需要的文学，是说明'民族至上''国家至上'。怎样表现这一内容，任何文学的形式都可以的"。③或认为"三民主义思想是民族文化思想的核心"，"三民主义文化"就是"民族文化"。④同时，他们竭力毁谤与攻击"民族形式"讨论。很

---

① 这部分论述，参考了胡风《论民族形式问题》的《附记》，《胡风评论集》，人民文学出版社1984年版。
② 唯明：《关于大众化问题》，《文艺月刊》第4期。
③ 郑学稼：《论民族形式的内容》，《中央周刊》第3卷第45期。
④ 严明：《与〈文化杂志〉论民族文化》，《民族文化》第6期。

显然，他们的意见，反映了国民党当局对文艺的要求。

二是陈伯达、王实味从抗日民主根据地传过来的声音。陈伯达在《文学月报》上发表了《关于文艺民族形式的论争》一文，为自己的观点及其与向林冰观点的联系进行辩白。他认为，自己是"从生活出发来谈形式"，是"辩证法的唯物论"，与向林冰的"中心源泉"论"根本不同"，向林冰是"从形式出发来谈形式"，是"形式主义的唯心论"。王实味在《文艺阵地》上发表了《文艺民族形式问题上的旧错误与新偏向》一文，认为陈伯达、艾思奇的文章有"许多不科学的错误观点"，是文艺民族形式问题上的"旧错误"，而"新偏向"则是胡风论民族形式的"过左的偏向"。

三是防耳等人的批评声。防耳在《新华日报》上发表《民族形式的再提起》一文，对王实味的文章进行批评。他指出：王实味本身仍然还多少被他所批评的偏向所束缚，仍然停留在"形式"二字的表面上打圈子。他认为，"如果民族形式问题今天还值得研究的话，那么首先就应该批评和改正那些表面的和浮泛的研究，克服研究空气中的八股和教条主义"，应该"深入地研究生活，研究人民大众的真实，研究历史来发扬理论，展开理论"。防耳的这一见解，无疑是民族形式讨论尾声期中甚为可贵的意见。

在理清重庆陪都文化界的"民族形式"讨论过程之后，还必须进一步探讨这场讨论的发生及其意义。

我以为，"民族形式"讨论的出现应当从三个方面的考究中去寻求问题的答案：一是毛泽东有关"民族形式"论述的启示；二是"由苏联方面得到的示唆"；[①] 三是"五四"文学革命运动以来，尤其是左翼文学运动之后，文学大众化理论探讨与创作尝试在抗日救亡条件的必然发展。

1938年10月，毛泽东在中国共产党六届六中全会上作了题为《中国共产党在民族战争中的地位》的报告。毛泽东在报告中批评教条主义式地学习马克思主义理论时指出："洋八股必须废止，空洞抽象的调头必须少唱，教条主义必须休息，而代之以新鲜活泼的、为中国老百姓所喜闻乐见的中国作风和中国气派。把国际主义的内容和民族形式分离起来，是一点也不懂得国际主义的人们的做法，我们则要把二者紧密地结合起来。"[②]

[①] 郭沫若：《"民族形式"商兑》，重庆陪都版《大公报》1940年6月9、10日
[②] 《毛泽东选集》（一卷本），人民出版社1968年版，第500页。

1940年1月，毛泽东在《新民主主义论》中界定新文化时指出："民族的形式，新民主主义的内容——这就是我们今天的新文化。"① 毛泽东的这些论述，启示着、引导着中国抗战文艺家去思考文学的民族性回归及如何创造民族形式问题。当时，有的文艺家就这样说过："民族形式"讨论之发生，是得益于"毛泽东先生在《论新阶段》中有关'中国化'的启示"。② 讨论过程中，不少文艺家，如郭沫若、茅盾、以群、潘梓年等人都明显地运用了毛泽东的观点与用语来论述文艺的"民族形式"及其建立。郭沫若说的"民族形式"的提出有着"苏联方面的示唆"，我以为主要是指斯大林关于民族文化问题的论述。斯大林曾说："内容是无产阶级的，形式是民族的——这就是社会主义所要达到的全人类的文化。"③ 斯大林还说过：创造民族形式应着眼于民族的"语言、生活方式"。④ 不少文艺家在阐释如何建立中国化民族形式问题时，侧重于民众的语言与民众生活方面，这无疑是"得到苏联方面示唆"的佐证。毛泽东和斯大林关于"民族形式"的论述之所以能引起一场时空跨度那么大的热烈讨论，自然还有着抗战文艺的内在规定性。大众化、民族化问题一直为中国新文化界关注，"左联"时期开展过三次大众化讨论，但收效甚微。"七七事变"后的一年间，大众化、通俗化形成了一股潮流。"文协"大力提倡，通俗读物编刊社极力推行，同时还引起《七月》与通俗读物编刊社的不同意见的论争。但总的说，当时大众化与通俗化的讨论，往往"拘囿在旧形式这样的狭小范围内"⑤。这就使得抗战文艺家"从工作实践上感到非有一种为老百姓所'喜闻乐见'的作风气派不可"，"非有'民族形式'不可"。⑥

重庆陪都文化界和整个中国抗战文化界进行的"民族形式"讨论，虽然未能为中国现代新文学民族形式构建起比较系统的理论框架，却强调了文艺大众化、民族化的重要性与必要性，为抗战文艺创作，尤其是为1942

---

① 《毛泽东选集》（一卷本），人民出版社1968年版，第667页。
② 宗珏：《文艺之民族形式问题的展开》，《大公报》1939年12月12、13日。《论新阶段》即《中国共产党在民族战争中的地位》，发表在1938年11月25日出版的《解放周刊》第57期上。
③ 《斯大林全集》（第7卷），人民出版社，第117页。
④ 同上，第119页。
⑤ 欧阳凡海：《五年来的文艺理论》，《学习生活》第3卷第3期。
⑥ 茅盾：《戏剧的民族形式问题》，《抗战文艺》第7卷第2、3期。

年后抗日民主根据地文艺创作的大众化实践和民族形式的尝试奠定了基础，也有助于促进中国现代新文化走上"现代化"与"民族化"相结合的发展道路。

（二）"主观论"论争

1944年以后，重庆陪都文化界就胡风的"主观论"开展了日渐热烈的讨论。

"主观论"是胡风构建的一种现实主义文艺理论体系。这种理论体系的核心是强调在现实主义文学创作过程中，作家的"主观战斗精神""战斗要求"和"人格力量"的决定性作用。胡风的这一文艺理论体系孕育和萌发于30年代左翼文坛，形成于40年代前期重庆陪都文坛。"皖南事变"前后，重庆陪都为中心的大后方社会中的黑暗更加浓重了，全民族抗战的澎湃热情逐渐消退。中国抗战文艺界出现了新的动向：抗战文艺各自在根据地、敌后、沦陷区、大后方城乡的特定客观条件下，在可能发展的基础上，开始进一步与民众结合；或仍停留于一般性的爱国主义层面上，却消失了抗战初期那种人生渴望的热情；或对政治现象做表面的、观念性的适应，未能深入地接触到历史变动的实际内容；或用艺术技巧来编造故事以吸引读者；或偏重于讽刺黑暗与落后的社会现象；等等。1942年5月，延安和各抗日民主根据地广泛进行文艺整风和学习毛泽东的《讲话》。重庆陪都左翼文化人士也开始了文艺整风与《讲话》的学习。胡风在这一尖锐而又复杂的历史条件与文化背景下，思考着如何发展抗战文学，如何促使现实主义文学得到进一步发展。胡风的文艺思想理论正是在这一思考与实践过程中达到系统化、体系化与完成度的。他连续写了《关于创作的二三感想》《文艺工作底发展及其努力方向》《置身在为民主的斗争里面》等文章。以后，又写了《论现实主义的路》长篇论文。这些文章，体现了胡风文艺思想理论的基本内容，概括起来有这么几点。

第一，文艺与生活的关系问题。他认为现实生活是产生文学的土壤，文学是生活现实或生活要求的反映。

第二，作家与生活的关系问题。他认为作家不能脱离现实生活基础，作家与生活结合，才能使主观精神与客观精神彼此融和，彼此渗透，作家的精神力量与战斗要求才能得到培养与形成。

第三，文艺创作过程问题。他认为，首先文学创作要写真实的人，活的人。大后方这个灰色人生战场的文学应写人民的负担、觉醒、潜力、愿望和夺生路这个火热而坚强的主观的思想要求。其次文学创作过程是从对于血肉现实人生的搏斗开始的。这种搏斗是对对象的摄取过程，也是克服对象的批判过程，其中包含了作家不断地自我扩张与自我斗争。作家写的人，是通过作家自己的情感去体验过的人，人物的情感是作家情感的外化。他认为这是创作的源泉。

　　第四，文艺批评问题。他提出了一套法则：一是批评与创作的辩证关系。他认为批评是创作实践过程或实践内容的反映，同时又对创作实践起指导作用，文学创作的发展促进文学批评的发展。二是作家与批评家的关系。他认为批评家应深入作家的创作心理过程，但不一定要和作家共鸣，反而更多地向作家反抗。三是文学批评的对象。他认为是作品，是文学现象。四是文学批评的任务。他认为是对于落后心理意识及其美学特征的批评，对于进步心理意识及其美学特征的发扬，对于旧生活传统及其美学传统的反抗与摧毁，对于新生活的萌芽及其美学萌芽的发现与养成，其重心是向着广大人民与进步读者，开拓思想方向、建立思想影响、培养健康的文艺欣赏力量，作家与批评家协力地发掘和改造时代精神。五是批评家应具有的品格。他认为批评家应是认真的生活者，积极的战斗者，一代精神战士。

　　第五，执着地批判公式主义与客观主义。他认为，这两种创作倾向在中国现代新文学中由来已久，成为中国现代新文学发展的障碍。

　　以上五大内容的灵魂是生活实践与主观战斗精神、战斗要求、人格力量。胡风这一体系化的文艺思想理论不失为社会主义现实主义创作原则中的一种重要理论。胡风也以这一理论体系为尺子，批评一切文学创作与文艺现象。比如，他把茅盾、沙汀等作家的作品视为客观主义的标本而加以批判，这就显现出其理论的偏狭性与教条主义色彩。同时，胡风的文艺理论与当时重庆陪都左翼文化人士正在学习的《讲话》存在着较大的差异，乃至抵触。归纳起来有四点分歧：一是胡风很少正面论及文艺为广大人民服务、首先为工农兵服务这一文艺新方向；二是胡风很少论及文艺工作者学习马克思主义，深入工农兵生活，改造思想。他主要讲实践，通过实践与主观精神的双向活动达到唯物主义认识论的高度，反对善男信女忏悔式的改造思想。三是胡风强调在大后方灰色人生战场上写民众精神奴役的创伤，而不讲写民众的美德。四是胡风认为小资产阶级知识分子有可能用真诚的态度深入生活，和人民结合，为人民服务。由此分歧与抵触引发讨论和批评便是自然的了。

这场讨论，首先在中国共产党领导的报刊编辑部内部展开。1943年冬，中共中央南方局直接领导《新华日报》《群众》《中原》等两刊一报的工作人员，根据整风精神，批评忽视马克思主义阶级论宣传的错误，批评与"主观论"相似的"生活态度论"。

1944年以后，"主观论"讨论逐渐开展起来。第一个写文章公开批评"主观论"的是黄药眠。胡风为"文协"理事会起草的年会论文《文艺工作底发展及其努力方向》于1944年4月17、18日在重庆陪都版《大公报》上公开发表。黄药眠即撰写《读了〈文艺工作底发展及其努力方向〉以后》一文，由桂林寄至重庆陪都，批评胡风"主观论"。这篇文章在重庆陪都的报刊上未能发表，直至7月29日，才在《云南日报》上与读者见面。黄药眠不赞同"把文艺的病态倾向，当作孤立的现象"来看待，更不赞成把它归结为作家"精神上的衰落"。他认为胡风思考问题的方法是从概念到概念，"不是从现实的生活里得出来的结论，而是观念的预先想好来加在现实运动上的公式"。

这场讨论于1945年冬天以多种方式展开并形成高潮。方式之一是文艺漫谈会，方式之二是《芳草天涯》和《清明前后》两个剧本讨论会，方式之三是个别谈心交换意见，方式之四是撰写文章进行论辩。通过这些方式，学习毛泽东文艺思想，反思抗战文学运动，批评"主观论"。但是，对"主观论"的批评是间接的，更没有对胡风点名道姓地批评，而是点名道姓地批评了舒芜和王戎的观点。

舒芜《论主观》一文得到胡风的重视，评价甚高。胡风认为："《论主观》是再提出了一个问题，一个使中华民族求新生的斗争会受到影响的问题。"① 黄药眠针对舒芜的《论主观》发表了《论约瑟夫的外套》一文予以批驳，认为舒芜宣传的观点是"最典型的唯心论"。这实际上也是对胡风的批评。邵荃麟针对王戎的观点，在《略论文艺的政治倾向》中指出：

---

① 胡风：《希望·编后记》，《希望》第1集第1期。

"离开主观精神的社会基础,去强调主观精神与客观事物的紧密结合,可能使我们走到超阶级超社会的唯心论泥沼中去。"何其芳在《关于现实主义》中批评了王戎和冯雪峰的观点。他指出:现实主义要向前发展,并不是简单地强调什么"主观精神和客观事物的紧密的结合",而是必须强调艺术应该与人民群众结合,作家虚心地到人民大众中去学习;简单强调"主观精神的燃烧""搏斗和冲激",不但是不够的,而且有时可能是与人民大众相违反的。

1946—1947年间,胡风及"主观论"的同调者在《希望》《泥土》《呼吸》等刊物上继续发表文章,一面宣扬"主观论",一面说些有损学者风度和不利学术讨论的话。比如,胡风在1947年2月写的《逆流的日子·后记》中,把批评他的《文艺工作底发展及其努力方向》一文的黄药眠称为"雄视桂林的以'大师'自命的一位万能博士"。胡风称何其芳是"一位杞忧的勇士"。舒芜在《呼吸》杂志上连续发表《更向前·说"方向"》《更向前·辞"理由"》《更向前·斥说教》等文章,把批评过他的人称为"非友人",说他们把"信仰康谬主义"之类当作大方向,当作招牌挂在身上荡来荡去,藉以招摇撞骗,声称要以眼还眼,以牙还牙,予以打击。方然在《呼吸》的《一期小结》里,对该刊的批评者洪钟进行人身攻击。阿垅在《略论"吵架"与"求爱"》中,对何其芳等人大为不恭。方然、孙白等人在文章中否定郭沫若的剧本《虎符》和沙汀的小说《困兽记》。这一切,说明了胡风的"主观论"得到了更多的人的赞同,同时也表明了一种团体性的个人情绪在恶性发展。

1948年,汇集于香港的邵荃麟、胡绳、林默涵、乔冠华等人,对胡风的"主观论"进行了集中的批评。邵荃麟在《论主观问题》中指出:"无论从哲学观点或文艺观点上,我们都可以看出主观论者理论的一个根本错误,即是他们把历史唯物论中最主要一部分——社会物质生活的关系忽略了。因此也把马克思学说最精彩的部分——阶级斗争的理论忽略了。"乔冠华以乔木为笔名发表的《文艺创作与主观》一文,一方面批评了自己曾经宣传过的"生活态度论",一方面批评了胡风关于大后方灰色战场上人民大众精神状态的分析,认为胡风把人民善良、美好、坚强和康健的主体置之不顾,却去强调那些他们自己不能负责的缺点,这在事实上是拒绝乃至反对和人民结合。邵荃麟执笔的《对于当前文艺运动的意见》认为,文艺运动的主要偏向是强调文艺的生命力和作家个人的人格力量，这实际上是个人主义意识的一种强烈表现，是向唯心主义发展的一种倾向。胡绳等人还结合"主观论"同调者的作品，评析"主观论"的是非得失。

这场关于"主观论"的讨论与批评，虽然在一些根本问题上未取得共识，然而对于"主观论"的形成、功过是非却有了较明确而中肯的意见，这就是冯雪峰在《论民主革命的文艺运动》一文中所说的："现在就正是革命发展，人民的力量和斗争高扬的时代，知识分子和青年和作家的某些热情的表现和要求，就不能不是反映或向往革命和人民的这种高扬的东西，也不能不是寄寓着文化和个性的解放、未来的生活和艺术理想之追求的东西；它不免要对教条主义和客观主义的思想态度抗议，但更本质的说，却更多是对于压迫青年的生机和热情的旧社会和恶势力的反抗，也是对于部分的知识分子的精神上崩落状态的抵制。这些情形，主要的应看作对于革命的接近和追求，而反映到文艺和文艺运动的要求上来是非常好的，也正为我们文艺所希望的。自然，单是热情，单是'向精神的突击'，在我们，是还万万不够的，还不能成为真实战斗的文艺。并且那里面也自然会夹杂着非常不纯的东西，例如个人主义的残余及其他的小资产阶级性的东西。因此，问题仍在于我们的文艺运动能够看到广大的社会和时代中的精神状态，怎样使那些好的精神要求和人民的革命斗争接触，并使它在革命斗争和人民的生活中得到改造、充实、提高，最后成为人民的力量和文艺。这就需要我们领导，也少不掉思想斗争的过程。""主观力的要求，也是如此。我们先不能以为这是借了批判教条主义的机会，来试行注射唯心论毒素的企图，因为在今天没有这样的可能，同时是分明地在对革命抱着精神上的追求之下提出问题的。"

三、"文艺政策"论战·"战国"派批判

（一）"文艺政策"论战

1942—1943年间，国民党当局制订出旨在发展其"三民主义文学"和"民族文学"，遏制乃至扼杀左翼文学的文艺政策。这一文艺政策主要包括

三大内容：一是规定"三民主义"的"四种基本意识"，即谋全国人民的生存、事实定解决问题的方法、仁爱为民生的重心、"国族至上"，为"文艺所要表现的意识形态"，也就是把三民主义规定为文艺的指导思想与理论基础。二是规定文艺为三民主义政治服务，为"国家至上，民族至上"服务，也就是在文艺与政治关系上，把体现专制独裁的"一个党、一个领袖、一个主义"规定为文艺服务对象。三是规定文艺描写的范围为"六不""五要"。"六不"是：不专写社会黑暗，不挑拨阶级的仇恨，不带悲观的色彩，不表现浪漫的情调，不写无意义的作品，不表现不正确的意识。"五要"是：要创造我们的民族文艺，要为最苦痛的平民而写作，要以民族的立场而写作，要从理智里产生作品，要用现实的形式。也就是在描写范围上，"要写统治阶级，资本阶级，地主阶级，工人阶级，农民阶级"的"仁爱和平"；写地主资本家对工农剥削压迫时，要使他们自己"知道自己的错误，自己的堕落，自己的罪恶，而幡然悔改，自动地为劳工劳农谋利益"；写劳工劳农受剥削压迫时，要"以仁爱，而不是以憎恨为出发点"。国民党文艺政策的这一内容，集中见于一篇文章和一个决议。一篇文章指由李辰冬起草、经戴季陶与陈果夫"详细订正"而以其时国民党中央宣传部部长张道藩名义于1942年9月发表的《我们所需要的文艺政策》，一个决议是指1943年9月国民党五届十一中全会通过的《文化运动纲领》。国民党文艺政策由此体系化和法典化。

　　为扩大这一文艺政策的影响，国民党当局力图造成一种威势，在重庆陪都文化界掀起了宣传这一文艺政策的热潮。1942年10月，国民党中宣部副部长潘公展在重庆陪都召开文艺政策座谈会。1943年1—2月，《文化先锋》连出两期文艺政策讨论特辑；2月，国民党中央组织部制订"全国高中以上学校三民主义文艺竞赛办法"，通令各校党部执行；4月，《文艺先锋》辟文艺政策讨论特辑；《中央日报》及《东方杂志》亦发表多篇文章阐释文艺政策。王平陵、李辰冬、丁伯骝、易君佐、翁大章、陈铨、赵友培、夏贯中、太虚等人又是参加文艺政策座谈会，又是发表文章，溢美之词连篇，吹捧之声不绝。其内容不外三点：称文艺政策的提出"实为当务之急"，"六不""五要""百分之百的正确"，文艺政策必须作为"全国文艺家创作的指南针""写作标准"与"写作依据"，声称"纠正共产主义的'左倾'，负担'建设感情'的任务"，凡违背文艺政策者必加制裁。

体现政治上专制独裁的这一文艺政策实际上是国民党执政以来推行的绞杀左翼文艺而发展其三民主义文艺的一系列政策的继续与发展。20世纪20年代末—30年代中期，国民党颁发了《著作权法》《宣传品审查条例》《出版法》《图书杂志审查办法》等等，限制左翼文艺书刊出版，甚至封闭和捣毁左翼文化机关，捕杀左翼文艺工作者。抗战爆发后，国民党和国民政府管控抗战文化书刊出版发行的法令也几乎年年更新。1938年7月，国民党第五届中央常务委员会第八十六次会议通过旨在"齐一国民思想"的《修正抗战期间图书杂志审查标准》，并决定成立图书杂志审查委员会。1939年2月，国民党中宣部命令重庆陪都市政府、宪兵三团和警备司令部会同成立"重庆市戏剧审查委员会"。1940年，国民政府制订《战时图书杂志原稿审查办法》。1941年2月，国民党中宣部文化运动委员会成立。1942年，国民政府公布《书店印刷店管理规则》。1944年，国民政府公布《修正图书杂志剧本送审须知》和《出版品审查法规与禁载标准》。1938年3月—1945年8月间，国民党中宣部与图书杂志审查委员会查禁的书刊达2000余种，仅1942—1943年间，重庆陪都就有1400余种书刊不能出版、出售与发行，1943年重庆陪都就有116种剧目不能上演。国民党当局对所查禁的书刊肆意销毁，1942年9月19日销毁了包括茅盾的《茅盾自选集》、郭沫若的《抗日将领访问录》、朱德的《抗战回忆录》、毛泽东的《怎样争取最后胜利》在内的书刊127种，达1242册。

国民党推行的文化专制主义与文艺政策一出现，就受到重庆陪都文化界左翼人士的抵制与批驳。

1942年9月1日，张道藩署名的《我们所需要的文艺政策》发表于《文化先锋》创刊号上。同月27日，《新华日报》即发表署名苏黎的文章《鸵鸟》，直接斥责这一文艺政策为"鸵鸟主义"，其目的是"置文艺于死境"。这样的批判文章，其时尚属少见。

左翼文艺工作者批驳国民党文艺政策更主要的是采用间接的迂回曲折的方式。梁实秋从自由主义文艺观点出发，在国民党大力宣传文艺政策过程中，发表了《关于"文艺政策"》一文，将30年代左翼文艺运动和苏联文艺政策同国民党文艺政策等同起来，认为都是站在文艺以外的角度而谋如何利用管理文艺的一种企图。但，他又认为国民党文艺政策的颁发"有其必要"。沈从文也发表了《文学运动重造》一文，认为"用一种制度来消极限制作品"是"不会得到好结果"的。左翼文艺工作者针对梁、沈观点,发表文章对国民党文艺政策予以旁敲侧击。欧阳凡海以吴往为笔名发表了《关于"文艺政策"与"文化武器"论》,批评梁实秋对30年代左翼文艺的攻击,指出要发挥文艺的宣传与组织性能,关键在于尊重作家与尊重文艺,并表示"始终反对任何法西斯主义性质的对文艺的干涉"。以群以杨华为笔名发表了《文艺时论之二·文艺的商业性与政治性》,表示赞同沈从文关于官方用一种制度来限制作品必然得不到好结果的论断,批评沈从文的超功利、超政治的文艺主张。这种批评方式有一箭双雕之妙。左翼文艺工作者还开展多种纪念活动来批判国民党文艺政策。1943年10月19日为鲁迅逝世七周年纪念日,重庆陪都左翼文化人撰写文章纪念鲁迅,同时批判国民党文艺政策。比如署名钳耳的文章《关于批判》,在阐释了鲁迅关于批判、暴露、讽刺的论述之后,转入对国民党文艺政策的批判,认为只准歌颂不许暴露的文艺政策是怪论,让其下去必然是是非不分,曲直不明,阻碍文艺的发展。1944年10月19日,重庆陪都文化界召开鲁迅逝世八周年纪念会,实际上是以鲁迅为榜样,抨击国民党文艺政策,揭露以重庆陪都为中心的大后方社会黑暗的动员会。茅盾在纪念会上的讲话中,号召人们"冲破障碍,发扬鲁迅的精神与作用"。1944年4月17日,重庆陪都文化界300余人集会祝贺老舍创作20周年,赞扬老舍不因利诱而改行,不因畏难而搁笔,始终为发扬和追求真理、正义而努力的品格与精神。同年5月16日,重庆陪都文化界百余人集会祝贺张恨水50寿辰,称赞他的小说无不以同情弱小反抗强暴为母题。1945年6月24日,重庆陪都文化界800余人集会祝贺茅盾50寿辰。为茅盾祝寿的意义正如邓初民在集会的讲演中所说的:不是一种普通的祝寿,而是加重茅盾及一切文艺工作者乃至民主战士的责任的集会。这些活动,无疑包含着冲破文化专制主义和文艺政策禁令,大胆看取现实社会人生,暴露黑暗,呼喊自由民主的深层意义。1942—1945年间的"文协"纪念会,亦具有同一意义。特别是1944年"文协"成立六周年纪念会,《新华日报》《新蜀报》等报刊上发表的纪念文章,中心内容是揭露文化专制主义,抨击文艺政策,要求创作自由。这种种纪念活动以及1945年重庆陪都文化界举行的文艺上的民主问题座谈会,都表达了文化界要民主、要自由的呼声,强调了文化运动与民主运动的汇合,有力地抨击了国民党的文化专制主义与文艺政策。

重庆陪都左翼文艺工作者还在中共中央南方局和周恩来领导下，学习《讲话》，开展文艺整风，意在明确革命文艺必须为广大人民服务、首先为工农兵服务，革命文艺必须跟革命斗争紧密结合，革命文艺必须暴露一切危害人民的黑暗势力，等等。毛泽东文艺思想开始为重庆陪都左翼文艺工作者所接受，成为他们批判国民党文化专制主义与文艺政策的理论武器。学习毛泽东文艺思想，联系文艺实际，批判国民党文化专制主义与文艺政策，可以说是所有批判国民党文艺政策方式中最有力、最有效的方式。

在批驳当局推行的文艺政策过程中，重庆陪都文化界以左翼人士为主还多次集会或致书当局，要求取缔限制抗战文化事业发展的法令与机构。1943年11月18日，茅盾、胡风、老舍、夏衍、曹禺、臧克家、王亚平、于伶、聂绀弩等53人向国民政府行政院提出改善文化出版事业的14条要求。他们指出：图书杂志审查标准应当统一，应当简化，不要随意更改；凡认为不合标准之稿件和应修改之稿件，须说明理由并退还作者；书刊杂志，应放宽限制，已通过审查之稿件，重版时不必再度送审，已故作家之著作，不以删改为原则，以求保存原作面目。1944年5月3日，重庆陪都文化界张申府、张静庐、曹禺等50余人举行集会，一致要求取消新闻图书杂志以及戏剧的审查制度，要求言论自由。《新华日报》多次发表社论或转载其他地方的报纸社论，批评当局任意颁布限制抗战文化发展的法令和随意查禁与销毁书刊的行径。1945年，民主运动高涨之时，重庆陪都文化界采取了"拒不送审"的行动。这一切，致使国民政府查禁书刊的法令收效甚微。除被销毁的书刊，多数被查禁的书刊仍在出版发行，被禁演的戏剧仍在上演。这一切，终于迫使当局不得不最后终止实行图书杂志审查制度，不得不撤销图书杂志审查委员会。

对国民党文化专制主义与文艺政策的论战，是抗战后期重庆陪都这一特殊环境里，共产党与国民党、无产阶级文化与大资产阶级文化在文艺战线上的一场大较量、大搏斗。因此，这场斗争既有着强烈的政治斗争意义，也有着文化实践意义。它广泛地动员了文化界民主力量，反对国民党的专制独裁统治，确保了重庆陪都文化运动的健康发展；它宣传了毛泽东文艺思想，明确了为广大人民服务的文艺方向；它促进了一批反映当时社会重大矛盾而为人民服务的文艺作品的问世。

（二）"战国"派批判

1940—1942年间，以重庆陪都为中心的大后方文化界出现了一个"战国"派。该派以重庆陪都版《大公报》副刊《战国》和昆明《战国策》半月刊而得名，其代表人物为陈铨和林同济。该派的任务，是要在重庆陪都和整个大后方掀起一场"民族文学运动"，以尽抗日救国和文化建设之责。

该派的政治观，在陈铨的《指环与正义》《政治理想与理想政治》和林同济的《战国时代的重演》《民族主义与二十世纪》等文章中表述得十分明白。概括起来就是：当今时代是"战国时代"，"民族主义"是时代精神。这一时代精神，对外求得生存，对内求得意志集中、权力集中。这一时代精神使人们"牺牲小我，顾全大我，牺牲个人，保卫国家"；"领袖是国家民族精神所寄托"。显然这样的"民族主义"时代精神是与国民政府提出的"国家至上、民族至上"，"意志集中、权力集中"的"国策"和"一个党、一个领袖、一个主义"的政令相一致的。该派的文艺观，在陈铨的《民族文学运动试论》和林同济的《寄语中国艺术人》等文章中也表露得十分明显。陈铨在文章中，把他们的文艺观与政治观的关系说得十分透彻。他说："民族主义是促进民族文学运动的主力，民族文学运动如果不以发扬民族意识为前提就根本失掉它的意义，而且会一败涂地的。"他还说道：这一运动并不新鲜，"早经国民党提倡过的"。因为"要达成一种政治任务，需要文学的帮忙"。于是，他们在文艺理论上竭力提倡反理性主义的文艺主张，要求文学创作必须具备"三道母题"，即恐怖、狂欢、虔恪，写了这三道母题，就可以达到在"伟大""崇高""圣洁""至善""万能"面前"严肃屏息崇拜"。① 也就是陈铨所说的，只有这样的文艺作品，才能传达出如下的信息："领袖，是国家民族精神所寄托，群众必须要服从他们，崇拜他们，牺牲自己，帮助他们完成伟大的事业。"②

陈铨的作品《野玫瑰》《蓝蝴蝶》《金指环》等剧本，不仅在重庆陪都出版发行，而且也在重庆陪都演出。这三部剧本最充分地实践（或称演

---

① 林同济：《寄语中国艺术人》，《大公报》1942年1月21日。
② 陈铨：《德国的民族性格和思想》，《战国策》第6期。

绎）了"战国"派的政治观与文艺观，也是他们提倡的"民族文学"的标本。

四幕话剧《野玫瑰》，写的故事并不新鲜，并非陈铨独创。然而，在这个并不新鲜的故事中，却注进了新鲜的"崇高的理想"和"浪漫精神"。夏艳华是剧本着力歌颂的人物，"崇高的理想"和"浪漫精神"集于一身。在这种"理想"和"精神"驱使下，她抛弃了爱情和相爱的刘云樵，嫁给一个50岁的老头子"北平伪政委会主席"王立民。她后来对刘云樵这样说道："当时我已经加入了政府的间谍工作。同你结婚，我的工作就不能继续进行。我心里虽然爱你，为着国家民族的利益，我不得不忍心抛弃你！"夏艳华，为了"国家民族"，抛弃了爱情与相爱的人而嫁给汉奸头子王立民又为了什么呢？最初是受命于"刺杀他"，后受命于"利用他来探听日本人各方面的消息"。她在"地狱生活"期间，为"政府"传递了重要情报，救了抗日人士，使"北平伪政委会"里的"重要的消息，常常泄漏出去"，"到处都听说"她这个"天字十五号的厉害"！当刘云樵恭维她时，她说："这本来是我的志愿，任何的牺牲，我都不顾惜，我永远也不追悔。"剧本最后，写夏艳华使用手段，让王立民杀死另一汉奸警察厅长，她再用毒药毒死王立民。王立民临死时说："艳华，我承认你是我生平遇见的最厉害的敌手！"她却严正回答道："立民，我还不算是你最厉害的敌手。""你最厉害的敌手，就是中国四万万五千万人的民族意识。它像一股怒潮，排山倒海地冲来，无论任何力量，任何机智，都不能抵挡它！"可见，战胜汉奸头目的是"民族意识"。夏艳华就是"民族意识"的化身。她凭"民族意识"，抛弃了相爱的人；她凭"民族意识"，嫁给了汉奸头目；她凭"民族意识"，刺探情报，救助抗日人士；她凭"民族意识"，挑起汉奸自相残杀；她凭"民族意识"，致汉奸头目于死地。总之，"民族意识"就是一切。这就是陈铨的"民族文学应该以发扬民族意识为前提"的理论的具体演绎。

《金指环》中的尚玉琴，也是剧作者陈铨竭力赞颂的"高尚理想的人物""民族英雄"。她的"理想"就是"为着国家民族，个人的牺牲，没有太大的！"她的"英雄"业迹，就是"拯救"归德全城五万的军民，就是"悲壮"地"牺牲"。她不顾丈夫马德章的阻止，不畏惧丈夫的手枪，只身去到主宰"归德全城五万军民"生杀大权的刘志明司令部。她对刘说:"我这一次来,充分表现中国四万万五千万人的民族意识。"她劝导刘志明"弃暗投明"。最后她用有毒的金指环自杀身亡,换得刘志明与马德章成为"战友",携手抗日。剧作者唯恐歌颂不足,还借她儿子马月超之口称颂道:"她虽然死了,她的精神是永远存在的。假如她不死,两位民族英雄怎么会联合,中国的抗战怎么会胜利呢?"同时,陈铨还借剧中群众之口,高呼:"马夫人万岁!""中华民国万岁!"在这个剧本中,尚玉琴这位"国军旅长"夫人俨然是一位"民族意识"的化身,俨然是一位"救国救民"的"英雄"。

依然是"浪漫悲剧"的《蓝蝴蝶》,歌颂的也是一位"民族英雄"。不过,这位"民族英雄"既不是沦陷区里夏艳华式的,也不是抗战前线兵营里的尚玉琴式的,而是上海孤岛租界里的中国法官钱孟群。但是,其特性是相同的:强烈的"民族意识","为国家民族""就是牺牲也是光荣的"。"上海公共租界里边,一方面有本国同胞的爱国活动,一方面有日本浪人、汉奸、流氓的威胁利诱"。钱孟群就在这个"困难"的"处境"里,"站在国家民族的立场上","作了三年的法官,从来不受任何方面的威胁引诱"。剧本着力写了他作的一件"锄奸""伟业"。"夏三是上海的流氓头子,抗战以来,在租界专门帮助日本人屠杀中国的爱国志士。现在他又犯了几件凶案,孟群派人捉他。"这是剧中人物玉瑛叙述的钱孟群这次"锄奸"的原委。钱孟群面对"左手拿一张支票,右手拿一支手枪"的夏三之流的威胁利诱,"爽性坐在椅子上,同时告诉瞄准一点,省得打第二枪"。

国民政府的间谍是"民族英雄","国军旅长"太太是"民族英雄",孤岛公共租界里的中国法官是"民族英雄"。广大农村里的地主豪绅呢?陈铨回答:也是"民族英雄"。《自卫》这出独幕剧颂扬的就是这类"民族英雄"。据说,一个地方,日军打来了,农民愚昧、胆小,个个没有办法;地主有胆有识,最坚决,成为组织群众抗日的领袖。地主是英雄,"民族意识"发扬得最充分。这是多么裸露的政治倾向和情感倾向。至于"我们的最高领袖""蒋委员长",那当然是"民族主义""民族意识""民族英雄"集大成者。我们虽然没有见着陈铨写有这一方面的剧本,然而在《金指环》一剧中,却窥见了陈铨借剧中人物马小琴、马月超之口所表明的"心迹"。马小琴说:"我们的最高领袖,三战定国。"马月超说:"据父亲说，当时中国是一个差不多完全没有军备的国家。"卢沟桥事变"发生的时候，中国不过十几条破军舰，几百架旧飞机，沿海没有设防，内地没有军需工业，军队没有完全统一，学校没有实行军国民教育。在这种艰难困苦的状态之下，居然有一个人出来，领导民众，全面抗战，不到十年工夫，三战三捷，把中国建设成世界第一等国家。你想，这是多么伟大的事业！"这里的"一个人"指谁？明显的是马小琴说的"我们的最高领袖"，也就是陈铨在小说《狂飙》中要人们"热诚的拥护"的"蒋先生"，而且要人们"佩服蒋先生的精神"。

国民政府的社会基础——地主是"抗日英雄"，国民政府的核心——特务机关人员是"抗日英雄"，国民政府的工具——军队里的长官太太是"抗日英雄"，国民政府的"最高领袖"——"蒋先生"更是"三战定国"的"抗日英雄"。地主、特务、军官及其太太等等人物，个个为"民族"、为"国家"、为"最高领袖"赴汤蹈火。这就是陈铨的作品、特别是他的剧本的要义与主旨之所在。这就是陈铨为把"民族主义运用到文学运动里面去"所做的努力。陈铨的这一努力，很快得到了国民政府的支持与奖赏。这主要体现在两个方面：一是制定"文艺政策"与"文化纲领"，使"民族文学"法典化。国民党中宣部部长张道藩在《我们所需要的文艺政策》中，强调"当前的急务"是"建树独立的自由的民族文艺"，国民党中央颁布的《文化运动纲领》，为建树"民族文化""民族文艺"，规定了"指导原理"和"实际行动的纲领"。二是当抗战文学界左翼文人批判陈铨的剧本时，国民政府教育部部长陈立夫、国民党中宣部部长张道藩、国民党中央文化运动委员会副主任委员潘公展公开为之辩护，说什么《野玫瑰》应当提倡，应该得奖。同时，国民政府让《野玫瑰》等剧本演遍大后方城乡，并将《野玫瑰》改编为电影，由舞台搬上银幕。青年党一部分人也撰写文章，与"战国"派相呼应，扬言要联合起来，"形成一道主潮，主宰抗战文坛。"由此，进一步表明了"战国"派的"民族文学"的确顺应了国民党当局的政治文化需求。

重庆陪都文化界的左翼文艺工作者以《新华日报》《群众》《大公报》《读书月报》《新蜀报》《时事新报》等报刊为阵地，对"战国"派开展了严厉的批判。

茅盾首先著文，指出"战国"派的出现是一种非常危险的事情，该派犯了"时代错误。"紧接着，汉夫、欧阳凡海、颜翰彤、谷虹、方纪、洪钟等人发表文章加以抨击。汉夫在《"战国"派的法西斯实质》和《"战国"派对战争的看法帮助了谁?》两篇文章中，比较系统地批判了"战国"派对内对外的政治主张，指出它的主张是故意混淆国家和战争的性质，颂扬法西斯，散布失败主义，其"立场和精神完全是希特勒的法西斯侵略主义的应声虫"，是"替法西斯侵略者张目"。他还批判了"战国"派对内实行独裁统治的主张，指出"战国"派"对内的所谓'力'就是民主已成过去，统治笼罩一切的意思，是理智应用已成过去，强力统治横行一时的意思"。"其实际目的在于反对民权自由，反对个性发展，提倡人民做驯服的奴隶罢了。"他批驳了"战国"派的政治观点，揭露了"战国"派为法西斯势力和国民政府的独裁统治做宣传的实质。欧阳凡海在《什么是"战国"派的文艺》中，认为"战国"派鼓吹反理性主义文艺的要害所在；"恐怖、狂欢和虔恪的理论实质上是反理性的法西斯主义的另一个说法"，是"一篇用现代的语言，装饰得漂漂亮亮的猿人哲学，'战国'派要我们根据这种猿人哲学去赞美猿人时代的'恐怖''狂欢'与'虔恪'，去赞美'自由乱创造'，在文艺上散布反理性的法西斯野蛮主义"。洪钟在《"战国"派文艺的改装》中，指出"战国"派的文艺观念"是主观观念论的文学观，是心灵幻影的文学观"的唯心主义实质。他还指出："在社会斗争特潮激烈的今天，生命力的歌颂，原始兽性感情的赞扬，是特别适合某种强有力集团的要求的。试看生命哲学在德意日等国之受御用的推崇，由此可知，这种说法在如何帮助法西斯的侵略行为。"

与此同时，左翼文艺工作者对"战国"派的政治观与文艺观的标本《野玫瑰》进行剖析。颜翰彤在《读〈野玫瑰〉》中尖锐指出：《野玫瑰》"存在着严重的问题——它隐藏了'战国'派思想的毒素"，美化了汉奸，宣传了法西斯的"力"。谷虹在《有毒的〈野玫瑰〉》中指出：该剧"在戏剧艺术方面，它助长了颓废的、伤感的、浪漫蒂克的恶劣倾向"，"是抗战以后最坏的一部剧本，也可以说是最有毒害的一部剧本"。1942年3月，《野玫瑰》在重庆陪都上演。上演前，演职员拒绝排练；演出后，戏剧界要求国民政府教育部撤销给予的"学术审议委员会三等奖"，指出该剧通过一个平凡乃至庸俗的侦探小说情节，宣扬了法西斯思想与"力"的宇宙观，颂扬了所谓的"民族精神"。

后来，茅盾、何其芳在总结抗战文学的有关文章中，进一步批判了"战国"派的作品。茅盾在《八年来文艺工作的成果及倾向》中指出："有一种表面上与抗战'有关'，而实则是有害的作品，这就是夸张'特工'的作用而又穿插了桃色纠纷的东西。理论上，在沦陷区作'特工'——对敌的各种工作，如组织地下活动，搜罗情报，破坏敌人机构等等——的人物及其活动，亦未始不可描写，但应当从有民众拥护，民众组织的背景上去写'特工'，也只有这样的'特工'才不是牛鬼蛇神的两面人，才有意义。可是我们所见的这一类作品却并不如此。它们把'特工'人员写成黄天霸、白玉堂一类，而又夸张其所谓'锄奸'的作用，对于沦陷区民众抗敌活动却避而不谈，这就不但歪曲了现实，而且暗示给读者，抵抗只有'特工'就行了，不需要组织民众，发动民众。这样的作品，尽管与抗战有关，然而是有害的，且在唯其表面上'有关'，故其危害不在色情作品之下。"何其芳在《文艺的堕落》中指出：《野玫瑰》和《自卫》等剧本是公开地、正面地提倡歌颂反动统治阶级及其鹰犬的文学，这是作者"向上爬"人生观与最堕落的艺术观的综合表现。

这场论争，不仅批判了"战国"派，遏止其横流，也间接地批判了国民政府推行的片面抗战路线以及文化专制主义。这场论战，是30年代初期、中期左翼文艺界批判国民党中央组织部、中央宣传部发动的"民族主义文学运动"的继续，也是40年后期左翼文艺界批判国民党的"戡乱文艺"的开始。

今天，我们怎么来看待"战国"派和当年那场批判？

首先，应当肯定"战国"派是爱国派。其政治观与文艺观以及其文艺作品，便是明证。其次，当年左翼文艺家对"战国"派的批判，是以无产阶级政治观和文艺观为标尺，失去的是民族性与全民性的时代坐标。这样的一概否定和无限上纲，自然是有其历史局限性的。把有强烈政治倾向的文艺派别，统统纳入政治层面来批判，这实则是开创了以政治批判代替文艺批判的先河。

四、《屈原》唱和

围绕郭沫若的历史剧《屈原》开展了一次规模空前的旧体诗唱和运动。这一唱和运动,不仅是中国现代戏剧史上的一段插曲,而且也是中国现代诗歌史上的一则佳话,更是抗战时期旧体诗焕发青春的突出表征。同时,《屈原》唱和运动,也超出了文学范畴而具有了文化的政治的意义。

历史剧在中国现代戏剧史上,并非始于抗战时期,早在"五四"时期、20年代就有了,诸如郭沫若的《卓文君》《王昭君》《聂嫈》,袁昌英的《孔雀东南飞》;30年代,历史剧更多一些了,比如夏衍的《赛金花》《秋瑾》,陈白尘的《石达开的末路》《金田村》。这些历史剧的出版与演出,引起强烈反响,乃至论战者则有之(比如《赛金花》),然而,由此形成诗歌唱和运动者却没有。抗战时期的历史剧创作出现高潮,优秀历史剧作不胜枚举,然而引起一场唱和运动的却只有《屈原》。这一现象,不能不引起我们应首先深思这么一个问题:《屈原》唱和运动怎么形成的?

任何一种社会现象的出现,都有其内在与外部等诸因素。《屈原》唱和运动属于上层建筑中的一种特殊现象,其形成原因,自然也不例外。我们可以从三个方面加以考察。

首先,《屈原》的诗化特性。郭沫若曾在《文学的本质》一文中,就诗与小说、戏剧的文本关系作过这样的阐释。他说:"诗是文学的本质,小说和戏剧是诗的分化","诗是情绪的直写,小说和戏剧是构成情绪的素材的再现"。郭沫若在他的历史剧中(从《湘累》开始的几乎所有的历史剧),始终追求的是诗的抒情特质,无论在人物形象塑造上、戏剧冲突与环境的设置上,还是人物语言的运用上,都充溢着浓厚的诗的主观激情。历史剧《屈原》,可以说是郭沫若的戏剧诗化特质艺术追求所达到的最高境界。剧中的《雷电颂》堪称一首优美的浪漫主义诗歌的典范。屈原被囚禁于东皇太乙庙里,在室外狂风大作、雷电交加的时候,他那胸中的怒潮也如狂风、雷电一般上下翻滚。他怒吼着并呼唤着咆哮的风、轰隆的雷、闪耀的电"把这黑暗的宇宙、阴惨的宇宙,爆炸了吧!爆炸了吧"!"把一切沉睡在黑暗里的东西,毁灭,毁灭,毁灭呀!"这种气氛的渲染、重叠词语的运用、急促的节奏、铿锵的声调，构成了一首悲壮的抒情诗，从而将屈原那狂热的愤怒，作者郭沫若的极度悲愤，抒写得淋漓尽致。在这里，浪漫主义诗歌《女神》与浪漫主义历史剧《屈原》、浪漫主义诗人郭沫若与浪漫主义戏剧家郭沫若，完全融为一体了。《屈原》这种诗化的特性，就为《屈原》的唱和运动的形成，提供了内在规定性。

其次，读者与观众的共识与感情认同。任何一部文学作品，如果要引起社会正效应，必然要得到读者的认同，而不至于发生"感情谬误"。《屈原》唱和运动的形成，就是这种正效应与认同感的艺术升华和艺术结晶。众所周知，《屈原》是写我国战国时代楚国诗人屈原的生活与斗争的，着重写他联齐抗秦的政治主张和坚贞不渝的爱国精神，再现屈原的光辉形象。那么，写这种古人古事的剧本怎么能在2000余年后的抗战时期引起正效应与认同感呢？这就涉及这部历史剧所包含的意蕴了。我们知道，战国时代的矛盾斗争焦点是"合纵"还是"联横"？合纵就是齐楚燕赵韩魏六国联合抗秦，"联横"就是引狼入室，被秦各个击破而吞并。屈原从楚国和齐燕韩魏赵的利益出发，力阻联秦，主张联合抗秦。但是，他的主张与行动为楚国的奸臣昏君所不容，并因此遭受陷害，贬官放逐。他与奸臣昏君的矛盾斗争，显然决定楚国生死存亡的命运。郭沫若将历史上这一矛盾斗争冲突浓缩为《屈原》这个剧本的戏剧冲突。屈原的高尚品格与精神在这一戏剧冲突中得到充分展现，又从而推动戏剧冲突的发展。这一戏剧冲突不仅吻合着历史的矛盾斗争，而且暗含着抗战中期的社会现实矛盾斗争。当时，正值日本帝国主义已经吞并了大半个中国，中国当权者国民党和蒋介石却不全力抗战，而用兵制造了震惊中外的皖南事变，屠杀抗日的新四军8000余人，并在大后方强化其独裁统治。生活于这一社会现实中的读者与观众，很容易由剧本中写的戏剧冲突而联想到抗战现实生活中的矛盾斗争，由戏剧中写的奸臣昏君而联想到蒋介石及其同僚们，由屈原而联想到现实生活中为民族为人民争生存却惨遭迫害的将士与仁人志士。所以，在《雷电颂》一节里，伴随着屈原对黑暗的诅咒，向雷电的呼号，观众同样渴求着暴风雨来得更猛，让霹雳的雷霆震撼着大地，把一切大小汉奸、昏君奸臣消灭干净。在这里，历史与现实达到了一致；屈原的感情与观众、读者的感情交融一体。这种历史与现实、屈原与观众的整体认同，必然会促成唱和运动。

再次，论战的需要。郭沫若写作历史剧，从来都是"借古人的口，来说自己的话"。"借古鉴今","据今推古",把历史剧作为他自己对现实人生的感受、思考、愿望与激情的一种载体。他在1942年1月写成的这部历史剧《屈原》,更是具有现实政治的尖锐性与强烈的战斗性。因此,剧本发表与演出时,出现了较为激烈的论战。

郭沫若是带着强烈的政治意识来创作历史剧《屈原》的。他是用《屈原》来抨击国民党当局的专制独裁,"摔破"国民党当局标榜的"民主""花瓶"——文化工作委员会。对于这一创作政治功利性,中共中央南方局和周恩来给予极大支持与鼓励。郭沫若酝酿创作《屈原》时,周恩来就指出:屈原这个题材好,因为屈原受迫害,感到谗谄之蔽明也,邪曲之害公也,才忧愤而作《离骚》。"皖南事变"后,我们也受迫害,写这个戏很有意义。《屈原》写成之后,周恩来支持搬上舞台,并给予充分肯定,他指出:《屈原》在政治上和艺术上都是很好的作品。这样的剧本就是在延安,也是要上演的。是否肯定这个戏不仅是艺术创作问题,更重要的是政治斗争。同时,周恩来还指出,要尽一切努力演好这个戏。而且,他亲自观看演员们排练,要演员们充分理解郭老的思想感情,要正确表达:这是郭老说给国民党反动派听的,也是广大人民的心声。可以预计在剧场中一定会引起观众极大的共鸣。这就是政治斗争。《屈原》公演之后,周恩来观看演出,并动员八路军办事处和南方局工作人员轮流去看。他还召开座谈会,组织与修改剧评文章,宣传这个戏演出的成功和政治意义。《屈原》演出暂告一段落之后,周恩来特设宴表示祝贺,并指出:在连续不断的反共高潮中,我们钻了国民党反动派一个空子,在戏剧舞台上打开了一个缺口,在这场战斗中,郭沫若同志立了大功。

1942年4月2日即《屈原》公演前一天,《新华日报》以醒目大字为《屈原》演出"广而告之":

《屈原》五幕历史剧	明日在国泰公演
中华剧艺社空前贡献	剧作　空前
郭沫若先生空前杰作	演出　空前
重庆陪都话剧界空前演出	阵容　空前
全国第一的空前阵容	服装　空前
音乐与戏剧的空前试验	表演　空前

4月3日，《屈原》公演时，《新华日报》发表文章为之介绍。同时，《时事新报》出"《屈原》演出特刊"，《新民报》《新蜀报》等报刊亦发表文章，加以评介。

然而，国民党当局对《屈原》的演出却十分不满。始而，训斥发表剧本《屈原》的《中央日报》副刊编辑人员并撤销孙伏园的编辑职务；继而，组织《中央日报》《中央周刊》等报刊，发表文章攻击与诋毁《屈原》；终而，陈立夫、潘公展等国民党当局文化官员主持召开座谈会，吹捧《野玫瑰》，排挤《屈原》，并明令禁止《屈原》的演出。

我之所以列数如上史实，是要表明一个观点即：《屈原》的诗唱和不是一般礼节性的应酬，而是严峻的文化政治斗争的一种表达方式，是当时境遇中政治思想论战的需要。

《屈原》唱和运动与任何运动一样，都有一个发生发展高潮结束的过程。《屈原》唱和运动的过程，大体呈现出这么三个阶段。1942年4月12日，《新民报》发表黄炎培、郭沫若的酬唱诗，算是揭开了唱和运动的帷幕；1942年4月13日起，《新华日报》辟"'屈原'唱和"专栏，逐步掀起唱和运动并形成高潮；1942年5月7日，《新华日报》"'屈原'唱和"专栏结束，直到7月15日《新民报》等报刊仍有少许唱和诗发表，算是唱和运动接近尾声。这次唱和运动，前后3个月时间，三四十余人参加，发表唱和诗100余首。其时间之长之集中、唱和人数之众之广、唱和诗作之多之优，在中外诗歌史上，恐怕都是罕见的。

这次《屈原》唱和运动，主要围绕剧本《屈原》的现实性、战斗性和演出的社会影响而展开，这也是百余首唱和诗抒写的主要内容。

历史剧《屈原》于1942年1月24日开始连载于《中央日报》上；同年4月3日起在重庆陪都国泰大戏院公演。社会贤达、民主人士黄炎培读了《屈原》剧本，并观看了《屈原》演出，便于4月9日写成七绝诗两首，奉赠《屈原》作者郭沫若。诗云：

一

不知皮里几阳秋，
偶起湘累问国仇。
一例伤心千古事，

荃芳那许别薰莸。

二

阳春自昔罕知音，
降格曾羞下里吟。
别有精神难为处，
今人面目古人心。

这两首诗，设典取譬，揭示历史剧《屈原》的深刻内涵："今人面目古人心。"

郭沫若读了黄炎培赠的两首七绝后，于4月11日写成"二绝见赠，谨步原韵奉酬"。诗云：

一

两千年矣洞庭秋，
嫉恶由来贵若仇。
无那东风无识别，
室盈蓬菜器盈莸。

二

寂寞谁知弦外音？
沧浪泽畔有行吟。
千秋清议难凭借，
瞑目悠悠天地心。

郭沫若这两首"见赠"七绝，是承接黄炎培的"奉赠"二绝中的"今人面目古人心"而来的，表明自己的创作构想："瞑目悠悠天地心"。

1942年4月12日，《新民报》以《〈屈原〉弦外之音——黄炎培、郭沫若酬唱》为题，发表黄炎培与郭沫若的唱和诗。郭沫若还在他的唱和诗的序文中，希望"如有同音，殆鼓宫宫动者耶"，于是"同音"者纷纷发表和诗。

董必武看《屈原》演出之后，于1942年4月12日用黄炎培原韵，赋七绝二首，参加唱和。诗云：

一

诗人独自有千秋，
嫉恶平生恍若仇。
邪正分明具形象，
如山观者判薰莸。

二

婵娟窈窕一知音，
不负先生泽畔吟，
毕竟斯人难创造，
台前笔下共关心。

如果说，黄炎培、郭沫若的唱和诗，重在抒写与揭示历史剧《屈原》的深邃意蕴的话，那么，董必武的唱和诗则无疑是重在描述历史剧《屈原》的社会效应了："如山观者判薰莸。"

1942年4月13日，《新华日报》开始辟"'屈原'唱和"专栏，同时发表黄、郭、董的上述三组七绝诗。

沈钧儒于4月13日晚上观看了历史剧《屈原》的演出之后，用黄炎培原韵赋七绝二首。诗云：

一

春来何意忽惊秋？
负剑长歔誓灭仇。
湘水不流香草绝，
遂令终古有薰莸。

二

雷雨翻空作吼音，

楚些原不是悲吟。
只凭一片荃荪意，
集结人间亿万心。

社会贤达、民主人士沈钧儒的这两首和诗，也重在道出历史剧《屈原》演出的社会效应："集结人间亿万心。"

潘梓年观看《屈原》之后，赋诗"一申观感"。诗云：

一

淋漓橡笔薄春秋，
重借毡毹画楚仇。
宋玉斗筲南后蛊，
大奸小丑一筐蒬。

二

孤臣何处觅知音，
渔父吞声迷楚吟。
磅礴斗牛存浩气，
婵娟直揭小人心。

这两首和诗也"学步"黄炎培诗的原韵，发表于1942年5月5日《新华日报》"'屈原'唱和"专栏内，盛赞郭沫若的胆识与才华。

华岗"由远地来渝，得观《屈原》演出，深感盱衡今古，熨帖无比。复见黄、沈、董、陈诸老唱和，不禁技痒"，即"步原韵"作诗"和之"。诗云：

一

天光晴射两江秋，
大义微言敷国仇。
回转舞台鞭白日，
安危须仗定薰蒬。

二

深固难迁桔颂音，
独醒时作短长吟。
婵娟虽死仆夫在，
风雨同舟系寸心。

如果说，前面评述的唱和诗在揭示《屈原》的现实性与战斗性时，在用语上还显得含蓄与隐晦的话，那么这两首唱和诗在这一方面的用语就明白晓畅多了："天光晴射两江秋"，"回转舞台鞭白日"！简直在直刺奉行专制独裁统治的国民党当局。

张西曼、陈禅心、柯璜初、龙潜、邓云吉、尹澄宇、黄重宪、杨荣国、弹铗居土、左昂、冯尧安、胖公、陈邦屏、张故吾、王自申、许震谟、吴藻溪、王云南、陈万祺、陈树棠、陈建业、李仙根、章万生、吴景颐、陈仲陶等人，观看《屈原》演出之后，几乎一致地和黄炎培之韵赋诗，对《屈原》创作和演出给予高度评价："台上化身台下泪，国忧家难动人心。"① "今古论骚千百卷，先生一曲见深心。"② 这些人士作的唱和诗，大都发表在1942年4月15日以后的《新华日报》"'屈原'唱和"专栏内，少许发表在《时事新报》和《益世报》上。

正是这些唱和诗，在重庆陪都掀起了《屈原》唱和运动高潮。4月26日，郭沫若按黄炎培诗的原韵，作七绝二首，"奉答赐和诸君子"。诗云：

一

呵天有问不悲秋，
众醉何心载手仇。
荃蕙纵教时化艾，
菟丝万古仍为菟。

---

① 张西曼和诗。
② 龙潜和诗。

二

晨郊盈耳溢清音，
经雨乾坤万籁吟。
始识孤臣何所藉，
卅年慰得寂寞心。

这两首七绝，是郭沫若对所有的唱和诗的回谢，表明创作《屈原》与塑造屈原形象的意图所在。至此，《屈原》唱和高潮算是过去了，然而余音袅袅。

柳亚子于1942年6月7日辗转到达桂林后，读了《屈原》剧本，赋诗称赞并表心绪。这又使得高潮过去了的《屈原》）唱和运动，又添尾声。6月18日，柳亚子与田汉、廖沫沙游桂林七星岩。田汉向柳索诗，柳便作七绝三首。诗云：

一

怀沙孤愤郁难平，
千载惟留屈子名。
猛忆嘉陵江上客，
一篇珍重写幽情。

二

剑态箫心吾已倦，
风吹雨敌汝能狂。
飘零湖海三骑士，
卧对云烟忆旧乡。

三

楚吴前辈典型在，
风洞山高接水湄。
百卷南明书未就，
忍教流涕话兴衰。

这三首绝句，赞扬了郭沫若及其历史剧《屈原》，抒发了他"求真慕义之情"，[①] 同时，流露出"寂寞之意"，"浮漾着一种轻淡之哀愁"。[②] 田汉读柳亚子相赠的三首绝句之后，和诗三首。诗云：

一
九死犹能写不平，
吴江原定以才名？
天涯何事嗟衰老，
珍重风林听雨情。

二
龙舟如箭波如沸，
中正桥头百姓狂。
莫道人情如纸薄，
诗人处处有家乡。

三
万里投荒绝险夷，
携雏直到漓江湄。
脚跟不软诗囊富，
毕竟先生力未衰。

这三首绝句，主要在宽慰柳亚子，给他鼓劲，并未较多的涉及历史剧《屈原》。田汉将柳亚子的三首绝句与自己的这三首绝句一起寄给郭沫若，希望郭沫若给柳亚子和诗。

郭沫若接到田汉的信和随信寄的诗后，亦和诗三首。诗云：

[①] 田汉给郭沫若的信。
[②] 郭沫若《诗讯》。

一

以不平平平不平，
哲人伊古总无名。
誉非举世浮云耳，
劝阻无如自在情。

二

天真真谛原为一，
敢道中行即是狂。
今日人间成地狱，
还从地域建天乡。

三

欲读南明书已久，
美人远在海之湄。
薪樵岂有伤麟意？
大道如天未可衰。

郭沫若这三首绝句，描述自己如何对待"誉非"与险境，表明自己对现实的态度与理想，表示自己对柳亚子的崇敬，从而鼓励柳亚子："薪樵岂有伤麟意？大道如天未可衰。"

柳亚子、田汉的诗以及郭沫若的诗，由郭沫若以《诗讯》为题作一短文发表在1942年7月15日《新华日报》上。他们三人的唱和诗，涉及历史剧《屈原》，而又未完全为着《屈原》，因此，我把它作为整个《屈原》唱和运动的尾声来对待。再则，整个《屈原》唱和运动，含有志同道合者的相互勉励之意。他们三人的唱和诗，全合此意，且可视为勉励之意的浓缩与结晶。因此，把他们三人的唱和诗作为整个《屈原》唱和运动的尾声，应当说是没有问题的。

在《屈原》唱和运动高潮期间，郭沫若还一一为《屈原》的演员们赋诗相赠，或称赞演员的热情、才华与演出成功，或说明戏中人物的相互关系，或交代创作意图。另一方面，表明自己所持的创作原则与创作主张，回答当时有关的"异议"问题。同时，对于演员们深入"角色"，进行再创造，十分有益。因此，这 14 首赠演员的七绝仍是整个《屈原》唱和运动的组成部分。这 14 首赠诗的总题目叫《十四绝赠演员诸友》，发表在 1942 年 4 月 27 日的《新蜀报》上和同年 7 月 25 日出版的《戏剧春秋》第 2 卷第 2 期上。

金山在历史剧《屈原》里扮演屈原，这是郭沫若特地约他演的角色。金山在排练与演出中，非常用功，在舞台上把屈原演活了。郭沫若深受感动，赋诗相赠。诗云：

《橘颂》清辞费剪裁，
满腔热力叱风雷。
苍茫被发行吟处，
浑似三闾转世来。

张瑞芳在历史剧《屈原》里扮演婵娟。婵娟是郭沫若根据《离骚》里的"女媭之婵媛"而创造的一个艺术形象。张瑞芳在舞台上把婵娟塑造得栩栩如生，收到极佳的效果，郭沫若赋诗相赠。诗云：

凭空降谪一婵娟，
笑貌声容栩栩传。
赢得万千儿女泪，
如君合在月中眠。

孙坚白在历史剧《屈原》里扮演宋玉。郭沫若在《屈原》里把宋玉塑造成一个"大奸小丑"的典型形象。于是，引出一些人的"异议"，并为历史人物宋玉叫屈。有鉴于此，郭沫若借赋诗赠孙坚白，回答"异议"。诗云：

宋玉悲秋情调哀，
人生一憾是多才，
如何王庶分风色，
长恶谀词自此开。

施超在历史剧《屈原》里扮演靳尚。靳尚在历史上和《屈原》艺术世界里，都是一个十分遭人诅咒的人物。这个形象演好的难度很大。郭沫若赋诗赠施超，表达对宋玉的憎恶之情和对施超以勉励之意。诗云：

> 文章无价焉能假，
> 千古谗人数上官。
> 纵得化身心不易，
> 知君此役最艰难。

丁然在历史剧《屈原》里扮演子兰。郭沫若赋诗祝演出成功。诗云：

> 子兰跛足良由我，
> 台上传神赖有君。
> 寄语都门纨绔子，
> 应知终古有莸薰。

白杨在历史剧《屈原》里扮演南后。郭沫若根据《战国策》提供的有关材料，创造了南后这个人物形象。这个形象，也引出了一些"异议"。郭沫若赋诗赠白杨，偏重在描述南后形象。诗云：

> 南后聪明绝等伦，
> 谅曾误用害灵均。
> 不然龟策何须问，
> 强笑行将事妇人。

顾而已扮演楚怀王。郭沫若赋诗相赠，意在抨击楚怀王，影射现实社会的最高当权者。诗云：

> 旷代庸人数此王，
> 受绐一代太荒唐。
> 招魂无计成哀郢，
> 坐令秦人混八方。

卢业高扮演子椒。子椒，是郭沫若根据《离骚》中的"椒专佞以慢慆兮"而创造的一个人物形象。郭沫若赋诗赠卢业高，重在描述子椒形象。诗云：

> 子椒专佞事难详，
> 老朽视之谅不妨。
> 自古昏庸多误国，
> 论愆宁亚丧心狂？

苏绘扮演张仪。郭沫若赋诗赠苏绘，意在评价作为历史人物的张仪。诗云：

> 张仪当日亦人豪，
> 一策连横口舌劳。
> 辅得嬴秦成帝业，
> 至今霸道尚滔滔。

张立德扮演巫师。郭沫若赋诗相赠，意在描述创造这个形象的意图。诗云：

> 幻出招魂一老翁，
> 楚些原本是民风。
> 误将荃蕙伴肖艾，
> 盲目舆情万古同。

张逸生扮演钓者。郭沫若赋诗相赠，描述创造钓者形象的意图。诗云：

> 深谙艺术即良心，
> 况与诗词协瑟琴。
> 舞罢九歌垂钓去，
> 醉人满目一知音。

李君遏扮演更夫。郭沫若赋诗相赠，评价更夫。诗云：

击柝由来不值钱，
几修得替女婵娟。
怪他一卒荒伧甚，
不肯商量在事先。

周峰扮演卫士。郭沫若赋诗相赠，描述卫士的作用。诗云：

《离骚》中见仆夫悲，
惜尔闻声不可知。
护得诗人天北去，
不教鸾凤陷鸡埘。

房勉扮演詹尹。郭沫若赋诗相赠，描述在《屈原》中如此写詹尹的缘由。诗云：

詹尹原无不善名，
甂瓯一现作牺牲。
唯思所职为司卜，
卜者欺人今古情。

文学作为一种意识形态，就不能不与形成这一意识形态的客观现实社会人生有着密切的联系。然而，文学是一种特殊的意识形态，它与形成它的客观现实社会人生的联系不是直观反映或"摄像"似的摹写而是通过作家这一主体的审美与创美活动来实现它与形成它的客观现实社会人生的联系。因此，大凡成功的文艺作品，都有彼此相辅相成的不可分割的社会属性与审美属性。当然，这二者有时也会出现反差。一般说，和平时期，作家与读者，比较看重文艺作品的审美特性，阶级矛盾和民族矛盾尖锐激烈的时期，作家与读者，则比较看重文艺作品的社会特性。在整个抗日战争时期，作家和读者所关注的中心问题是民族、人民、个人的生存问题。作家从事文学创作，首先考虑的是社会效应，读者读文学作品，首先需要满足的是对于现实社会人生的中心问题的思考。许多作家与其说是作家不如说是战士；与其说是作家在创作作品，不如说是一位战士在为民族生存而奋力拼搏。许多读者的心态也一样，与其说在欣赏作品，不如说是关心国事的公民在追寻民族生存问题的答案。正因为如此，我们说抗战时期的文学作品，就整体而言，社会属性超过了审美属性。历史剧《屈原》唱和运动和历史剧《屈原》一样，社会特性超过审美特性，社会效应大于审美效应。这从上面关于《屈原》唱和运动发生的原因与唱和运动过程的考察，亦能得出这一结论。唱和诗的作者们，似乎一致地用旧体诗这一民族传统文学形式，表达自己对于《屈原》的历史性与现实性的理解，对于《屈原》引起的社会效应的描述。从而，使这些唱和诗，浓缩与放射出一股强烈的"参政"意识与"议政"意识。作者们较少甚至没有考虑这一民族传统诗歌形式的革新问题。在这场《屈原》唱和运动中，没有关于这方面的理论建树，便是最有力的明证。因此，这次《屈原》唱和运动的实际客观意义，大大超过唱和诗本身取得的成就。这是当时的文化政治斗争在诗歌领域里的一种反映。虽然如此，这次唱和运动毕竟表明了旧体诗仍有强大的生命力，旧体诗仍有存在的必要。这次唱和运动，无疑为当时旧体诗词的繁荣局面增添了光彩。

五、《沁园春·雪》唱和

沁园春·雪

一九三六年二月

毛泽东

北国风光，千里冰封，万里雪飘。望长城内外，惟余莽莽；大河上下，顿失滔滔。山舞银蛇，原驰蜡象，欲与天公试比高。须晴日，看红装素裹，分外妖娆。　江山如此多娇，引无数英雄竞折腰。惜秦皇汉武，略输文采；唐宗宋祖，稍逊风骚；一代天骄，成吉思汗，只识弯弓射大雕。俱往矣，数风流人物，还看今朝。

1945年10月至1946年5月，围绕毛泽东的词章《沁园春·雪》开展了轰动整个中国文坛的唱和运动。这一唱和运动，可不可以作为重庆陪都诗坛的一件大事来论述呢？把这"一件大事"作为"重庆陪都诗坛"的一个内容来论述，我以为是可以的。至少，有这样三大理由：第一，1945年8月15日，日本帝国主义无条件投降，中国人民为之奋斗八年的抗日战争胜利结束。作为中国抗日战争史，到此告一段落。1946年7月，国民党当局违背全国人民要和平、要民主、要团结的意愿，再一次掀起了大规模的内战。中国现代史开始解放战争的新阶段。1945年8月直到1946年5月，恰恰是抗日战争结束后和解放战争开始前的一个历史间隙或历史转换的过渡空间。这就有点像文章过渡段落一样。在划分大的段落时，对于这类过渡段落，划在上段也可以，划在下段也可以。我把这一历史过渡段划在抗战文化史里，就一般常识而言，是可以的。第二，一个时代虽然有一个时代的文学，但是，一个时代的文学并不会因那个时代的结束而全然消失，这也是一般的常识。抗日战争结束了，抗战文化文学并未完结。重庆陪都、昆明等地的文艺工作者，或撰写文章或召开文艺座谈会，对抗战文化文学进行总结。全国性的抗战文学组织"中华全国文艺界抗敌协会"于1945年10月才宣告易名；其会刊——文艺界抗日民族统一战线和抗战文艺阵地上的旗帜《抗战文艺》于1946年5月才宣告终刊。《寒夜》《围城》《清明前后》《升官图》《马凡陀的山歌》等等抗战文艺作品，还在陆续面世。因此，这恰恰是抗战文化和重庆陪都文化运动的尾声期。第三，与抗战文化关系极为密切的中共中央派出机关——中国共产党代表团和中共中央南方局，1946年5月才由重庆陪都移至南京；同时，国民政府和国民党中央党部，也于1946年5月才"还都"南京。也就是说，在重庆陪都，直接影响与制约抗战文化运动发展的国共两大政治"首脑"机关，在这一过渡空间里还在重庆陪都。而且，这次围绕《沁园春·雪》开展的唱和运动，本身就反映出国共两大政治力量，关于抗战胜利后中国前途、中国人民命运论战的一种特殊表达方式。

　　可见，《沁园春·雪》唱和运动，实为重庆陪都文化运动和整个抗战文化运动结束时期的重要组成部分，是1945年10月至1946年5月这一特殊时空里，抗战文化运动涌现出的洪涛大浪，文化的政治的意义，远远大于文学意义。

毛泽东的《沁园春·雪》，作于1936年2月，但是1945年10月才在重庆陪都公开面世，并由此迅速流传全国。这首词在重庆陪都面世，有两种途径。一是"柳诗尹画联展"。1945年10月25日，柳亚子和尹瘦石在重庆陪都中苏文化协会举行"柳诗尹画联展"。同日，《新华日报》即出"柳诗尹画联展特刊"。这个特刊刊名为毛泽东手书。毛泽东为这个联展题字，当然不是没有缘由的。柳亚子是毛泽东的老朋友。毛泽东在渝谈判期间，几次会见柳亚子，并相互赋诗赠送。《沁园春·雪》这首词就是毛泽东因柳亚子"索诗"而手书于柳亚子的纪念册上的。尹瘦石应柳亚子之请为毛泽东画像，自然与毛泽东相识。在这个联展中，柳亚子把他写的《赠毛润之老友》与《沁园春》和词，书成醒目的条幅，挂在展览室的两旁，并将含有毛泽东手书的《沁园春·雪》的一本诗稿，陈列在展览室内。这一精心安排，就已经引起观众对毛泽东的词的关注了。特别是，柳亚子还在联展开幕当天，亲临展厅，应观众之请，讲解诗词，这就更加引起观众对毛泽东的词的兴趣了。因此，毛泽东的词从展览第一天起，就在观众中流传开来。毛泽东这首词面世的另一途径即报刊的公开发表。《新华日报》最先间接透露毛泽东写有《沁园春·雪》这首词的信息。1945年11月11日，《新华日报》发表柳亚子的《沁园春》一词时，将柳亚子这首词前的小序一并发表了。小序云：

次韵和润之咏雪之作不尽依原题意也

这实际上在中国共产党代表团的机关报上，证实了毛泽东的确写有这首《沁园春·雪》。将毛泽东的词第一次公开发表在报纸上的是吴祖光。吴祖光当时正在编辑《新民报晚刊》副刊《西方夜谈》。他辗转抄得这首词后，以《毛词·沁园春》为题发表于1945年11月14日他编辑的报纸副刊上。时隔14天后的11月28日，《大公报》把《新民报晚刊》上登的毛泽东的词与《新华日报》上登的柳亚子的和词合在一起以"转载两首新词"为题加以发表。① 从此，"和韵之作布满天下"，②"赞成和反对者都大

---

① 据戈宝权回忆：1945年9月20日晚上（中秋之夜），中共中央南方局和八路军办事处以及新华日报社的同志，在红岩村礼堂举行晚会，欢迎毛泽东。会上，大家读到了毛泽东的《沁园春·雪》。此说，当比"柳诗尹画联展"早一月余。

② 郭沫若：《摩登唐·吉诃德的一种手法》，《萌芽月刊》第6期。

和而特和起来，成为一个轰动全国的高潮"。①

《沁园春·雪》唱和运动，始终体现出两种社会观和政治观的交锋，以及抗战胜利后中国两种前途与命运的论战。反对的和赞成的人，双方都形成了阵势，不仅各自填写有较多的词章，还写有少量的文章，进行论战。

毛泽东把旧作《沁园春·雪》手书柳亚子后，首先得到赞扬的当然是柳亚子。颂扬之情，柳亚子在"柳诗尹画联展"活动中已经表露无余。同时，柳亚子写的和词也最先见报，那就是1945年10月22日写成的同年11月11日发表在《新华日报》上的那首《沁园春》：

沁园春
次韵和润之咏雪之作不尽依原题意也

廿载重逢，一阕新词，意共雪飘。叹青梅酒滞，余怀悒悒；黄河流浊，举世滔滔。邻笛山阳，伯山由我，拔剑难平块垒高。伤心甚，哭无双国士，绝代妖娆。　　才华信美多娇，看千古词人共折腰。算黄州太守，犹输气概；稼轩居士，祗解牢骚。更笑胡儿，纳兰容若，艳想秾情着意雕。君与我，要上天下地，把握今朝。

柳亚子填写这首和词后，还有一则"附记"。"附记"是这样的：

余识润之，在1926年5月广州中国国民党第2届2中全会会议席上，时润之方任国民党中央宣传部长也。及1945年重晤渝州，握手惘然，不胜陵谷沧桑之感。余索润之写长征诗见惠，乃得其初到陕北看大雪《沁园春》一阕，展读之余，叹为中国有词以来第一作手，虽苏、辛犹未能抗手，况余子乎？效颦技痒，辄复成此。手写入纪念册上，附润之骥尾，润之倘不嫌唐突欤！

　　　　　　　1945年10月22日，亚子写于津南村庑下。

---

① 柳亚子：《关于毛主席咏雪词的考证》，《文汇报》1951年1月31日。

柳亚子和词前的"小序"与和词后的"附记"与词构成一个完整的整体，表述了他与毛泽东的交往和相互赠词的原委，寄寓着他对共产党人的赞许和对毛泽东词章的推崇，抒写出他对国民党统治的愤懑，表示愿同毛泽东一道"把握今朝"。毛泽东的词与柳亚子的和词公开发表后，负和词①来得最快最猛。这当然不是偶然的，而是国民党当局精心策划所致。国民党中央宣传部按蒋介石侍从室的指令召开会议，组织人马，以他们所辖的报刊为阵地，撰写与发表负和词与文章，对毛泽东的词与柳亚子的和词，合力排击。因此，仅1945年12月4日，《中央日报》《和平日报》《益世报》等三家报纸副刊，就同时推出负和词与文章近10首（篇）。这以后，直到翌年1月底止，这三家报纸副刊还刊有负和词与文章10余首（篇）。现将这三家报纸副刊发表的主要负和词与文章，列目如下：

《中央日报》：1945年12月4日刊有东鲁词人的词《次毛润之〈沁园春〉词韵》，耘实的词《沁园春》。

《和平副刊》：1945年12月4日刊有易君左的词《沁园春》，杨依琴的文章《毛词〈沁园春〉笺注》，董令狐的文章《封建余孽的抬头》；12月5日刊有吴诚的词《沁园春——步和润之兄》；12月10日刊有颜霁的词《沁园春》，尉素秋女士的词《沁园春》，棫林的词《沁园春》，慰侬的词《沁园春》；12月13日刊有颜霁的词《沁园春——叠韵和致柳亚子》，孙俍工的词《沁园春——和毛泽东韵》，樊旦初的词《沁园春》，吕耀先的词《沁园春》；1946年1月3日刊有胡竞先的词《沁园春——次毛柳之作》，1946年1月25日刊有易君左的词《再谱〈沁园春〉》。

《益世副刊》：1945年12月4日刊有张宿恢的词《沁园春——吊北战场（次定毛韵）》，12月14日刊有小完的文章与词《谈谈〈沁园春〉》《沁园春——雪和毛，前调——读原词和作重有感依原韵》，12月28日刊有雷鸣的词《沁园春》。

所有这些负和词与文章的基本旨意不外乎四点：一是称共产党挑起内

---

① 我把"反对"毛泽东词的"和词"，称之为负和词；"赞成"的为正和词。

战，二是说毛泽东的词表达的是谋王图霸的"帝王思想"，三是诅咒共产党，四是称颂国民党当局。与此同时，这些负和词与文章还攻击柳亚子及其和词。所谓"东鲁词人"与易君左的负和词，便是这些内容的集中表述。"东鲁词人"是王新命的化名。王其时是《中央日报》副刊的编辑和《中央日报》的主笔。他是直接按国民党中央宣传部的指令撰写负和词的。他的负和词是这样的：

抗战军兴，受命立功，拥纛东飘。当徘徊歧途，中夜惘惘，悚心怵目，举世狂潮。寇患方深，阋墙难再，回首中原烽火高。却戈倒，看杀人掠地自炫天骄。　　山河美丽多娇，笑草莽英雄亦折腰。想翼王投笔，本矜才藻；押司运壁，凤擅风骚，憎误旁门，终虚正果，勒马悬岩着意雕。时未晚，要屠刀放下，成佛今朝。

王新命在这里，似乎定下了所有负和词与文章的基调：共产党在抗战胜利后，挑起内战；要学翼王石达开与宋江，"杀人掠地"谋王图霸；要共产党"勒马悬岩""屠刀放下"。孙俍工的《沁园春·和毛泽东韵》，简直像是王新命一支笔写下的一样。孙词云：

大好河山，昨雨方歇，今又风飘。痛鲸波汹涌，雷奔电掣；狼烟飞起，石烂山焦。血战八年，尸填巨野，百代奇仇一旦销。应记取，我炎黄神胄，原是天骄。　　男儿报国方遥，且莫把孤忠雪样消。看楼兰不斩，无还傅介；胡炎又炽，正赖班超。满目疮痍，遍地荆棘，国本何能再动摇！君且住，早回头是岸，勿待明朝。

王新命本是负和词与文章的组稿人，但因很快离开重庆陪都去南京《中央日报》主笔室工作，所以，负和词与文章的组稿任务就由《和平副刊》承担下来。易君左其时为国民政府军事委员会政治部第三厅的设计委员。《和平副刊》正是通过这层关系拉这位号称"三湘词人"易君左写负和词的，易君左又拉别人撰写负和词。因此之故，12月4日以后，《和平副刊》上发表的负和词与文章较之别的报刊特多。易君左，一马当先，杀气腾腾，自命民之代表，要作"振臂一呼，应者云集"的英雄。他那首负和词前的小序文与和词就明明白白的这样写道：

  乡居寂寞，近始得读《大公报》转载毛泽东、柳亚子二词。毛词粗犷而气雄，柳词幽怨而心苦。因次韵成一阕，表全民心声，非一人私见；望天下词家，闻风兴起。

  国命如丝，叶落花飞，梗断蓬飘。痛纷纷万象，徒呼负负；茫茫百感，对此滔滔。杀吏黄巢。坑兵白起，几见降魔道愈高。明神胄，忍支离破碎，葬送妖娆。　　黄金难贮阿娇，任冶态妖容学细腰。看大漠孤烟，生擒颉利；美人香草，死剩离骚。一念参差，千秋功罪，青史无私细细雕。才天亮，又漫漫长夜，更待明朝。

易君左在负和词中，除了如此影射共产党而外，即要当局"生擒颉利"，及早镇压。易君左的负和词发表后，公开呼应者似乎寥寥焉。其中，有一位名叫樊旦初的人，公开表白他的《沁园春》负和词是"应易君左先生呼声"而写的，内容也一致。其词云：

  谁弄岁寒，方嗟冰冻，又见雪飘。慨蒙蔽万象，使罹森冷；欲掩洪流，空逐奔滔。逼鸟噤声，压桥迷路，莫辨陵谷失低高。雾霾下，随朔风起落，浪逞妖娆。　　卿固别具姿娇，但绽口红梅笑山腰。仅谢家庭前，聊当柳絮；灞桥驴背，略助诗骚。徒满弓刀，未兆丰年，只此末技等虫雕。东风解，即消逝无痕，不过崇朝。

吕耀先、雷鸣的负和词，虽未声明乃"应易君左先生呼声"而作，但内容"一个样"。吕耀先的《沁园春》词云：

  北望边城，云叶初蔽，雪蕊旋飘。使寒凝玉宇，风生瑟瑟；光摇银海，浪卷滔滔。赌唱旗亭，寻诗灞上，争似苏卿拥节高。论清胜，祇梅花枝上，相映妖娆。　　红颜底事斗娇？更特向尊前舞细腰。记明眸善睐，艳传曹赋；娥眉工嫉，慨寄屈骚。丽质天生，何如本色，倾国倾城漫琢雕。阴气散，祝青天白日，焕矣来朝。

雷鸣的《沁园春》是这样的：

> 眼底龙沙，甫试风摇，继降雪飘！忆扬子江岸，黄云霭霭；长白山下，黑水滔滔。策马中原，扬鞭虎落，始觉嵩山天样高。嫣然笑，藉口妆巧步，倾国妖娆。　河山自古多娇，断流水符坚亦折腰。叹蚩尤作雾，还羞史记；轩辕建国，吟赞离骚。草莽英雄，林泽豪杰，巧饰文词虫贝雕！休夸耀，看青天白日，旗遍今朝！

这些词章，完全表达了1945年8月—1946年5月这一短暂的过渡期国民党当局的声音，为国民党当局挑起新的内战寻找借口制造舆论，实在是一种典型的政治文化传声筒。

在围攻毛泽东《沁园春·雪》的紧锣密鼓声中，还有一个人及其文章，不能不提及，那就是王芸生和他的《我对中国历史的一种看法》。王芸生其时是《大公报》笔政主持人。他非常敏感，就在毛泽东的词公开发表的第二天即1945年12月15日就写了一段文字。文字不长，全录如下：

> 这篇文章，早已写好。旋以抗战胜利到来，国内外大事纷纷，遂将此文置于箱底。现在大家情绪起落，国事诸多拂意，因感于一个大民族的翻身不是一件小事。中华民族应该翻身了，但却是从两千年专制传统及百多年帝国主义侵略之下的大翻身，岂容太捡便宜？要从根清算，尤必须广大人民之起而进步。近见今人述怀之作，还看见"秦王汉武"，"唐宗宋祖"的比量，因此觉得我这篇斥复古破迷信并反帝王思想的文章还值得拿出来与世人见面。翻身吧，中华民族！毕竟竟于今，勿恋恋于古；小百姓们起来，向民主进步！

王芸生这段文字，有感而发，是他的皇皇大文《我对中国历史的一种看法》的"画龙点睛"之笔，暗含指斥毛泽东的词《沁园春·雪》之意，于是，就被郭沫若认为"事实上是在历史批评的外衣之下执行他的某种政治任务的"。[①] 王芸生的这段文字和他的文章《我对中国历史的一种看法》，

---

① 郭沫若：《摩登唐·吉诃德的一种手法》，《萌芽月刊》第6期。

连载于 1945 年 12 月 8—12 日重庆陪都版《大公报》上，并在天津版、上海版的《大公报》上先后连载。王芸生的这段文字与他的文章，同上述负和词与文章，应该说是有一致之处的。由此看来，王芸生是有损《大公报》的"大公"的。当然，当时的《大公报》很难做到"大公"！

世界上的事情总是这样的：有反对必有赞成，有负必有正。就在上述负和词与文章出现过程中，正和词与文章亦公开见诸报刊。

郭沫若连写两首和词《沁园春》，分别发表在 1945 年 12 月 11 日的《新民报晚刊》和《客观》第 8 期上。

其一

国步艰难，寒暑相推，风雨所飘。念九夷入寇，神州鼎沸；八年抗战，血浪天滔。遍野哀鸿，排空鸣鹏，海样仇深日样高。和平到，望肃清敌伪，除解苛娆。　　西方彼美多娇，振千缕金衣裹细腰。把残钢废铁，前输外寇，飞机大炮，后引中骚。一手遮天，神圣付托（杜鲁门曾言："美国有原子弹，乃上帝所付托。"），欲把生民力尽雕。堪笑甚，学狙公茅赋，四暮三朝。

郭沫若这首和词的上阕，明白无误地回顾了"八年抗战，血浪天滔"的惨景，抒写了对于日寇与敌伪的憎恶之情，表达了要和平要民主的强烈愿望。这，应该说才真正是"表全民心声，非一人私见"。词的下阕幽默而又严肃地指出：挑起中国内战的是在美帝国主义支持下的国民党当局。

其二

说甚帝王，道甚英雄，皮相轻飘（当时某报评毛主席《沁园春》词有帝王思想）。看古今成败，片言狱折；恭维信敏，无器民滔。岂等沛风？还殊易水，气度雍容格调高。开生面，是堂堂大雅，谢绝妖娆。　　传声鹦鹉翻娇，又欬罢扬州闲话腰（某无耻文人亦和词，但反唇相讥，极端反动）。说红船满载，王师大捷；黄巾再起，蛾贼群骚。叹尔能言，不离飞鸟，朽木之材不可雕。何足道，纵漫天大雾，无损晴朝。

如果说，郭沫若的第一首和词，高瞻远瞩，宏观审时度势，揭示负和词与文章所包含的真实意图及中国所面临的危急趋向的话，那么，这一首和词则是细微观察，对负和词与文章进行一一批驳。王芸生发表在《大公报》上的文章《我对中国历史的一种看法》，在郭沫若看来是反对毛泽东及其词的负和词与文章中的代表。所以，郭沫若在这首和词的上阕里，特别指出某报（即《大公报》）文章之论乃"皮相"之见，并从正面赞颂毛泽东及其词章。易君左的负和词，在整个负和词中，充当"领头"的作用。郭沫若在和词的下阕里，称其为"无耻文人"，并对其负和词中传达的观点，予以斥责。

聂绀弩针对董令狐的文章《封建余孽的抬头》和杨依琴的文章《毛词〈沁园春〉笺注》，写了《毛词解》一文与和词一首，发表在《客观》1945年第8期上。聂文首先指出董、杨二人的文章对毛泽东的词纯属"误解"与丑诋；其次指出毛泽东的词正是"反封建、反帝王的"；再次指出董、杨、易君左、东鲁词人、耘实等人及其负和词，才真正充满着封建帝王思想和汉奸思想。而且，还指出："凝眸处，是谁天下，宇内今朝！"聂绀弩的和词是：

谬种龙阳，三十年来，人海浮飘。忆问题丘几，昭昭白白；扬州闲话，江水滔滔。惯驶倒车，常骑瞎马，论出风头手段高。君左矣！似无盐对镜，自惹妖娆。　　时代不管人娇，抛糊涂虫于半路腰。喜流风所被，人民竞起；望尘莫及，竖子牢骚。百姓生机，千秋大业，岂惧文工曲意雕？凝眸处，是谁天下，宇内今朝！

郭沫若的和词与聂绀弩的和词及文章发表后，易君左似乎恼怒了，《再谱〈沁园春〉》一首。他在序文与和词中，除了辩解与哀叹外，还是老调重弹："放下屠刀，归还完璧。"这反证明，郭、聂的和词与文章，击中了他的要害，使之无力招架。

在郭、聂的和词与文章发表前后，敬伯、景洲、蜀青、昌政、圣徒等人亦作和词，表达他们对国是的认识和对毛泽东词章的理解。这些和词中，敬伯、景洲与圣徒的和词有一定代表性。敬伯，崔敬伯，是一位财政学家，当时任国民政府财政部直接税署的副署长。他曾写诗填词，对国民政府当局表示愤慨与不满。毛泽东的《沁园春·雪》发表后，他立即和词一首《蒋管区所谓的大后方——调寄〈沁园春〉》：

> 一夕风横，八年血浴，万里萍飘。看旌旗到处，惟余榛莽；衣冠重视，仍是滔滔。米共珠殊，薪同桂贵，早与天公共比高。抬望眼，盼山河收复，忍见妖娆。　　名城依旧多娇，引无数雄儿尽折腰。惜蒿里鹑衣，无情点缀；泥犁沟壑，不解风骚。千载良时，稍纵即逝，岂是颓梁不可雕？天醉也，看今朝如此，还看明朝。

《新民报晚刊》于1945年11月29日发表这首和词时，还特地写了一则消息：

> （本报讯）崔敬伯氏为国内有数之财政专家，公余之暇，颇寄其情兴于诗词。近以《沁园春》一阙见寄本报，道出老百姓衷怀，不愧为仁人之词，因特录享读者。

但是，该报编者却将原词题目改为《一阙〈沁园春〉，词人寄感慨》，并对原词内容作了六处修改，有的改得来意思正好相反。比如"欲与蟾官试比高"改为"早与天公共比高"，"引多少'接收'竞折腰"改为"引无数雄儿尽折腰"，"未解兵骚"改为"不解风骚"，"苦恨颓梁不可雕"改为"岂是颓梁不可雕"，"沧桑改"改为"天醉也"。翌日，重庆陪都《大公报》副刊"小公园"发表时，作者在和词前加了"小序"：

> 顷者读报，见近人多作《沁园春》体，怅触衷怀，辄成短句，顶天立地之老百姓，亦当自有其立场也。

"顶天立地之老百姓"等语，表明了他对毛泽东原词精神实质的理解，和"沧桑改"所寄予的希望。

景洲即吴景洲，北平故宫博物院创办人之一。当时他旅居重庆陪都，写下一些诗词，表达抗日救国之志。他读了毛泽东《沁园春·雪》后，和词一首《沁园春·咏雾》：

用毛润之先生咏雪原韵

极目层峦，千里沙笼，万叠云飘。看风车上下，徒增惘惘；江流掩映，不尽滔滔。似实还虚，不竞不伐，无止无涯孰比高？尽舒卷，要气弥六合，涵盖妖娆！　浑芬不事妆娇，更不自矜持不折腰。对荡荡尧封，空怀缱绻；茫茫禹迹，何限离骚？飞絮漫天，哀鸿遍野，温暖斯民学大雕。思往昔，只天晴雨过，昨日今朝。

重庆陪都多雾是出了名的。作者"咏雾"述怀，表达对毛泽东和共产党的赞颂之情。

圣徒，不知为何人的化名。他读了毛泽东的词和柳亚子的和词后，填写《沁园春》和词一首，发表在1946年1月25日《民主星期刊》第16期上，表达国统区广大民众的呼声。其和词是：

沁园春

读润之、亚子两先生唱和有感而作

放眼西南，千家鬼嚎，万户魂飘。叹民间老少，饥寒累累；朝中上下，罪恶滔滔。惟我独尊，至高无上，莫道道高魔更高。君不见，入美人怀抱，更觉妖娆。　任他百媚千娇，俺怒目横眉不折腰。我工农大众，只求生活；青年学子，不解牢骚。休想独裁，还我民主，朽木之材不可雕。去你的，看人民胜利，定在今朝。

与此同时，远离重庆陪都的抗日民主根据地的志士仁人还填写了一些和词，参与论战。其中，应当论及的是黄齐生、邓拓和陈毅的和词。

黄齐生是位教育家、爱国民主志士，贵州人。其时，他正在延安。王若飞从重庆陪都写信给他，告诉重庆陪都发生了围绕毛泽东《沁园春·雪》的论战事。他便与钱太微、谢觉哉步韵唱和。

沁园春

六十晋七感咏，盖读毛、柳、钱、谢诸公之作而学步也。

竟夜思维，半世生涯，转类蓬飘。念圣似尼山，源称混混；隐如桀溺，乱避滔滔。教禀津门（天津严范荪师），师承南海，许与梁谭比下高。羞怯甚！笑无盐嫫母，怎解妖娆。　　不识作态装娇，更不惯轻盈舞秀腰。只趣近南华，乐观秋水；才作湘累，却喜风骚。秋菊春兰，佳色各有，雕龙未是小虫雕。休言老，看月何其朗，气何其朝。

这是一首自寿述怀之作，反思追求救国救民的“半世生涯”，到老年终于找到共产党，十分欣慰。表示“休言老”，要为民族民主解放事业做出新贡献。他写好这首和词后便寄赠毛泽东。毛泽东于1945年12月29日写信给他：

黄老先生道席：

新词拜读，甚感盛意！钱老先生处，乞代致候。敬祝六七荣寿，并颂新年健康！若飞寄来报载诸件，附上一阅，阅后乞予退还。其中国民党骂人之作，鸦鸣蝉噪，可以喷饭，并附一观。

1946年2月10日，重庆陪都发生了“较场口事件”。黄齐生于3月22日由延安来到重庆陪都慰问受伤的郭沫若等人。4月6日，他到郭沫若寓所辞行时，“写出了他那首词，是为‘和亚子’而作的”。[①] 他在词中回顾了与柳亚子一道参加民主斗争的往事，谴责国民党当局镇压民主运动的行径，坚信民主一定胜利。这无疑是对柳亚子的宽慰与激励。

沁园春·和柳亚子

是有天缘，握别红岩，意气飘飘。忆郭舍联欢，君嗟负负；衡门痛饮，我慨滔滔。民主如船，民权如水，水涨奚愁船不高？分明甚，彼褒颦妲笑，只解妖娆。　　何曾宋子真娇？偏作势装腔惯扭腰，看羊胃羊头，满坑满谷；密探密捕，横扰横骄。天道好还，物极必反，朽木凭他怎样雕！安排定，有居邠亶父，走马来朝。

远在晋察冀边区工作的邓拓，亦作和词一首，表达他对毛泽东原词所含意蕴的理解。

---

① 郭沫若：《民主运动中的二三事》。

沁园春

步毛主席原韵

一九四五年

北斗南天，真理昭昭，大纛飘飘。喜义师到处，妖氛尽敛；战歌匝地，众志滔滔。故国重光，长缨在握，孰信魔高如道高？从头记，果凭谁指点，这等奇妖！　　当年血雨红娇，笑多少忠贤已屈腰。幸纷纷羽檄，招来豪气；声声棒喝，扫去惊骚！韬略无双，匠心绝巧，欲把山河新样雕！今而后，看人间盛事，岁岁朝朝！

这里，还特别要论及的是一位为中华民族民主解放战争的胜利屡建功勋的陈毅。他当时在山东根据地，一气呵成了三首和词，参加论战。

沁园春

一九四六年二月，山东春雪压境，读毛主席、柳亚子咏雪唱和有作。

两阕新词，毛唱柳和，诵之意飘。想象情盖世，雄风浩浩；诗怀如海，怒浪滔滔。政暇论文，文余问政，妙句拈来着眼高。倾心甚。看回天身手，绝代风骚。　　山河齐鲁多妖，看霁雪初明泰岱腰。正辽东鹤舞，涤瑕荡垢；江淮斤运，砌玉浮雕。池冻铺银，麦苗露翠，冬尽春来兴倍饶。齐欢喜，待桃红柳绿，放眼明朝。

沁园春

斥国民党御用文人

毛柳新词，投向吟坛，革命狂飙。看御用文人，谤言喋喋；权门食客，谵语滔滔。燕处危巢，鸿飞寥廓，方寸岭楼怎比高？叹尔辈，真根深奴性，玷辱风骚。　　自来媚骨虚娇，为五斗纷纷竞折腰。尽阿谀狂夫，颂扬暴政；流长飞短，作怪兴妖。革面洗心，迷途知返，大众仍将好意招。不如是，看所天倾覆，殉葬崇朝。

沁园春

慰柳亚老

妙用斯文，鞭笞权贵，南社风骚。历四番变革，独标文采；两番争战，抗日情高。傲骨峥嵘，彩毫雄健，总为大众着意雕。堪一笑，尽开除党籍，万古云霄。　　服务人民最娇，是真正英雄应折腰。看新型政治，推翻封建，新型军队，杀敌腾骁。更有同仇，民主联合，屹立神州举世骄。抬望眼，料乾旋坤转，定在今朝。

在这场唱和运动的尾声阶段里，在淮阴的锡金于1946年3月14日写成《咏雪词话》一文，刊于华中版《新华日报》上。这篇文章对毛泽东原词作了"可以共喻的解释"。① 重庆陪都版《新华日报》，于1946年5月23日转载了这篇文章。至此，以重庆陪都为中心的围绕毛泽东《沁园春·雪》开展的唱和运动告一段落。

这场《沁园春·雪》唱和运动，就发生时段的形势、任务、社会心态、文化氛围诸方面讲，就唱和本身的价值取向讲，都与《屈原》唱和运动有别。处于抗日战争相持阶段的重庆陪都与大后方中国人，普遍关心的问题是：抗战能不能坚持到底？怎样才能坚持到底？抗战能不能胜利？怎样才能胜利？发生在这一时期里的《屈原》唱和运动，自然凝聚与反映出大后方人们这一普遍关心、思虑的问题。与此同时，还包含着关于文艺与现实关系的思考、历史与现实的关系的思考。因此，《屈原》唱和运动，在饱和着的政治文化意义中还有着一定的文艺理论意义。《沁园春·雪》词章与发生《沁园春·雪》唱和运动的历史过渡阶段无直接的关系，无"影射"那个现实的意味，可以说只是在抒写一种哲理、社会观、人生理想，希冀给人以启迪、激励、振奋，给人以审美的艺术熏陶。而围绕这首词开展的唱和运动，却大大超越了这首词的意蕴，而与发生唱和运动的那个历史过渡阶段的民主与独裁、和平与内战、团结与分裂的政治斗争相一致，成为当时关于中国两种前途、中国人民两种命运的一种论战方式。这恐怕是毛泽东与柳亚子始料未及的。因此，围绕《沁园春·雪》开展的唱和运动，就很难有什么文艺理论方面的意味了。尤其是，一些负和词，千

---

① 重庆陪都版《新华日报》1946年5月23日发表这篇文时的"编者按"。

篇一律，把词变成了骂人的工具（当然，正和词中也有此种情况），无任何审美艺术价值可言。实在是已经得到复苏的旧体词这一传统诗歌形式的不幸，也是重庆陪都与大后方诗坛的不幸。

《沁园春·雪》唱和（包括《屈原》唱和在内），以及旧体诗词的业余作者、专业作者与"客串"作者们中的大多数，可以说，都不是以复苏旧体诗词为抱负，而是以或思考或探寻或从事抗日救国为己任。他们对于社会人生、对于民族解放、对于民族民主解放，有着不同的哲学的、政治的、思想的见解。尤其是，其中的共产党人和社会贤达们，努力站在时代的前列，洞察世界形势的走向与民族兴亡的趋向，他们的诗词奏出了时代的主旋律，唱出了时代的最强音，抒发了他们自己和人民的喜怒心声、民族兴亡的哀乐。他们的双重身份，在人们中形成与留下的影响较大较深：作为哲学家、政治家与军事家的他们，参与或引导着民众从事历史上最艰苦最艰巨也是最伟大的民族民主解放斗争。同时，作为思想家、诗人的他们，把自己深刻的思虑、激越的感情，融入旧体诗词之中，传递给读者们，这样，造成的影响，不是单纯的政治家与军事家以及单纯的思想家与诗人所能比拟的。由此，我们可以说，重庆陪都文化中旧体诗词的复苏，绝不是一般意义上的复苏，而是革新与创造。除了字数、句数、行数属"旧体"而外，韵脚、对仗都大大"超越"了"旧体"的风范，而吸收了现代新诗的一些表现技法。至于内容，全是崭新的了。大部分诗词抒写个人与民众的整体认同与共感。从而，使旧体诗词与民族民主解放斗争紧密结合起来，成为整个抗战诗歌阵线的重要一翼。这就不是中国历史上别的历史时期中的旧体诗所能相提并论的。旧体诗词成了民族民主解放斗争的一支号角，这不能不说是旧体诗词的一大幸事与光荣！但是，作为后人来阅读来研究抗战时期重庆陪都的旧体诗词，还应有另一任务就是既要见其所得，还要见其所失。从抗战时期重庆陪都旧体诗词的总体而言，显示最高成就的艺术上达到炉火纯青地步的诗词，不是太多，而是太少，一般都显得平平，少数的诗词从内容到形式皆低劣！传统的旧体诗词如何现代化，怎么才能更好地服务于时代与人民，这在那个特殊的年代里，就是专业作者们也不可能用较多的心思加以研讨的。这不能不是留给后人可供选择的一个研究课题。

第四章 教　育[①]

这里，论及的教育是指学校教育而非社会教育与家庭教育。

中国学校教育的历史，真可谓源远流长。夏、殷、周就有学校教育了。孟子在《滕文公上》中对这三代学校的称谓及其功能作过这样的诠释。他说："夏曰校，殷曰序，周曰庠。学则三代共之，皆所以明人伦也。"夏、殷、周都办有学校，只是称谓不同，而培养目标则一致，即"明人伦"。如果说，这三代的学校还是小学的话，那么，西周就开始有大学了。西周的大学叫辟雍，汉代及以后叫太学，晋代及以后叫国子学。大学称谓始于1896年建立的京师大学堂（1912年改称北京大学）。近现代以前，中国的学校分官办和私办两种，以后除这两种性质的学校外，还有教会办的学校了。"明人伦"，用今天的话来说，可以解释为培养人才。这一以贯之的办学宗旨与培养目标的学校教育成为几千年中国社会不可或缺的构成部分，对中华民族生生不已起着支撑的作用。

20世纪10—20年代，中国的学校已初步形成体系——幼稚园、小学、中学、大学。但是，在教育理念、管理能力、师资队伍以及各种硬件设施等方面还有诸多缺失。不过，却为血与火的抗战八年里中国教育事业的存在与发展奠定了广泛而坚实的基础。

重庆陪都教育，在大轰炸中依然得到发展。重庆陪都教育不仅是重庆教育史上辉煌的一页，同时也是整个中国教育史上新的篇章。

[①] 本章涉及的各类学校数字，参见重庆市档案馆、南京市档案馆相关史料以及《重庆市教育志》《重庆抗战大事记》等史料著作。

一、教育概况

重庆素以重视文教著称，学校教育在西部省市位居前列（当然与北平、上海、南京等城市相比还相当滞后）。这为重庆陪都教育在大轰炸中获得大发展作了一定的准备。

随着国民政府西迁重庆而重庆成为陪都之后，重庆陪都教育获得了跨越式发展的机遇，呈现出突飞猛进之势。

（一）学校数量剧增

重庆在战前不过二三十万人口，到1939年就增至50万人口，1944年时就达到100万人口了。骤增的人口，既为重庆陪都输入了多方面的人力与人才，同时也使重庆陪都在多方面应接不暇。就拿适龄儿童入学和青少年读书来说，原有的学校根本不能满足需求。怎么办？这就引起了重庆陪都各界和国民政府当局的高度重视，一面大力扩建原有学校，增加班次，扩大招生人数；一面新建一批学校。同时，国民政府于1938年成立全国战时教育协会，负责协调战区学校内迁事宜，决定把一批学校尤其是高等学校迁入大后方和重庆陪都。1938年后，重庆陪都新增的各级学校确实如雨后春笋般拔地而起。

重庆原有幼稚园8所，且多附设于小学内，如重庆市立第一小学幼稚班、私立慈幼小学幼稚班、私立新民小学幼稚班，等等。1938年后，新建幼稚园35所，且分布于重庆陪都多个地区。市中区有职业妇女托儿所，沙坪坝有树人小学附设幼稚园，化龙桥有国民小学附设幼稚园，九龙坡有交通小学附设幼稚园，张家花园有比乐托儿所，大石坝有第十兵工厂子弟校附设幼稚园，观音桥有景德幼稚园，八路军办事处有托儿所，小温泉有成全小学幼稚园，还有重庆市立师范学校附设幼稚园，等等。重庆战前有小学79所，公办小学26所，如重庆市立第一、二、三、四、五小学；私立小学53所，如私立慈幼小学、私立新民小学。1938年后，增至294所，其中私立小学111所，原公立小学一律改为中心小学。幼稚园与小学的急增，大大缓解了全市9万余名（1943年统计）学龄儿童入学之忧。

重庆战前有各类中等学校41所。其中，市立中学1所，联立中学1所，私立中学17所，师范学校2所，还有职业学校与补习学校20所。私立中学，有求精中学、巴蜀中学、复旦中学，颇负盛名。1938年后，增至111所。其中，普通中学54所，职业中学20所，补习学校24所，师范学校3所。这也在一定程度上满足了小学毕业生升学之需。

重庆战前有高等院校3所——西南美术专科学校、重庆大学、四川省教育学院。1938年后，重庆陪都高等学校达54所之多。其中，有从南京迁入的中央大学、中央政治学校、陆军大学、戏剧专科学校等，有从上海迁入的复旦大学、中华专科学校、东吴大学、交通大学等，还有由桂林迁入的江苏省立教育学院、国立北平铁道管理学院，由贵州迁入的贵阳医学院和湘雅医学院等。这54所大学，占其时全国未沦陷区大学总数之大半。迁入的51所大学，汇聚着中国其时众多人才精英，甚至大师级人物，如数学家何鲁、柯召、段调元等，物理学家吴有训、吴健雄、严济慈、吴大猷、任之恭等，化学家任鸿隽、侯涉榜、林一民等，地质学家李四光、朱森、陈旭等，农林学家梁希、金喜宝等，地理学家竺可桢、丁骕、张其昀等，生物学家童第周、卢于道等，社会学家吴文藻、吴景超、许德珩等，哲学家梁漱溟、熊十力、侯外庐、杜国庠等，美术家徐悲鸿、傅抱石、李可染、丰子恺等，音乐家马思聪、贺绿汀等，文学家郭沫若、茅盾、巴金、老舍、胡风、端木蕻良、萧红、冰心等，经济学家马寅初、章乃器、朱国璋、刘大均等，历史学家柳诒徵、顾颉刚、翦伯赞、周谷城等，教育家陶行知、晏阳初、张伯苓等。迁入的大学与研究机构汇聚的这批专家学者教授，承传和发展了中国教育与科学事业，推进着重庆陪都教育的量与质的提升。

（二）教育理念统一

重庆陪都教育发展如此迅猛，是否是盲目的？无序的？答案应该是否定的。重庆陪都教育的大发展是理性的而非一哄而起的，是有序的而非盲目的。其中，一个重要因素是理顺了教育理念，明确了培养目标。

抗战爆发后的大半年时间内，学校还要不要办？怎么办？一时间成为教育界的热门话题，而且分歧甚大。有的认为："高中以上学校与战事无关系者，应予改组或停办，使员生应征服役，捍卫祖国。"时任金陵女大社会学系主任的龙冠海在《抗战时期的大学教育》一文中,对大学如何办发表了自己的意见,他说:"现在的全国大学与专门学校全都应暂时停止在校上课,而分散到全国各都市与农村去从事实地服务工作。"武汉大学的学生在《为要求实施战时教育上师长书》中也认为:"中国目前的民族解放战争是中国生死存亡的关头","再不容我们进行学究式的研究了"。但是,也有教育界人士发表不同意见,如重庆大学校长胡庶华在《重大校刊》上发文认为:"现代战争是参战国整个民族智识的比赛和科学的测验。""大学的使命是高深学术的研究和专门人才的培养。纵在战时,仍不能完全抛弃其责任,否则不妨直截了当地改为军事学校。"他不赞成派大学生去当兵,认为"一个大学生去当兵,其效果不及一个兵。反之,在科学上求出路,其效果有胜于十个兵的时候"。时任国民政府教育部社会教育司司长的陈礼江在《论战时教育》一文中,也认为战时教育"乃是就原有正规教育加以整理、充实、改进、扩充,创造新的机构、新的内容、新的方法"。

1938年3月,国民政府教育部部长陈立夫在重庆陪都发表《告全国学生书》,表达了教育部乃至国民政府的态度与主张,有"一锤定音"之作用。其内容有四:

一是教育为建国之根本大业,各级及各类学校之建立,实各有其对国家应负之使命。

二是抗战是长期过程,不容许将人才孤注一掷,而必须持续培养人才。

三是国防的内涵不陷于狭义之军事教育,各级学校之课程不是必须培养的基本知识,就是造成专门技能,均各有充实国力之意义。

四是学生对于国家应尽的义务实为修学,平时如此,战时更宜悉力以赴。

同年4月,国民党召开临时全国代表大会。大会通过的《中国国民党抗战建国纲领》中,规定了抗战建国的教育总纲领(同年7月,由教育部印发各级学校)。其主要之点有二:

一是改订教育制度及教材,推行战时教程,注重于国民道德之修养,提高科学之研究与扩充其设备。

二是训练各种专门技术人员,予以适当之分配,以应抗战之需要。

这次大会还通过了《战时各级教育实施方案纲要》，要求"现行学制大体应仍维持现状"，并就师资训练、大学各系科和中小学科目的设置、训育标准、行政机构、教育经费、留学制度等等方面均作系统的具体的规定。

随后，教育部特制订《各级各类教育的教育目标和教育对象》及《教育实施方案》，具体明确了各级各类学校的培养目标与招生对象。

1939年3月，教育部在重庆陪都召开第三次全国教育会议。与会人员中，有全国教育界的知名专家、学者、教授、校长，堪称中国近现代教育史上的一次盛会。蒋介石在这次会上，就教育界流行于一时的热门话题，发表了意见。他说："目前教育上一般辩论最热烈的问题，就是战时教育与平时教育问题。亦就是说，我们应该一概打破正规教育制度呢？还是保持着正常的教育系统而参用非常时期的方法呢？关于这个问题，我个人的意思，认为解决之道是很简单的。我这几年常说，'平时要当战时看，战时要当平时看。'又说，'战时生活就是现代生活，现在时代无论一个人或社会，若不实行战时生活，就不能存在，就要被人淘汰灭亡。'我们若是明了了这个意义，就不会有所谓平时教育与战时教育的论争。"他还说："我们的教育的着眼点，不仅在战时，还应看到战后。""我们要建设我们的国家，成为一个现代国家。我们在各部门中需要若干专门的学者，几十万乃至几百万的技工和技师，更需要几百万的教师和民众训练的干部。这些都要由我们教育界来供给。这些问题都要由我们教育界来解决的。"

这次大会发表的《第三次全国教育会议宣言》，对蒋介石的"战时教育要当平时看"的抗战建国教育理念和培养目标作了进一步阐释，强调了其重要性，要求加以践行。

"战时教育要当平时看"的抗战建国教育理念，得到了重庆陪都教育界的认同，贯穿于重庆陪都教育大发展过程之中。

一时间，相关专著纷纷问世。仅1938年1—5月出版的专著就有黄觉民的《战时教育》、陈思璧的《战时教育理论与实践》、萧形的《战时教育》、蒋中正的《战时教育论》。其后，战时教育的论述文字就更多了。这些充分表明战时教育为重庆陪都各界人士普遍关注。

（三）措施多样

抗战爆发后的大半年时间里，中国各级各类学校损失惨重。据1938年

8月的统计，初等学校由294000余所减少到129700余所；中等学校由3184余所，减少到1962余所；高等学校由108所，减少到83所。大中学校学生失学者达50%以上。就失学学生而言，多数人先后随流亡人群来到大后方，流入重庆陪都。据1940年12月统计，重庆陪都接纳流亡学生就达3870余人（实际人数远非如此）。这批流入重庆陪都的学生因是从不同省市来的，他们受教育程度不同、文化基础与知识背景不同、心理素质不同、精神状态不同，如果直接进入重庆陪都学校学习，是难以适应新的学习环境的。为着把这批学生造成有用之才，国民政府教育部采取了四大措施，以满足学生与用人单位的需要。并要求各级学校尽量收纳，不得借词推绝。

一是创办"学生进修班"。所谓"学生进修班"，用今天的话来说，就是对这批来渝学生进行"摸底"式排查，补其文化知识的不足。1940年前后，重庆陪都教育局创办了8场"学生进修班"，接受"进修"学生达五六千人。通过"进修"，多数学生进入不同级别的学校继续学习。

二是大办补习学校。据1943年统计，重庆陪都社会各界办的补习学校达42所之多。其中多为私立的补习学校。外语补习学校，有私立曼龄英语补习学校、私立兴文英语补习学校、业余联谊社附设外语补习班、国际反侵略分会附设国际语言学校、中苏文化协会分会附设俄语补习班，等等；会计补习学校，有青年会立信会计学校主办会计讲习班、社会服务处立信会计学校速记补习班、人才调剂协会立信会计学校附设人员讲习班、私立明信会计补习学校、中国会计学会主办会计学校、私立公正会计补习学校、私立会计专修馆，等等，还有私立复兴补习学校、私立群益补习学校、私立嘉陵补习学校、私立成成商业补习学校，等等。这些不同类别的补习学校虽属权宜之计或临时举措，却有助于入学难的问题的解决，同时更培养了多种类型的专门技术人才。

三是设立"教师服务团"。流入重庆陪都的大批人员中，有相当数量的外地教师。国民政府主管教育的部门，采用"教师服务团"的方式来招集和安置他们。1940年前后，"教师服务团"先后召集和安置了外地来渝的教师900余人。这些教师先后到北碚、渝中、永川、江津等区的中小学任教。实际来渝和实际安排的外地教师，远非此数。这也在一定程度上弥补了重庆陪都教师数量之不足。

四是新办师范类学校或专业。战前重庆只有四川省立女子师范学校和川东师范学校，且规模小，师资、专业及多种设备都严重不足。战后，重庆陪都有了7所师范院校了。其中，有5所中等师范学校——四川省立女子师范学校、省立川东师范学校、苏州景海女子师范学校、北平幼儿师范学校、市立师范学校；有两所高等师范学校——国立女子师范学院与国立体育师范专科学校。此外，还有多所综合性大学开设的师范专业，如中央大学师范学院、重庆大学师资专修班。这些不同级别的师范院校或师范专业培养出的学生充实了教师队伍，为提升重庆陪都教育水平做出了努力。

（四）"三坝"大学区形成

重庆陪都教育大发展更具标志性的是"三坝"大学区。"三坝"大学区的形成与存在，更彰显了重庆陪都教育的大发展，也更彰显出重庆陪都各界对重庆陪都教育大发展的"给力"和民众的支持。

所谓"三坝"大学区是指沙坪坝大学区、夏坝大学区、白沙坝大学区。这"三坝"大学区的形成与存在，有其历史的现实的规定性。

中国现代教育史上，"大学区制"的提出，始于蔡元培。1927年4月，他以中央教育行政委员会委员的身份，提出建立"大学区制"的主张，拟订出《大学区制组织条例》，认为"全国依各地的教育、经济、文化、交通状况定为若干'大学区'，设大学一所"，意在变更教育行政制度与改变教育现状。他的主张得到当局认可和学界认同。中国第一个"大学区"——北平大学区成立了。随后，上海等地也建立了大学区。重庆大学校长胡庶华根据蔡元培"大学区制"主张，于1936年12月发表《理想中的重庆市文化区》一文，提出建立重庆市文化区的设想。这些便是后来重庆陪都"三坝"大学区的形成与发展的历史依据。重庆陪都"三坝"大学区的形成与存在的现实根据，自然是重庆成为国民政府的陪都——中国政治、文化、经济、外交、军事的中心。

1. 沙坪坝大学区

沙坪坝系300万年前嘉陵江古河床沉积而成的自然沙质平坝。沙坪坝背靠歌乐山与平顶山，东北为嘉陵江环绕，地势优越，水陆交通便利。得天时而占地利的沙坪坝，在重庆大学校长胡庶华倡议建立重庆文化区时，就认定"重庆文化区应建在沙坪坝"，应有"高校中小学校在内的完整体系"。他的倡议得到了其时教育界的呼应。除已有的重庆大学和乡村建设学院外，四川省立女子职业学校迁至沙坪坝。这些就成为重庆陪都时期沙坪坝大学区的形成与发展预设的平台。

1937年10月以后，全国有16所高等院校先后迁入沙坪坝。计有国立南京中央大学、国立山东大学、国立中央工业专科职业学校、国立南京药学专科学校、国立北平艺术专科学校、国立北平师范大学劳作专修班、私立天津南开大学经济研究所、国立上海音乐学院、国立上海交通大学、国立上海医学院、国立贵阳医学院、军政部兵工专科学校、国立湘雅医学院、国立东方语文专科学校、国立杭州艺术专科学校、陆军大学，加上原有的重庆大学和乡村建设学院，一共18所高等学校，占重庆陪都54所高等院校的1/3。沙坪坝成为名副其实的大学区——大学城了。这在中国教育史上，确无先例。

中央大学是有组织有计划地迁入沙坪坝的。"卢沟桥事变"后，中央大学校长罗家伦呈请蒋介石将东南沿海的主要大学与科研机构西迁重庆，并得到蒋的同意。"八一三"淞沪战争发生时，罗家伦宣布中央大学于8月底前启程西迁重庆。该校在四川省主席刘湘、卢作孚民生轮船运输公司和重庆大学等各界的大力支持下，仅用两个月左右时间，就悉数迁入沙坪坝。1937年11月，该校就在沙坪坝新校开始复课。在重庆陪都八年间，中央大学虽多次遭受日本侵略者的飞机的大轰炸，虽然校舍简陋，仍获得巨大发展。到1945年时，中央大学有在校学生4000余人，教师1000余人，8院、52个系科、23个研究所，开822门课程，还有附属中学1所，附属小学2所。该校师生还组建中苏问题研究会、抗战问题研究会、社会问题研究室、边疆问题研究会、嘉陵美术会、蜀山美艺会等等社团，创办《大学新闻》、《国立大学校刊》、《全民抗战》、《交流》、《沙磁文化》（与重庆大学等校合办）等刊物。广大师生利用这些社团与刊物，对抗战建国与文化建设等问题，进行研讨。该校师生还走向社会，开展多种活动。总之，中央大学就其规模之大，成就之卓著，影响之广而言，当属重庆陪都三坝大学区首屈一指的大学和国际公认的中国名牌大学之一。

中央大学是幸运的，西迁之旅较为顺利。然而多数大学的西迁和入驻沙坪坝，却艰苦异常，历经坎坷。如国立山东大学，在日本帝国主义的铁蹄踏进山东时，便开始西迁，先入驻四川万县，后才入驻沙坪坝；国立北平师范大学劳作专修科,先由北平迁至武汉,不久迁至万县,又由万县迁入沙坪坝,借重庆大学校舍复课;国立艺术专业学校,先由南京迁至湖南沅陵,又迁至四川璧山,最后迁入沙坪坝附近的盘溪。这些高等院校,在辗转迁徙途中,师生流失不少,设备损失惨重乃至殆尽。不过,在入驻沙坪坝大学区后,都得到不同程度的发展,都对重庆陪都文化建设和中国抗日救亡做出了贡献。

这里,还应论及重庆大学的贡献。因为沙坪坝大学区的形成与存在,重庆大学功不可没。先是借校舍给中央大学师生入住,并无偿让出校内松林坡地段给中央大学建设新校区,为中央大学顺利完成搬迁任务而开始复课,立了大功。后是借校区给北平师范大学劳作专修科复课。重庆大学在校舍本来就紧张的情况下,依然让出部分校舍给入迁的高等院校,显现出了国难之时,中国学人、重庆人的博大胸怀与奉献精神。当然,重庆大学也因与别的入驻大学的交往而获得了发展。一是由私立大学而改为国立大学,社会地位和办学条件得到提升。二是强化管理,先后制订出《重庆大学组织大纲》《重庆大学学则》《重庆大学职员考核办法》等等规章制度。三是师资队伍壮大,有兼任教授58人、专职教授54人,其中不乏大师级教授,如李四光、马寅初等等。四是在校学生人数达1000人。五是学校已发展成理、工、商3院12系和两个专修科和一个师资班。同时,在科学研究与社会活动开展等等方面也取得了重大成就。

沙坪坝大学区,为抗战建国和重庆陪都教育大发展,贡献了心力。

一是组建学生抗敌后援会。1937年12月5日,中大、重大、省教院、省女职、川东师范及南渝中学、求精中学、复旦中学等27所学校的师生代表在重庆商会集会,成立重庆学生界抗敌后援会。该会把沙坪坝地区的学生组织团结起来,形成了一股力量,以便更有力地从事抗战救亡活动。

二是约请政界、学界要人作专题演讲。沙坪坝大学区在存在8年间,先后约请了周恩来、冯玉祥、张治中、李宗仁、郭沫若、黄炎培、邹韬奋、史良、马寅初、老舍、冰心等人作抗日救亡与文化教育问题讲演。比如,1938年12月,请周恩来作《第二期抗战形势》报告。1939年1月8日,请郭沫若作《二期抗战中国青年应有之努力》讲演;同年2月16日,请冯玉祥作《抗战建国》讲演。还先后请马寅初作《战后经济问题》讲演、邹韬奋作《研究学术与抗战的关系》讲演、冰心作《中国文学之过去和未来》及《文艺的欣赏》讲演等等。这些讲演对于广大师生了解政治形势，进一步明确自身责任，大有帮助。这些名人的讲演大都在"七七抗战大礼堂"举行。该礼堂为其时中大校长顾孟余主持修建。该礼堂成为其时沙坪坝大学区人心汇聚之所。

三是开展抗日救亡宣传活动。沙坪坝大学区的大学及中等学校的广大师生，以话剧、街头剧、歌咏等形式，深入沙区及市区演出。其中，有三次演出影响尤大。一次是1938年10月10日第一届戏剧节时，省教院和南开中学等校的演出队，在沙区演出《重整战袍》《最后一计》《死里求生》《一片爱国心》等等街头剧；一次是重大师生组织宣传队到沙区、市区、北碚、合川、永川等演出；一次是中大、重大等6高校联合举行音乐演唱会，嘉陵歌咏团200余人演唱抗日歌曲，杨大钧、金律声等歌唱家登台演唱。

四是响应"10万青年，10万军"号召。1944年10月11—14日，全国知识青年从军运动会在重庆陪都召开，正式发起"十万青年，十万军"运动，蒋介石两次到会讲话。到同年12月12日，重庆陪都就有8121位知识青年自愿从军。国民政府军事委员会在沙坪坝大学区招聘随军译介人员，中大、重大等高校三四年级学生600余人应征。其中，不少人赴缅作远征军翻译人员，直接经历战争冶炼，为抗日民族解放战争流血流汗。

五是组建学术团体。为着营造沙坪坝大学区的学术氛围，增进学术交流，沙坪坝大学区组建了多个学术团体，其中沙磁区学术讲演会，甚为活跃。该会于1941年3月成立，中大教授许恪士任总干事。该会在存在的4年时间里，共举行讲演会两百多场。讲演者有该区大学教授、校长，有社会各界名人，还有外国驻华人士。讲演内容多为战局、文化教育、思想修养以及经济等问题。"战局"是所有中国人都十分关心的问题，所以该会以此为重点约请中外人士作专题讲演。该会成立后，几乎每月都有这一内容的讲演。如1944年3月26日，美国经济史学家、时任南开大学经济研究所教授的方显廷作的《美国战时生活》的讲演，不仅对美国战时总动员等问题做了介绍，同时还介绍美国各界支持中国抗日而反对日本侵略的概况；1944年1月30日，中大教授许恪士作的《太平洋战局之分析与战后处置日本问题》的讲演；1943年10月17日，有"日本通"之称的王芃生作的《如此天皇》的讲演等等。该大学区多位教授，还就教育教学问题作了专题讲演，以及大中学校如何考试问题也作过系列讲座，受众反响强烈。

沙坪坝大学区培养出了一批学术精英，如航天专家任新民、经济学家吴敬琏、物理学家周光召等人。他们的大学生涯就是在大轰炸中的沙坪大学区度过的。

2. 夏坝大学区

夏坝为嘉陵江千万年冲积而成的一块平坝，在北碚境内。一条小溪流经坝中，将坝分割为上坝与下坝两块。复旦大学教授陈望道将"下"改为"夏"，赋予华夏之意。从此，"夏"字就取代了"下"字，"下坝"就成为"夏坝"了。夏坝所在的北碚本是四川省政府批准的卢作孚与卢子英两兄弟开发的嘉陵江三峡乡村建设实验区（后经国民政府划为迁建区），意欲"实业救国""教育救国"。就教育而言，包括"夏坝"在内的北碚在"七七事变"前，已办有幼稚园、小学、中学，还差一所大学，才能形成完整的教育体系。这一愿望在1938年实现了。

随着国民政府西迁重庆，国民政府的机关如立法院、监察院等入驻北碚，一些文化机构如中山教育馆、国立礼乐馆、中苏文化杂志社、文史杂志社、通俗读物编刊社等入驻北碚，一些学校如复旦大学、国立江苏医学院、国立歌剧学校、军政部军需学校等入驻北碚，一些科研院所如中央研究院、中国科学社、中国地质学会、动物研究所、植物研究所、气象研究所、心理研究所、中国哲学研究所等入驻北碚，二三百名专家、学者、教授、作家入驻北碚。北碚成为名副其实的文化区了。夏坝大学区，可以说是这一文化区桂冠上的一颗明珠。

迁入重庆陪都而暂住复旦中学校址的上海复旦大学，在1938年初选择新校区时，选中了北碚夏坝。时任国民政府建设厅次长的卢作孚，自然十分高兴；时任三峡实验区区长的卢子英，也甚为欢迎。卢子英亲自安排复旦大学落户夏坝事宜。他将住在夏坝的公安第二中队迁出，其住房作复旦大学办公室；他动员当地士绅让出私家花园，作复旦大学教师宿舍；他将夏坝附近嘉陵江码头上的工棚改建为复旦大学学生宿舍；他对当地小学校舍进行调整，用作复旦大学教室。这样，就使饱受舟车劳顿之苦的复旦大学500余名师生一到夏坝便有"安身立命"之感。这些，卢子英自然知道是临时性的举措，重要的是新建校舍与住房。所以，卢子英在暂时安置了复旦大学之后，立即动员当地民众，有力的出力，有土地的出土地。当地民众、特别是土地所有者了解了复旦大学之历史及迁入之意义后，捐的捐土地，租的租土地。短短的一个月内，近千亩的土地成为复旦大学的校址。一座设备较为齐全的综合性大学很快又恢复了生机。1939 年后，该校由迁入时的 4 院 16 系科而发展为 5 院 22 系科了，由迁入时 500 余名师生而发展为 2000 多名师生了。仅教授就达 160 多位，诸如陈望道、周谷城、顾颉刚、童第周、孙寒冰、吕振羽、陈子展、卢于道、章靳以、马宗融、梁宗岱、方令孺、洪深、曹禺，等等。同时，还吸引一批文艺理论家、作家前来任教，如胡风、端木蕻良、姚雪垠、萧红，等等；还邀请于右任、邵力子来校作专题讲座。

复旦大学广大师生也为夏坝、北碚和重庆陪都的抗日救亡运动和文化教育建设的推进贡献了心力。他们在教学、学习之余，组织社团、创办或复刊刊物，开展多种活动，普及文化知识和抗日救亡思想。教授们还进行学术研究和撰写文艺作品。换一角度说，夏坝大学区为教授们和理论家、作家们提供了一个难得的生存空间与创作平台，使得他们能继续施展才华。比如胡风，在复旦大学讲授《创作论》与《日语选读》课之余，还撰写、发表《民族战争与新文艺传统》等论文参加全国性的"民族形式"讨论，把"民族形式"讨论引进夏坝大学区。胡风还在夏坝大学区复刊了《七月》，《七月》停刊后又编辑《诗垦地》，发现与培养了一批文学新人，如冀汸、绿原、邹荻帆、路翎，等等。前三人都是当时复旦大学的学生，"七月"诗派的重要诗人。路翎是随流亡民众流亡到北碚的，到北碚后就读位于夏坝的国立二中。他在读书和工作期间，都深受《七月》与胡风的影响。他创作发表作品多部（篇），如《饥饿的郭素娥》《罗大斗的一生》《嘉陵江畔的传奇》等等，显示其创作达到最高艺术水准的作品或写于夏坝或写于夏坝毗邻的天府煤矿。夏坝大学区还为"东北作家群"得以延续提供了机会。"东北作家群"中的两位台柱作家萧红与端木蕻良在复旦大学任教期间，继续从事文学创作。萧红于 1939 年 5 月到复旦大学后，写了收集在《旷野的呼唤》中的小说《山下》《梧桐》《莲花池》等和散文《放火者》《轰炸前后》《茶食店》《回忆鲁迅先生》等，并开始写作长篇小说《呼兰河传》和酝酿长篇小说《马伯乐》。她除继续写回忆中的故土故人外，还写了北碚夏坝，依然保持她原有的创作风格。同时，她还参与指导"火焰山文艺社"。她要求该社同仁们"以笔为戈,抗日救亡"。端木蕻良稍早于萧红来到复旦大学新闻系执教。教学之余他也继续从事长篇小说创作。他的《大江》便是在夏坝大学区写成的。他那首散文诗《嘉陵江上》也是这时写成的。"那一天,敌人打到了我的村庄,我便失去了我的田舍、家人和牛羊。如今我徘徊在嘉陵江上,我仿佛闻到了故乡泥土的芳香,一样的流水,一样的月亮,我已失去了一切欢笑和梦想。江水每夜呜咽地流过,都仿佛流在我的心上。""我必须回到我的家乡,为了那没有收割的菜花和那饿瘦了的羔羊。我必须回去,从敌人的枪弹底下回去,我必须回去,从敌人的刺刀底下回去,把我打胜仗的刀枪,放在我生长的地方。"这首散文诗经贺绿汀谱曲,唱遍渝州大地,成为"世纪经典"。还有靳以,在夏坝大学区写成60万字的长篇小说《前夕》。

夏坝大学区的教授们,在教学中还从事学术研究。复旦大学外文系主任梁宗岱教授,撰写出了《屈原》《非古复古与科学精神》《试论直觉与表现》等等学术论文,为中国现代学术研究的发展走向新的路线起着助推作用。史学家顾颉刚在复旦大学执教时,还兼任中国史地图表编纂社社长,主编《风物志集刊》。邓广铭于1943年7月到复旦大学任教。他在校期间,继续宋史研究,撰写出《陈龙川传》《岳飞》《韩世中年谱》,奠定了他在宋史研究领域里的泰斗地位。

理论家、作家、教授们的劳作,不仅丰富了夏坝大学区的文化底蕴,营造了夏坝大学区的文化氛围,更让夏坝、北碚蜚声全国与世界。复旦人心系夏坝,夏坝成为复旦人挥之不去的历史记忆。

3. 白沙坝大学区

白沙坝位于江津区内。白沙坝地处长江之滨,是有名的千年古镇,文化积淀较为厚实。重庆陪都国民政府规划该镇为"建迁区"。1938年后,原北平、天津、江苏、安徽等省市的部分文化机构和学校落户该镇。有中央图书馆、国立编译馆等机构,有乡村师范学校、国立女子师范学院和马项亚大学专修班等新建学校,加上原有的聚奎中学和国立九中以及小学,作为一个文化教育新区——大学区,可以说初具规模了。这当然也得力于江津及白沙坝各界人士与民众的支持。反之,这个新型大学区,也为白沙坝与江津区增添了光彩。其中,有两件事值得大书一笔。

一是教授、学者们的累累学术成果。这里,远离市区,日寇飞机大轰炸相对要少些。所以，教授、学者们，在教学与工作之余，大搞学术研究，撰写并出版了一批专著。就女子师范学院的学术成果而言，确如该院院长谢循初在《女师院三十学年度校务行政计划及进度表》中说的："本学院倡导学术研究，教员课余从事研究或著作者甚多。"实际的学术研究成果也确实如此，有谢循初的译著《吴伟士心理学》《现代心理学派》《行为心理学大意》，朱亦松著《社会学原理》《社会政策》《现代社会主要问题》，黄敬思著《学校调整》《教学辅导》《师范教育》，胡光炜著《中国文学史》《甲骨文例》《金文释例》《古文变迁》，李儒勉著《英语修辞学辅导》《高中英语读本》，吴伯超著《乐理教科书》《初中乐理》，许澄远著《小学教学原理》《中国教育史参考资料》，宛敏灏著《二姜及其词》，等等。这些研究成果在各自的学科领域里有引领之价值，对重庆陪都教育的建设与发展也有重要的作用。

二是万人大合唱音乐会的举办。国民政府音乐教育委员会和白沙镇音乐推进委员会主办的大型音乐会于1943年3月29日在女子师范学院操场举行。参加演唱的有女子师范学院、国立十七中、女师附中、川东师范、白沙女中、聚奎中学等14所大中学校师生1万余人。女子师范学院院长谢循初任主席，乡村师范学校教务长游世华任司仪，女子师范学院音乐系主任吴伯超任指挥，聚奎中学乐队担任伴奏。这场音乐盛会，先后演唱了《总理纪念歌》《精神总动员歌》《天下为公》《苏州河北岸》《我们是民族的歌手》《满江红》等等，有着鲜明时代意义的歌曲。最后，是齐唱卢前作词、阮叔平作曲的《白沙镇歌》。这首歌的歌词是："白沙，白沙，川东的名区，文化的重镇，登黑石山巅，听长江奔腾，缓缓前溪水，中有无限的和平，亲爱精诚，尽拱卫陪都的责任。白沙，白沙，蔚有文人，建教完成。毋忘此歌声。"这次蔚为壮观的音乐演唱会，检阅并展示了江津白沙坝大学区音乐教育的实力，提升了江津白沙坝大学区的历史地位，丰富了重庆陪都教育内涵，自然也进一步鼓励了江津白沙坝民众的抗日救亡激情，因此得到了重庆陪都新闻传媒的肯定与称赞。

总之，三坝大学区构成的三大文化生存空间，成为重庆陪都文化和重庆陪都教育大发展的支柱，成为重庆陪都文化和重庆陪都教育达到抗日战争时期中国文化和中国教育的顶尖级水平的重要标志。

二、陶行知·晏阳初·张伯苓

重庆陪都教育的大发展，自然离不开重庆陪都教育家们的辛勤劳作。这里，拟就陶行知及一批教育家的教育思想、实践及价值意义加以论述。

陶行知的 55 年人生历程中，有 30 年时间是在教育战线上度过的。可以说，他把自己一生献给了中国教育事业。他先后从事平民教育、乡村教育、国难教育与抗战教育。这一系列教育实践，表明他既是一位教育家，也是一位民族民主战士，即教育家与战士合一。同时，也彰显出他的教育价值指向即教育的命运与民族的命运合一。这两个"合一"成就他的教、学、做三位一体的教育思路与教育方法。因此，他所从事的教育总是因时而变的，总是应需求而变的。从这一角度说，他不愧为中国教育界的一位改革派。

陶行知的教育思想与教育方法及价值意义，在他倡导与践行的"国难教育"与"抗战教育"中体现得最为充分。

"国难教育"，意即国难之际，教育应为国难服务，教育要解国家之难。这是在 1931 年"九一八事变"后，他倡导的教育主张。"九一八事变"发生后，他一面著文声讨日本帝国主义的侵略行径，主张团结一致抗日救亡。同时，发表《战时的功课》一文，呼吁教育界"罢平时之课，上战时之课"。把教育内容与方式转变到为抗日救亡方面来。1935 年"一二·九"运动时，他继续宣传抗日救亡主张，同时采取行动试图把教育完全转到为国难服务方面来。他创立国难教育社，制订《国难教育方案》，强调服务国难为教育的根本任务。为着争取世界各国对中国抗日救亡的同情与支持，并扩大其"国难教育"的影响，1936 年他以国民外交使节的身份赴欧美各国。他在英国伦敦出席世界新教育同志会第七届大会，发表《中国大众教育运动》的演讲；他在法国巴黎出席全欧华侨抗日救国大会，发表《团结御侮的几个基本条件与最低要求之再度说明》的演讲；他在美国纽约出席 19 个华侨团体的欢迎会，宣传抗日救亡的意义。1937 年"七七"卢沟桥事变发生时，他在美国呼吁全美华侨声援祖国的抗日战争，并要求美国政府放弃所谓"中立国"立场，停止向日本出售军事物资；他还到美国的码头，与工人一道拒绝装运出售的军火。他的这些言行，不仅激励了欧美华侨与欧美爱好和平的朝野人士支持中国抗日救亡的热情，同时也使他们明了"世界一体""天下一家"的意义。

"抗战教育"就是教育要转到抗战方面来，要为抗战服务。这是陶行知回国前夕提出的教育主张。1938年，他回到中国，立即在桂林成立晓庄研究所，"研究抗战时期所发生的各种重要而被忽略的问题以增加抗战建国的力量。"践行着他的"抗战教育"主张。1939年2月，陶行知和晓庄研究所移驻重庆陪都北碚。这以后，他的精力与时间几乎都放在创办和办好育才学校上了。但是，他并非就放弃了晓庄研究所。关于育才学校与晓庄研究所之关系，他作过这样的说明。他在《关于"创造性教育"——致甘霖林》的信中，说道："生下育才的母亲是晓庄研究所，育才不过是研究所教育处赞助下举办的一个实验学校。"意即：晓庄研究所是偏于理论研究的，而育才学校是偏于实验性的。理论是不是真理，理论行不行，还得实验来检验。这恰恰正是他的美国老师杜威的实验主义哲学观及其运用。陶行知创办育才学校，当然更有自己的感受、体验、认识与根据。对此，他在1943年12月写的《致育才之友》中作过详细的叙述。他说："第一，是爱迪生幼年生活。""爱迪生因为得一位了解自己的贤母，所以仅仅受了三个月学校教育，也能成为一位现代的大发明家。""爱迪生幼年的故事，给了我两个深深的印象：一是科学从小孩学起，二是科学的幼苗要像爱迪生的母亲一样的爱护才能保全。""第二，是法拉第幼年生活。他幼年是在一个书铺里做徒弟。"老板称："法拉第是一面订书，一面吃书。书订好了，头脑也吃饱了。""法拉第的科学生活虽得力于进了皇家学院以后，但当他做徒弟的时候，倘使遇不着利波老板的识拔、宽容，这根科学的幼苗是早已被人摧残了。""第三，是法国邮船上之所见。民国二十七年，我从埃及坐了一艘法国邮船回国，出了红海，看了一位四岁光景的外国小孩，在甲板上跳舞，细看才知道她是配合着所开放的留声机片跳舞。""我看了之后，下一判断，小孩之音乐天才，四岁便可测验，测验属实，便应及时培养。""第四，是湖北临时保育院之所见。汉口沦陷前二十天光景，我们看见一位害痢疾的小朋友在那儿指挥小朋友唱歌。我请了一位音乐家教给他音符和拍子，他三天能将一支不曾听过的歌用音符记录下来。一个没有音乐才能的人是三年也不见得能学会。""第五，是在重庆临时保育院里所受之感触。二十七年十一月,参观临时保育院。院长告诉我,常有达官贵人、大学教授来院选择干儿子。当着难童说,这个秃子不要,这个麻子不要,这个嘴缺的不要,那个长得好我要。这些失掉父母的难童于今还要受这难受的刺激,听了令人愤慨。当时我表示:……我不要他们做干儿子,只是为民族培养人才之幼苗。"他又说道:"这五个印象,当我第二次回到香港的时候,联合起来了。在二十八年一月的一天晚上正一时,我就草拟育才学校办学的计划与预算,次日即承赈济委员会许静仁先生协商。""由该会担任全部经费,我则用全部时间办学。"这一创办育才学校的由来及根据的叙述,充分表明陶行知倡导的"抗战教育"既有现实性又有前瞻性。抗战建国,需要人才。人才培养需要教育。教育要从小孩抓起,人才要从幼苗培养开始。这可以说是他的"抗战教育"的全部要义。这一全部要义,是他的"国难教育"主张的扬弃与提升。弃的是其"罢平时之课,上战时之课"的褊狭与偏激。当然,"平民教育"思想与启蒙意识一以贯之。

陶行知创办育才学校,主要是为发现和培养难童中的天才儿童。他于1939年3月20日拟订的《全国难民教育计划草案》中,说得十分明白。他说:"人类中有天下,这是已经证明的事实;天才不限于望族富室,这已经近年科学的证明。我国此次千万难民中,……在儿童方面有天才儿童应该加以特殊教育,使天才得以发展,以备他年有贡献于民族国家。"他在拜访吴玉章时,说得更直白:"创办育才学校的目的是在于培养人才幼苗,使得有特殊才能的幼苗,不致枯萎,而能够发展。特别是为了老百姓的穷苦孩子,团结起来,做自觉觉人的小先生;团结起来,做手脑并用的小工人;团结起来,做抵抗侵略的小战士。"在育才学校已开学、办学宗旨与培养目标以及具体事宜准备就绪之后,1939年6月15日,育才学校在北碚北温泉小学召开第一次会议,陶行知主持,贺绿汀、章泯、陈烟桥、孙铭勋、常学墉、王洞若、帅昌书、魏东明等人出席,研究了课程、组织、选学生、选艺友及薪金待遇等等问题。会后,育才学校迁至草街子古圣寺。该校有60余名教师,其中不乏大家,如贺绿汀、马思聪、戴爱莲、艾青、章泯、陈烟桥,等等;分文学组、戏剧组、音乐组、美术组、社会教育组。该校学生100余人,按文化基础知识不同分班级上课,学习语文、数学、英语、哲学常识,还开有选修课。

育才学校存在几年间，完全践行陶行知的教、学、做的教育原则与方法。教师，既要上课，为学生"传道授业解惑"，又要会动手——教文学的教师要会写作品；教音乐的教师，既要教学生音乐知识与唱歌，还要会创作歌曲与表演；教美术的教师，除了教学生美术知识与绘画，还要会作大型画展。学生，除了学习一般学科知识理论外，还要会做——会写、会唱、会画、会演出。这样，既调动并发挥了教师的聪明才智，又全面开发了学生的潜能，整个学校有声有色，充满生机与活力。育才学校的师生多次在北碚和市区，举办演唱会与绘画展和戏剧演出。音乐组师生在市区举办儿童音乐演唱会，引起社会广泛关注，获得好评。绘画组师生在《新华日报》出"抗战儿童画刊"，出版《幼苗》画集，开儿童画展。对此，冯玉祥专门写诗称赞："小小艺术家，成绩真可夸。如拿刀和笔，绘画抗战画。"戏剧组师生也多次在北碚与市区开展戏剧演出活动。1945年5月4—7日，戏剧组师生自编自导自演四川方言三幕话剧《哪格办?》在北碚街上演出，反响强烈。该剧排演时，邀请农村农民观看，征求修改意见。该剧演出时，深得广大观众欢迎。该剧在话剧大众化与民族化方面做了有益的大胆尝试。

其中，育才学校音乐组在北碚与市区演唱次数最多，影响最大。该组始终践行成立时提出的"为真理而歌，为民主而歌，为大众而歌"的主张。该组除参加全市性的抗战宣传、节庆纪念、对外广播等等活动之外，常在市区自办音乐会。比如，1940年12月26日，该组师生在中电举办首场音乐会，24名学生（全为10—15岁的难童），全部登台，演出合唱、独唱、乐器齐奏、钢琴独奏等12个节目。周恩来、叶剑英、邓颖超、冯玉祥、何应钦、郭沫若及苏联塔斯社记者米海耶夫等200余人观赏，周恩来称为"为新中国培养的音乐人才"。1941年1—2月，育才学校音乐组师生在广播大厦和夫子池广场演出自己创作的歌曲，得到观众赞扬。1943年4月，育才学校音乐组师生响应音乐月活动并为难童募集教育经费，在道门口银社与广播大厦分别举办多场音乐会，邀请名家陈健、陈振铎、朱崇志、黎国铨等人同台演唱和冯玉祥独唱，效果甚佳。1944—1946年5月，育才学校音乐组师生先后在抗建堂、沙坪坝等地举办音乐会与舞蹈会，还参加中苏文协儿童之家联谊演唱会和冼星海逝世纪念音乐会。1945年1月5日参加冼星海逝世纪念暨遗作演唱会时，与国立音乐学院部分师生演唱

《黄河大合唱》等 24 首歌曲，得到与会的周恩来、叶剑英、冯玉祥等人的好评。育才学校音乐组随该校离渝迁沪前夕，在市区举办演奏会 3 日，演唱《古怪歌》《茶馆小调》《你这个坏东西》等歌曲，以答谢重庆陪都各界的关爱。

总之，陶行知的教育思想与方法在育才学校得到了全面实行，师生们得到了全面锻炼与发展。育才学校是陶行知心血的结晶。育才学校是陶行知办学成功的范例。

为重庆陪都教育大发展做出过贡献的教育家还有晏阳初、张伯苓、喻传鉴、傅任敢等人。

晏阳初随中华平民教育促进会于 1939 年初迁入重庆陪都。1940 年 10 月，经国民政府批准、得到卢作孚大力支持，在北碚歇马场征地 500 亩创办乡村育才学院。随后，该校改称为中国乡村建设学院，晏阳初任院长。国民政府教育部指定该院办国民教育实验区，指定歇马场和金刚乡为实验基地，要求侧重于中、初级学校教材和国民通用词汇编辑。但是，晏阳初并不囿于这些工作，而主张民主办学，实行学术自由、思想自由，着力于培养学生的学习能力、生产能力、强健能力、组织能力。这也就是他在《乡村建设实验》一文中说的："最初欲祛除一般人的愚昧而启发其智慧，所以有文艺教育以培养'知识力'。嗣后感觉人民之愚与穷有莫大之关系，且人民之愚，尚能苟延残喘，穷则不保朝夕，乃又有生计教育以培养'生产力'。后感觉人民体弱多病而死亡率高，实为民族前途之忧，乃又有卫生教育以培养'强健力'。同时感到一般人民自私心重，因之生活散漫，不能精诚团结，于是又有公民教育以培养'团结力'。""四大教育"确立后，那么怎么践行？他在这篇文章中又写道，"其实施方式：有学校式以教育青年为主要工作，因青年是国家今日建设之主力军；同时又顾教育儿童，因儿童是民族复兴的后备队。学校之外，有社会式及家庭式，其目的在使整个社会尽是教育的环境，以免一曝十寒之弊害"。这四大教育与三大实施方案，意在启蒙广大民众，从而推进乡村建设的全面展开，使中国乡村成为现代的新型乡村。

张伯苓与喻传鉴本为师生关系。此二人在重庆陪都办南开中学，其目的正如张伯苓在《四十年南开学校之回顾》一文中说的："其消极目的，在矫正上述民族之病；其积极目的，为培养救国建国人才，以雪国耻，以图自强。"① 因此，他们着力于对学生进行德、智、体的教育。

　　傅任敢在任西南联大清华大学校长办公室秘书时，受校长梅贻琦的委派赴重庆陪都清华学校做校长。根据他多年的教育研究与教育实践，形成他的教育思想。他的教育思想如李进在《傅任敢》中说的："学校应该向社会输送具有民主思想、作风朴素、有志服务于社会，而且具有较高的文化修养及强健体魄的青年人才。"据此，他在任清华学校校长期间，大力推行德育、智育、体育、美育教育原则与方法，使学生成为全面发展的人才。

　　晏、张、喻、傅与陶行知一样，都是在抗日战争背景下，在重庆陪都艰难处境里，尽其所能，在教育战线上做出"务实兴邦"之事，为重庆陪都教育及至整个中国教育的发展，做出了各自的贡献。

---

　　① "上述民族之病"，指同文中说的"愚、贫、弱、散、私"五种毛病。

第五章 小　说

重庆陪都文坛，处于严峻的内忧外患的生态环境之中。然而，文学创作却呈现出大发展、大繁荣的态势，硕果累累，色彩斑斓，成就卓著。在这里，卢那察尔斯基揭示出的特殊历史时期文学与社会的辩证关系得到了充分的验证："伟大的文学现象和重要的作家个人多半是，也许纯粹是社会大变动或社会大灾难的结果。文学杰作就标志着这些变动和灾难。"[①] 本章论述的重庆陪都文学创作中的小说创作概貌、重要的小说家以及小说流派，便是具体体现。

一、小说概况

（一）通俗与雅俗共融

重庆陪都小说创作，从李华飞的《博士的悲哀》到巴金的《寒夜》，[②] 其间逐渐出现竞写热潮，形成以抗日民主为基本内容、暴露与讽刺为主要特色、现实主义为主导创作方法的总体创作概貌和由通俗到雅俗共融的总体走向。重庆陪都小说的这一总体概貌和总体走向，有一个波浪起伏的形成过程。抗战爆发后一年间，重庆陪都小说与全国抗战小说一样，同诗歌与戏剧的热烈蓬勃创作局面相比较，确实"未免稍有逊色"，[③] 尤其是长篇

[①] ［苏联］卢那察尔斯基著，蒋路译：《卢那察尔斯基论文学》，人民文学出版社1978年版，第317页。

[②] 短篇小说《博士的悲哀》写于1937年7月23日，长篇小说《寒夜》写于1944年10月到1946年间。

[③] 郑伯奇：《略谈三年来的抗战文艺》，《中苏文化》"抗战三周年纪念特刊"，1940年7月7日。

小说创作更是显得十分沉寂。这自然与战争的急速推进和作家处于高强度的爱国热情燃烧之中等因素极有关系。这期间，重庆陪都小说与全国抗战小说相比较，可以说同中有异。同，是指直接取材于抗日救亡现实社会生活，颂扬成为小说的主色调；异，是指一片颂扬声中出现了暴露与讽刺的音符。

重庆陪都小说从一开始便涂上了一层暴露与讽刺的色彩。《春云短篇小说选集》就是这样的小说结集。这部小说选集选有10位作家的小说，计有芝菲的《浮尸》、林娜的《泪》、李华飞的《博士的悲哀》、李斯琪的《激流》、金满成的《中日关系的另一角》、廖翔农的《到前线去》、陈静波的《灵魂的坚定》、章邠的《雪夜》、陈君冶的《咯血》、李辉英的《变故》。这些作家在抗战爆发前后"站在山城顶上以匕首短剑与汉奸敌人相冲"。他们用小说这种文艺形式把抗日救亡信息和中国必战的缘由最先传递给山城民众。他们创作小说和编辑出版这部小说选集，"虽不能是制一架庞大的飞机去轰炸敌人，至少造一颗小炸弹也是有利的"。[①] 其中，《博士的悲哀》《中日关系的另一角》《激流》《到前线去》《灵魂的坚定》等小说，从各个侧面把抗日救亡社会生活与社会心态呈献在读者面前。《博士的悲哀》写于"卢沟桥事变"后的7月23日，发表于同年9月出版的《春云》月刊上。这篇小说与文学史家们认定的第一部抗战剧本《保卫卢沟桥》几乎同时写成，同时面世，而比丘东平在上海执笔写成的小说《给予者》要早四个月时间。[②] 这篇小说写"日本人攻打卢沟桥"造成"华北吃紧"时，重庆乃至四川的知识分子们的心理状态，颂扬热血沸腾的知识分子的爱国主义意识，暴露与讽刺"洋博士"舒学高在抗日浪潮冲击下胆颤心惊、魂飞魄散的丑态。笔调幽默、轻松，讽刺辛辣，不失为一篇颂扬与暴露兼而有之的优秀之作。不过，这篇小说在当时中国抗战文化界未能引起多大反响。真正引起轰动时效应的是1938年4月问世的张天翼的短篇小说《华威先生》。重庆陪都为中心的大后方文艺界围绕《华威先生》展开的广泛而热烈的论争，形成了如茅盾在《暴露与讽刺》一文中所说的"我们仍旧需要暴露与讽刺"的共识，由此开创了"暴露与讽刺"小说创作潮流。1938年10月以后，大批文艺家来到了重庆陪都。他们原有的高

---

① 《春云短篇小说选集·序》。
② 《保卫卢沟桥》写于1937年7月20日，8月5日上演；《给予者》写于1937年11月。

强度热情迅速冷却下来。尤其是从前线战区来到重庆陪都的作家，他们更感到需要重新审视抗战现实社会生活。于是，作家们普遍开始用理性的思考去谛视社会人生了。这种谛视的结果，不仅表现为自觉地把暴露黑暗、批判现实与坚持抗战紧密结合起来，同时也表现为对初期抗战小说的单纯歌颂现象作理论清算，把发掘自生活的肌里、充分反映时代本质的小说带进了重庆陪都文苑。因此，这以后，重庆陪都小说偏重于暴露与讽刺重庆陪都和大后方社会黑暗。"暴露与讽刺"成为重庆陪都小说的主要特点，重庆陪都小说日渐呈现出繁荣的创作局面。吴组缃、姚雪垠、田涛、路翎、万迪鹤、丰村、碧野、肖蔓若、郁茹、黄贤俊等50余位作家涌进重庆陪都文坛。他们不是来自书斋公寓，而是来自战地，来自民众，呼吸着抗战大时代的空气成长起来的。因此，他们有着敏感于时代与社会的神经，有着充沛的青春活力、执着的思考与追求，他们的小说溢发出诱人的清新气息。二三十年代就成名的一批小说家，如茅盾、巴金、老舍、张恨水、张天翼、沙汀、艾芜、萧红、端木蕻良等人也先后来到重庆陪都。他们的创作热情十分旺盛，一批新作频频问世。这些汇聚于重庆陪都文坛的新老作家的小说仅先后结集出版的创作丛书就达50余种之多，如《文学丛刊》《大时代文艺丛书》《每月文库》《文季丛刊》《七月文丛》《山水文丛》《绿叶文丛》等等。尚未入集而散见于近百种报刊上的小说就更是数不胜数了。

1940年后，重庆陪都小说创作进入鼎盛期。其主要标志是有深厚文化内涵的雅俗共融的成批长篇小说的问世。这从作家们的主观因素去考察，乃是他们经历了抗战初期的亢奋和稍后的沉思的必然结果。这时，不仅新老作家创作长篇小说，就是诗人、戏剧家、理论家诸如夏衍、陈瘦竹、阿垅、靳以及昆明文坛的冯至、李广田等人也纷纷跃进小说家行列，从事长篇小说创作。这批新老作家的长篇小说，就其内容而言，大致形成两种倾向：或偏重于个人命运与前途的探索，或偏重于社会命运的思考。也因此形成两种不同审美追求：或偏重于主观抒情性描写，不时流露出伤感情绪；或偏重于客观描写，显示出强大的力度。不过，这两种倾向与追求都与现实社会人生紧密相关，都在探索社会与人生出路这一契合点上而殊途同归。茅盾的《腐蚀》《锻炼》，巴金的《憩园》《寒夜》，老舍的《火葬》《四世同堂》，张恨水的《八十一梦》，等等长篇小说，多层次、多侧面地展现了战时中国社会人生各面。这些作家的思想认识水平较高且较稳定,把握社会现实生活的能力较强。他们总是以坚定而严肃的创作态度、刚健而遒劲的现实主义笔力、热情而忧愤的色彩,描绘出时代风云,剖析社会与人生的本质。姚雪垠的《重逢》《戎马恋》《春暖花开的时候》,碧野的《肥沃的土地》《风沙之恋》《湛蓝的海》《没有花的春天》,路翎的《饥饿的郭素娥》《财主底儿女们》,田涛的《潮》《地层》《沃土》,等等长篇小说,都从不同角度与侧面探讨人生道路、人的价值与意义。这些作家的作品大都从个人身边发生的人事入手,展现大时代的特征,把个人命运放在民族命运中去描写,形象地显示出人的价值与人生意义的真谛。这些作家有较高的创作才华,有较丰富的想象力,充满火焰般的热情,无疑是重庆陪都文坛上很有希望的一代新人。正是这些新老作家的长篇小说构成了1940年后重庆陪都文坛小说创作之盛世。

重庆陪都文坛上暴露与讽刺小说中,张恨水的《八十一梦》显得很特别,颇具雅俗共融之价值。张恨水在二三十年代写的小说,几乎都是社会言情小说,鸳鸯蝴蝶小说意味甚浓。而这部《八十一梦》转变了创作路数,在他创作道路上具有里程碑之意义,为重庆陪都文学增添了光彩。《八十一梦》是张恨水写的一部弯弯曲曲影射重庆陪都社会人生的力作。张恨水对重庆陪都社会人生既感知又知解,既有强烈的责任感又不能如实而不讳饰地描绘,便只好采取寓言方式,"托之于梦"。小说名为"八十一梦",实则只有9个梦,作家张恨水说那72个梦被耗子吃了。重庆陪都当时有三多:人多、猪多、耗子多。胡风的女儿出生第10天就被耗子把耳朵与鼻子咬破了。张恨水这样说有现实影射之意,不仅仅是托词而已。这9个梦,足以折射出重庆陪都社会人生的方方面面。比如"第10梦·狗头国一瞥",写官商的奴性。狗头国官商的奴性与阿Q的奴性不一样。如果说阿Q的奴性是土的,那么狗头国官商的奴性就是洋奴性了。狗的奴性本来就很强,又把人的奴性赋予狗,再把这一达到无以复加的奴性的狗来暗示人,则其奴性就更集中更典型了。不是么?狗头国里的那位官商,得了一种怪病,一缺洋货就得狗叫的病。治此病不是洋货而是洋人的耳光。一天,他由人扶着满街找洋人。他看见我与万士通是外国人,就上前给我们深深鞠躬,说:"两位先生,我快要死了,请你们打我几下吧!"万士通见其状可怜,就轻拍打了他几下。他为求得万士通重重打他,使用激将法,骂万士通"混蛋！你这混蛋！你这该死的混蛋！"万士通出于本能反应，伸手就一耳光，打红了他的左脸。这时，他伸直了腰，将右脸偏过来，大声吼道："你这个混蛋，敢打我这边脸吗？"万士通一时兴起，又一耳光打去。他喜笑颜开，向万士通边作揖边说："多谢！兄弟的病好了！"并说："无论如何，外国人的耳光是比本国人的耳光要值钱一百倍！一耳光之下，百病消除！"狗头国这位官商用法子骗挨打一事，确实显得荒唐可笑，只有梦里才有的事，然而又极具真实性、典型性！这不就是重庆陪都的一些官商们的心理与奴性的幻化体现么？又比如"第36梦·天堂之游"。中国老百姓受的苦难实在太多了，常常作天堂梦，认为天堂是个极乐世界。身处重庆陪都社会的人们更有这一向往。张恨水写此梦，特对"天堂"加以破碎！天堂就好吗？不好！与重庆陪都社会无异！那里有作了都督的猪八戒，贪赃枉法；那里有作了金融家的西门庆，有多家银行，掌控天堂的经济命脉，为非作歹；那里的平民们生活艰苦，啼饥号寒；……这"天堂"完全是重庆陪都社会人生的一种幻化。怎么办？另两个梦把小说的思想倾向与作家的期待显现了出来。那就是"第48梦·在钟馗帐下"与"第72梦·我是孙悟空"。这两个梦似乎告诉人们：在这民族生死存亡之秋，何去何从？应该像钟馗与孙悟空那样，弘扬民族大智大勇的精神，使出十八般武艺，斩妖除魔，求得生存！《升官图》是陈白尘写于抗战胜利之时的剧作。写两位小偷做梦而当县官，掌握了大权。通过他们的眼睛与行为方式把官场大小官儿们的贪婪、枉法、欺诈等等丑事、丑行、丑德，暴露无遗。

茅盾、巴金、老舍及其小说，自然是重庆陪都小说创作领域中的三座高峰（下一节将详加论析）。这里，拟对路翎为代表的"七月"派小说和徐訏与无名氏为代表的浪漫派小说加以论析，以求对重庆陪都小说总的概貌与走向有较深入的解读。

（二）路翎为代表的"七月"派小说

路翎是"七月"派中的主要小说家。抗战爆发后，他和大批流亡者一道，被迫离开家乡，离开学校，由南京而武汉而重庆陪都，最后在北碚的四川省立二中读书，毕业后在北碚一家矿冶研究所供职。北碚位于嘉陵江边，缙云山麓，依山傍水，山清水秀。北碚是一个集农村、矿区和城镇于一起的地区。武汉沦陷后，不少外地流亡人士来到这里生活、工作、学习。路翎因工作与家住矿区的关系，与矿工、农民、知识分子、流浪者、船夫、小商人、地痞、恶棍、豪绅地主以及"坐在办公室里的老爷"等等人物，有了广泛的接触。他在同这些人物接触与交往中，感受到了很深的悲凉与忧郁情绪，作着不倦地探索与追求。这就把"七月"派中的东平、柏山、贾植芳等人的小说创作带进了一个广阔的天地——矿区生活和农村生活，也为他们的小说创作寻找到了源头："兵士——穿着了军装的工人和农民，军官——穿着了军装的青年知识分子。"①

中国现代小说创作中描写矿区生活不知是不是从巴金的《砂丁》开始的。《砂丁》写的是锡矿工人的生活与命运。路翎的小说写的是煤矿工人及矿区其他劳动者的生活与命运。两者虽属不同矿区，然而矿工们不如猪狗的生活命运以及作为人的本能与原始的反抗方式却是一致的。路翎在《七月》和《希望》等报刊上发表的20多篇小说中，矿区生活题材的小说居多。因为他"常在矿区徘徊，观察矿区的人生：恶毒的包工老板，戴黑眼镜的特务职员，疲劳、全身黑煤污染、帽子上亮着矿灯的矿工，矿工和他们的家人的简陋的、在风里颤抖着的破烂的棚子宿舍，残废的矿工和他们妻女开设的小馆子，矿工们的拾煤渣的衣服褴褛的儿童，负伤的痛苦的呻吟和从矿井里抬上来的牺牲者的尸体，死亡者的寒伧的、荒草里的小小的坟墓"②。因此，他的矿区生活题材小说描绘了矿区的种种人生面影，特别是描绘了那些"夹在锤与砧之间"的矿工及其妻子被扭歪的人生和变态的灵魂。《家》《卸煤台下》《饥饿的郭素娥》便是其中最有代表性的中短篇小说。这三篇小说活画出了矿区不同的生活场景，汇聚了各种人物的风貌，犹如一卷卷"色彩暗浓的油画，使观者不能触目即过，多观摩一回就能多找出一点什么似的"。③

《家》主要写空袭警报中矿区电机锅炉房的生活场景。这里有本地狡猾而贪婪的小地主，有电机锅炉房工人金仁高，有河南来的工人，有太行山参加过游击战争来的工人，还有"断了腰"和丢了手、腿乃至头的工人。工人淳朴、正直，地主猥劣卑微，人物个性分明；"矿区工人不如畜

---

① 胡风：《民族战争与新文艺传统》，《胡风评论集》（中），人民文学出版社1984年版。
② 路翎：《路翎小说选·自序》，四川文艺出版社1986年版。
③ 胡风：《〈七月〉编校后记》，《胡风评论集》（中），人民文学出版社1984年版。

牲"的主题,有所显露。这篇小说,不是路翎矿区生活题材的力作,这不仅在写法上存在明显的"败笔",① 更主要的是缺乏路翎矿区生活题材小说所构成的基本元素。《卸煤台下》和《饥饿的郭素娥》才真正是路翎这一题材小说的优秀篇章。

《卸煤台下》主要写"黑污而灼烧的卸煤台下"的一位青年矿工许小东的悲剧命运。他借债为妻子治病,因愁苦、烦闷而失手打烂他妻子生命所依存的一口锅。山洪暴发时,他把矿上一口快被洪水冲走的大铁锅拿回了家,于是被逼得精神失常,身体残废,妻子易嫁。矿工,确实不如畜牲。然而,这"不如畜牲"的矿工身上仍有着人的生命意识与向往。他咒骂和报复狠毒的包工头严成武之辈,他大声吼叫:"一个男子汉为什么不要志气,为什么要受人欺侮!"不过,这是一个被生活压溃了的、"落到无光的痴狂里去了"的人,即被扭曲了的人的生命意志和向往。因为他也咒骂和毒打他那穷迫无依的妻子,他也表示"我要死在外面!"这篇小说问世之后,引起了批评界的重视。胡绳在《评路翎的短篇小说》一文中认为,在这篇小说中,路翎"达到了他的工人生活的作品中最高的成就"。

《饥饿的郭素娥》主要写的是矿区劳动妇女郭素娥的悲惨命运。她原是一个强悍而美丽的农村姑娘,因逃荒遇匪而独自凄苦地漂流,在丛山中迷路而绝望地昏倒,被矿区附近一个比她大24岁的鸦片烟鬼收留为妻。从此,她远离了故乡和亲人,坠入到深渊里了。她在这个深渊中,以最热切、最痛苦的注意力凝视着矿区的人们向她走来。向她走来的第一个矿工是张振山。这是一个经历过战争、刑场、火灾而充满着兽性和盲目报复的流荡人物。他是带着他的全部狠毒走向郭素娥的。同时走向郭素娥的还有魏海清。这是一个善良而老实的矿工,他真挚地爱着郭素娥,然而生性却怯懦。郭素娥虽然有了这么两个男人向她走来了,她的肉体与精神反而更加饥饿,更加痛苦。她这样一个女人,为矿区社会所不容,被认为是一个"触犯菩萨""败坏门风"的堕落女人,最后被丈夫伙同保长、地痞恶徒活活烧死、奸死。显然,作者在这里不是叙述经济生活带给主人公郭素娥生理上饥饿的痛苦,描述的是主人公郭素娥个性解放的追求和过正常年轻女

---

① 主要指小说后面火烧刘耀庭家的情节。胡风在当年的编校后记中就指出:用这个意外的事变来联结人物,"在读者的感应上就会减杀了作者所吐示出的,围绕着那个矿山的社会事变或生活事变底力量。"

人生活的渴求同现实环境和传统意识道德观念的矛盾冲突带给她肉体与精神上饥饿的痛苦，由此揭示人物的命运，表明作家在更高、更深的层次上思考着社会的出路和人的出路。这正如邵荃麟在评论文章中指出的：小说里"充满着一种那么强烈的生命力！一种人类灵魂里的呼声，这种呼声似乎是深沉而微弱的，然而却叫出了多少世纪来在旧传统磨难下的中国人的痛苦、苦闷与原始的反抗，而且也暗示了新的觉醒的最初过程"。① 大概正因为如此，邵荃麟也才认为这篇小说"在中国的新现实主义文学中已经放射出一道鲜明的光彩"。②

路翎在致力于矿区生活题材写作的同时，也开始了农村生活题材的写作。农村生活进入中国现代小说领域是从鲁迅开始的。鲁迅从改造国民性出发，挖掘出了几千年承传下来的"病根"，把闰土、祥林嫂、阿Q等一群农夫、农妇带进了文学殿堂。叶紫从社会革命出发，写出了二三十年代中国农村阶级压迫和阶级剥削的血淋淋现实，揭示出广大农民走向自由解放道路的必然性。沈从文从重造民族性格出发，描绘了湘西农村民众的人性美和人情美及其背后的悲痛。路翎沿着鲁迅开创的农村题材小说的路子，把笔伸进了农村社会各个角落，写出了各具特点的一群"精神奴役创伤"者的人生面相。

从《棺材》到《嘉陵江畔的传奇》，路翎的农村题材小说大抵可以归为三个层次：霉烂的财主生活层、卑劣的流民即"光棍"生活层、受欺凌而挣扎与反抗的农民生活层。

《棺材》是路翎最早的一篇农村生活题材小说。写的是来龙场附近一家地主王德全和王德润兄弟俩做"棺材竞争"生意的故事，描画出地主的人生犹如他们后屋中积满的木材，被潮湿浸蚀得发黑，积满尘污，缩成丑陋而可憎的形体，在那里生霉、朽烂。从一个小小的特殊视点，观照出霉烂的地主阶级和棺材式农村社会的真面目。

《罗大斗底一生》实际上就是写这种霉烂的地主阶级和棺材式的农村社会孕育出的胎儿——流民，即"光棍"的人生。小说的主人公罗大斗出生于一个败落的地主家庭。他是在父亲的娇纵和母亲恶毒的鞭笞与咒骂之下长大成人的。他一生的目的就在于求得本地有权势的人和光棍们的好

---

①② 邵荃麟：《"饥饿的郭素娥"》，《青年文艺》第1卷第6期。

感，最高理想就是成为一个真正的男子汉，即成为一个能像别人欺凌他那样去欺凌别人的光棍。但是，他所生活的现实社会起伏着一种浓浊的波涛，它的力量造成一些"英雄"，也造成一些伏在"英雄"脚下的卑微的奴才。这些"英雄"与奴才组成了一个光棍阶层。在这个光棍阶层中，罗大斗始终居于奴才地位，唯有在安分守己的老实人面前方显示出他的"英雄"风度。他在这一人生道路上，由最初的狂热到后来的空虚、疲乏、呆滞，最后自杀身亡。小说逼真地描绘了罗大斗的一生，剖析了他的心理流程，把大时代中大后方农村社会中污秽的人生一角及其心灵呈献在读者面前，让人诅咒和鞭挞。

农村社会中，受苦受难最深的自然是广大农民，尤其是农民妇女。问世于1944年5月的中篇小说《蜗牛在荆棘上》便是描写这一人生的力作。不过，小说没有从阶级关系和经济关系的角度去反映农民及农民妇女的苦难，而是有如鲁迅小说那样，主要是从农民自身思想意识的局限去观照农民命运。小说的女主人公秀姑受着多重的迫害：结婚不到一年，丈夫黄述泰被征去当兵了；家嫂霸占田地，对其百般虐待；离家出走当佣人，被认为堕落；当兵的丈夫黄述泰听信谣言，请假归家，依照祖先的法律惩办她；乡绅与乡民们的"笑"。最后，黄述泰明白真相，夫妻和好如初。这场悲剧自然是黄述泰的愚昧引起，但最根本的原因是当局的兵役制度。他要借机做出"豪壮的行动"，使这个曾经侮辱了他的故乡和毒打过他的流氓战栗。所以，黄述泰怒斥乡绅们："你们包庇兵役！""我要生剥你们底皮！"秀姑和黄述泰夫妇的这幕悲剧，确实被人们"当作喜剧娱乐"了。这里的"人们"不仅有乡绅，更有乡民。乡民们围观他俩的诉讼与和好发出的阵阵笑声和哄闹形成的喜剧场景，大有咸亨酒店里的酒客们对孔乙己的一次次哄笑，也大有未庄的人们围观阿Q行刑时游街示众而组成的"奇怪的乌合队伍。"大时代中后方一角的人们，何等无聊，何等愚昧。读后，不能不叫人对小说开头引的白朗宁《彼巴底歌》中的"蜗牛在荆棘上／上帝在天堂"的意蕴深长思之。路翎献给重庆陪都文坛的最后一篇小说是《嘉陵江畔的传奇》。这篇小说颂扬了农村姑娘王桂香的斗争精神与侠义行为，抨击了地痞流氓的为非作歹，触及到了农村社会的阶级矛盾，显示出作家在与现实生活的肉搏过程中，逐渐接近了民族解放战争大潮中农村社会的本质和农民力量的一面。

最能代表路翎和"七月"派小说最高成就的作品是那部80万字的长篇小说《财主底儿女们》。这部小说分为上、下两部。上部即第一部,写1932年"一·二八"到1937年"八一三"六七年间,在日益尖锐激烈的民族矛盾冲突中,蒋氏大家庭的败落而裸露出的种种丑行以及这个大家庭中的叛逆者蒋少祖的一段人生历程。蒋少祖在这六七年的政治漩涡中,上下翻滚。他"活跃地参加政治,然而政治使他迷惑"。到头来,他对信仰、理想、民族、人民、生活等等问题都产生了怀疑,陷入了迷阵。结论是:皈依古代,"我不受暴风雨底欺骗了,然而我要心灵底平静和自由!持着这个,我公正地处理人生底事务"!蒋少祖的这一人生经历"回旋着前一代青年知识分子底由反叛到败北,由败北到复古主义的历程,这一代青年知识分子底在个人主义的重负和个性解放底强烈的渴望这中间的悲壮的搏战"。① 这当然涵盖了鲁迅小说《在酒楼上》的魏连殳及以后中国现代小说中塑造的这类人物形象及其人生道路。所以,胡风指出:"这是对于近几十年的这种性格底各种类型的一个总的沉痛的凭吊。"② 路翎通过蒋少祖这段悲壮的搏战人生历程的描述,"勇敢地提出了他底控诉。知识分子底反叛,如果不走向和人民深刻结合的路,就不免要被中庸主义所战败而走到复古主义的泥坑里去"。③ 这部小说的下部即第二部,以蒋氏大家庭中又一个儿子蒋纯祖为中心人物,写他在"八一三"以后四年间的"悲壮的搏战"及其命运,展现抗战前期中国社会生活的各面。蒋纯祖在动乱中成长。他早熟,有着毁灭的、孤独的、悲凉的思想,渴望从这孤苦、悲凉和毁灭的极限里得到荣誉和无所不容的爱情。"八一三"上海战争爆发后,他读了几本关于民族解放战争的哲学书籍和政治著作,由此被拯救。他积极地参加了救护工作和宣传工作。上海沦陷后,他由上海而南京而武汉,最后流亡到了重庆陪都,依然热衷于救亡宣传工作。同时,他与流氓和地主进行过坚决斗争。但是,他那狂热的个性解放、极度膨胀的个人主义与现实生活环境始终存在着尖锐的矛盾冲突。最后,他在这一对抗中死去。蒋纯祖的人生道路与命运,是他那"一代千千万万的青年知识分子应该接受但却大都不愿诚实地接受,企图用自欺欺人的抄小路的办法回避掉的命

---

①②③ 胡风:《财主底儿女们·序》,《财主底儿女们》,希望社1945年11月版。

运"。① 路翎写蒋纯祖的这一人生搏战,向青年们"勇敢地提出了他底号召:走向和人民深刻结合的真正的个性解放,不但要和封建主义做残酷的搏战,而且要和身内的残留的个人主义的成分以及身外的伪装的个人主义的压力做残酷的搏战"。②这些,便是这部小说拥有的文化内涵。

路翎的《财主底儿女们》和他的其他众多小说,生动形象地反映了重庆陪都社会"灰色人生战场"的方方面面,尤其是凸现出了这一"灰色人生战场"上"精神奴役的创伤"。他的多数小说,描述着社会底层挣扎者和知识分子反叛者在追求自身解放过程中,同封建主义进行着严酷的搏战,同身内的个人主义和身外伪装的个人主义压力进行着严酷的搏战。由于未走向与人民结合的路,他们的搏战,几乎都以悲剧告终。路翎小说中写的这些搏战,确实如胡风所说的:"一下鞭子一个抽搐的对于过去的袭击,一个步子一印血痕地向着未来的突进。"③正是在这一点上,胡风认为路翎的小说体现了鲁迅的战斗精神。④路翎的小说,大都融心理描绘与主观抒情于现实主义的客观叙述之中,较好地吸收了鲁迅的心理剖析小说和茅盾的社会剖析小说之长,形成自己的艺术个性与艺术风格;较充分地展现了现代社会和现代人的心理动态,为中国现代小说开辟了一条新的创作路子。从这一点看,以路翎为代表的"七月"派小说不失为现实主义社会写实派中的一支异军。

(三)徐訏与无名氏为代表的浪漫派小说

重庆陪都小说领域里的浪漫派小说主要出于两位作家之手——徐訏和无名氏。这两位作家创作的属于浪漫派的小说,在重庆陪都读者界呈现出正负反馈效应的矛盾现象:流行而又冷漠、赞扬而又贬损。一般地说,心理孤寂需要寻找刺激的读者欢迎它,赞扬它;社会责任感与使命感强烈的读者冷漠它,贬损它。这是因为他们的小说多设置险恶环境,虚构恋爱故事,且又罩上抗战外衣,流露出颓伤思想情绪。当然,就具体作品而言也不尽然。徐訏的小说不乏抗战时代气息和批判现实社会的积极意义;无名氏的小说中亦有少许的小说主题比较严肃,情趣比较健康。

徐訏,浙江人氏,1908年出生。他在北京大学读书期间,学习哲学与

---

①②③④ 胡风:《财主底儿女们·序》,《财主底儿女们》,希望社1945年11月版。

心理学。后赴法留学，攻读哲学博士学位课程。抗战爆发后的1938年返回祖国，先蛰居于上海孤岛，后辗转到达重庆陪都。1942—1944年间任教于中央大学，1944年任《扫荡报》驻美国华盛顿特派员，1946年回国，1950年定居香港，从事教学与写作，1980年10月5日病逝。他的经历与学识使得他的创作丰富而复杂。他写有小品文、剧本、小说、诗歌、理论文章，曾结集为《三思楼月书》20种左右。现在台湾中正书局已出版17卷本的《徐訏全集》。他的作品中成就最大的是小说——是浪漫主义小说。他的浪漫主义小说写主人公的婚姻恋爱、儿女情长，观照社会人生的浮沉升降与时代风云的变幻，表达作家对社会人生的思考，具有哲理思辨色彩。这里，评析其三篇浪漫主义小说，以窥全豹。

《鬼恋》是一部中篇小说，写于抗战前夕，初版于1938年，1940—1943年间，三次再版。这部小说写"人鬼恋"的故事，表达一个严肃而又重大的主题：现实社会把人逼成鬼。"鬼"是美的象征，是"我"追求、爱慕、向往、依恋的对象。这种美只有"鬼世存在"，"人世全无"。由此，表达作家对现实社会的极度不满、极端憎恶与彻底否定。小说中的"鬼"，曾是"最入世的人"，"做革命工作，秘密地干"，"从枪林里逃越，车马缝里逃越，轮船上逃越，荒野上逃越，牢狱中逃越"；后来"亡命在国外，流浪，读书"；回国以后，"经历一次次的失败，卖友的卖友，告密的告密，做官的做官，捕的捕，死的死"。她"历遍了这人世，尝遍了这人生，认识了这人心"，于是决定"做鬼"，"冷观这人世的变化"。可以说，她在做人时，遍体鳞伤，血迹斑斑。她是人生战场上的战败者，被毁灭的美。人世间的美被毁灭了，但美的本体犹存。她在"鬼世间"依然是美的心身：博学多才，"从形而上学到形而下学，从天文到昆虫学，都好像懂一点"，洞悉人世与"鬼世"。她美丽、庄重、讲情义，身着黑衣，身材美好，"脸一百念分庄重，可是有一百三十分的美。她一句有一句的表情，说第一句时眉毛一扬，说第二句时眼梢一振，说第三句时鼻子一张，点点头，说第四句时面上浮笑柄，白齿发着利光"。对"我"关心、爱护、体贴入微。"我"对她痴心地恋着、爱着，爱恋得生病，爱恋得几乎堕落。小说写的艳丽的女"鬼"和艳丽的夜色，与污浊的现实人生和现实社会环境形成鲜明对照，透露出犀利的批判锋芒和严峻的人生理性思考。它是徐訏和后期浪漫主义小说中最富现实性的优秀篇章。

《风萧萧》是一部长篇小说,出版于1944年,风靡于重庆陪都与大后方读者界。这部小说基本上还是沿着《鬼恋》的路子,表达作家对美、真、善的追求。不过,它不是写"鬼恋"而是写的"人恋",它不是批判现实社会而是颂扬抗日的女间谍。小说中的白蘋也是有着《鬼恋》中女鬼一样的美丽、聪明,极富才情。她笑起来像"百合初放"。她精通日语和英语。因为她是人不是鬼,因为她是国民政府潜伏在沦陷后上海的特工人员。她的公开身份是红衣舞女。因此,她既有《鬼恋》中女鬼的圣洁一面,而又有舞女中舞女的风流一面。她与日军间谍和美国远东间谍周旋,在腥风血雨和灯红酒绿中度日,最后喋血街头,为国捐躯。"风萧萧兮,易水寒。壮士一去兮,不复还。""壮士"就是白蘋。小说名为《风萧萧》暗示出这是为白蘋作传。小说中写的美国远东间谍之一的梅瀛子,也是一位侠情义胆的美女。她生长于日本,父亲是中国人,母亲是美国人。她以交际花的身份出现于沦陷后的上海政治舞台上。她与白蘋情同手足。她为了替白蘋报仇,毒杀了日军女间谍。小说中写的年轻哲学家,在中国间谍和盟国间谍的影响下,走出书斋,丢掉儿女情长,投身于抗日斗争行列。这就是抽去小说的多角恋爱经络之后剩下的骨骸。这是当时风行一时的"恋爱+抗战"小说中具有代表性与典型性的小说。小说中,关于多角恋爱的描写,关于"性爱"的议论,都真实地反映了殖民地上海的堕落人生。这对于未曾涉世或涉世不深的青少年读者来说,很难获得正能量。

短篇小说《春》写于1945年12月,写的是抗战期间,重庆陪都城郊发生的故事:一家报馆编辑杨先生与农民"个体户"董氏的女儿董姑娘相爱、结婚。董家母亲慈祥,父亲勤劳;儿子是抗日军队的连长,在前线打仗,为国捐躯;董姑娘大方、聪敏。杨先生与报馆的同事们工作认真,气氛和谐。反映出在大时代洪流中,农民思想观念的变化,映现出几片抗战风云。可以说,这是徐訏"恋爱+抗战"小说中情趣比较健康、浪漫情趣浓厚的小说之一。

无名氏,原名卜宝南,后改名为卜乃夫,1917年出生于南京。抗战爆发后,他由上海到西安到重庆陪都,当过记者,作过小职员。抗战胜利后回上海,以后一直定居于杭州。1983年春借探亲机会到香港随即到台湾。如果要说,重庆陪都浪漫主义小说有一种所谓的"不良倾向"的话,那主要就是指无名氏的小说。他的《北极风情画》《塔里的女人》和《海艳》

三部小说便是这一倾向的代表作。

《北极风情画》写的是抗日义军高参、朝鲜爱国者林先生与波兰流亡美女奥蕾利亚的爱情故事。他们同是天涯沦落人,流亡到苏联靠近北极的托木斯克城相遇相爱。林先生始而以逢场作戏之态玩弄这位美女,继而认为这位美女恰恰是他倾心追慕的人,于是相爱得真而切,甚至到了疯狂的程度。不久,林先生要回上海朝鲜临时政府所在地去工作,他俩度过最疯狂的相爱日子之后就分手了。这位美女殉情自尽。林先生在苦捱十年之后来到华山,引领北望。《塔里的女人》写的是类似佳人与才子的相爱。黎薇是一位聪敏而漂亮的女大学生。她爱上了一位优秀医务检验专家、提琴家且又是有妇之夫的罗圣堤。他俩苦苦恋爱了三年而未能正式结婚。黎薇愤而离开了罗圣堤与另一位男人结婚。抗战爆发后,她远离战火,生活在一个偏远的小县城。罗圣堤从此沉溺于酒色之中,眷念于黎薇。后来,他独自一人来到华山,打算了此残生。《海艳》写一位青年男子印蒂在旅行途中与分别多年的表妹相遇,两人在西子湖畔热恋,在青岛度蜜月,过着诗与梦一般的相爱生活。"九一八事变"后,印蒂离开了表妹,诗与梦的爱情从此破灭。

这三部小说写的故事显然是虚构的,设置的环境险恶而又离奇,表现手法媚俗,宣扬的思想灰色,抒写的情绪颓伤。所以,受到了批评。当时一位批评家这样评论道;这三部作品的"作法与表现,所构成的环境,只不过加深了幻想,把读者引入虚无缥缈的境界,来恋爱,来作世纪末的哀鸣"。[①]尤其是小说中关于蹂躏日本营妓、发泄情欲以作报复的描写,关于占有女人、玩弄女人的议论和灰色人生观的宣扬,"其毒害,较之色情尤更大"。[②]

在无名氏的浪漫主义小说中,《逝影》和《海边的故事》两个短篇小说没有《北极风情画》等三部小说那样的倾向。在这两个短篇小说中,作家以第一人称的叙述方式,运用明丽流畅的抒情语言,讲述着与抗战有关的故事。

《逝影》写一位小学校长在一个封闭守旧的"龟不生蛋"的农村小镇兴办学校,"培植一点新的苗芽",但人们视他为发疯,视学校为疯人院,

---

[①][②] 何家宁:《略评无名氏的小说》,《萌芽》第 1 卷第 4 期。

视这位校长为疯人院长。他努力了10年，还是敌不过守旧势力而辞职归隐。抗战爆发后，"保卫大上海"的议论连麻将牌桌上也流传开来，这里却"守旧如故，顽固如故"。最后，他"被县城里维持会派人抓去"，"说是私通游击队，图谋不轨"而"被日军枪毙"。作家讲述这个故事，表达了他对于中国现实人生的严肃思考，对民族劣根性的痛心疾首，对变革图强的爱国者的褒扬。

《海边的故事》是写在南中国僻静的海之滨讲述的一个故事。这个故事发生在"九一八事变"后的东北。讲述故事的人就是故事的主角。他原是一位中学教师，"九一八事变"后，被日本宪兵抓去投入监狱。小说主要写他在日本监狱中遭受的种种折磨以及如何被义勇军救出，表达了作家对他的敬慕之情。这两篇小说没有庸俗的"恋爱+抗战"的套子，显得清新、自然、流畅，抒情味浓厚。

二、茅盾·巴金·老舍

（一）茅盾

茅盾于1940年10月由延安抵达重庆陪都，翌年1月离开重庆陪都去香港，1942年12月由桂林又到重庆陪都，1946年3月离开重庆陪都去香港。巴金于1940年10月抵达重庆陪都，1946年5月离开重庆陪都去上海，其间虽去过成都、昆明、桂林、贵阳、上海等地，但多数时间仍在重庆陪都。老舍于1938年8月抵达重庆陪都，1946年1月离开重庆陪都去美国讲学。这三位作家在重庆陪都住的时间长短不一，都组织或参加了具有全国意义与影响的重大的抗日民主运动与抗战文艺活动。他们把重庆陪都及沦陷后的北平、沦陷前夕的上海、大西北以及大后方其他地方的社会人生带进了重庆陪都，同时也把重庆陪都的社会人生带到了桂林、香港等地，大大沟通了重庆陪都与整个中国抗日民主运动与抗战文艺运动的联系，促进了重庆陪都与整个中国抗日民主斗争与抗战文艺的交流。他们的成就与影响既属于重庆陪都，也属于整个中国。

茅盾、巴金、老舍在重庆陪都文坛上问世的小说创作，不仅为重庆陪都文坛在整个中国抗战文坛和世界反法西斯文坛上赢得了声誉，也为他们个人赢得了中国的与世界的影响。

　　茅盾在中国现代文化史上始终是一位以自己的严峻目光注视着时代动向，以一位严肃作家高度的责任感、使命感和敏锐的政治穿透力深刻地剖析社会的现实主义作家。他在抗战八年中，为抗日民主运动和抗战文化运动的兴起与发展奔走呼号，足迹遍布大半个中国，由上海而武汉而广州而香港而桂林而昆明而新疆而延安，三度到香港，两度到重庆陪都。他走到哪里，哪里便是他的人生战场与文学阵地。他任"文协"理事，编辑《呐喊》、《文艺阵地》、《立报》副刊《言林》、《笔谈》。他对战时中国社会人生、特别是重庆陪都社会人生的体验甚为深切，感触甚为深广，认识甚为深透。这就为他在极不安定的重庆陪都等地创作出量丰质优的多部小说作了厚实的生活积累与情感积累。

　　《第一阶段的故事》是茅盾的第一部抗战小说。这部小说不是写于重庆陪都，但却于1945年4月由重庆陪都亚洲图书社印行，同时也与他在重庆陪都写的长篇小说《走上岗位》有极大关系。因此也把这一部小说在此一并论述。这部小说是继《子夜》后的又一部描写中国民营企业家命运的长篇小说。民营企业家在半殖民地半封建社会里，既反帝反封建又与之妥协，总是在社会暴风雨中升沉起伏，上下翻腾。它的命运如何，在一定程度上反映着中国社会的基本特性。《第一阶段的故事》生动形象地揭示出中国民营企业家在中华民族生死存亡之际应当何去何从。小说着力写了一位民营企业家何耀先在"8.13"前后的言行与心理流向。始而，他对战争的看法犹豫不决，拿不定主意。希望和吗？怕产品卖不出去；要求战吗？又担心产品和工厂全部失掉。然而，急速发展的战争未能给他留下多少徘徊的时间与徘徊的余地，战争很快扩大了，中国军民奋起抗战了。这时，他明白了只有"打，才是生路"，并且决心办好工厂为抗战服务。这个形象的意义在于：中国民营企业家在抗战中的出路只有一条，这就是参加全民族抗战，为抗战服务。这就在政治上为激发中国民营企业家的抗战热情起着积极的宣传与鼓动作用，在文学创作上为抗战小说创作拓宽了题材领域，在表现形式上为文艺大众化作了有益尝试。

　　写于1941年"皖南事变"后的长篇小说《腐蚀》是继《子夜》之后又一部剖析社会性质的力作，也是茅盾创作道路上又一座里程碑。这部小说虽然不是在重庆陪都写的,却全然是重庆陪都社会生活的反映。1940年间,国民政府为着进一步强化其统治,大肆举办特务训练班。不少农村与城镇的青年由于抗日救亡来到重庆陪都,当局便以招工或办技工训练班的名义,诱使他们误入特务营垒,致使他们从肉体到精神都遭受到腐蚀与摧残。当时,《新华日报》上就不时有这方面的披露文字。尤其是"皖南事变"前后,蒋汪特务接触频繁,妥协空气甚嚣尘上,危机四伏,杀机四起。这一重庆陪都现实社会生活为眼光敏锐的茅盾所关注,并进行了勾魂摄魄。所以,当他在香港可以直书重庆陪都这一社会生活内容时,便奋笔疾书,写成了这部具有尖锐政治性与及时性的小说。这部小说描述了赵惠明在特务营垒中的一段经历。她在罪恶深渊中挣扎,最后决定改过自新,重新做人。由此展示出重庆陪都这个特殊社会无限地腐蚀着人们的心灵。小说以最能揭示人物内心活动的日记体裁,不加雕琢,令人信服地展现了主人公赵惠明的特务生涯及其不甘堕落而又不能自拔的内心矛盾。特务营垒,"人人笑里藏刀"互相监视。赵惠明看透了这一"全套的法门"。所以,当她监视着抗日民主运动时,又保持高度警觉,耍手腕,打乱别的特务对她的监视。特务营垒中,女特务受男特务尤其是受有权势的男特务的侮辱是司空见惯的。赵惠明"还有羞耻之心",还有"人之所以为人"的东西存在。所以,她对淫邪绝伦的特务G对她的侮辱是斥责与手枪。投井下石,见风使舵,以别人的痛苦为欢乐,这是特务们的生存要义。赵惠明"还不够卑鄙,不够无耻,不够阴险","尚有一二毒牙,勉强能以自卫"。当特务G侮辱赵惠明的企图失败后,便与特务处长R串通一气,指令赵惠明用恢复夫妻关系的方式去软化关在狱中的革命者小昭。赵惠明深感自己处于沙漠围攻之中,但又不能不接受指令。她便将计就计,反抗迫害。她要小昭虚虚实实、真真假假交代一些人与事,认为这是两全齐美的办法。当小昭提出要越狱时,她又坚决劝阻。这自然表明了她确实不明大义,一切以个人利害为转移。当特务头子认定她有负使命时,她采用特务惯用的含血喷人的手法,"争取主动"。她一方面说特务小蓉暗中挑拨她与小昭的关系,另一方面又供出小昭与进步青年K与萍的关系。这虽然搅浑了一缸水,保存了自己,然而却有负小昭的嘱托而出卖了K与萍。特务处长又命令赵惠明以恋爱方式诱捕K,并暗中派特务监视赵惠明的行动。赵惠明深知这是置她于死境的阴谋。她便想,既然准备一死,也得像狼似的,咬了人再死，死要不赔本。她横下一条心，在监视K与萍的活动中，寻出一条活路来。正在这时，特务机关内部出现了与汪伪汉奸勾结出卖军事情报而分赃不均的狗咬狗斗争。她幻想着报复，便参与了告发特务G的活动，不料狗咬狗的双方很快达成妥协，言归于好，她遭到枪击，险些丧命。小昭的遇害和她的这次被枪击，表明以个人主义为反抗动机、以个人利害为转移的反抗行动的失败，以罪恶者的黑血洗涤手上沾过的纯洁无辜者的血迹的幻想的破灭，成为赵惠明人生道路的转机。她在大学区监视进步学生的过程中，帮助天真、热情、还没有丧失人性的年轻女同行N逃出特务圈子。她清理了自己这一段特务生涯，决心开始新的人生征程。赵惠明这一外在与内心活动的复杂与多变，是与当时社会斗争形态一致的，是与她生活的那个险象丛生和杀机四伏的特务营垒相协调的。因此，她的心灵成了反映现实环境的一个窗口。通过这一心灵窗口，窥视出国民政府特务机关的内幕、与日伪的勾搭和反共反民主的行径。

小说中表现出作家茅盾作为一位革命文化战士所具有的胆识尤其为人敬佩。国民政府一手制造了剿灭抗日有功的新四军健儿的"皖南事变"，还公开诬称新四军为"叛军"。周恩来和中共中央南方局决定由《新华日报》发表社论和有关报道文字，披露这一事变的真相。《新华日报》的社论和报道文字被当局检查官检扣而"开天窗"，周恩来就在"天窗"之处题词、题诗，揭露当局的阴谋。这一切，都在小说中艺术地表现了出来，有的还构成小说的场景或细节。"为江南死难诸烈士致哀！""千古奇冤，江南一叶，同室操戈，相煎何急？！"这饱含悲愤与血泪的话语在小说中出现，大大强化了小说的政治分量，引导人们去思考与探索这样一些重大现实社会人生问题：抗战时期，国民党和国民政府的属性是否改变？它推行的政策与路线会给抗日民主斗争事业带来怎样的结果？小说中写的赵惠明生活的特务机关，与日伪汉奸勾搭，对抗日民主运动进行镇压，不正是其时"党国"所作所为的艺术再现么？政治头脑清醒的读者会由此去寻找上述两个问题的答案的。这部小说不仅思想内容深刻，颇有力度，而且艺术上又以心理剖析见长，使现实主义小说有了心理分析小说的特色。赵惠明形象的塑造和环境错综有致的描写，显示出作家茅盾既善于登临纵目，驾驭全局，又善于明察秋毫，捕捉端倪的大家气魄与艺术才华。《走上岗位》写于重庆陪都，连载在1943年8月—1944年12月的《文艺先锋》上。这部小说与《第一阶段的故事》同样取材于"八一三"后上海民营企业家内迁工厂之事,但也有所不同。《第一阶段的故事》中写的企业家何耀先在经过短暂迟疑之后,便毅然决定将工厂内迁,继续生产,以支持抗战。《走上岗位》却复杂得多。这里既有坚决迁厂的爱国企业家,又有不愿迁厂准备投敌的企业家。小说写了这两种不同政治倾向的企业家围绕迁厂展开的斗争。爱国企业家阮仲平在广大工人支持下,战胜了另一企业家朱竞甫挑起个别领工、高级职员及部分工人抵制迁厂所造成的障碍与困难,将工厂由上海迁至内地。这部小说的思想容量十分宽阔,既有企业家之间的矛盾斗争,也有工人内部的矛盾斗争,还有企业家的儿女们参加的抗日救亡活动。小说把"八一三"后两三个月间的整个上海社会生活与社会心态几乎都反映了出来,一切都围绕"抗日"这一社会生活轴心而旋转。这也是《第一阶段的故事》思想内容的扩展与深化。

(二) 巴金

巴金既是重庆陪都文坛,也是整个中国抗战文坛上颇有代表性的一位作家。抗战时期,他与二三十年代成名的许多作家一样,人生道路与创作道路都发生了显著变化。全民族抗战爆发时,巴金"自由快乐地笑了",活跃于抗日救亡阵线上。他大声疾呼:除了抗战,"再没有个人的路"![1]他在"八一三"后的炮火纷飞中,与茅盾编辑发行《呐喊》(后改名为《烽火》),参与夏衍主编的《救亡日报》工作,主编《烽火小丛书》《文学小丛刊》,编辑大型的《文学丛刊》,宣传抗日救亡和抗日民主的主张,保存珍贵而又丰富的抗战文学史料。抗战进入相持阶段后,巴金的生活范围不如初期那么广泛。大后方社会的黑暗、故家的败落凄冷、友人的贫病死亡,这一切使巴金感到无边的苦闷、忧郁与悲哀。他一度徘徊于新的人生征途上。抗战后期,巴金先后见到了周恩来和毛泽东,无产阶级革命家的思想与品格深深地影响着他。他学习毛泽东的《讲话》,"从旧思想的泥泞中解放出来","第一次看到了文学作为战斗武器和教育工具这一条道理","第一次明白文艺工作者应当到工农兵中间去,到火热的生活中去,

---

[1] 巴金:《自由快乐地笑了》,《国闻周报》第14卷第36—38期合刊。

向工农兵学习，为工农兵服务"。①从此，巴金真正把自己的文学活动（主要是创作活动）自觉地纳入人民解放事业和革命现实主义创作轨道。

巴金曾是一位以消解父权专制主义而写宗法制大家庭的没落、崩溃和从其中孕育与成长起来的新人闻名于世的，并在这方面为中国现代文学创作做出了杰出贡献。随着巴金的人生道路、思想意识与文艺主张的发展变化，他的小说的价值取向与审美意识自然有所变化与扩展。《火》《第四病室》便是代表作。

《火》共三部，是巴金为全民族抗战奉献出的第一部小说。小说题名为《火》，表示这是一部描绘和煽起抗日烽火的小说。《火》第一部虽然不是在重庆陪都写成的，却于1940年12月由重庆陪都开明书店初版发行。小说写的是"八一三"前后上海青年学生的抗日救亡活动，反映抗战必胜的信念，流淌着高昂的抗战情绪和爱国热情。《火》第二部在重庆陪都写成，1942年1月由开明书店初版发行。小说写武汉沦陷前后青年学生们在战地服务团工作的故事。这部小说，在发散爱国热情的同时，对当局片面抗战路线带来的恶果表示了不满与抨击。作家借小说中饱受流亡之苦的东北青年杨文木之口说道："我们老是跟着军队退来退去，永远生不了根。"《火》第三部虽是第一、二部的连续，但基调却有较大的变化：由热情高昂而为抑郁低沉。这部小说写从事抗日救亡的青年由抗日前线来到重庆陪都，协助一位爱国的宗教信徒田惠世办刊物，宣传抗日。田惠世身染结核病倒下，其子被敌机的大轰炸炸死，抗日爱国青年四处逃散。整部《火》所写内容，时空跨度大，对抗战前期急遽发展的战争、青年们的抗日精神与心理状态、当局推行的片面抗战路线造成的恶果以及重庆陪都为中心的大后方社会的黑暗、腐败作了全方位的解剖，具有重大的社会性、尖锐的政治性与及时性，文艺与政治开始了紧密结合。不过，这种结合并不完美。因此，这部小说也并非巴金的佳作。

《第四病室》在重庆陪都写成。1946年1月由良友复兴图书公司初版发行。这部小说是作家根据自己1944年在贵阳中央医院治病的亲身感受与体验写成的长篇小说。这部小说以一个病人的"病中日记"，把这家医院的"病态"现状作了淋漓尽致的描绘：设备简陋，管理不善，脏、乱、

---

① 巴金：《第二次解放》，《文汇报》1977年6月11日。

差,医生与护士大都懒惰、麻木不仁,工役与炊事员自私、贪婪。更有甚者,花柳病、梅毒患者与一般病人同住一室,贫困病人得不到医治,金钱决定生死。"住在这里,人好像站在危崖的边沿,生命是没有一点保障的。"① 生活于大后方的一些人与住在"病态"医院中的一些病人又何尝不是一样地受苦,一样地得不到帮助而死亡。因此,这间可容 24 张病床的第四病室可以说在一定程度上是以重庆陪都为中心的大后方社会的缩影。剖析这间病室,实际上就是生动、形象地剖析以重庆陪都为中心的大后方现实社会,展现出以重庆陪都为中心的大后方社会黑暗、政治腐败的现实状况。小说中写的"善良"、热情的年轻女医生,表达的是"病人们的希望",② 自然也给呻吟与挣扎中的人们引来了一丝亮光。

这两部小说的政治性大于文学艺术性,宣传功能太过于强烈,不能算是优秀的文学作品。真正能代表巴金在抗战时期创作成就的作品是《憩园》与《寒夜》。

《憩园》写于 1944 年 5 月—1944 年 7 月,可算是"激流三部曲"的续篇,写出了巴金于 1941 年后两次回到成都老家的生活感受与精神感受,以及深入追寻父权专制主义大家庭解体的文化根源。中国父权专制主义家庭文化中有一种带基因性的文化元素便是"金钱长宜子孙"——为人父的中国人,总是要为子女们留一笔遗产,以荫庇子孙,吃穿不愁!如果没有遗产,临终时还会向子孙表示歉疚!结果呢?是害了子孙!巴金从生活中得来的这一认识,转化为"憩园"新旧主人的人生命运。黎德瑞作为《憩园》新主人的朋友,看见一个 15 岁的小孩每个星期六都溜进"憩园"摘茶花送给住在破庙里的一位老人。由此,引出"憩园"旧主人的故事。这位老人姓杨名梦痴。他是父权专制主义大家庭"憩园"中垮掉的一代。其父死时,把"憩园"作遗产交给他,要他守住。但是,他的两个弟弟逼他卖掉"憩园"。他用分得的一份遗产,继续吃喝玩乐,钱很快花光,后来被妻儿赶出家门。他无任何谋生的能力,只得作乞丐,并偷、骗,住破庙。最后,他被冠上惯偷罪名抓进监狱。在狱中染上传染病,还未断气就被狱卒抬到荒郊野外,被野狗吃掉。"憩园"的新主人姓姚名诵诗。姚诵

---

① 巴金:《第四病室·小引》,《第四病室》,上海良友复兴图书公司 1946 年 4 月版。
② 《〈巴金文集〉第 13 卷后记》,人民文学出版社 1961 年 12 月版。

诗原名姚国栋（国家之栋梁也），黎德瑞的朋友、同学。在黎德瑞眼里，他原是有理想有才能的人物，读过大学，留过洋，作过大学教授、政府官员。然而，这次见着他却发生了巨大变化：他继承父亲留下来的七八百亩田地和一大笔金钱，买了杨梦痴的"憩园"，过着悠闲而如隐士般的日子，所以改名为诵诗。更大变化有三：一是他的"憩园"墙壁上挂的"长宜子孙"匾额，成了他的人生信条与行为方式的宗旨——从祖辈那里承接下来传之后世；二是他常常夸耀他有钱，钱可以万能；三是放纵儿子小虎——十一二岁的小孩，西装革履，不好好读书，"一个月里头总有10天请假，半个月迟到，上了7年学，认字不过一箩筐"。他在外赌钱，输了就回家拿钱。黎德瑞劝诵诗，要他好好管教小虎，他反而说："我对小孩，就怕他不爱玩，况且家里又不是没有钱。"致使小虎成了一只小老虎，小皇帝！最后，小虎在外婆家玩，与别的小孩赌游泳，被大水冲走，尸体都未找着。姚诵诗这三大变化，表明"憩园"虽然易主了，由姓杨改为姓姚了，然而，新主人由新人物蜕变为了旧人物。他放纵其子小虎和小虎的夭亡，实际上是他家悲剧的提前展现，小虎尸体未找到与杨梦痴尸骨不能辨认，有何两样！"金钱长宜子孙"的家庭文化，不仅害了"憩园"旧主人，也害了"憩园"新主人。中国传统的"金钱长宜子孙"的父权专制主义家庭文化的弊害，由此被充分展露出来。父权专制主义的旧家庭解体了。那么，新人物组成的新家庭，就一定能持续下去么？作家巴金作着进一步的探索，他写了《寒夜》。小说里的汪文宣与曾树生都是大学毕业生，都有理想抱负，自由恋爱结婚；婆婆原是昆明的才女；小儿子聪明。这四口人组成的新式家庭，并不稳固。最后，四口人中死的死，走的走，离散的离散，家庭解体了。因为，这个新家庭不占天时——战争，连年战争，八年战争；不占地利——重庆陪都，"前方吃紧，后方紧吃"的社会状态；不占人和——特别是家庭婆媳间无休止地吵闹。可见，巴金描写"家庭世界"，追寻与探索的家庭与家庭文化即人们的精神家园的问题还未完结，还会继续下去。然而，不幸得很，巴金从此再也没有追寻与探索的机会了。这一历时性的话题与终极目标，留给了后人去思考去追寻！

如果，换一个角度与思路来解读《寒夜》，还可以得到另一种认识。《寒夜》写的是重庆陪都一个平凡人物的家庭悲剧，展现的是重庆陪都社会中知识分子的不幸遭遇和种种社会人生情状。文学硕士唐柏青家破人亡，最后惨死于汽年轮下；有理想、有抱负的大学毕业生汪文宣饱受人间辛酸，在抗战胜利欢呼声中，吐尽最后一口血痰而悲惨死去，死时悲愤地想叫、想号："我一个安分的老好人！为什么我该受这惩罚？"其妻曾树生只得作"花瓶"，最后在茫茫寒夜中消失于街头。他们和广大民众一样，天天盼望抗战胜利，胜利终于来了，但是，胜利给他们带来的却是更深的失望与绝望。在欢呼胜利的鞭炮声与锣鼓声中，重庆陪都街头上要饭的照样要饭，卖儿卖女的照样卖儿卖女。可以说，这就透视出了当时普遍存在的失望的社会心态。失望情绪成为人们的普遍的共有情绪。这一心理状态是当时的一个非常敏感的政治问题与社会问题。作家巴金捕捉到了这一时代神经，通过描述一个充满矛盾纠葛的普通人家及其解体，予以深刻地剖析，抨击那个社会制度和战争，显示出尖锐、强大的批判力量。整部小说中写的社会、家庭、人物都被笼罩在"寒夜"这一象征性极强的氛围之中，而"寒夜"象征那个黑暗、冷酷的重庆陪都社会，这就更加重了小说蕴含着的深沉的悲剧力量和悲剧效果，艺术风格沉郁冷隽。

巴金还在重庆陪都写成了中篇小说《还魂草》以及结集的多部短篇小说集。

（三）老舍

老舍的名字是与重庆陪都文坛连在一起的。这不仅因为他具体主持了"文协"的日常工作，率领文艺界开展抗战文艺活动，推动抗战文艺运动沿着抗日民主的政治方向与现实主义道路向前发展，而且还因为他以"十八般武艺"创作出了多种形式、多种体裁的文学作品，丰富了重庆陪都文艺宝库。他在重庆陪都文坛上是一位思想与创作都获得丰收的著名作家。他在《三年写作自述》中这样说道："神圣的抗战是以力伸义，它要求每个人都能十八般武艺件件精通，全德全力全能去抵抗暴敌，以彰正义。顺着这个要求，我大胆去试验文艺的各种体裁……于小说杂文外，我还练习了鼓词、旧剧、民歌、话剧、新诗。"他确实为重庆陪都文坛，出力最大，流汗最多，是一位功臣。他的小说创作，仅收集成集的短篇集就有《火车集》《贫血集》《东海巴山集》等三部，中篇小说《蜕变》，长篇小说《火葬》与《四世同堂》。在此，着重评析老舍的《火葬》与《四世同堂》。这两部小说，与茅盾的《腐蚀》、巴金的《寒夜》等小说在思想内容的价值取向与审美意识等方面均有不词。《腐蚀》与《寒夜》写的人与事，与作家同处于一个生活时空，重在暴露黑暗，《火葬》与《四世同堂》写的人与事，同作家生活的空间相距甚远，重在剖析弥漫着战争硝烟的沦陷区的种种社会人生相。

《火葬》是老舍在1943年9—12月间写成的。1944年起，连载于《文艺先锋》第4卷第1—8期上；同年由晨光出版公司印行。小说写的是沦陷区一个名叫文城的县城发生的故事。这个故事有"抗战+恋爱"的意味。文城外抗日军队中的一位便衣副队长丁一山与文城内维持会会长王举人女儿王梦莲相爱。故事以丁一山牺牲和王梦莲参加抗日军队而结束。小说围绕这一故事情节，展开多面的描写，写出了日寇的残暴、汉奸的无耻、抗日战士的勇毅。其主旨，正如老舍在《我怎样写〈火葬〉》中说的，是"要告诉人们，在战争中敷衍与怯懦怎么恰好是自取灭亡"。这也反映出老舍对于抗战文学创作的一种美学追求，即如他说的，"我们今天不写战争和战争的影响，便是闭着眼睛，假充糊涂。不错，战争是丑恶的、破坏的；可是，只有我们分析它，关心它，表现它，我们才知道，而且使大家也知道，去如何消灭战争与建立和平"。① 这也是茅盾、巴金等诸多作家把注视力放在以重庆陪都为中心的大后方社会生活黑暗面上之时，老舍却把笔触伸向遥远的沦陷区的原因所在。这部小说虽算不得佳构，却形成了老舍描绘沦陷区城市社会人生相的长篇小说的基本框架。他的名著《四世同堂》便是这一基本框架的完成体。从另一个角度来解读这部小说，还可以读出一些新意。《火葬》写文城军民抗日的故事。驻文城的军队和文城的官员与文城百姓一道，以守土为职责，构筑成一道御敌防线。他们在与日寇强敌的战斗过程中，个个奋勇杀敌。当敌人进入城内后，他们与敌人进行巷战。他们寡不敌众，弹尽粮绝，不过并未坐以待毙，而是用火烧——烧敌人及其牢狱，烧汉奸及其住宅，烧自己的住宅——文城中国人为自己、为民族而举行火浴，以完成充满民族正义的人生追求。这一股股冲天而起的大火，映射出中国民族抗战的庄严与酷烈，也展现作家老舍的人生期待与审美意识——希冀中华民族在血与火的洗礼中新生。

1944年1月，老舍在北碚开始写《四世同堂》第一部《惶惑》，同年

---

① 老舍：《我怎样写〈火葬〉》。

11月10日起在《扫荡报》连载,1946年1月由良友复兴图书公司印行;1945年写完第二部《偷生》,同时连载于《世界日报》,1946年由晨光书局印行;第三部《饥荒》于1946年3月之后在美国写成,1950年5月—1951年连载于上海《小说月报》。这部小说映现出抗战八年间,北平的整个社会人生历程。"卢沟桥事变"后,北平沦陷;日寇投降,北平复苏。北平沦入日寇之手长达八年之久。在这八年中,"最爱和平的中国的最爱和平的北平"变成"一只在野水上飘荡的失去舵的孤舟",殖民地的人间地狱。老舍根据他对北平社会人生本有的丰厚生活积累和文化积淀以及夫人胡絜青逃离北平来到北碚后给他讲述的沦陷后北平人生情状,以他那犀利的现实主义笔力,如实而不讳饰地描写了北平八年殖民地悲惨历史,尤其是普通北平人经历的惶惑、偷生、饥荒及这一过程中的屈辱惨死与挣扎反抗,展现出传统文化与现实社会环境影响之下造成的种种精神弱点是如何妨碍着他们走向觉醒与战斗。小说中的祁家为中心的小羊圈胡同,便是八年间北平的缩影。住在这里的人"有中学教员、老诗人、拉车的、棚匠兼耍猴子的、教授、唱戏的、开布店的、'打鼓儿'的、'摆台'的、'窝脖儿'的、巡警、税局长、剃头的、流氓、妓女、汉奸、老寡妇、英国外交官、看坟的、特务等等"。① 小说正是通过这些人物的相互关系及其言行与心理流程的描写,鞭挞北平人的民族弱点,赞扬北平人的爱国主义精神与崇高的民族气节,暴露日寇和汉奸的凶残与无耻,形象地表明,社会、国家、民族、人民只有抗击入侵的敌人,鞭挞民族弱点,弘扬民族正气,才能获得新生,每个普通有良知的中国人也才能找到自己在国家、民族复兴中的适当位置。祁老爷原以为把大门关上,就可以逃脱鬼子的凌辱,就可以安度晚年;儿子天佑以为安分守己,诚实经商,就可以维持一家人的生活。这些最低生存要求因日本侵略也不得到满足。天佑被敌伪折辱而亡,瑞丰被日寇杀害,祁家生活日益艰难。祁家以外的小羊圈胡同里的别的人家呢?钱孟石惨死,钱默吟被捕,小文夫妇被杀害。经过这一幕幕血的惨痛教训,小羊圈胡同里的人觉醒了,反抗了,以不同的方式与日寇进行斗争。祁老爷在忍无可忍的情况下,怒斥日寇汉奸;祁瑞宣走出惶惑的人生低谷而投入抗战洪流;司机钱仲石以毁车方式与一车日本兵同归于

---

① 胡絜青:《四世同堂·前言》,《四世同堂》(第一卷),四川人民出版社1979年12月版。

尽；方六出狱之后依然在天桥说相声，以隐语抨击日伪；年幼而脆弱的小妞子，吃不下侵略者发的混合面，绝食而死。这些反抗斗争，虽然不能与台儿庄和平型关那样的战斗相比拟，然而其精神是相通的，都体现出中国人民不屈的坚强意志和大无畏的民族精神。这部巨著就这样再现了沦陷八年之久的北平人由惶惑、偷生、饥荒——反抗、斗争的人生历程与心理流程。这部巨著以它丰富的思想容量、强烈的时代色彩、巨大的美学价值成为重庆陪都文坛和整个中国抗战文坛上的史诗性作品。

第六章 诗 歌

重庆陪都诗坛与重庆陪都文坛一样，三代同堂。其中，既有五四时期的诗人，也有二三十年代的诗人，更有新近诗人。他们以充沛而坚韧的激情，从事诗歌活动与诗歌创作，为重庆陪都文化和中国抗战文化增添了光彩。

一、诗歌概况

（一）重庆陪都诗歌创作三阶段

重庆陪都诗歌创作，从严华龙的《迎一九三八年》、覃子豪的《伟大的响应》到臧克家的《宝贝儿》，[①] 来势迅猛，出现一个又一个创作热潮，内容繁富，主色调鲜明突出，呈现出理性追求寓于情感追求与审美追求之中的总趋向。其间，大体经历了三个阶段，形成三种层次：短篇抒情诗——长篇叙事诗——政治讽刺诗。

抗战爆发后的一年间，重庆陪都和整个中国一样，到处都响彻着抗战歌声。重庆陪都的诗人与整个中国诗人都在暴风雨一般的时代感召之下，以诗的情感来接受战争。他们创作的几乎都是政治抒情豪歌。"抗战""抗战"，成为共同的抒写主题，狂奔的激情、战斗的呐喊、浮躁而缺乏深沉、整体认同而缺乏个性特征，成为共同的特色。严华龙在《迎一九三八年》一诗中大声疾呼：

---

① 严华龙与覃子豪的诗均发表于1937年12月创刊的《诗报》上，臧克家的《宝贝儿》出版于1946年5月。

若干只热手握得紧紧，

抗战的火焰燃烧着山谷平原；

中华民族的子孙不畏惧暂时的失败。

抗战！抗战！继续抗战显露曙天。

　　这与其时的上海、武汉、广州等地的诗人抒写的心声完全同调。郭沫若于1937年8—10月在上海写的《前奏曲》《中国妇女抗战歌》《战声》《所应当关心的》等等诗歌，呼喊道："站起来，/站起来，/战到最后的一天，/守到最后的一天！"① 田间于1937年12月在武汉写的《给战斗者》，那短句组成的诗行，那急促的旋律，犹如战鼓一样，催人走向战场。诗的末节这样写道："在诗篇上，/战场的坟场/会比奴隶的国家/要温暖，/要明亮！"蒲风于"八一三"淞沪战争爆发时，在广州发出《紧急的号外》："啊！号外！——从被宰割下的屠场上/站立起了中华民族！啊！号外！/听呀！四万万五千万的中华民族怒吼了！"② 这些诗歌所抒发的政治豪情都是抗战初期那个迸发的民族精神、高昂的战斗情绪、坚定的抗战意识的时代气氛与社会心态所决定的，属于那个时代的诗歌。即使稍晚一点从祖国四面八方高唱着"起来，不愿做奴隶的人们""大刀向鬼子们的头上砍去"的战歌来到重庆陪都的诗人，也还继续抒写着类似的政治抒情诗。老舍来到重庆陪都后，呼喊"保民杀寇"：

上战场，上战场，

弟兄们，为保民杀寇。

去洒这热血一腔！

　　方殷来到重庆陪都后，还歌颂着"血"的意义：

我歌颂血，

血正洗刷着被辱的祖国的土地，

---

① 郭沫若：《中国妇女抗战歌》，《立报·言林》1937年8月28日。
② 蒲风：《抗战三部曲》，诗歌出版社1937年11月10日版。

> 我歌颂血,
> 且缝里灌着浆泥。

随着时间的推移,来到重庆陪都的诗人们生活比较安定了一些,狂热的激情消退了一些。重庆陪都这一战时特殊社会生存环境,迫使他们开始用理性的思考与从传统文化角度来审视和观照现实社会人生,对抗战做出新的认识,对自我与诗歌在抗战中的位置加以重新调整。这种深层次的思考,必然会带来诗歌创作格调的变化,于是出现叙事长诗的竞写热潮。老舍的《剑北篇》、臧克家的《感情的野马》与《古树的花朵》、力扬的《射虎者及其家族》与《射虎者及其家族续篇》、王亚平的《二岗位》与《火雾》,便是重庆陪都叙事长诗的代表作。这些叙事长诗,就一般而言,达到了思想性与艺术性的统一,以现实主义为主,吸取了浪漫主义和现代主义的一些表现手法与技巧。这些叙事长诗与同一时期抗日民主根据地的诗人李季的《王贵与李香香》、阮章竞的《漳河水》等叙事长诗一道构成中国现代新诗史上叙事长诗创作之盛世,标志着中国叙事长诗开始走向成熟。这里,以王亚平及其叙事长诗为例,对重庆陪都的叙事长诗稍加论析。

王亚平在抗战初期奋力呼喊服务于抗战的理性追求之后,进行自我反思,自我调整,将理性追求寓于情感追求与审美追求之中。他在《论诗人思想感情的改造》一文中就这样写道:过去我常把写诗当成一种功课,没有需要表达的题材,挖尽心思去想题材;没有创作的情感,从词句上去找情感。结果,纵然写成了,却十之八九不是诗。他还认为,情感生活与理性生活有着交互渗透的作用,不可分离。他在《新诗的检讨与展望》一文中,表达了他对诗美的一种见解。他说:诗歌是一切艺术的顶点。因为它不但含有想象的一面、音乐的律动,而且还蕴藏着最感人的力量。他很赞成福罗尔的论断:"没有美的形式,就没有美的思想。"并据此认为,诗歌能达到形式与内容浑然合一的美,才能算是一件艺术品,才能称得上一首完美的诗。王亚平的诗歌观念不仅有了这样的变化,在诗歌创作中,也开始了对诗歌的独特个性的自觉追求。他于1944年5月写成的长诗《火雾》便是这方面的力作。[①] 全诗有"序诗"和"正诗"共58节,将意象与诗

[①] 《火雾》发表于1944年5月出版的《当代文艺》第5、6期合刊上。

情融为一体，抒写出一种力、一种品格、一种情操，具有浓烈的象征意味。该诗"序诗"共10节。第3节写道：

  比雾要鲜明，比火更猛烈，
  她们的光越闪越多，越照越亮，
  荒漠的空间变成了火与光的世界。

第4节写道：

  一种潜在的雄奇巨大的力量，
  深藏在每一团火雾的里面，
  像电那样轻，火似的燃烧，
  力的飞动，火的啸叫，光的闪耀，
  展开了一个激烈的竞赛。

第10节诗中的诗人"火雾"的取名者——

  他唱道："火雾！火雾！力的旋动！
  火雾！火雾！光与火的灼烧！
  你用自己的生命，创造了万物的形象！"

  王亚平诗歌追求的这一变化，在重庆陪都和整个大后方诗歌创作领域里都具有普遍意义。力扬的长诗《射虎者及其家族》和《射虎者及其家族续篇》，从深层的历史积淀和文化传统中去探索人生命运。因此，全诗虽然描述的是一个农民"家族"的悲剧命运，这命运却又属于这"家族"所生活的时代和所代表的大众；全诗虽然描述的是旧日的悲愤，却又燃烧着现实的怒火：

  我是射虎者的子孙，
  我纵然不能继承
  他们那强大的臂力，

>但有什么理由阻止着我
>
>去继承他们唯一的遗产
>
>——那永远的仇恨?

这类诗歌在重庆陪都和整个大后方诗歌创作中,都算是优秀之作。

抗战末期,政治讽刺诗在重庆陪都形成了一股创作潮流。按照臧克家的说法:"这不是由于诗人们的忽然高兴,而是碰眼触心的'事实'太多了,把诗人'刺'起来了。"① 生活于重庆陪都社会里的诗人对于这种社会现实生活的体验与感受特别真切,自然具有一种坚决、尖锐、厉害的思想感情之力。他们把这种力熔铸在诗中,传达给大众。这样的诗,既是诗人自己的悲苦、仇恨的抒写,也是民众、民族的悲苦与仇恨的抒写。这样的诗,犹如利剑,对准被讽刺者的心窝、灵魂,恰似残酷的血刃。郭沫若、臧克家、袁水拍、绿原、邹荻帆等诗人都创作了大量的政治讽刺诗。他们置身于轰轰烈烈的民主运动中,他们把政治讽刺诗纳入民主运动潮流,成为民主运动中的利器。臧克家的《宝贝》和袁水拍的《马凡陀的山歌》,显示出这一诗歌运动的实绩。

1944—1945年的重庆陪都诗歌创作中还有另一类型的诗歌不应遗漏,那就是写重庆陪都下层人民生活的诗歌和歌颂共产党、毛泽东的诗歌。前者如旷英的《鞋匠》、白薇的《抬轿歌》、梁红的《来啊,来晒太阳》。这些诗歌,抒写的生活、愿望、情感是民众的,语言是民众的口语,典型的大众化诗歌。后者如史纲的《毛泽东颂》、何嘉的《毛泽东,你是一颗大星》、王亚平的《人民的勋章》、玉杉的《毛泽东的歌》。这些诗歌,写于毛泽东来重庆陪都谈判期间,发表于《新华日报》上。这些诗歌颂扬了毛泽东的丰功伟绩和来重庆陪都谈判的意义,表达了重庆陪都诗人与民众对毛泽东的敬仰之情:

>你亲自降临到这战时的都城,
>
>做了一个伟大的象征。
>
>从你的声音里,

---

① 臧克家:《向黑暗的"黑心"刺去》,《新华日报》1945年8月14日。

我们听出了一个新中国，
从你的反射里，
我们看到了一道大光明。①

重庆陪都诗歌创作中，还有外国人士创作的诗歌。英国著名新闻记者、作家何登夫人于1938年10月7日由武汉来到重庆陪都。她在重庆陪都期间，参加文艺界的抗日救亡活动，并写诗表达她对中国抗日战争的感受与祝愿：

君不见四面角声连夜起，
百万健儿赴前敌，
秋风秋雨北襟怀，
大地为震天为泣。
前进复前进，
壮哉新中国！
有此熊罴百万军，
痛饮黄龙终可必，
奸将敌寇驱穷岛，
一与世界新耳目！
于今中国众志已成城。
以怨报怨德报德，
伫看顽敌驱除后，
还汝和平胜利与安乐！②

被誉为"走在火焰上的女人"的日本女作家绿川英子，把中国视为她的"新的家乡"。抗日战争期间，她主要从事对日广播工作，支持中国抗战。她在重庆陪都期间，生活艰苦，工作繁重，身体日渐衰弱，以致患肺病卧床不起。1939年4月，她在病床上写了《失掉的两个苹果》一诗，③

---

① 何嘉：《毛泽东，你是一颗大星》，《新华日报》1945年9月9日。
② 《贺双十节诗》，《民族诗坛》第6辑，1938年10月。
③ 苹果指红润而胖的脸颊。

表达了她那崇高的自我牺牲精神和对中国抗战的必胜信念。诗的最后一节写道。

> 我，我们
> 应该夺回被夺走的一切，
> 但我们何以夺回？
> 难道无能为力地暂且"静坐等候"？
> 母亲啊，
> 不要掩着耳朵，不要遮住眼睛，
> 即使您怕得要死。
> 只有从激烈战斗的熔炉中，
> 我们才能把它们夺回。
> 但是母亲，
> 如果您的女儿永远失掉了
> 您疼爱地给我的那两个苹果，
> 请您不要为此责备我。
> 请看，我亲爱的母亲啊，
> 它们只是无数个
> 为了在中国大陆，在日本，在世界各国，
> 永远结下美丽的红红的苹果，
> 因而早落下来的苹果中的两个。

绿川英子为中国抗战付出的辛勤劳动不仅受到了中国人民的赞扬，也得到了在华朝鲜人安偶生的敬佩。安偶生特写诗《和平鸽》献给她。新西兰作家、诗人路易·艾黎，早在20年代就来到中国，参加中国人民的民族民主解放斗争。抗战时期，他发起成立"中国工业合作社"。他为了发展中国工业，支持抗战，走遍了中国非敌占区。他常利用途中间歇时间作诗，抒发他的感受。其中，《黄河》一诗赞颂了黄河及其所养育的儿女。诗的最后一节写道；

> 对于这些人来说，千百年算得什么？

> 他们临死也相信，他们一定会在
> 孩子身上转生。这块土地是他们的，
> 混合着千百代人的尸骨。
> 这块土地生养他们，
> 坚持不懈的奋斗，必将带来更充实的生活
> ——总有这一天。

这些诗歌虽然出自不同国别、不同民族、不同文化素养的作者的手笔，然而由于他（她）们亲自来到了中国，认识了中国，感知了中国进行的这场抗日战争的伟大意义及其显示出的伟大精神与力量，因而能写出与中国抗战诗歌同调的诗歌。这些诗歌成为重庆陪都和整个中国抗战诗歌创作中的一部分，一朵朵血泊奇葩。

重庆陪都诗歌经历的三个发展阶段中，政治性、通俗性与艺术性的结合却是其共同的特性。总观短篇抒情诗、叙事长诗和政治讽刺诗所抒写的内容，有"英勇战斗的歌颂，有对于真正为人民而劳瘁的人的歌颂；有民众动员的画面；有对于支持抗战最有力的劳动人民的慰问；有为因抗战而流血牺牲的人们的哀悼；有来自失地的悲哀的呼声，有前方和后方生活的图画；有反对世界法西斯摧毁文化的檄文，有对于世界为正义而斗争的友军的同情和他们中的牺牲者的哀悼；有对于妥协投降的警惕；有坚强的誓言；有对于背叛者的憎恨"[①]。这些内容，均是现实生活中人们所经所历的生活内容，是诗人们由眼中而到心中的现实生活感受、体验与认识，自然具有鲜明的时代感与强烈的政治性。老舍的《剑北篇》是他参加全国慰劳总会组织的北路慰问团，历时五个多月、行程 20000 余里的我国北方所见所闻所感的描述，是一首偏重场景描述的我国北方抗日军民的赞歌。臧克家的《古树的花朵》是对抗日民族英雄范筑先的颂歌。力扬的《射虎者及其家族》虽然描述的是一个农民家族的历史"悲剧"，却属于这个家族生活的时代与代表的大众；虽然描述的是旧日的悲愤，却喷射出可以烧毁现实的怒火。至于短篇抒情诗与政治讽刺诗更是首首具有强烈的现实性与政治性。为使大众懂得这样的诗歌，成为宣传民众、鼓动斗志的利器，诗人

---

① 艾青：《抗战以来的中国新诗》，《中苏文化》第 9 卷第 1 期。

们大胆地尝试着各种表现形式。其中，民间歌谣与鼓词为众多诗人诗歌所化用。袁水拍的《马凡陀的山歌》便是运用山歌体的尝试之作（下节将加以论述）。

（二）"七月"派诗歌

重庆陪都诗歌创作中，"七月"派诗歌的流派意识与流派风格最为突出，成就显著。"七月"派诗歌的主要发表阵地是《七月》《诗垦地》和《希望》三家刊物。

《七月》于1939年7月在重庆陪都复刊，1941年9月终刊；《诗垦地》于1941年10月在重庆陪都创办，1944年12月终刊；《希望》于1945年1月在重庆陪都创刊，1946年5月移至上海继续出版发行。彼此间具有连续性的这三家刊物先后发表了近50位诗人的诗歌。其中，除抗战前登上诗坛而有名的艾青等人外，以绿原、阿垅、鲁黎、孙钿、庄涌、冀汸、彭燕郊、邹荻帆、方然、杜谷等人的诗歌最为人们所瞩目。这些诗人诗作，也如"七月"派小说家路翎等人的小说一样，得力于胡风的扶持与理论引导而发展，后来也因胡风"问题"而消失。胡风主编《七月》和《希望》，指导《诗垦地》编辑出版发行，有意为一批年轻诗人发表诗作提供机会。他还主编有《七月诗丛》达18册之多。胡风的理论引导集中到一点就是怎样作人和怎样作诗。胡风于1942年前后在重庆陪都连续写了《四年读诗小记》、《关于风格》（其一）、《关于人与诗，关于第二义的诗人》、《关于题材，关于"技巧"，关于接受遗产》、《关于"诗的形象化"》、《关于风格》（其二）等一组诗论诗评文章，从"主观论"角度阐释诗歌创作中主观与客观的关系、诗歌与客观现实人生的关系，评论诗人诗作的成败得失。胡风还在《七月》与《希望·编后记》中对一些年轻诗人的诗歌给予评介。胡风的这些理论文章推动着这批年轻诗人"检查自己和生活、和人民的联系"，促使这批年轻诗人"对人民对生活采取""真诚的态度'，以便"从生活的真实提升成、创造出艺术的真实的主观能力"。[①]"七月"派诗歌在发展与成熟过程中，也接受了艾青的诗的独创性的影响。这正如绿

---

① 胡风：《胡风评论集·后记》，《胡风评论集》（下），人民文学出版社1985年版。

原说的"他们大多数人是在艾青影响下成长起来的"。[①] 阿垅的《再生的日子》与《孤岛》、鲁黎的《旷野的给予》、孙钿的《雨》、彭燕郊的《雪天》、冀汸的《跃动的夜》、杜谷的《泥土的梦》等等,都是从艾青那里吸收营养而创作出来的属于他们自己的诗歌力作。

"七月"派诗歌就其思想与艺术特色的变化而言,可分为前后两个阶段。前期以《七月》为阵地。生活和战斗在民族民主解放斗争各条战线上的这批年轻诗人,迎着抗日烽火,怀着沸腾的热血,集合在民族革命战争的道路上。他们多以抒情诗抒写自己与民众的爱国主义精神和抗战必胜的信念。他们的诗,节奏欢快,色彩鲜明,基调高昂。后期以《诗垦地》和《希望》为阵地。这批年轻诗人在政治低气压下,各自为战。生活于重庆陪都的这批诗人,被政治低气压所笼罩,陷入悲愤与期待之中,逆流涌进,怒吼着,坚信黑暗必将过去。他们多以叙事诗和政治讽刺诗描述着自己和民众的苦难与悲愤、沉郁与悲怆、愤怒与控诉。"七月"派诗歌的这一演变过程,跃动着抗日民族解放战争时代的脉搏,始终与抗日民族解放运动同命运,共呼吸。他们的诗自然成为射向敌人的子弹,捧向人民的鲜花。绿原和阿垅的诗最具代表性。

绿原的生活经历使得他有着向复杂的现实生活搏斗、与现实人生并进的坚韧的内在力量。他总是直面惨淡的人生,他的诗歌有着强烈的主观感情色彩。他的第一本诗集《童话》,正如《七月诗丛》广告介绍的那样:"'童话'式的诗是现实人生情绪的更美的升华。从星星,从花朵,从囚徒,从季节,从一种情绪状态,从一篇作品……诗人都能够构成一个情绪的篇章,而这些里面都跃跃地跳动时代的脉搏。"诗中展示的意境是雨雾、风雪和寂寞的房子、没有灯光的地方。在这里生活着各种各样的人:"一面审判,一面偷窃"的人,"一面呵斥着奴才,一面礼拜着上帝"的人,"忍受着一切损害和侮辱"的人,"昏厥倒下"的人,等等。这完全是一幅悲惨、污浊而又充满忧郁色调的人生画图。不过,这在绿原诗中只是一种情绪与现实人生感受的抒写。在绿原诗中居主导地位的情感色调是激越与高昂。诗中写了星星,写了野火,写了花朵,写了"鸡啼声",象征着对美好与黎明的渴求。诗中更写了充满主观战斗精神、向生活与命运挑战进

---

① 绿原:《白色花·序》,《白色花》,人民文学出版社1981年版。

而征服生活与命运的强者，如壮士、好汉、工人，闪现出理想的光辉。正是这后一种情绪与感受及其抒写，才使得绿原偏重于写政治性较强的诗篇。《又是一个起点》便是这样的长诗合集。《给天真的乐观主义者们》《终点，又是一个起点》《复仇的哲学》《咦，美国》《伽里略在真理面前》等等长诗，不是写某一政治斗争事件的，而是写诗人在大的政治环境中的政治感受与政治情绪。因此，这些政治诗具有丰富的历史内涵和深沉的现实政治底蕴，政治性、纪实性、形象性、抒情性融为一体。《终点，又是一个起点——从一九三七年七月七日到一九四五年八月十日，共计八年一个月零四日》一诗，诗人写自己抗战八年的感受，把爱与憎、赞颂与愤怒以及艰苦跋涉、奋然前行的情感与毅力传给大众，给人以振奋与激励的强力。铁马在《诗的步武》中高度评价了绿原及其诗歌："他以整个的心，感受着中国的现实生活的政治，非常强烈的把他的感情柔和着现实投在他的诗里，因此他突出的创造了一种新的风格。他的优点是相当能突破诗创作上迂缓、柔弱纤巧的诗风，呈现出宏大的气魄和庄严的斗志。他相当的做到了诗与现实、政治的联系。主题和作者的感情都十分鲜明，而且确确实实没有一般政治诗的那种'读报有感'气。诗人的心相当能和人民统一，表现着诗人就是人民的一分子，同时是人民的鼓手或吹号者。"

阿垅，原名陈守梅，又名陈亦门、S.M。他生活在不幸的境遇中，像一个浑身创伤的信徒。然而，他不屈服于命运，在现实生活中艰苦地跋涉着，寻找个人与民众的新出路。抗战初期，他参加了血与火的抗日战争，在淞沪战役中身负重伤。后投奔延安，在一次野战演习中眼珠受伤。来到重庆陪都后，他用较多的精力从事文学创作，写作诗歌。他特别强调今天的诗人必须是民族解放的战士，必须是人民底号手和炮手，必须是时代的发言人。他要求诗必须要有政治内容，成为攻击前进的红色信号弹。正是基于这一主张，他提出："今天，我们需要政治内容，不是技巧。"并认为讲究技巧的加强，是荒谬的。① 这是针对当时重庆陪都的诗人政治热情低落、诗歌趋向抒发个人之情的状况而发的。其主要意图，是要诗人的政治热情高昂起来，是要小诗成为匕首，长诗成为千军万马的长征。但是，这

---

① 《今天，我们需要政治内容，不是技巧！》一文写于1943年8月16日，最初收集在《诗垦地》的《滚珠集》中，作者署名思猛；后发表于1946年4月《希望》第1集第4期上，作者署名阿垅。

不是重复标语口号的主张，不是把标语口号提高到诗，甚至超过了诗的说法，恰恰相反，这是对诗的更高要求。他的这一主张虽在提法上显得过于偏激，在精神实质上，却是在讲政治与诗的反映关系与制约关系，他否定和反对的是离开这一关系去追求单纯的诗歌技巧。他 1941 年 11 月 5 日写成的《纤夫》一诗就已经是他自己所企求这类诗歌了。这首诗，既是他的人格力量和主观战斗精神的抒写，也是那个时候民族的民众的意志的展现。我们读它的"前进——"一节吧：

> 强进！
> 这前进的路
> 同志们！
> 并不是一里一里的
> 也不是一步一步的
> 而只是——一寸一寸那么的，
> 一寸一寸的一百里
> 一寸一寸的一千里啊！
> 一只乌龟底竟走的一寸
> 一只蜗牛的最高速度的一寸啊！
> 而且一寸有一寸的障碍的
> 或者一块以不成形状为形状的岩石
> 或者一块小讽刺一样的自己已经
> 破碎的石子
> 或者一枚从三百年的古墓中偶然
> 给兔子掘出的锈烂钉子，……
> 但是一寸的强进终于是一寸的前进啊
> 一寸的前进是一寸的胜利啊，
> 以一寸的力
> 人底力和群底力
> 直逼近了一寸
> 那一轮赤赤地炽火飞爆的清晨的
> 太阳！

这首朴实而淳厚的政治抒情诗，抒写逆流勇进的意志、艰苦跋涉的毅力和美好的向往，深深烙上"皖南事变"后重庆陪都社会的、政治的、人心的印记。《文艺生活》第1卷第5期发表这首诗时，编者在《编后杂记》中，称赞这首诗为"相当精粹之作"。他的《孤岛》一诗，借孤岛与大陆两者在海洋深处"永远联结而属一体"的抒写，表达个人与集体、诗人与革命事业不可分割的关系，象征性与主观抒情味极为浓烈。

二、艾青·臧克家·袁水拍

艾青、臧克家及袁水拍是重庆陪都诗坛和整个中国抗战诗坛上诗歌创作中有成就有影响的诗人。他们将自己的全部"心力"投入抗日民族解放斗争之中，以自己诚挚的心沉浸在重庆陪都与整个中国人的悲苦、憎爱与期待之中，把自己的诗歌献给重庆陪都与整个中国人民，他们自然也就属于这个伟大而独特时代的诗人。他们在重庆陪都生活的时间长短不一：艾青于1940年4月抵达重庆陪都，翌年1月离开；臧克家于1942年8月抵达重庆陪都，1946年7月离开；袁水拍于1940年10月抵达重庆陪都，1946年3月离开。他们都为重庆陪都抗日民主运动的开展和抗战诗歌创作的发展做出了重要贡献。

（一）艾青

艾青在重庆陪都虽然不足一年，却留下了深深的足迹。他一来到重庆陪都立即投入抗战文艺运动之中，参加一系列重大文化活动。首先，他以《仇恨的歌》参与重庆陪都诗歌界对汪精卫投敌的声讨，与重庆陪都诗人一起大声呼喊着："我们所有的诗歌工作同志，来一同举起我们的投枪，向敌寇汉奸的头上掷去，必须命中，直到他们倒毙的时候。"[①] 其次，他参加文艺问题研讨会。同年10月27日，他参加"文协"举行的诗歌晚会，就抗战以来中国新诗创作概况发表了演讲；11月23日，出席《抗战文艺》

[①] 力扬：《举起我们的投枪》，《新华日报》"诗歌讨论特辑"，1940年5月8日。

编辑部举行的"一九四一年文学趋向的展望"座谈会,就文学创作特别是诗歌创作的"新内容与新形式"等问题发表了意见;12月21日,出席"文协"举行的诗歌晚会,就自己的诗歌创作经验作了发言;1941年1月8日,他离开重庆陪都前夕参加了茅盾、胡风、以群等人举行的"作家的主观与艺术的客观性"的座谈会,认为"在创作实践的过程中是可以改变和提高作家的认识的"。再次,他的诗论诗评文章与诗歌作品在重庆陪都问世。他的诗歌总结文章《为了胜利——三年来创作的一个报告》发表于《抗战文艺》第7卷第1期上;他对抗战诗歌的总结文章《抗战以来的中国新诗》发表于《中苏文化》第9卷第1期上。在赴重庆陪都途中创作的长篇叙事诗《火把》,于1941年6月由重庆陪都文化生活出版社印行;来重庆陪都前创作的《旷野》诗集,于1940年9月由重庆陪都生活书店印行;离开重庆陪都后创作的《雪里钻》诗集,也于1944年11月由重庆陪都新叶出版社印行。艾青在重庆陪都问世的诗歌作品和他在桂林与延安问世的诗歌作品一样,抒写的内容主要是中国人民大众在抗日民族解放斗争中的苦难、觉醒与抗争。这犹如冯雪峰以孟辛笔名发表的《论两个诗人及诗的精神和形式》一文中指出的:艾青作为诗人,那首先的意义是在他是民族的国民的大众的新生的生命和精神的具现者的一点上。也如周扬在《诗人的知识分子气》一文中说的:艾青的诗是和农民大众结着精神上的联系的。冯雪峰和周扬在不同时间、不同地点对艾青及其诗歌做出的同一评价,揭示出了艾青具有的诗人主体意识。这一主体意识体现在他的诗歌中便是对人民大众及美好理想的歌颂。为着表达自己的主体意识,正像艾青在《艾青诗选·自序》中说的,他常常要寻找形象,寻找合适的意象。事实上,他的诗有一系列的形象与意象。他较多地选择了光色度很强的光明意象。《火把》《太阳》《向太阳》是他的三部力作。

《太阳》一诗写于1937年春天。那时,全民族抗日救亡的情绪几乎达到了饱和状态,全民族抗战即将爆发;革命现实主义的"国防诗歌"运动形成热潮,"现代"诗派的没落已露端倪。艾青以他诗人特有的敏锐目光触及了时代与新诗发展的神经点上,预感到一个新的历史时代、一个新的诗歌创作潮流即将来临。他把这种来自时代、来自大众的预感迅速地投射到一个强大光热的意象上,写出了《太阳》颂歌。这里,"太阳"便是诗人选取来代表新的时代来临的光明意象。全诗抒写出新时期的来临以及大众此时此刻的心理情绪与愿望。诗中的"太阳向我滚来",意味着新的时代洪流召唤着诗人,撞击着诗人,感召着诗人。如果说,《太阳》一诗仅仅是颂扬和展示一个新的历史时代即将来临的话,那么,《向太阳》一首就进了一层。

《向太阳》写于1938年4月。这时,前方将士浴血奋战,后方民众踊跃支前,"大刀向鬼子们的头上砍去"的歌声响彻祖国大地。诗人艾青置身于这一全民族的悲壮境遇之中,他激动,他喜悦。因此,他对于光明就不只是欢呼与赞颂了,而且执著地追求着。《向太阳》便是这一升华的思想发出的火花。这首诗以跳跃的旋律,唱出了诗人心中崇高的信念,抒写出了诗人火样的热情。诗人在诗中不再是呼唤"太阳向我滚来",而是热忱表示"我向太阳"奔驰而去。诗人艾青在向太阳奔驰过程中,高举火把一往无前。

1940年4月,艾青又推出一篇力作《火把》。1939年7月7日,抗战两周年时,桂林数万人集会纪念。当天晚上,万余人举行火炬游行。艾青参加了纪念大会,参加了火炬游行,内心异常激动,异常兴奋。他在《关于〈火把〉》一文中这样说道:"我曾遇到过一次火炬游行,仅只一次,却也够了。""那样的一种场面,长延不断地群众为火把照耀着,一阵口号,一阵歌唱,……曾使我感动得在眼眶里噙着泪水,很快地使我的全身被'一种东西……一种完全新的东西……'所袭击,像背负了被射中的箭的野兽。我背负了这东西回到住所里。"这首千行长诗《火把》就发意于这次游行,孕育了10个月,仅用四天时间写成。这首诗抒写的主要内容如他所说:是"群众的行动所发挥出来的集体的力量,群众本身所赋有的民主的精神,群众的不可抵御的革命的精神"。① 诗人以重叠的诗句和急骤的旋律,描述着这种"力量"和"精神":"我们来了 举着火把高呼/用霹雳的巨响 惊醒沉睡的世界。""这是矿石的声音/这是钢铁的声音/这声音像飓风/它要煽起使黑暗发抖的叛乱。"正是这种"力量"和"精神",促使抒情主人公的内心世界发生极大变化,连连高呼:"给我一个火把!/给我一个火把!/给我一个火把!"诗人艾青也正是高举火把走遍大半个中国,到达重庆陪都而后奔赴延安,寻找光明,寻找与大众结合的道路的。

---

① 艾青:《关于〈火把〉》。

《火把》与《太阳》《向太阳》三首诗歌，表明了诗人艾青在大时代来临前后的人生追求与审美价值取向，表明了他向大时代、向人民大众的步步逼近、步步融入。同时，也体现出他对诗歌的意象选取的倾向，形成光明意象系列群。《太阳》《向太阳》中的"太阳"，象征意味浓厚，可以是光明的象征，可以是全民族抗日救亡热情的象征，可以是大时代洪流的象征，等等；寄寓着诗人与大众、时代结合的愿望与行动。《火把》中的火把，是诗人艾青追求和选择的光明意象群中的一个闪光亮点，喷溅出无限激情的火花。"火把"象征光明，"火把"寄寓着全民族争取光明的热情和意志。这与他学习绘画对色彩的注重与敏感有关，与他受西方现代派诗歌注重意象的影响有关，更主要的是来源于那个沸腾的抗战时代的社会生活——来源于他对这一生活的真切感受。这一光感性颇强的意象，表达了诗人对光明的向往、斗争的渴求和胜利的坚定信念。因此，他的诗歌跃动着时代的脉搏，体现出他在精神上和大众的联系与一致。在这里，诗歌的真实性与政治性以及诗人的主体意识达到高度默契的程度。在这里，也体现了诗人艾青的美学思想——诗的内容不仅仅是诗人对客观世界的描摹，而更是一种主观感受的反映。在这里，实际上也体现出了他稍后一点的1942年5月对于文艺与政治的关系做出的正确理解："文艺与政治的高度结合，表现在文艺作品的高度的真实性上。愈是具有高度真实性的文艺作品，愈是和一定时代的进步的政治方向一致。"[1] 同时，艾青的诗歌在艺术上具有散文美的显著特色。散文美，就如他在《诗的散文美》一文中指出的；散文美就像"散文的不修饰的美，不需要涂抹脂粉的本色，充满了生活气息的健康。"也如他后来在《与青年诗人谈诗》一文中说的："我说的诗的散文美，说的就是口语美。"艾青的诗是自由体诗，富于口语美。他的诗使用的语言是中国民族的口语，大众的活的口语。这种口语简洁、自然、明朗。这种口语，饱含思想，饱含情绪，富于暗示性与启示性。因此，他的诗容量大，给读者以联想和想象的多层次空间，同时也给诗的结构形式更大的自由。《火把》就是一首最典型、成就最高的散文美的诗篇。诗中李茵和唐尼的对话、游行队伍中群众的呼号，都完全是大众中活的口语，朴实无华。排列参差不齐，但有内在的节奏与旋律，表达了诗歌的宏

---

[1] 艾青：《我对于目前文艺上几个问题的意见》，《解放日报》1942年5月15日。

深思想与抒情主人公起伏变化的情感与情绪。

（二）臧克家

臧克家在重庆陪都歌乐山上住了四年之久。他到重庆陪都以前，一直在第五战区作文化宣传工作和从事诗歌创作。他带领着14位文艺工作者，奔走于河南、湖北、安徽之间，亲临随枣战役，远征大别山。他在五年的前线工作期间，写了大量的诗歌，结集为《从军行》《泥淖集》《呜咽的云烟》。这些诗集，先后在重庆陪都、桂林等地出版发行。这些诗集中的诗，形象鲜明，感情强烈，热情奔放，洋溢着战斗意气，倾吐出诗人对于战士的牺牲、民众的苦难、汉奸的无耻的悲愤心情。这些诗，确实具有"史"的意义与价值。然而，作为艺术品的诗来说，这些诗给人回味与咀嚼的东西不多，反映现实生活也缺乏一定深度，成了战地生活"面面观"。大概正因为这些抗战诗存在着一些缺点，他在1944年编选《十年诗选》时把大量的抗战诗丢弃了十之八九。他这样问自己："这是为了什么呢？到底为了什么呢？"他在《十年诗选·序》中还这样写道："抗战的号角一响，我疯狂了，一肚子淤积得到了倾倒，一腔子热情，无遮拦的流泄，看到什么就写什么，听到什么就写什么，匆匆的，在战壕旁边写；匆匆的，以膝盖做案头写；匆匆的，一颗心浮在半空里写。大炮呀，飞机呀，火呀，杀呀，血呀，泪呀，写了三四年，写了三四本。今天，再回过头一看，笑了。烽火固然使我恢复了青春，但同时也伴来了稚气。黑暗一下子就可以总崩溃吗？光明一呼就可以普照天下吗？啊，当时自己怎么会那样看，那样想呢？"吴组缃在《读〈十年诗选〉》一文中对他选入的一部分抗战诗持否定意见："诗选中不好的诗是抗战诗，显得概念化，显得浅而薄。"不过，这却为他后来在重庆陪都从事抗战文艺活动与诗歌创作积累了丰富的经验。他来到重庆陪都后，投入到抗战文艺活动和诗歌活动之中。他出席鲁迅逝世六周年纪念会，参加"文协"读书小组和"文协"举行的各种集会，参加文化界掀起的民主运动及《对时局进言》的签名运动，等等。他与王亚平等人成立"春草诗社"，编辑出版了《诗家丛刊》。在重庆陪都歌乐山生活的四年之中，他把主要的精力与时间用于写诗。

臧克家由前线来到大后方的中心重庆陪都以后，深深感到：热情凝固了，幻想破灭了，光明晃远了，代替这些的是新的苦闷和抑郁。"身子在歌乐山中，其实是既不歌而也不乐。身子是静静的拴在生活的木槽上，而心呢？它却响往于北国号叫的北方的广阔的原野。"① 在这种心境里，前线生活和家乡那熟悉的故土又在他的记忆中出现了。他写成了《向祖国》《感情的野马》《泥土的歌》《古树的花朵》等诗集中的诗与长诗。臧克家写的回忆前线生活的诗篇中，《古树的花朵》是较重要的长诗。这首长诗的主人公范筑先是一位抗日民族英雄。这位民族英雄认清了时代与民众的力量，从陷身已久的古井筒里挣脱出来，接近民众，领导民众，用不屈的决心与行动打击敌人。诗人用自己的心血写这位英雄的战斗业绩，塑造一个艺术上的典范人物。这在当时抗战诗歌创作中是不多见的。曹辛之在以孔休为笔名写的《臧克家论》一文中，认为这首长诗是诗人臧克家形成自己风格的一个转换点，的确有了很大的进展，像词藻的新鲜、口语的精彩以及旋律的活泼等等。

诗人臧克家在歌乐山想到了故乡的农村、故乡的农民，虽然远隔几千里，时代不同，受苦受难的农民的境况却一样。所以，他在回忆中写成了《泥土的歌》这本诗集。臧克家本是农村里长大的，血管里流着纯朴、严肃、刻苦、善良的农民的血。他也是带着农民的痛苦烙印步入新诗坛的。他早期的诗歌散发着浓郁的泥土气息。五年战地生活中写的诗歌，失落了诗人的艺术个性，这泥土气息被硝烟代替。《泥土的歌》又恢复了他的"泥土诗人"的风貌。诗人自己也说，这本诗集与《烙印》是他的"一双宠爱"。全诗共分三辑：《土气息》《人型》《大自然的风貌》，共52首诗，都是诗人从深心里发出来的一种最真挚的声音，充满了欲滴的浓情，抒写了乡村的自然风貌和农民生活的面影，诉说了农民的愁苦、悲愤、希望与新生。有的诗写出了乡村的真实面目，比如《反抗的手》写道：

　　上帝
　　给了享受的人
　　一张口；
　　给了奴才
　　一个软的膝头；

---

① 臧克家：《作家生活自述》，《当代文艺》第1卷第4期。

> 给了拿破仑
> 一柄剑；
> 同时，
> 也给了奴隶们
> 一双反抗的手。

全诗冲淡的笔调，不带一点矫饰的简短而朴实的诗句，形成了一种纯朴的风格，显得真切、感人。诗集出版后，引起了较大的反响，赞誉者较多。李长之在《"泥土的歌"》一文中认为"这是颇有着泥土味的农民文学"，诗人"仿佛一个农家之子终于由都市还了乡"。孔休在《臧克家论》中指出："从他所表现这些朴素平淡的内容里，正蕴藏着发掘不尽的深邃意义，比那些充满着血与火的诗篇更深的感动人。"诗人自己也在《泥土的歌·序》中这样写道："我知道，我最合适唱这样一支歌，竟或许只能唱这样一支歌。"这本诗集的诗歌成为臧克家的又一代表作。

重庆陪都为中心的大后方民主运动高涨之际，臧克家有感于现实社会的种种弊端，写了大量的政治讽刺诗，结集为《宝贝儿》和《生命的零度》。他的政治讽刺诗在当时政治讽刺诗创作潮流中自有其风格特点，那就是尖锐、充满着愤怒与抗辩。他的政治讽刺诗抒情味浓烈。诗人常以抒情主人公身份出现在诗歌中，对现实社会中的假、恶、丑直接予以揭露与嘲讽。《裁员》《炮筒还在发热》等诗倾诉了他胸中快要爆炸的愤怒感情，猛烈地抨击着政府当局，大有审判之意。

> 裁员，
> 应该先从他们开刀；
> 人民把血肉供给了抗战，
> 他们却叫几万万黄金冻结在大洋
> 那一边；
> 裁员，
> 应该先从他们开刀。
> 渎职，贪污，假公营私，
> 忘了公仆的身份。

> 无法无天,自大自尊,
> 躺在民众——主人的头上,
> 把自己升成伟人。
> 裁掉这些枯朽的老干,
> 裁掉他们,一点也不冤!
> 裁掉他们,他们不仅是"冗员",
> 他们作着,勇敢地作着,
> 作着神圣的事业一样,
> 在制造罪恶卑污的事件!

臧克家的政治讽刺诗,较少喜剧性色彩,较少发挥"笑"的讽刺艺术效果,抒发的是严肃、真挚的政治感情。这是因为他有太多的悲愤要把胸膛爆炸开,有太多的感情要冲涌而出。他的政治讽刺诗给人以愤怒,给人以力量。因此,在当时那种社会心态与生态中,引起了较大反响,就是一些偏重讲究诗歌艺术质量的评论家与诗人也大加赞赏。李广田、李白凤认为臧克家的政治讽刺诗"自然有力",劳辛也认为"颇有粗犷的崇高美"。[①]

(三)袁水拍

袁水拍是在抗战爆发后登上诗坛的重要诗人。他在抗战诗坛和重庆陪都诗坛上勤于笔耕,先后写成的诗收集在《人民》《冬天,冬天》《向日葵》《马凡陀的山歌》等诗集中。这期间,他还写了一些文艺理论文章,表达他对文艺、诗歌的见解。比如,他于1943年8月11日写的《态度——首先要求诗人的》一文,就十分明确地提出了今天诗人的根本任务:"激情地歌唱!使冷漠的心,麻痹的心,恢复它的热情,加强它的敏感,挽救我国民族的厄运,消灭法西斯。"他的这一诗歌观,化合于他的整个诗歌作品中。

袁水拍的诗大抵可以分为两种类型:自由体的抒情诗和山歌体的政治讽刺诗。这两种类型的诗呈现出抗战时期和抗战胜利初期那个大时代的风

[①] 辛劳:《〈马凡陀的山歌〉和臧克家的〈宝贝儿〉》,《文艺复兴》第3卷第4期。

风雨雨和诗人的历史足迹,都是诗人奉献给时代与人民的诗,为人民而歌唱的诗。

抗战开始后,袁水拍奉中国银行的派遣到香港分行工作。他参加了香港的抗战文艺活动和抗日救亡活动。他学习了《资本论》等书籍,并在香港银行联谊会开展抗日救亡活动,办青年读书会。在这些活动中,他开始了诗歌创作生涯。他第一首公开发表的诗《不能归他们》就是在香港写成的。诗的最末一节写道:

　　我们去了,离开家乡,
　　但是我们要回来的,
　　舍不下哪,这片高粱!
　　我们就是这高粱呀!
　　生根在这块土地上。

诗人置身于逃亡农民的行列中,诗人的感情与逃亡农民的感情融为一体。这就犹如李薇在《起点的说明》中指出的:"他写那逃亡的农民,好像就是他自己在那里逃跑。他那种自然的与对象化合的敏感力,使他的诗保有强烈的亲密性,变化多端的新鲜,那几乎是与千变万异的客观世界同一的。"从此,诗人以人民的儿子、为人民而歌的姿态步入诗坛。袁水拍在香港生活与工作期间,有感于香港这块殖民地的社会人生,写了《后街》一诗。这首诗是一曲慷慨悲歌。李薇在《起点的说明》中认为它与《荒原》为20世纪的史诗一样,记录了许多破碎阶层的混合体,一团糟的沉淀质,在这里无论是从灵魂到身体,从内容到形式,都被绝望、混乱、粗暴、焦灼、噪音等渗透了。在这块没有梦的地方,诗人确实唱不出英雄的声音。他是人民的儿子,他只能用这种形式抒写这样的地狱,诗人把自己的爱洒向了香港下层社会悲苦的人生,把恨投向香港上流社会。1940年10月,袁水拍被派遣到重庆陪都中国银行总行工作,他由香港来到重庆陪都。大后方政治、经济、文化中心的重庆陪都的社会现实,使他感触更深。《向日葵》《冬天,冬天》诗集里的一些诗就是在重庆陪都写成的。其中,《寄给顿河上的向日葵》算是名篇佳作之一。这首诗写于苏德战争爆发时,诗人对苏联人民和红军进行赞颂。

哎！你顿河上的向日葵呀！
假如没有你，
朝朝迎接顿河上的太阳，
假如没有自由的人民，
生活在顿河上，
我想，太阳也不会
照得这样亮。

这时，他的诗歌，面对人民，抒写人民的感情，使用人民的语言，朴素、生动、亲切。他成长为一位成熟的人民的诗人。他的抒情诗是他整个诗歌创作中成就最高的诗篇。

1944年以后，袁水拍把主要精力与时间用于创作山歌体的政治讽刺诗。这种诗体与诗风的大转变，一是重庆陪都社会现实的需要，二是"为政治服务""为广大人民服务"理论的号召，三是诗人具有的条件。第三点是很重要的内在因素。袁水拍在少年时期就喜爱文艺，特别喜好评弹艺术，这对他使用山歌体写诗是有重要影响的。同时，他对民谣、山歌有特殊的爱好，按他自己的说法叫作"偏心"。1942年8月，他在《冬天，冬天》诗集的《前记》中就着重阐述了他对民谣的见解。他认为要创作出真正属于人民的诗，必须使用民谣，必须重视民谣的传统，同时要扬弃它，要创造一个新天地，因为我们不仅生活在本国的土地上，而且这片土地绝未和全世界的土地切断；我们在呼吸，不仅是我们在呼吸；我们不仅是我们。所以，他以民谣中的山歌体写诗，越写越起劲，由重庆陪都写到上海。他的山歌体诗在重庆陪都、上海乃至40年代后期的香港诗坛盛行一时。

袁水拍的政治讽刺诗最显著的特点是冷嘲热讽，嬉笑怒骂。他的《马凡陀的山歌》诗集中的诗都具有这一特色。这些诗歌选材十分广泛，大至政治、天下大事，小至油盐柴米、身边琐事。这些大事、小事，通通属于当时广大下层人民，特别是市民所见、所闻、所经、所历、所感的。从"还政于民"的把戏到镇压民主运动的凶狠，从马路的泥泞到电车的拥挤，从外汇开放到物价飞涨，从美军吉普车撞人到政府当局取缔黄包车，从副官、经理到张百万、克宁奶粉……都一一被诗人捕捉入诗。这些事都是重庆陪都民众,尤其是重庆陪都市民生活中常见的、不满的、气愤的现象。袁水拍以他那敏锐的慧眼,发掘这些现象所包含的喜剧性因素,运用漫画化的夸张手法以及尖酸俏皮的语言,把假恶丑暴露在人们面前,造成一种强烈的讽刺效果。他1944年写的《幕开幕落》,嘲讽与抨击"国民参政会"上暴露出的政府要员的贪污腐败劣迹:

  某年某月某日,
  当这里开会的时候,
  不少机关的"幕"
  给不少"代言人"拉开了。
  出场的,计有赵钱孙李,
  什么长,什么官,什么经理,
  还有粮食先生,茶叶小姐,
  脸上斑斑点点的布匹……
  锣鼓敲响
  红脸的脸
  骂曹捉放
  喝彩鼓掌

《大皮鞋》一诗,对当局军队的威风和打内战的行径进行讽刺。诗的第2节写道:

  皮鞋,皮鞋,你是谁?
  瞧你样儿挺气派!
  布鞋,布鞋,赤脚汉,
  看见你来都走开。

诗的最后一节写道:

  稍息,立正,向后转;

一个虎跃到北方：
"我打胜仗你投降，
你的高粱我的仓！"

《四不象》一诗，简直把一个没落、腐朽、即将崩溃的社会与王朝写尽无余了。诗云：

春天不像春天，
白天不像白天，
天亮不像天亮，
过一天好像过一年。
胜利不像胜利，
和平不像和平，
停战不像停战，
协定不像协定。
民主不像民主，
自由不像自由，
敌人不像敌人，
同胞不像同胞。

《发票贴在印花上》一诗，把当局要员复原、接收、修建房子，忙得一团糟的现状，活灵活现地写了出来。在诗中，诗人不仅仅是嘲讽了这些事情与现象，而且进行挖"心"与诛"心"，揭示出这些假恶丑的总根所在——"中国命运在哪里？/挂在高高鼻子上。"因此，《马凡陀的山歌》拥有的思想容量，即如冯乃超在《战斗诗歌的方向》一文中所指出的："把小市民的模糊不清不平不满，心中的愿望和烦恼，提高到政治觉悟的相当高度，教他们嘲笑贪官污吏，教他们认识自己的可怜的地位，引导他们去反对反动的独裁政治。"这些政治讽刺诗采用中国民众喜闻乐见的民谣、儿歌、山歌等形式，大量采用民间活的语汇入诗，易读，易记，易唱。有几首诗，如《四不象》《大皮鞋》《主人要辞职》等，算是佳构，像徐迟在《袁水拍诗歌选·序》中所说的，达到了出神入化的境地。

袁水拍的《马凡陀的山歌》以其内容与形式适合于20世纪40年代中后期中国社会，尤其是重庆陪都的生态与心态而获得极大的社会效应。重庆陪都以及上海的民众还把他的政治讽刺诗写在游行的旗子上。香港建国剧社还把他的《大人物狂想曲》等10首诗编写成剧本在香港演出。冯乃超、默涵、李广田、洁泯、金大均等人纷纷撰写文章加以评介，围绕它展开了一场争论。默涵在《关于"马凡陀的山歌"》一文中认为，袁水拍的山歌体现了诗歌的正确方向——面向人民和人民结合的方向。金大均在《诗工作的道路》一文中认为："从袁水拍到马凡陀，窄小的喉门宏亮起来了，这总是可喜的。"在一片赞扬声中，洁泯发了点微词，但又一再申明不是否定《马凡陀的山歌》，而与赞扬声同调，只是说袁水拍"撇脱了作家所应该赋有的独特的创造力，把风格，把'腔调'，一股脑儿交给了民歌"。[①] 由此，也反映出《马凡陀的山歌》所获得的社会效应。

---

① 洁泯：《再谈〈马凡陀的山歌〉》，《文萃》第14期。

第七章 戏 剧

重庆陪都剧坛的形成与发展始终得力于外地来重庆陪都的戏剧家以及演职人员的辛勤耕耘。1939年1月以后，重庆陪都剧坛成为大后方的中心剧坛。这里，汇聚了众多优秀戏剧家，问世与演出了数以百计的抗战剧本，吸引了重庆陪都广大观众，甚至产生了轰动效应。

一、戏剧概况

重庆陪都戏剧活动是从演出开始的，演出的剧本是夏衍等人在上海集体创作的《保卫卢沟桥》。这部剧本于1937年7月20日写成，8月7日在上海首次公演。重庆怒吼剧社于同年9月29日演出这部剧本。由此开始，到1946年陈白尘的《升官图》演出与出版发行止，重庆陪都剧坛问世与演出的剧本达四五百部之多。戏剧创作与戏剧演出相互推进，共生共荣，成为贯穿重庆陪都戏剧发展过程的一条规律。重庆陪都剧坛问世与演出的四五百部剧本，就题材的时间性而言，可分为现代剧和历史剧两种；就审美范畴而言，又可分为悲剧、喜剧和悲喜剧三类。这里，拟从现代剧与历史剧角度对重庆陪都戏剧概貌加以描画。

现代剧是重庆陪都戏剧创作与演出的剧本中的主干。它随着重庆陪都社会生活与戏剧活动的发展变化而呈现出不同的格局与色彩。

抗战初期，上海与武汉抗战戏剧活动轰轰烈烈，成批抗战剧本得以问世。当时，仅这两地出版的剧本就达200种之多，短小精悍的独幕剧在其中占优势。全民总动员抗日救亡、反汉奸、反妥协投降是这些剧本的基本内容和压倒一切的主题。这时，重庆陪都剧坛还处于准备或初创阶段，上海影人剧团和本地怒吼剧社做了大量的开垦性工作。它们在重庆陪都演出了当时全国最为流行的《放下你的鞭子》，还演出了《保卫卢沟桥》《卢沟桥之战》《沈阳之战》《东北一角》《沦亡以后》《死亡线上》《难民曲》《四行仓库》《当义勇军》《流民三千万》等等剧本。意在传播战声，发动民众抗日救亡，构筑重庆陪都剧坛与重庆陪都文坛。1939年1月，重庆陪都戏剧界为纪念"剧协"成立一周年而举行的大规模火炬游行演出，拉开了重庆陪都戏剧活动高潮的序幕。1941年10月—1945年10月，历时四年之久的雾季演出，为重庆陪都戏剧的高潮期、鼎盛期。中华剧艺社、中国万岁剧团、中央青年剧社、孩子剧团、中央广播电台、育才学校戏剧组、中国实验歌剧团、朝阳大学剧社、中央剧团、实验剧院、中国艺术剧社、中电剧团、国立剧专校友剧团、中宣部实验团、怒吼剧社、中国银行业余剧团、戏剧工作社、中国胜利剧社、中国业余剧社、教育实验剧队、邮工剧团、中国国光剧社、新生剧社、东方剧团、力行剧社、新中国剧社等等近30家戏剧社团参加演出，陈白尘的《大地回春》《结婚进行曲》《大地黄金》《凯歌归》，夏衍的《愁城记》《法西斯细菌》《水乡吟》《离离草》《芳草天涯》，袁牧之的《孤岛小景》，老舍的《面子问题》《残雾》，马彦祥的《江南之春》，凌鹤的《战斗的女性》《猴儿大王》，曹禺的《蜕变》《家》，袁俊的《美国总统号》《山城的故事》《万世师表》，藏云远、王云阶、吴晓邦的《法西斯丧钟响了》，于伶的《长夜行》《杏花春雨江南》《戏剧春秋》（与夏衍、宋之的合编），吴祖光的《风雪夜归人》，宋之的的《祖国在呼唤》《春寒》《雾重庆》，陈铨的《野玫瑰》《蓝蝴蝶》，沈浮的《金玉满堂》《小人物狂想曲》《重庆二十四小时》，王进珊的《柳暗花明》，洪深的《黄白丹青》《女人女人》《鸡鸣早看天》，徐昌霖的《重庆屋檐下》，张本志的《嘟格办》等等，共计七八十部大型剧本得以演出；应云卫、贺孟斧、陈鲤庭、马彦祥、凌鹤、张骏祥、沈浮、洪深、史东山、章泯、苏怡、郑君里、焦菊隐、潘子农、陶金、赵丹、金山等等名家执导并参加演出。堪称中国抗战戏剧家精英荟萃，佳作荟萃。这在中外戏剧史上都是一大壮举与奇迹。这些戏剧剧本隐含着一种较为尖锐的社会批判性与暴露倾向。其中，有宋之的《雾重庆》式的批判与揭露，有老舍《残雾》式的批判与揭露，有曹禺《蜕变》式的批判与揭露，更有夏衍与陈白尘式的批判与揭露。总之，这些剧本从不同侧面、不同角度通向一个目标即隐晦、曲折地暴露了重庆陪都为中心的大后方社会黑暗，显示出重庆陪都戏剧更加接近现实社会生活，标志着现实主义的抗战现代剧的发展与提升。特别是在重庆陪都戏剧活动与民主运动合流过程中问世的《清明前后》和《升官图》，更具有尖锐的现实意义。这两部剧本犹如利箭一般直刺重庆陪都社会黑暗的"黑心"，紧密配合着政治上的民主运动。

重庆陪都剧坛上，历史剧创作与演出也占据着很重要的地位。"皖南事变"后，重庆陪都社会文网森严，文化专制主义严酷，作家处境险恶。为着避免查禁，为着表达戏剧工作者坚持团结反对分裂、坚持进步反对倒退、坚持抗战反对投降的愿望与决心，一些戏剧家"只好搞搞历史，写写史剧之类的东西了"。① 因此，取材于历史，立足于现实，落笔于往古，归意于当今的历史剧这一艺术之花，在重庆陪都剧坛普遍绽开。在1941年10月—1945年10月的雾季演出中，就有多部历史剧参加公演，计有郭沫若的《棠棣之花》《屈原》《孔雀胆》《虎符》《南冠草》，阳翰笙的《天国春秋》《槿花之歌》，欧阳予倩的《忠王李秀成》，吴祖光的《正气歌》《牛郎织女》《林冲夜奔》，周彦的《桃花扇》，杨村彬的《清宫外史》，等等。尤其是，《屈原》《天国春秋》和《忠王李秀成》的创作与演出，可以说代表了重庆陪都剧坛历史剧创作达到的最高水准。

现代剧与历史剧仅仅是戏剧创作的题材之别，目的意义则一，都是重庆陪都戏剧工作者为着推进抗日民主运动和抗战戏剧运动的开展而使用的艺术载体。郭沫若就这样说道："一个剧本的现实不现实，是不能以题材的'现代'或'历史'来分别，来估计，而是要看其剧中的主题是不是现实或非现实的，用历史的题材也许更能反映今天的现实。"② 我也正是从这一层面上来审视和归纳重庆陪都剧坛的现代剧与历史剧所具有的一些共时性特征的。

第一，戏剧冲突尖锐，现实感强烈。戏剧的戏剧性主要表现在戏剧冲突上，没有戏剧冲突，就没有戏剧。戏剧冲突应该说是来源于生活中的矛盾冲突，是生活中矛盾冲突的折射。戏剧要受舞台空间与演出时间的限制，因此，戏剧冲突又是生活中矛盾冲突的高度浓缩。抗战时代是一个民族矛盾空前尖锐激烈而又复杂的时代。阶级矛盾依然存在的时代。大至国

---

① 郭沫若：《郭沫若选集·自序》，四川人民出版社1979年版。
② 《郭沫若谈历史剧》，上海《文汇报》1946年6月26、28日。

家民族命运，小至个人的吃饭、睡觉，无不与此息息相关，休戚与共。重庆陪都戏剧创作与演出烙上了这一鲜明的时代印记。从《保卫卢沟桥》到《雾重庆》《重庆二十四小时》《重庆屋檐下》《法西斯细菌》《蜕变》《升官图》等等戏剧剧作，无一不是抗战现实社会生活中矛盾冲突的缩影与艺术写照，时代感十分强烈。历史剧《屈原》《天国春秋》《忠王李秀成》等等也与现代剧一样，具有这一鲜明特征。考察重庆陪都剧坛的历史剧创作，不难发现这么一种取材现象，即大都取材于中国历史上两个时代的人与事：一是春秋战国时代的人与事，二是明清时代的人与事。这两个历史时代，战争频繁，兴亡之事不断出现，爱国与卖国、忠与奸、邪恶与善良，了了分明。戏剧家们取材于这两个历史时代的人与事创作剧本，意在表彰卫国御敌的人物，以鼓动现实生活的人的抗战精神，鞭挞投降派，嘲讽不抗战的人。因此，重庆陪都剧坛历史剧写的人与事虽然远离抗战现实，却"相当的渗杂着现代的成分"，[1] 隐含着深邃而丰富的现实内容。所以，重庆陪都剧坛的历史剧亦具有戏剧冲突尖锐而现实感特别强烈的特点。

第二，凝结大众的心声，时代精神浓烈。中国现代戏剧创作与演出，一开始便是以都市为中心，知识分子和市民为主要对象。左翼文艺运动时期，戏剧创作与演出范围虽扩大到了工农大众中去，但由于客观环境等因素的限制，收效甚微。全民族抗战炮声促使了中国现代戏剧创作与演出发生大转变。戏剧甘泉由都市流向了乡村，由知识分子和市民中间流向了前方士兵、后方民众和敌后民众的心田，与抗日民主运动紧密配合。这可以说是中国抗战戏剧和重庆陪都戏剧与二三十年代戏剧的区别之所在。大转变发生的关键性因素就在于广大戏剧工作者投身于抗日民主运动，他们既是戏剧工作者，又是民族解放战士，对于抗战现实社会生活、人民大众的思想情绪及心理状态有着深度与广度不一的认识与体验。因此，抗战初期，当人民大众的抗日救亡热情空前迸发时，他们的戏剧创作与演出大力歌颂抗日救亡；抗战中后期，他们的戏剧创作与演出倾吐出要抗日要民主的呼声。整个中国抗战戏剧和重庆陪都戏剧，无论现代剧还是历史剧都凝结着人民大众的心声，具有浓郁的抗日民主斗争时代的时代色彩。

---

[1] 欧阳凡海：《论历史剧》，《新华日报》1941年12月7日。

第三，继承戏剧传统，富有独创性。重庆陪都戏剧创作不同于二三十年代戏剧创作的一个更显著特点是向中国传统戏剧"复归"，但不是重复传统戏剧的模式，而是从传统戏剧中吸收营养，走民族化的发展道路，同时不排斥外来戏剧艺术技巧的运用。因此，重庆陪都剧坛的戏剧作品，无论是现代剧还是历史剧，都既继承了中国戏剧的优良传统，又吸收了外来戏剧的营养，呈现出民族化与现代化结合的发展趋势。这一点，在下一节论述具体戏剧家及戏剧作品时，再加论述。

中国现代文化史上的戏剧受外来戏剧影响甚深，特别是话剧艺术形式，纯属舶来品。这种外来话剧品种在中国土壤里扎下根，为中国观众所接受，逐渐具有中国特色，成为中国的戏剧，那是经过一代又一代戏剧家的辛勤劳作，经过一个又一个发展阶段逐步中国化的。20世纪初叶，外来话剧移入中国，开始为中国人所认可。"五四"新文化运动中，新型话剧活动蓬勃兴起。欧阳予倩、洪深、应云卫、陈大悲、熊佛西和胡适以及创造社、文研会的作家们，一面大量译介外国话剧、改编剧本，一面吸收现实主义、浪漫主义、现代主义话剧的营养，进行多样化的话剧尝试创作。陈大悲的《幽兰女士》、欧阳予倩的《泼妇》、胡适的《终身大事》、洪深的《赵阎王》等等话剧剧本问世了。1925年以后，模仿外来话剧之风渐渐消失，创作属于中国的话剧成为众多戏剧家与观众的共同追求。20世纪20年代末—30年代前期，经过时代与观众的不断选择，外来的现实主义与现代主义话剧继续对中国话剧产生影响，同时，苏联及欧洲的革命现实主义戏剧为中国左翼戏剧家所吸收，革命现实主义话剧成为主流。在左翼戏剧运动中，涌现了一批属于中国的戏剧家与戏剧作品。田汉的《回春之曲》、夏衍的《上海屋檐下》、洪深的《农村三部曲》、李健吾的《这不过是春天》便是代表。特别是曹禺的话剧成就加速了现代话剧的中国化。他的《雷雨》便是中国现代话剧成熟与话剧中国化的一大标志。中国现代话剧到了抗战时期，从理论到创作，从创作到演出，可以说整体成熟了。重庆陪都剧坛的戏剧理论及上述戏剧作品及演出活动便是最突出的表征。这里，先就戏剧理论问题加以论述。

中国现代话剧理论十分薄弱。20年代仅仅提出了"为人生"的戏剧主张，30年代也仅仅提出了"无产阶级戏剧"口号，但均未形成戏剧理论框架。重庆陪都剧坛的戏剧家虽然未建构成一套戏剧理论体系，然而就戏剧与现实的关系、戏剧与大众的关系、戏剧与政治的关系以及批判继承等重大理论问题进行了多次探讨。在"民族形式"讨论过程中,田汉、阳翰笙、陈白尘、应云卫、洪深及郭沫若、茅盾、老舍、胡风等人就建立戏剧民族形式的途径交换了意见,一致认为,戏剧的民族形式的建立,一是立足于现实生活,二是继承中国戏剧传统,三是吸收外国戏剧营养,以促使中国现代戏剧走民族化与现代化相结合的道路。"文协"在重庆陪都举行的戏剧晚会,不仅演出戏剧,更多的是研讨戏剧理论问题。胡风主持的有田汉、洪深、葛一虹等50余人参加的一次戏剧晚会,就专题研讨过"怎样发扬戏剧上的现实主义"问题;阳翰笙主持的有郑君里、陈鲤庭、史东山、陈白尘、贺孟斧、凌鹤等30余人出席的一次集会就专题研讨"如何建立现实主义的演出体系"问题;"文工会"还就一些具体话剧及其演出问题召开座谈会,探讨抗战戏剧如何更好地沿着抗日民主政治方向与现实主义道路向前发展。尤其是重庆陪都左翼戏剧界在学习毛泽东的《讲话》和文艺整风过程中就《清明前后》与《芳草天涯》两部剧本进行的讨论,初步明确了戏剧与政治的关系、戏剧与人民的关系、戏剧家的世界观改造等问题,探讨戏剧为人民服务的新方向。重庆陪都戏剧界还就历史剧理论问题开展过讨论。通过讨论,理顺了一些思想认识,肯定了一些主张。郭沫若提出的写历史剧"主要的就是在求推广历史的真实,人类历史的发展","把古代善良的人用来鼓励现代的人的善良,表现过去的丑恶而使目前警惕"以及"发展历史精神"和"失事求似"的主张得到公认。[①] 欧阳予倩在谈《忠王李秀成》时说道:"历史戏也不过是戏,不是历史。"他还就该剧的创作主旨指出"革命者要有殉教的精神,支持国家民族全靠坚强的国民,凡属两面三刀,可左可右,投机取巧的分子,非遭唾弃不可。我写戏奉此以为鹄的。《忠王李秀成》也就是根据这意义写的"。[②] 评论家与读者也认同于这一史剧理论主张,而且也从这一理论视点上去理解史剧意蕴的。韦昌英和黄今在《读〈忠王李秀成〉》一文中这样说道:"太平天国之败,不是败于清朝与帝国主义之手,而是败于内部的分裂,败于奸臣贼子之挑拨离间、霸权当道、鱼肉民众,以致民怨民叛。这是贯穿着全剧

[①] 郭沫若:《历史·史剧·现实》,《戏剧月报》第1卷第4期。
[②] 欧阳予倩:《忠王李秀成·自序》,《忠王李秀成》,文化供应社1941年版。

的中心思想，是主题，从这一个主题中，我们看见了它的现实意义"。"特别是今天"，"这部作品的出现是有非常的积极的意义的"。

上述的戏剧作品，无论是现代剧还是历史剧，都具有一个共时性的倾向，那就是暴露与讽刺。除了下节要论述的几位剧作家的剧本具有这一倾向以外，老舍、宋之的、曹禺和茅盾的剧本也具有这一倾向。

老舍在重庆陪都写的九部剧本中的第一部剧本《残雾》，暴露与嘲讽了当局政权机构的严重弊端。该剧写于1939年8月，写的是一个交际花兼间谍的日本特务徐芳密在当局中上层的活动，辛辣地嘲讽洗局长之类的中上层官儿的吃抗战、玩抗战的丑行，直刺当局的腐败，即打"抗战麻将"，娶"抗战夫人"，被日本女特务诱骗、利用、收买而又逍遥法外。该剧由马彦祥执导，怒潮剧社于同年9月在重庆陪都公演，引起评论界的关注。戈茅发表《关于〈残雾〉》加以评论。

宋之的是20世纪30年代步入剧坛的左翼戏剧家。抗战爆发后，他率领救亡演剧一队转辗抵达重庆陪都。他在重庆陪都期间，以冷静而审慎的态度对待现实社会人生与戏剧创作。他在重庆陪都创作的剧本，实现了自我超越与突破，取得了显著成就。尤其是他于1940年创作的五幕剧《雾重庆》，无论是在个人创作道路上还是对于整个重庆陪都剧坛，都有着别开生面的意义。1940年间，重庆陪都政治气压已显低沉。流亡到重庆陪都的外地广大青年学生，正如当时《新华日报》披露的那样："吃不饱饭"，"读不好书"，"生病不能治"。同时，当局对待青年的方法，犹如程思远在文章中指出的那样："是以特务的侦探方法去拉拢青年。"这自然使得青年陷入肉体与精神交加的熬煎之中。宋之的以一位现实主义剧作家的敏锐目光，捕捉住这一十分严重的社会人生问题，及时地写成这部剧本。剧本写一群流亡到重庆陪都的大学生，由激情满怀到呻吟的呻吟、忧郁的忧郁、彷徨的彷徨、堕落的堕落、沉沦的沉沦，喊出了"我们在受苦"的呼声，暴露与批判了重庆陪都社会对青年的腐蚀。这部剧作于1940年12月26日起在重庆陪都公演，由应云卫执导，中国万岁剧团演出，获得重庆陪都各界与评论家的好评。周恩来观看演出之后，对这部剧作的政治意义作了充分肯定。他指出："这个戏很好，好就好在批判、揭露了国民党。尽管还不很深刻，但开了一个很好的头。"

曹禺于1938年2月抵达重庆陪都，1939年随国立戏剧专科学校由重庆陪都迁至四川江安，1942年冬执教于复旦大学。他在江安执教几年间也多次滞留重庆陪都。他在重庆陪都或作戏剧问题的专题讲演，或创作剧本。1938年7月25日，曹禺在重庆陪都第一次作《关于话剧的写作问题》的演讲，强调话剧创作"不要走别人已走过的路"，要"各人找出一条路"走。1943年2月19日，曹禺在重庆陪都第二次作《悲剧的精神》的演讲，主张悲剧要有时代内容，要渗透时代精神，要传达出人民的愿望。同年2月28日，曹禺在重庆陪都第三次作《我们要学习》的讲演，强调学做人与作剧的基本准则。这三次讲演，体现了曹禺在战时的思想意识和他建树与所持的现实主义戏剧理论原则。演出与出版于重庆陪都或创作于重庆陪都的他的三部剧本，贯串着他的现实主义精神与现实主义理论原则。曹禺于1939年在江安写成的《蜕变》，展现出一家后方医院由旧变新的全过程，暴露大后方社会的黑暗与腐败，表明阻碍由旧变新的是官僚制度与贪赃枉法及吹牛拍马等痼疾，表达了作家对抗战前途的坚定信念。该剧于1942年12月在重庆陪都公演，张骏祥执导，陶金与舒绣文主演。该剧及其演出获得了文艺家、评论家与观众的普遍欢迎。巴金说他一口气读完了《蜕变》，心里充满了快乐，眼前闪烁着光亮，像以往读《雷雨》《日出》《原野》那样受感动。[1] 夏衍看了《蜕变》演出之后，也称"剧本好，导演好，演员好"[2]。《新华日报》特为该剧开辟专栏发表评介文章，计有郁冰的《漫谈〈蜕变〉的演出》、编者的《关于〈蜕变〉演出》、颜翰彤的《再出发的收获——〈蜕变〉演出观后》、方玄的《我对〈蜕变〉的观感》。曹禺于1940年秋天在江安写成剧本《北京人》。这部剧本写一个父权专制主义大家庭由盛到衰以至崩溃的全过程，揭示了宗法专制制度与礼教的腐朽及其必然命运，赞扬新生一代的向往与追求。这部剧本以其深刻的思想内容与精湛的艺术成就，成为曹禺继《雷雨》《日出》《原野》之后又一部杰出的剧本。该剧于1941年10月在重庆陪都公演，张骏祥执导，张瑞芳、江村等人主演。该剧虽不是取材于现实的现代剧，似乎与"抗战无关"，然而在重庆陪都连演数月，依然引起强烈反响。《新华日报》等报刊报道演出消息，发表评论文章。有的评论文章这样指出："抗战期间固

---

[1] 巴金：《〈蜕变〉后记》，《蜕变》，文化生活出版社1947年版。
[2] 夏衍：《观〈蜕变〉》，《夏衍杂文随笔集》，三联书店1980年版。

然应该多写活生生的英勇战绩与抗战人物,但也不妨写些暴露社会黑暗面的剧本,去惊醒那些被旧社会底桎梏束缚得喘不过气来的人们,使之走向太阳,走向光明,走向新的生活。"因此,该剧在重庆陪都演出依然轰动着重庆陪都爱好戏剧的观众。① 同时,西北文艺工作团于1942年5月1日起在延安公演《北京人》,《解放日报》发表署名江布的文章《读曹禺的〈北京人〉》,加以评介。曹禺于1942年夏天在重庆陪都将巴金的小说《家》改编为剧本《家》。该剧以觉新、瑞珏、梅的爱情悲剧为主线组织戏剧矛盾冲突,更加突出了反父权专制主义的主题。觉慧离家出走时,愤怒地呼喊道:"我的敌人不是一个冯乐山,而是冯乐山所代表的那个制度!""什么是'家'呢?'家'就是宝盖下面罩着的一群猪!"该剧于1943年4月起在重庆陪都公演,史东山、章泯、郑君里等人先后执导,金山、张瑞芳、沙蒙、蓝马、王苹、凌琯等人主演,连演三个多月,100余场,创重庆陪都戏剧演出之纪录。

茅盾在重庆陪都期间,写了他唯一的一个剧本《清明前后》。该剧写于1945年8月,取材于1945年清明前后重庆陪都当局要员制造的轰动重庆陪都及大后方乃至世界的一件黄金案。1945年3月28日,国民政府代理行政院院长宋子文召开包括财政部长、中央银行业务局长、行政院机要秘书、四联总处秘书在内的五人会议,宣布黄金提价,并嘱各银行从速宣布此事。第二天3月29日,为重庆陪都各银行的休息日,不营业。但是,这一天重庆陪都各银行却承办了收法币折合黄金存款二亿两,比平常营业时间此类存款数额多一亿两。此事很快败露,成为重庆陪都一件爆炸性新闻,轰动了重庆陪都社会上、中、下各阶层人士,重庆陪都各报刊纷纷发表消息或文章加以评论。国民政府为着掩人耳目,采用"纵容老虎,专打苍蝇"的办法,保护走漏黄金提价消息和大发横财的大人物,撤职查办了几个小人物。茅盾从当时报刊上"拣取一小小插曲来作为题材",创作剧本,写"这一事件中几位'可敬的人'以及二三个可怜的人,他们的喜怒哀乐",再现重庆陪都充满"矛盾、无耻、卑鄙与罪恶"的社会现实。② 茅盾的这一创作动机与主旨是通过这样一组戏剧矛盾冲突来体现的。民营企

---

① 茜苹:《关于〈北京人〉》,《新华日报》1942年2月6日。
② 茅盾:《清明前后·后记》,《清明前后》,开明书店1945年版。

业家林永清的工厂在当局的"统制""管制""官价""限价"等绳索束缚之下，濒于破产边缘。为着支持抗战，把工厂坚持办下去，林永清便掉进了这次黄金买卖的圈套之中，结果一败涂地，宣告破产；银行小职员李维勤为着得到一间屋子供夫妇二人居住，在他人诱骗之下，挪用公款购买黄金，事发后被抛了出来，成为替罪羔羊，在狱中无疾而亡，其妻唐文君因此气疯。林、李为这部剧本矛盾冲突的受害一方。另一方是以官、商、绅为一体的官僚买办金淡庵、投机家余为民、权术家严干臣、政客方英才等人，他们干着极端"无耻、卑鄙与罪恶"的勾当，坑害林、李等人。这部剧本，通过写这一对矛盾冲突，无情地暴露了重庆陪都社会的黑暗与当局的腐败，明白无误地为下层民众与民营企业家揭示出一条求生之路，即投入民主运动，反对一党专政。这部剧本与茅盾的小说《腐蚀》一样，都具有尖锐的政治性与强烈的现实性。这部剧本于 1945 年 9 月 26 日起在重庆陪都公演，由赵丹导演、主演，引起强烈反响。公演该剧的青年馆"卖座成绩打破过去青年馆上演的任何戏剧"，场场客满，座无虚席。[①] 重庆陪都工业界人士集会，招待茅盾与演员，感谢茅盾在剧本中和演员在舞台上说出了他们想说而又不敢说的话，还希望茅盾为他们写一部"中秋前后"。[②]《新华日报》等报刊发表文章，对这部剧本进行高度评价，认为：这部剧本"给重庆陪都戏剧运动开辟了一个新的阶段"。[③]

二、郭沫若·阳翰笙·夏衍·陈白尘

郭沫若、阳翰笙和夏衍是以重庆陪都为中心的大后方的抗战文学运动和戏剧运动的组织者与领导者，陈白尘为以重庆陪都为中心的大后方剧坛，特别是重庆陪都剧坛的构筑与巩固做出了重要贡献。他们在重庆陪都问世的戏剧剧本，多为重庆陪都剧坛上戏剧创作中的杰出之作，代表了中国现代戏剧在抗战时期所取得的新成就和达到的新水平。

郭沫若于 1938 年 12 月 29 日抵达重庆陪都，1946 年 5 月离开重庆陪

[①] "文化短讯"，《新华日报》1945 年 10 月 14 日。
[②] "消息"，《新华日报》1945 年 10 月 10 日。
[③] 荻：《〈清明前后〉杂谈》，《新华日报》1945 年 10 月 7 日。

都；阳翰笙于1939年2月抵达重庆陪都，1946年7月离开重庆陪都；夏衍于1942年4月9日抵达重庆陪都，1945年9月离开重庆陪都；陈白尘于1937年9月抵达重庆陪都，1946年5月离开重庆陪都。在重庆陪都期间，他们也去过成都等地，但主要时间是在重庆陪都度过的。他们或主持"第三厅""文工会"工作，或创建与领导中华剧艺社、中国艺术剧社。他们一面大规模地开展抗战文化活动与戏剧活动，一面创作戏剧作品。

（一）郭沫若

郭沫若是中国现代戏剧史上著名的浪漫主义戏剧家。《女神》诗集中的五部诗剧与整个《女神》诗集一样，充满了狂飙突进的"五四"时代精神，激昂的音调及急促的旋律与戏剧冲突和谐一致，抒写着戏剧主人公的主体人格与主观情感。《女神之再生》《湘累》《棠棣之花》《孤竹君之二子》和《广寒宫》等，或改造女娲补天及嫦娥奔月的神话传说，或演绎屈原被放逐一段史实，或取材于伯夷叔齐及聂政刺杀侠累的一段故事，但都为着表达郭沫若在"五四"时期的思想、情感、愿望：以民为本位的强烈的爱国忧患意识，诅咒现实社会，渴望创建一个新的中国。这五部诗剧具有的独自抒情方式、悲壮审美风格、浪漫主义色彩，成为郭沫若的戏剧一以贯之的浪漫主义艺术特点。不过，这五部诗剧和他20年代的"三个叛逆的女性"即《卓文君》《王昭君》《聂嫈》都还不能称之为史剧之佳作，显得稚嫩，深受外来文学的影响，如《孤竹君之二子》有着浓厚的虚无主义色彩，《王昭君》明显地接受了王尔德的《莎乐美》的影响。郭沫若在重庆陪都剧坛上创作的历史剧及撰写的历史剧理论文章对当时历史剧创作做出了贡献，并对后来的历史剧创作产生了影响。

郭沫若在重庆陪都发表的《历史·史剧·现实》《谈历史剧》《抗战八年来之历史剧》等专论文章提出的史剧理论主张，以其较强的学术性与科学性而高出于同一时期或以前任何一个时期中国现代戏剧家的理论水平，也体现出他作为一位无产阶级文化战士和浪漫主义诗人的气质、思想与人格力量。

郭沫若认为在中国漫长的宗法社会里和近百年的半殖民地半封建的社会里，人们对于历史人物和历史事实"一向是站在一定的立场，即站在帝王底立场来叙述和批评的，是从王朝利益统治者的利益出发的，是以帝王的利益为核心的","历史从前在统治阶级手里,是被歪曲了的"。所以,他认为历史学家的任务在于"发掘历史的精神",探讨和总结历史发展的规律。要真正能"发掘历史的精神",关键在于史学家立场、观点的正确与进步。因而他特别强调,历史学家在"今天应以人民为本位","站在老百姓立场来看历史,以前被歪曲了的,现在认为对;从前认为对的,现在则被否定了"。① 他还用人们对于太平天国的不同的看法,说明立场观点在历史研究中的重要性。这也就是他说的,运用辩证唯物主义与历史唯物主义的观点"据今推古"之意。研究史料,认真做一番去粗取精、去伪存真、由此及彼、由表及里的工作,求得所写历史题材的真实,充分做好创作前的准备。但郭沫若又认为,史剧作家的任务不在于写历史,而在于"发展历史的精神"。也就是说,把握历史的精神,运用文学创作的特殊手段,创作出史剧来,借以讽喻现实,"影射"现实,使读者和观众从中能"多少得到一些好处"②。这也就是郭沫若说的"借古鉴今"之意。"据今推古"和"借古鉴今"是郭沫若史剧理论中一个问题的两个方面,即创作史剧,一是不违背历史发展的真实,把握着历史的精神;二是站在当今时代的高度审视历史,不为历史事实所束缚,可以也应当虚构在当时历史条件下可能或必然发生的事与出现的人。这正是辩证唯物史观在史剧创作理论中的生动体现。郭沫若也正是以这一理论作为史剧创作指导原则的。事实上,郭沫若史剧选取的题材都是参合了各种史书,经过"相当的考证的"。在此基础上,"对于既成事实加以新的解释,新的阐发,而具象地把起初的古代精神翻译到现代"。③ 比如,《棠棣之花》这部史剧中聂荌与聂政的故事,是郭沫若小时候就知道的,而且产生了同情;后来,掺合着《史记》《竹书纪年》《战国策》等史书中的有关部分,经过近二十年的思考,发现了古今国是的一种共同的维系要素,即主张联合反对分裂。于是以此为题,"无中生有地造出了酒家母女,冶游男女,盲叟父女,士长卫士之群"等人物,写成现有形态的五幕史剧。

郭沫若又是一位具有浓厚的浪漫主义气质的诗人。他的创作,不仅诗歌具有浪漫主义精神和特色,历史剧也同样具有这一精神与特色。但是,

---

① 郭沫若:《抗战八年来之历史剧》,《新华日报》1946年5月22日。
② 郭沫若:《献给现实的蟠桃》,《战士月刊》创刊号。
③ 郭沫若:《我怎样写〈棠棣之花〉》,《新华日报》1941年12月14日。

他及其剧作中的这一精神与特质是建筑在深厚的现实土壤的根基之上的，他及其创作中的丰富想象、热烈追求、无情贬斥都包含着深广的现实内容。他的"据今推古"与"借古鉴今"的史剧理论主张正蕴含着这一精神与特质。他后来在谈《蔡文姬》的创作时鲜明地指出："创作历史剧应该在现实主义的基础上运用浪漫主义的手法。"这，虽然是他后来讲的，却贯穿于他的历史剧作的始终，是他一贯运用的创作原则与创作方法。可以这样说，郭沫若每一部历史剧作的戏剧冲突的处理都是综合运用这两种创作方法写成的，因而戏剧冲突尖锐、复杂、大起大落，形成一种特有的粗犷、雄浑、悲壮的气势和浪漫主义艺术风格。

《棠棣之花》《屈原》《虎符》《高渐离》《孔雀胆》《南冠草》是郭沫若在重庆陪都创作的六部历史剧作。综观这六部史剧，主要有这样两大特点：现实性与历史性的结合、戏剧性和抒情性的结合。这两大特点可以说既体现了他的史剧理论原则，又丰富与发展了他的史剧理论主张。郭沫若的六部史剧是以我国战国时代和元末、明末清初的重大社会矛盾为戏剧冲突的。战国时代的社会重大矛盾有统治阶级与广大人民的阶级矛盾，有关于国家兴亡大事的统治阶级内部的进步与守旧、团结与分裂、忠与奸的矛盾。元末和明末清初时代的这些重大社会矛盾更加复杂化了，既有阶级矛盾、统治阶级内部矛盾，还有民族矛盾，而且这些矛盾往往交织在一起。在中国漫长历史长河中阶级矛盾与民族矛盾虽然因历史时代的不同有着不同的内容与侧重点，却一直延续到半殖民地半封建社会的结束，成为半殖民地半封建社会两大主要社会矛盾。抗战时期，正是民族矛盾与阶级矛盾全面进入白热化程度的时期。日本帝国主义大举进犯中国，企图灭亡中国；国民党顽固派在抗战中后期却强化其统治，大搞倒行逆施。中华民族与中国人民在阶级矛盾与民族矛盾的长期斗争中涌现了一批又一批可歌可泣的"志士仁人"和民族英雄，他们的精神与品格经过历史长河的洗涤成为中华民族精神与美德的一部分。历史不会重演，然而，古今历史却有许多相通之处。所以，描写战国时代、元末以及明末清初的重要历史事件和历史人物，自然具有现实意义。郭沫若这六部历史剧写于1941—1943年间，其现实性之强烈是不言而喻的。因为这几年间，民族矛盾与阶级矛盾的严重已达于极点，中华民族处于垂危之际。所以，郭沫若的六部史剧，无论是战国时代的聂政反对侠累勾结秦国分裂三晋、屈原反对楚王绝齐降秦、信陵君窃符救赵抗秦、高渐离以筑击秦王为友报仇,还是写元末段功遭蒙古统治者梁王丞相车力特穆尔的陷害、明末清初夏完淳与满族入侵者和汉奸卖国贼斗争而殉国,都暗射着抗日民主斗争的形势,揭示出"古今共通的东西":大敌当前,团结则存,分裂则亡;站在人民一边,动员人民、团结人民乃救国之道;褒扬"志士仁人",斥责奸臣昏君。这是郭沫若的史剧"发展历史的精神"之所在,也是他的史剧历史性与现实性相结合之所在。与上述历史性和现实性结合的特点相联系的是郭沫若史剧的戏剧性与抒情性相结合的特点。戏剧性是指戏剧冲突,抒情性是指流贯于这一冲突中的情感激流。如果说《棠棣之花》《屈原》《虎符》《高渐离》的戏剧冲突除了"志士仁人"与入侵者的矛盾外,重在他们与本国统治者中的卖国投降派的矛盾的话,那么,《孔雀胆》《南冠草》的戏剧冲突则重在"志士仁人"与入侵者的斗争了。这一戏剧冲突重点的发生变化,不仅具有极大的历史真实性和现实针对性,也便于充分发挥郭沫若抒情诗人的抒情才能。可以这样说,所有这些戏剧冲突都浸透了作家对"志士仁人"为正义而献身的品格与精神的赞颂,对奸臣昏君阴险残暴的斥责。这一点,郭沫若有过明确的披露。他在《〈高渐离〉校后之二》中说过,《高渐离》"是有暗射的用意的,存心用秦始皇来暗射蒋介石"。他在《序俄文译本史剧〈屈原〉》中说,写《屈原》,"我便把这时代的愤怒复活在屈原时代里去了。"

  这里,以《屈原》为例,对郭沫若史剧的两大特点具体加以论析。《屈原》写的是众所周知的战国时代楚国爱国诗人屈原的生活与斗争,着重写他联齐抗秦的政治主张和坚贞的爱国精神。那么,作家写这个历史人物的生活与斗争是怎样做到融历史与现实于一体、戏剧性与抒情性于一炉的呢?战国时代的矛盾斗争焦点是:齐、楚、燕、赵、韩、魏六国合纵抗秦,还是连横而由秦各个击破?屈原从楚国与其他五国利益出发,力阻联秦,主张联合抗秦。但是他的主张与行动为奸臣昏君所不容,并因此遭陷害,贬官放逐。他与奸臣昏君的矛盾斗争关系着楚国存亡大事。历史上的这一矛盾斗争构成戏剧的主要矛盾冲突。屈原的高尚品格和精神在戏剧冲突的发展中得到充分展现并推动着戏剧冲突的发展。这就表明,这一戏剧冲突无疑吻合着历史的矛盾斗争,又用这一戏剧冲突来暗射抗战现实的矛盾斗争。所以,读者和观众很容易由戏剧冲突而想到抗战现实中的矛盾斗争，由戏剧中的奸臣昏君而联想到现实社会的当权者，由屈原联想到千百万在抗日民主斗争中英勇奋斗而遭迫害的战士。这里，历史与现实达到了一致，戏剧性与抒情性达到了一致。《雷电颂》是实现这两个一致的典范。屈原被囚禁于东皇太乙庙，在室外狂风大作、雷电交加的时候，他那胸中的怒涛也如狂风、雷电一般上下翻滚。他怒吼着并呼唤着咆哮的风、轰隆的雷、闪耀的电"把这黑暗的宇宙，阴惨的宇宙，爆炸了吧！爆炸了吧！""把一切沉睡在黑暗里的东西，毁灭，毁灭，毁灭呀！"这种重叠词语的运用、激昂的节奏、铿锵的声调、悲壮的抒情独白将屈原那狂热的愤怒、作家郭沫若的极度悲愤抒写得淋漓尽致。戏剧冲突于此达到高潮，抒情描述也于此达到顶点。伴随着屈原对黑暗的诅咒、向雷电的发怒，观众和读者同样渴求着暴风雨来得更猛些，让霹雳的雷声震撼着祖国大地，横荡一切大小汉奸和昏君。历史与现实、戏剧性与抒情性由此达到完美的结合。

总之，郭沫若运用辩证唯物主义与历史唯物主义的立场、观点，在史剧理论与史剧创作上探讨的怎样处理历史题材、怎样古为今用这一重大创作课题，对中国现代与当代史剧文学的发展都具有重大的启迪意义。郭沫若的这些史剧，虽然蕴含着强烈而深邃的现实内容，然而其抒情方式与悲壮情调仍然具有十分浓烈的浪漫主义色彩。

（二）阳翰笙

阳翰笙是30年代初登上文坛的左翼文学家。他的长篇小说《地泉》三部曲引起左翼文艺界的普遍关注。后来，他主要从事戏剧创作。战时，他为中国抗日民主运动和抗战文化运动的兴起以及为重庆陪都抗日民主运动和抗战文化运动的发展，作了大量的组织与领导工作。同时，他创作了思想性强、艺术性较高的戏剧作品。其中，既有现代剧《前夜》《塞上风云》与《两面人》等剧作，更有历史剧《李秀成之死》《天国春秋》与《草莽英雄》等剧作。战时，他的戏剧成就应当说主要不在现代剧而在历史剧创作方面。他的《李秀成之死》虽然不是在重庆陪都写作、出版与发行的，但是在重庆陪都演出的；他的《天国春秋》与《草莽英雄》则是写作、出版、发行于重庆陪都，又在重庆陪都多次上演。这三部历史剧作体现出阳翰笙战时戏剧创作具有的特点和取得的成就。这三部历史剧的主要特点是强烈的现实性、战斗性与艺术性的结合。这可从他的创作动机、剧本内容、观众与读者的反响以及当局的查禁等四个方面加以论述。

阳翰笙早在20世纪30年代中期，如他自己在《阳翰笙选集·戏剧集自序》中说的，怀着强烈的政治愿望，打算"从太平军金田起义开始，写一组三部曲"。为此，他广泛搜集史料，查阅史书，准备创作。这表明，他从一开始就打算创作具有鲜明现实性与强烈战斗性的历史剧。不管现实社会生活如何发展、变化，阳翰笙总是随着发展变化的现实社会生活而自觉地调整自己的史剧创作动机与创作重心。起笔于抗战前夕、完成于抗战初期的历史剧《李秀成之死》，明显地变动了他的史剧创作初衷，借写天京沦落以鼓动现实全国军民奋起抗战。

创作于1941年9月的历史剧《天国春秋》的创作动机与重心也有所变化，那就是借写"杨韦事变"，抨击"皖南事变"的制造者。这部史剧以"杨韦"冲突为戏剧情节发展的中心线索，写杨秀清在太平天国所起的柱石作用；写韦昌辉的阴险狡诈本性及其残害杨秀清和20000名太平军将士，导致了太平天国的分裂与覆亡。这一戏剧矛盾冲突裸露出的用意和剧作家悲愤之情的喷射显示出的现实性与战斗性，在当时整个重庆陪都文学创作中尚属少见。

写于1942年10月的历史剧《草莽英雄》，在广阔意义上显示出了它的现实性与战斗性。四川保路同志会为反对清朝政府，举行大规模群众起义这一史实，为阳翰笙童年时代所耳闻目睹。他很早就打算以文学作品形式反映这场波澜壮阔的、可歌可泣的斗争。1937年，他以此为题材写成电影文学剧本。1942年前后，以重庆陪都为中心的大后方社会矛盾尖锐激烈，工人罢工、农民起义不时发生。身处此境的阳翰笙心中又复活了这一创作欲望，便写成了史剧《草莽英雄》。这部史剧写了四川保路同志会由揭竿而起到全盛、到失败的全过程，意在总结历史教训，防止历史重演。这就在宏观方面显示出了这部史剧的现实性与战斗性。

阳翰笙这三部史剧的现实性、战斗性是与艺术性结合在一起的。阳翰笙一向喜好戏剧，大量研读过诸如莎士比亚、契诃夫、莫里哀等名家的剧作，并从其中悟得刻画戏剧人物形象的要领。他在《关于契诃夫的戏剧创作》中这样说道：莎士比亚创造悲剧性格善于运用千钧笔力，莫里哀刻画喜剧人物则长于挥动他那泼辣的笔触，契诃夫则常常使用诗人般的精炼语言和冷静灵巧的妙笔对人物淡淡地却又很精细地涂上几笔。这些外国名家刻画人物形象的手法与特长，实际上对他塑造戏剧人物形象产生了巨大影响。阳翰笙的史剧，就戏剧矛盾冲突而言，是波澜起伏的紧张曲折的。他把戏剧人物置于矛盾冲突的浪峰之尖上加以塑造。比如《天国春秋》，作家巧妙地将所有戏剧情节都交织在杨秀清与韦昌辉斗争的这一主线和洪宣娇、傅善祥与东王爱情纠葛的这一辅线上。两条线索交错发展，轻重有序，主次有别，使整个戏剧矛盾冲突迭宕起伏。这里，可以用韦昌辉奉诏回京一幕为例加以说明。在前两幕中，韦昌辉因贩运私货受到杨秀清500杖责；他用内奸及作荒唐苟且之事，又被杨秀清当面揭穿。于是，整个戏剧矛盾冲突趋于白热化。但是，剧作家并未让戏剧矛盾冲突高潮立即出现，而是躲开浪峰，宕开一笔，让韦昌辉诱逼洪宣娇假戏真做，与傅言归于好，然后在第五幕中安排韦昌辉为杨秀清庆功，把戏剧矛盾冲突推向高潮。但是，整部戏的戏剧矛盾冲突并未戛然而止，又有献"羊肉汤"一场，暗示下一个高潮（韦昌辉被杀）的即将来临。戏剧矛盾冲突的一张一弛，斗争风云的一浪接着一浪，不仅使戏剧情节纵横发展，生动丰富，而且使韦昌辉的阴险刻毒性格得到淋漓尽致的揭示。由此，做到了戏剧情节的生动性、丰富性与巨大的思想深度、历史内容的完美融合。

  具有上述特点的阳翰笙的历史剧，引起重庆陪都乃至整个中国观众与读者的共鸣。《李秀成之死》于1939年1月由马彦祥执导，忠诚话剧团在国泰大戏院演出。该剧因其暗合了广大观众要求抗日救亡的心声和充溢着的火热般的爱国激情受到广大观众的欢迎。1940年，该剧在上海孤岛连演70余场，创一时演出之记录。《天国春秋》于1941年11月在国泰大戏院演出，由应云卫执导，舒绣文、白杨、秦怡、项堃等人主演。这部剧本因其合于"皖南事变"后广大中国民众悲愤的心理情绪，演出效果十分强烈。演到韦昌辉煽动洪宣娇时，舞台下寂籁无声；当洪宣娇喊道："大敌当前，我们不该自相残杀！""我们真是罪人！""十恶不赦的罪人啊！"的时候，场内掌声雷鸣，引起轰动效应。《草莽英雄》于1946年2月在重庆陪都青年馆演出，沈浮执导，项堃、苏绘等人主演。该剧在重庆陪都上演时，影响亦大，有的剧团称此剧为"救命针"，即因演此剧而使剧团避免了倒闭的结果。戏剧评论界也公认，这三部史剧以曲折方式表达了现实社会生活中广大民众要抗日、要民主的心声，鞭挞了剥蚀抗日民主力量的消极势力。这也表明了这三部史剧确实具有强烈的现实性与战斗性。

国民党当局对阳翰笙这三部历史剧不仅禁止演出与出版发行，同时肆意迫害演员与观众。綦江忠诚话剧团（国民党"战时工作干部训练团"所属的一个剧团）在重庆陪都演出《李秀成之死》后一回到綦江，便被扣上"通共"罪名，惨遭迫害，扮演李秀成的演员李英被活埋，参加演出的20多名演员全部遇难；《天国春秋》遭国民政府图书杂志审查委员会的官员删改并被禁演；《草莽英雄》被国民政府剧本审查委员会扣上"抑党扬帮"和"鼓动四川地方势力起来武装暴动，企图推翻党国政权"的罪名，"没收原稿"，"禁止出版，禁止演出"。这就反证明了这三部史剧现实性与战斗性之强烈，社会价值与社会效应之巨大。

郭沫若与阳翰笙在重庆陪都剧坛上问世的史剧创作和建树的史剧理论，可以说是相互呼应、相互补充、相得益彰的，并影响与推动着20世纪40年代初中期重庆陪都史剧创作出现竞写热潮。他们各以自己具有鲜明特点与艺术魅力的史剧作品构成中国现代戏剧史上史剧创作的辉煌一页。

（三）夏衍

夏衍是30年代左翼戏剧的开拓者之一，又以写历史讽喻剧著称的剧作家。他的《赛金花》引起过巨大反响。抗战前夕，他把目光转入现实社会人生，注意摄取知识分子与小市民平凡人生内在的悲剧与喜剧因素，以观照时代的动向。《上海屋檐下》便是这样的成功之作。由此，形成了属于他自己的戏剧创作路子：写小市民和知识分子生活，以映现大时代洪流；艺术风格简约、严谨、含蓄。战时，在重庆陪都演出、出版、发行的《一年间》，在重庆陪都创作演出与出版发行的《水乡吟》《法西斯细菌》《芳草天涯》等剧本，可以说是夏衍在《上海屋檐下》开启的创作路子和形成的艺术风格的发展与深化。这些戏剧作品，奠定了夏衍在中国现代戏剧史上和重庆陪都剧坛上不可动摇的显著地位。

夏衍这几个剧本中的人物，几乎都是知识分子和小市民。小市民和知识分子的命运是"五四"以来中国现代文学创作领域中常见的题材。但是，在抗战时期尤其是抗战初期这类剧本却不多见。这是因为抗战的需要，作家大多注目于抗日民主斗争生活漩涡突起的奇峰，忘却了奇峰之外的微波。夏衍却将笔触伸向一时被人忽视的"微波"之处而写小市民和知识分子普通家庭的悲欢离合，以表达"提高抗战必胜信心，摒击悲观主义"的主题。"微波"本与"奇峰"相关联，平凡人物家庭遭际中正激流着时代的暗潮。所以，这一时期平凡小市民和知识分子的生活并非纯属与世无关的个人身边琐事，而是印现出抗日民主斗争的时代风云。这一创作题材与主题的开掘是受夏衍对小市民和知识分子的认识制约的。夏衍在1939年9月1日写的《关于〈一年间〉》一文中，这样说过："抗战需要新的英雄，需要奇峰突起，需要进步的一日千里的人物，但是我想，不足道的大多数，进步迂缓而又偏偏具有成见的人，也未始不是应该争取的一面。要争取他们，单单打骂和嘲笑是不中用的。这里需要同情，而我终于怜悯了他们。"半年以后，夏衍在《小市民·后记》中还表示：只要"有机会，小市民戏还要写下去"。抗战胜利后，夏衍在《写方生重于写未死》中总结自己的戏剧创作得失时还指出："假如我们能够站在人民大众的立场，那么对他们鞭挞的时候还'带有眼泪'，和他们斗争的时候，不忘记团结，也许是必要而应该的。"夏衍正是以他对于小市民和知识分子的理性认识与创作实践，而与当时其他优秀现实主义剧作家在抗日民主斗争这一点上达到了殊途同归。

《一年间》写上海孤岛一个乡绅之家的遭遇。这个家庭里的年轻一代不是铮铮的斗士，老乡绅也不是顽固不化的遗老。他们在那一环境中，"一种压榨到快要失去弹性的古老的意识，已经在他们心里抬起头来，这就是他们的民族感情。"① 反映出旧时代的变质与没落，新时代的诞生与生长。老乡绅刘爱庐在家人离散时慨然说道："你们青年的，记住了！这是我的家！这次出去之后，我，大概是不能回来了，可是，你们记住，这是我们的家，我们祖先传给我们的家！"日寇的炮火摧毁了多少中国善良人们的家庭啊！刘爱庐这一发自肺腑的沉痛之言，无疑牵动着千百万流离失所、无家可归的中国人的心。这部剧作，显然重在反映民族意识已经在一个普通家庭"抬起头来"。如何巩固和发扬这一"已经抬起头来"的民族意识？《心防》做了生动形象的反映。

《心防》是夏衍怀着对于上海苦斗着的朋友们的感慕与忧戚而写的。剧本将上海沦陷后，进步文化人为坚持抗日救亡活动、固守上海450万中国人"心里的防线"做出的努力，写得悲壮感人。

---

① 夏衍：《小市民·后记》，《小市民》新知书店1940年7月版。

《愁城记》更是写身居孤岛的一对知识青年男女"从涸辙到江湖"的历程，反映孤岛的知识青年的生活与斗争。

以上三部剧作都不是写当时盛行的两大题材——前方军民的英勇抗战和后方社会的黑暗，而是写沦陷后上海的普通家庭与平凡"小人物"的生活与苦斗，但背后却蕴含着民族的、阶级的丰富内容。这个时候，夏衍为什么要着力于反映沦陷后上海小市民和知识分子的生活与苦斗呢？对此，他曾这样说过："为什么我执拗地表现着上海？一是为了我比较熟悉，二是为了三年以来对于上海这特殊环境之下坚毅苦斗的战友，无法禁抑我对他们战绩与命运表示衷心的感叹和忧煎。"① 这表明，作家选取这样的题材从事创作是遵循抗日救亡的主线，而且还如他在《我怎样的写了〈心防〉》中说的：在创作上填补了抗战戏剧创作领域中关于上海"这样的一面留下的一大片的空虚"。就是反映浙西人民武装和游击队抗日斗争生活的《水乡吟》，由于作家对游击队生活不熟悉，"不想再在沙滩建塔"，所以只得写一群知识分子的悲欢离合这一侧面，而"有意的把真正想写的推到观众看不见的幕后，而使之成为无诘究的后果与效果"。②

《法西斯细菌》在更广阔的背景上写了一种类型的知识分子由学者转变为反法西斯战士的历程，说明了"法西斯与科学不两立"，确实为那些"真诚地献身于以人类幸福为目的的医学学徒们，能够提供一些人生路途上的参考"③。戏剧主人公俞实夫的这一人生历程，反映了"九一八"以来中国知识分子尤其是一批高级知识分子在民族危亡的苦难中那种已经被"压榨到快要失去弹性的""民族感情"逐渐"抬起头来"，恢复青春活力。俞实夫的人生历程，自然反映着深刻而复杂的民族矛盾和阶级矛盾，堪称这一类人生的百科全书。那部曾论争于一时而颇受非难的《芳草天涯》，虽然是"以恋爱为主题的戏"，但那恋爱纠葛本身却是时代风云卷起的微波。因而作家笔下的恋爱"不是甜蜜而是辛酸"的。这种辛酸味是在国破而报国又无门的境遇中产生的变态心理酿造成的。但是，萌动的民族意识使恋爱的主人公深深感到"这样的生活实在很可怕，很危险"，因而下定"伟大决心，到人民中间去"。这不仅充分映现出恋爱、婚姻、家庭

---

① 夏衍：《别桂林·〈愁城记〉代序》，《愁城记》，剧场艺术社1941年版。
② 夏衍：《忆江南》，《边鼓集》，美学出版社1944年版。
③ 夏衍：《法西斯细菌·代跋之一》，《法西斯细菌》，开明书店1946年版。

与时代风云的紧密相关，而且也反映出作家的理性思考，即只有视民族利益高于一切，投身于抗日民主斗争的行列，才能把"恋爱和家庭变成工作的正号而不再是负号"。①

夏衍的戏剧创作一般说来属于悲喜剧，悲中有喜，喜中含悲，往往叫人欲哭无泪，欲笑无声。这在美感形态上叫作中和美。中和美是我国古典悲剧的一种重要的美感形态。悲剧与喜剧中和，逆境与顺境中和，对立的情感在相克中相互抑制，不致使单一的情感过于外溢，悲剧气氛过于令人悲伤，使观众在情感上得到调剂，精神上得到满足。这与西方一悲到底的古典悲剧是不同的。夏衍的戏剧继承了我国古代悲剧的中和美感形态。"小人物"的悲剧一般发生在内心的挣扎之中，不是号啕大哭，也不是悲壮地毁灭。所以，其戏剧冲突常常表现为"小人物"之间的情感冲突、关系冲突，当然实质上是民族矛盾和阶级矛盾的曲折反映。剧本在展现这些冲突中，充盈着作家的哀愁、眼泪和幽默，从而极大地发挥了戏剧的艺术效果和感染力。这些剧本在重庆陪都演出时，吸引了广大观众。《新华日报》《时事新报》《天下文章》《中央日报》《读书月报》等报刊发表评介文章。特别是《法西斯细菌》在重庆陪都演出时，轰动山城，重庆陪都各大报均发表文章加以评介，计有田舒的《真理只有一个》、颜翰彤的《新进步的开端》、郑容的《评〈法西斯细菌〉》、迁夫的《〈法西斯细菌〉观后》、杨应雷的《评关于〈法西斯细菌〉的评论》。总之，读者、观众以及评论家都感到剧本写的人物和事件逼真、亲切、可信，引起共鸣。

（四）陈白尘

夏衍的现代戏剧创作以悲喜剧手法反映平凡小市民和知识分子的生活与斗争而取得了重要成就。陈白尘的戏剧创作在表现手法和描写社会生活等方面又有些什么特点？取得怎样的成就呢？

陈白尘在重庆陪都剧坛和整个抗战戏坛上都称得上是一个多产的现代作家。他擅长写讽刺喜剧。他写的《汉奸》《乱世男女》《秋收》《结婚进行曲》《岁寒图》《升官图》等多幕剧作和大量的独幕剧作，多以讽刺喜剧方式反映广阔的抗战现实社会生活。

---

① 夏衍：《芳草天涯·前记》，《芳草天涯》，美学出版社1945年版。

《汉奸》《魔窟》为陈白尘在抗战戏剧运动初期的代表剧作。这时，一方面，人民群众的抗日救亡热情空前迸发，另一方面，沦陷区"汉奸之群，滔滔皆是"，大后方"准汉奸和预备汉奸"滋生繁殖。这两部剧作辛辣地嘲讽和无情地抨击了汉奸丑类的凶残与无耻，表达了人民大众对于汉奸和日寇的憎恶。由于剧本中"一群汉奸的嘴脸是从我们后方同胞们的嘴脸上勾下来的"，所以，剧本"不仅重重地鞭挞这群无耻的汉奸"，而且让读者和观众知道"所以有这么多的汉奸产生，是因为有产生这群汉奸的环境存在"[①]。《魔窟》还以其布局完整、结构灵活、人物形象鲜明而获得好评。《乱世男女》《结婚进行曲》为陈白尘在抗战戏剧运动中期的代表剧作。这一阶段，以重庆陪都为中心的大后方，社会沉渣泛起，社会黑暗，政治腐败，人民大众啼饥号寒。这两部剧作反映了这一社会矛盾冲突。《乱世男女》以南京撤退为题材，写一群沉滓在国难之际的泛起，在抗日名目下投机钻营，沽名钓誉，腐败堕落。这不仅暴露了大后方的黑暗，嘲讽了这群丑类，而且暗示出正是这样的环境产生这群乱世男女。正是在这一点上，这部剧作比前两部剧作深刻而有分量得多。《结婚进行曲》写一位普通女大学生寻找工作的遭遇。剧本以喜剧形式写戏剧主人公黄瑛不识世故，"把社会当作一个花园似的那末闯进来"，企图获得独立的社会地位和人格。她四处寻找工作，但处处碰壁，想象中的"花园"却原来是个大"泥坑"。以悲剧形式写戏剧主人公黄瑛寻找工作的不幸结局，她抱着三个孩子，喘息于生活重压下，"我要一个职业"竟成了呓语。这种喜剧、悲剧形式的变换使用手法，即微微嘲讽了不识世故的青年人的天真、幼稚，表达了作者寄予的莫大同情，也重重鞭挞了现实社会和国民党当局的统治。《升官图》写成于抗战胜利之初，为陈白尘讽刺喜剧的代表之作，也是整个中国现代讽刺喜剧的代表之作。这部剧作印现出抗战胜利时，国民党当局大小官儿们乘复原之机争夺权利的行径和群丑面目。剧作是借写一个看似荒诞的故事反映这一社会真实的。这部剧作写两个强盗的升官发财美梦：这两个强盗乘农民暴动、知县受伤、秘书长丧命的一片混乱之际，抢得知县和秘书长的宝座。由此，开展了一系列的戏剧冲突——大小官儿们狼狈为奸、争夺财产、贪得无厌、无恶不作。就在大小群丑升官发财、

[①] 陈白尘：《汉奸小论——为〈魔窟〉演出作》，《国民公报》1938年6月19日。

皆大欢喜时，愤怒的人们冲进县衙门向他们宣布："我们，要审判你们！"剧本写的升官发财是梦境，但又确实是现实；剧情近乎荒诞，但反映的又确实是现实真实。梦境与现实、荒诞与真实，和谐统一，构成一幅绝妙的讽刺图画，深刻地表明在国民党统治下，官即匪，匪即官，都是一群侵吞人民血汗和抗战胜利果实的角色。剧情以民众暴动始，以民众暴动终，暗示出这种现状必然会结束，而且为期不远。作家反映这一现实生活时，吸收了果戈理的《钦差大臣》与我国传统戏曲中丑角戏的艺术经验，大胆而又合理地运用了夸张艺术，漫画式地展现了人物性格特征及其丑恶灵魂，收到极好的艺术效果，成为"打中了敌人的痛处"的"怒书"。

从《汉奸》《魔窟》到《乱世男女》《结婚进行曲》，再到《升官图》，反映剧作家陈白尘在讽刺喜剧创作方面的不断探索和大胆尝试以及取得的可喜成就，推动着中国现代讽刺喜剧向着新的阶段发展。

尤其是《升官图》，把滑稽、幽默、智慧三种不同层次的喜剧元素融为一体，成为五四以来中国话剧史上的一座高峰。其中，有官员相互揭丑，比如工务局长说警察局长："你是四条腿的马，一拍就跑，当然快！"警察局长也不示弱，立即回应道："女人是你的命，又给裙子扣住了！"不少官员有着非常形象的名实相符的诨名，比如工务局长号称为"品花能手"，教育局长号称为"持久战的名将"，即可以连续打120圈麻将。官员们还常常夹枪带棒地互相"吹捧"，比如什么"老兄的德政！""阁下的功劳！"更有甚者，剧本中写的那位省长敛财到了无以复加的地步。他到各地名为视察，实为敛财。怎么敛财？采用什么手段敛财？他用"头痛"敛财。他的头痛病非常奇特。奇特在哪里？奇特在要用金条来熏：左边头痛，一条金条即可；右边头痛，两根金条即可；前脑痛，要三根金条；后脑痛要四根金条；左右前后脑都痛，则五根金条。这些金条，每根必须重50两，每根必须是"足赤金条"，头痛才能治好。治好之后，又复发了，怎么办？还是要金条来熏，要新的金条，数量与质量同前一样。天地之大，真是无奇不有！这位省长要金条治头痛，看似荒唐、滑稽、可笑，实则真实，与官场的腐败、贪婪之状无异。这样的政治讽刺喜剧，在中国讽刺艺术中是不多见的。这是剧作家陈白尘为我们民族话剧奉献的一出经典。

第八章 电　影[①]

战前，重庆电影甚为落后，没有专门放映场地，更没有制作场所与从业人员，只有少许几部商业性娱乐片不时上映。战时，重庆陪都电影有了巨大发展，渐次成为大后方乃至整个中国抗战电影的重镇。

一、电影概况

（一）发展阶段及演进过程

重庆陪都电影的大发展，大抵经历了这么一种演进过程。

1939年前，重庆陪都电影界单独开展的活动较少，多参与戏剧界举行的集会。不过，重庆陪都电影界因制作了一批抗战电影和开展了两次活动，显示出了它的存在及其在抗战文化界的地位。两次活动是：一次是1938年4月底—5月初，《保卫我们的土地》的放映，《时事新报》辟专栏发表评介文章，这在重庆陪都电影史上尚属首次，由此开创了电影制作、电影放映与电影评论相结合的战时重庆陪都电影发展新路向。二次是1938年底—1939年初，重庆陪都电影界呼应重庆陪都文化界发起的"文化出国"运动的倡导，开展了"电影出国"问题讨论。1939年1月10日，《新华日报》发表施焰的《关于"电影出国"》，便是其中颇有代表性的文章。这期间，在重庆陪都放映的抗战电影有31部之多。其中，故事片8部、纪录片9部、新闻片14部，诸如《中华儿女》《好丈夫》《保卫我们的土地》《华北是我们的》《血溅宝山城》《孤城喋血》等。这些影片虽然主题单一

[①] 本章由吴军英起草，我作了较大增删——作者注。

——大都集中于暴露日寇残暴行径和歌颂我国军民的奋勇杀敌,技术粗糙,但是那高亢的抗敌激情与爱国主义意识深深地吸引着重庆陪都观众。1939年前,重庆陪都影坛还处于初创阶段,与同一时期的文坛、剧坛相比,显得逊色一些。

1940年,可以说是重庆陪都电影年,重庆陪都电影鼎盛年。这一年的4月16日,已迁来重庆陪都的中华全国电影界抗敌协会举行第二届年会,成都及上海孤岛、香港等地的电影界代表与重庆陪都电影界人士600余人出席,张道藩、郑用之、罗学濂、郭沫若、阳翰笙等九人组成主席团,张道藩主席,与会电影界人士介绍了各地电影动态,改选了理事,通过了声讨汪逆和通电慰问前方将士等提案。10月5日,汇聚重庆陪都的电影工作者假中国电影制片厂花园茶座举行座谈会,研讨"中国电影的路线问题",孙师毅、潘子农、杨邨人、王平陵、史东山、郑用之、刘念渠、葛一虹、宋之的、沈西苓、郑君里、陈鲤庭、戈宝权等人出席会议,王绍清主席。与会者一致认为:1939年前,重庆陪都电影组织缺乏体系,制作更感态度不一,取材立意、推广发行都出现庞杂分歧现象,深感"其路线若不重新确切估定,则中国电影的危机是日益迫切的"①。郑君里在发言中指出:电影制作路线应是一元的,对国内观众的宣传教育片与出国"争取外汇"的片子非紧密统一起来不可。葛一虹在发言中认为:根据我国国策赋予我们电影的任务和从我们主观力量的实际情况出发,我们应当多多拍摄新闻纪录片与鼓动宣传短片。有的发言者还从电影普及角度来谈电影路线问题。潘子农就认为:抗战电影的政治任务是宣传,是教育,主要对象是广大农工与士兵,电影制作应该考虑他们的吸收程度与水平。杨邨人在发言中也认为:抗战电影在内容与手法上应使大众接受,能够了解。这次座谈会是一次反思抗战以来中国电影的一次重要会议,就电影的内容与制作方法、服务的主要对象、对外交往等问题进行了有益的探讨。这一年,重庆陪都电影界摄制了六部故事片、七部新闻片、一部纪录片。这在重庆陪都影坛上不能不说是巨大的收获,而且质量有着显著的提高。这些影片不仅主题多样,题材广泛,同时讲究电影技巧。这些影片中,有以"表现敌军反战情绪及行动"为主题的《东亚之光》,有以"纪录湘北大捷史实,表扬民

---

① 《中国电影的路线问题》座谈会记录,《中国电影》第1卷第1期。

众威武"为主题的《胜利进行曲》，有以"表现我抗战力量的雄厚，精神的奋发，使汉奸觉悟反正"为主题的《火的洗礼》，有以"揭破日本帝国主义在内蒙之阴谋，并表现汉蒙两民族团结抗战"为主题的《塞上风云》，有以"表现我空军战绩并提倡服役空军"为主题的《长空万里》以及以"表现一个青年知识分子爱国觉醒"为主题的《白云故乡》。摄制的唯一一部纪录片《民族万岁》是一部优秀的纪录片子，报道了大后方藏、苗、倮、蒙等民族的生活风俗，"它无论在形式上或是内容上都有特色，它已经摆脱了一般新闻电影式的死板的剪辑，已经扬弃了新闻电影一般陈旧的讲白，它经过了良好的'蒙太奇'，已经整个的成为有血有肉的东西，把很多材料容纳在'为民族解放而斗争'的伟大主题下了"。[①]

1941年以后，重庆陪都电影进入低潮期，特别是在电影制作方面显得很不景气。1941—1946年，只拍摄了故事片六部、纪录片四部。六部故事片是《中国青年》（1941年）、《日本间谍》（1943年）、《气壮山河》（1944年）、《血溅樱花》（1944年）、《还我故乡》（1945年）、《警魂歌》（1945年）；四部纪录片是《中国之抗战》（1945年）、《新阶段》（1941年）、《第二代》（1941年）、《新疆风光》（1943年，又名《新疆风物志》）。这一阶段重庆陪都电影萧瑟的原因主要有这么几点：一是战时物价高涨，经费匮乏，二是"太平洋战争"爆发后，电影所需物资，如胶片、药料、机件等的运输渠道被阻断，不能再从香港、越南、缅甸进口拍片器材；三是日机对重庆陪都制片厂的狂轰滥炸。这些都造成了重庆陪都电影业的萧条。但是，更重要的原因是国民政府对电影的限制。1943年7月28日，国民政府颁布了《修正电影检查法》。同年10月，国民政府发布的《取缔剧本一览表》明文规定禁止出版、上演的剧本116种，查禁或删改《电影新歌》八首。《渔光曲》被视为"消沉劳动者工作兴趣，怨恨政府税重，有鼓吹怠工，反抗租税之嫌"而遭查禁；《胜利进行曲》主题歌有"我们有锄头，他有大炮奈我何"，被视为"意识不正确"而遭删改；《孤岛天堂》主题歌中的"脱下你华贵的衣裳"被视为"强调阶级意识之嫌"而遭查禁。1944年，国民政府在"中央图书杂志审查委员会"内又专门成立了"戏剧电影审查所"与"戏剧电影审议委员会"，强化对电影的审查与控制。

[①] 徐昌霖：《〈民族万岁〉观后感》，《新华日报》1941年3月1日。

同时，国民党中宣部公布"为指示战时戏剧电影取材与作风"的三项办法，取消了一批抗日影片的摄制计划，如史东山编导的《中国万岁》、孙瑜编导的《少年先锋》、应云卫编导的《三勇士》等等。但是，重庆陪都电影界并未因此停止活动，不少电影工作者转向从事戏剧创作与演出，为这一阶段里重庆陪都雾季演出做出了贡献。白杨、张瑞芳、舒绣文、秦怡既是当时誉满陪都的话剧表演"四大名旦"，又是当时和以后的电影明星。她们通过舞台锻炼，进一步丰富了表演才能，提高了表演技巧，为日后的银幕表演打下了坚实基础。

（二）"中制"与"中电"

在重庆陪都电影和大后方电影演进过程中，中国电影制片厂（简称"中制"）和中央电影摄影场（简称"中电"）的作用是不能忽视的。

"中制"是重庆陪都和大后方最大的电影制作基地，编导十余人，演员数十人，综合技术与事务工作人员多人，共计500多人。"中制"于1935年创立，郑用之负责。抗战爆发后，由军委会政治部第三厅领导，厂长郑用之。1938年9月迁来重庆陪都，厂址设在七星岗。厂内人才济济，创作力量雄厚。编导委员会主任委员阳翰笙，编导有史东山、应云卫、司徒慧敏、陈鲤庭、苏怡、孙瑜等等，特约编导有夏衍、蔡楚生、沈西苓、章泯，摄影有吴蔚云、王士珍、姚士泉、冯四知，音乐有任光、贺绿汀、盛家伦，美工有韩尚义，演员有舒绣文、黎莉莉、陶金、魏鹤龄等等，厂长先后由郑用之、吴树勋、蔡劲军、罗静予出任。"中制"在香港开设大地影业公司，作为对外与对内的交流机构。同时，厂内附设中国万岁剧团，既拍片又演剧。在抗战八年的时间里，"中制"拍摄了17部故事片，如《好丈夫》《东亚之光》《塞上风云》《日本间谍》等；12部新闻片与纪录片。"中制"在当时艰苦的条件下取得了令人瞩目的成绩。

"中电"是国民政府最早的官办电影机构。1934年成立于南京。张冲、张北海曾任厂长；张道藩、刘呐鸥、黄天始、余仲英、吴佑人等为编导委员；演员有高占非、尚冠武、童星、黎铿及场内训练班培养的威莉、林静、李英等人。"中电"战前除了拍摄反共宣传片和新闻纪录片外，还拍过两部故事片，但无多大反响。抗战爆发后，"中电"由南京而武汉而重庆陪都，罗学濂任场长，隶属于国民党中宣部。在重庆陪都期间，"中电"

鼎盛时有编导 5 人、演员 20 余人以及技术与事务工作者共计 100 余人。沈西苓、孙瑜、赵丹、金焰、王为一、顾而已、白杨、王人美等编导及演员也参与了"中电"的电影拍摄工作。"中电"拍摄过 23 部抗战新闻片和三部故事片，如《孤城喋血》《中华儿女》《长空万里》。其电影作品数量与影响自然不及"中制"。

（三）重庆陪都电影的特色

重庆陪都电影在其演进过程中，形成了自己的特色。归纳起来，主要有这样一些：功能意识与功利作用显著，大众化与通俗化浓烈。

重教化、重宣传，可以说是中国抗战电影和世界反法西斯战争电影的共时性特征。大战期间，中国政府与美、苏、英等国政府十分重视电影的宣传教育作用，文化界也总是把电影视为宣传教育的重要工具。事实上，电影也担负了对内宣传民众、动员民众，对外争取国际援助、抨击法西斯暴行的艰巨任务。中国政界、文化界、电影界人士自然对此有着清醒的认识。张治中在"中制"成立三周年纪念会上的讲话中指出："电影事业，是属于艺术的、文化的，我们知道世界许多先进国家，大都注重于文化宣传，而特别注意电影宣传，它的作风、意识都和他们的国策取得密切的联系，配合了和担负了文化先锋的使命。"他希望今后的电影界同仁要负起改革过去电影界的一切积习的责任，重新建立新的抗建文化。"我们不是没有目标的，我们更非把电影看作一种赚钱的事业，我们应把它看作国家最重要的宣传与教育事业。"[①] 施焰提出了"三则建议"，即电影下乡、电影入伍、电影出国。他认为，电影要到农村去放映，要使农民了解要求生存只有抗战，服兵役是国民应尽的义务和责任，农民必须努力增加战时生产，要消灭汉奸，要组织起来杀敌人，有钱出钱，有力出力；电影要入伍，以提高中国军队的素质，给予将士以精神上的鼓励；为争取友邦的同情与援助，共同来制裁敌人的暴行，我们要多摄制些抗战影片出国放映，电影是对外宣传的武器之一。熊佛西也指出："中国现时所迫切需要的，是普通的教育，这个最完美的工具，就是电影！"[②] 电影圈人士曾以"一寸

[①] 张治中：《谈电影——在"中制"三周年纪念会上的演讲》，《中国电影》第 1 卷第 1 期。
[②] 熊佛西：《电影教育问题》，《国民公报》1941 年 4 月 20、27 日。

胶片是一粒子弹"来比喻电影的战斗作用。这反映在摄制上，就是大量地创制时间短、政治意识强的新闻片和纪录及教育片。因为这些影片内容丰富，贴近现实，真实性强，宣传鼓动力量大，如《抗战特辑》第6辑就是反映政治上坚定团结、前线战士奋勇杀敌的新闻片，拍摄的敌机大轰炸重庆陪都的新闻片与纪录片，往往是在炸后两三天内即上映。这些具有尖锐政治性与及时性的影片自然起着宣传与教育的作用。

故事片也同样具有宣传与教育的强烈作用，比如沈西苓拍摄的《中华儿女》便具代表性。《中华儿女》的主题是描写中国不同阶层的人民如何参加抗战。影片由一个序幕和四个抗战故事组成。影片开始，北平、上海、南京、杭州、青岛、南昌、宁夏、桂林、昆明等地的名胜风景，一一艺术再现出来，由此抒发了编导对祖国山河的热爱。接着，展开了四个小故事：第一个故事反映农民的觉醒。写南京近郊的一个青年农民刘二哥（赵丹饰）和母亲、妻子（康健饰）过着平静的生活，忽然传来日寇就要打过来的消息，刘二哥劝母亲和妻子一起逃到后山去躲避，母亲和妻子都不肯走。从城里赶来的汉奸王老爷在乡民中宣传皇军的恩惠，再三地拍着自己的肚子表示愿意担保一切。当夜，敌人进了村。次晨敌军走后，刘二哥从后山奔回家来，妻子已被糟蹋得断了气，母亲也奄奄一息。刘二哥愤恨，伤心至极，燃起了复仇的火焰，参加了抗日游击队。第二个故事写公务员之死。安徽某市一个老公务员（顾而已饰）在当地失陷后，日寇威逼他出来组织"维持会"，他拒绝了。不久，他逃出城外的儿子、女儿和学生先后被敌人捕捉。老公务员起初劝儿女和学生都喝毒酒自尽，儿子不同意。恰巧这时日军司令来了，他们照老人的设计，让日军司令和带来的一批敌人饮了准备好的毒酒，老公务员自己也牺牲了。临死时，他还再三叮嘱儿女和学生赶快逃出虎口，参加抗战去。第三个故事写抗战中的恋爱。三个由上海撤退到内地的青年知识分子对抗战持不同态度。青年A（施超饰）一心要在报国以前先尝尝恋爱的滋味，于是，他爱上了一个美丽的姑娘（陈依萍饰），沉醉在恋爱的迷梦里。然而，在二次敌机空袭下，他的恋人被炸死了。血的教训打破了他的梦幻，促成了他的觉醒。从那天起，他投入了抗战工作。第四个故事写一支活跃在沦陷区的游击队。队长（魏鹤龄饰）是一个勇敢而又有智谋的青年。一天，接到总部指示，命令他去破坏敌人的一条重要交通线。这条交通线是在敌人的后方，要破坏它，首先要突破敌人严密的岗哨。一个入伍不久的女学生自告奋勇地装扮成一个乡下姑娘引诱开敌人的岗哨,使其他人顺利通过敌人的警戒,完成了任务。整部片子洋溢着浓烈的爱国热情和抗战勇气,激励着民众投入驱逐日寇、保家卫国的伟大民族解放战争中去,紧密配合了当时的抗日救亡运动。这部片子为观众所欢迎,在国泰戏院连映数天。

与上述特色相联系的是重庆陪都电影具有的大众化与通俗化特色。因为要电影起着宣传与教育作用,电影就必须贴近民众——广大的农民、士兵及城市市民。罗学濂就认为:"电影已不是一种奢侈品,而是一种民众读本,电影工作者是站在十字街头,电影的对象,已不再是象牙之塔里的艺术精鉴家,也不是少数特殊阶级的人们,而是广大的民众。制片者必须要在观众的中间发生领导作用,而这种领导,又必须是出自观众之自动的一致要求。观众的批判是客观的,也是正确的,只有他们才是最高的权威,才能决定一部影片之成功或失败,而这大多数的观众,却正是门外汉!"① 有的人还认为:"农村影片"(不仅限于战地的农民与士兵)的摄制,"在取材上,必须是农民所见所闻以至于喜见乐闻的事物,最好是农民自己的故事(如《好丈夫》这一影片,在取材上就是适宜的)。在编制上,必须使文化水准低下的农民,能够领会,能够欣赏,从而发生宣传教育的效能。导演的手法,必须浅易、通俗,避免'都市影片'应用的摄影法。"② 潘子农更是尖锐地指出:"除非我们回到高蹈的艺术之宫里去,否则一切技巧必须以观众——即广大革命军民的理解与趣味为标准,只有这样才能使戏剧与电影成为对抗战建国有用的东西,也才成为真正民族的东西。""而畅达抗日内容的唯一原则,便是我们的文艺作品必须采用'为中国老百姓所乐见喜闻'的手法与技巧。"③

《好丈夫》就是一部大众化与通俗化的电影。这部电影是以"提倡兵役"为主题的农村宣传片,1939 年由史东山编导摄成。影片所写的故事发生在抗战爆发后第二年的四川某县。农民王镖(王珏饰)和刘四(刘犁饰)在壮丁复抽时中了签,于是参加壮丁训练,不久将走上前线抗战。乡绅潘老爷贿赂保长(井淼饰)使自己的儿子缓役。这事无意中被刘四妻四

---

① 罗学濂:《卑之无甚高论》,《中国电影》第 1 卷第 1 期。
② 杨邨人:《农村影片的制作问题》,《中国电影》第 1 卷第 1 期。
③ 潘子农:《释"中国作风"》,《国民公报》1941 年 9 月 3 日。

嫂（沈若男饰）得知，转告了王镖妻二嫂（舒绣文饰）。二嫂和四嫂领着村中妇女质问保长，保长反说二嫂侮辱了他，要报告县长治罪。二嫂气愤之下，跑到茶馆，请人代写信要丈夫回乡。写信的人反而写了一些勉励王镖的话。第二天，县长来慰问出征军属，以"抗敌勇士之家"的匾额赠给了二嫂，误会消除。二嫂想起头一天写信的事，便去找写信人，这人却偏偏醉酒不醒。二嫂只好另请人写信，报告丈夫有关赠匾慰问等事，要丈夫好好受训，努力杀敌。影片最后是王镖与刘四受训完毕，在群众欢送之下，踏上征途，开赴前线。影片反映的是抗战中迫切需要解决的兵役问题。导演在手法上也注意了欣赏水平较低的农民观众。"在画面上，远景与中景运用得最多，特写甚为少见，而硕长的在一般观众看来也许是不必要的'跟镜头'则一再地使用着，这自然不是若干'批评家'所指责的导演手法的不够洗炼的批评在这里是不适用的。"① 这部影片，故事情节通俗、单纯，有头有尾，便于群众理解。

正因为重庆陪都电影有了这样的特点，因此走向了士兵，走向了农民。国民政府军委会政治部的"电影放映总队"与"中电"附设的"中电流动放映队"几乎走遍了前线各战区与后方城镇，"每到一处，轰动遐迩"。据统计，1940 年 1—6 月，"电影放映总队"的支分队开展了大规模的放映工作：第一队在第三战区放映 89 次，观众达 10.18 万人次；第二队在第四战区放映 58 次，观众达 16.04 万人次；第三队在第八战区放映 79 次，观众达 63.11 万人次；第四队先后在第四战区及第九战区放映 86 次，观众达 33.39 万人次；第五队在西昌建设区及西康放映 85 次，观众达 21.435 万人次；第六队在第十战区放映 45 次，观众达 79.335 万人次；第七队在第五战区放映 51 次，观众达 36.74 万人次。放映地区包括陕北、绥远、甘肃、西昌、西康以及湘、粤、桂、赣、鄂、皖、苏、浙、豫各省战地，观众成分大多为农民和士兵。在鄂北、豫南战事吃紧的时候，中央电影摄影场的巡回放映队还赶赴战场放映电影。该队在距敌人仅有三五里路近且炮声清晰可闻的前线放映电影。观众中的农民有些是从 60 里外赶着牛车来的。如果在一个地方放映连续两天以上的话，卖零食的与卖小吃的都

---

① 葛一虹：《从〈华北是我们的〉与〈好丈夫〉说到我们抗战电影制作的问题》，《新华日报》1940 年 2 月 22 日。

会赶来做生意，100里外的百姓都会骑着马、坐着车或赶着毛驴来看电影，姑娘和媳妇们都会穿着节日的衣服来看电影。毋庸置疑，放映队所放电影对于普及电影常识，宣传教育民众起来抗日，做出了贡献。

二、史东山·孙瑜·应云卫

重庆陪都影坛活跃着一批有成就、有影响的电影编导，史东山、孙瑜、应云卫可为代表。

（一）史东山

史东山是我国著名的电影编导与戏剧导演。他早年热爱艺术，后进入上海影戏公司做美工师，兼任演员。1925年，以史东山名字（原名史匡韶）执导《柳絮》，开始了电影导演生涯。这期间，他接受唯美主义影响甚重。"九一八"以后，他执导的影片由唯美主义转向现实主义，仍保存"雅"的审美风格，追求与影片内容的融和。"七七事变"后，他由上海赴武汉，致力于"中制"的工作，1938年1月拍出了中国第一部抗战故事片《保卫我们的土地》。该片由吴蔚云摄影，魏鹤龄、舒绣文主演。该片描写了这么一个故事："九一八"以后，刘山夫妇逃离东北到了南方。安定的生活过了没有几年，战火又烧到了这一美丽的家园，乡亲们纷纷准备逃亡。刘山夫妇却以亲身经历告诫大家："敌人想抢我们全中国地方，你们逃到哪儿也逃不了。"大家应该拿起武器，"保卫我们的土地"。这部影片，正面揭露了日本侵华行径，号召民众起来抗战。这在当时的抗战气氛中受到观众与舆论界的好评，被誉为"第一部献给后方民众的作品"。[1] 称赞："它那么尖锐，那么明快，那么简切！"[2] 史东山编导这部影片的目的是向农民宣传抗战，因而他在艺术处理上注意与农民的欣赏水平相适应，剧情简单有力，叙事明快周详，尽量用直观动作去表现人物的内心世界，速度较缓慢，通俗易懂。但由于史东山对农民生活毕竟不熟悉，因而影片中人

---

[1]《评〈保卫我们的土地〉》，《时事新报》1938年5月3日。
[2] 张庚：《观〈保卫我们的土地〉后有感》，《新华日报》1938年2月1日。

物的言谈举止缺乏农民味道,处理也有生硬之处。

在重庆陪都期间,史东山除了参加文化界、电影界一系列抗日民主活动和担任国立教育学院电影专业教授以外,更主要的是创作与摄制电影片子。他是重庆陪都和大后方影坛编导中拍片较多且颇有建树的导演。

1939年,史东山编导了《好丈夫》(摄影王士珍,演员舒绣文、陈天国、刘梨、王珏、井淼、沈第男)。影片通过描述王二嫂鼓励丈夫参军杀敌的故事,反映了农民朴实、正直的品格与参加抗战的热情。但是,影片并未停留在这一点上,还进一步挖掘了大后方征兵问题的种种弊端:有钱有势的乡绅通过贿赂等手段逃避兵役,部队的兵源很大程度上靠"抓壮丁"解决,弄得民心低落,大大影响了抗敌士气。这部影片抨击了这一时弊,被认为是第一部真正的农村宣传影片。故事有头有尾,叙述流畅;同时,为避免方言障碍,影片不用对白,完全靠人物动作展示情节,使得"任何地方的观众都能懂"。舒绣文扮演王二嫂,她泼辣的表演有力地揭示了人物性格。该片被誉为抗战电影的里程碑。

1940年,史东山和田汉合作创作了《胜利进行曲》(何鹿影、陈晨、李荫、韩仲良等人摄影)。这部抗战巨片以湘北大捷为题材,由参加该战役的高级长官协助并亲自出演,经过一年半摄制而成。影片以写实的手法展现了湘北战役中我军各位将领的英姿,湖南同胞英勇顽强的战斗精神以及军民合作共创胜利的伟绩。"长沙会战"是第二期抗战的序幕。影片以1939年"长沙会战"为背景,前半部着重描写了中国军队下级官兵作战的英勇。营长史思华(郭寿定饰)、排长管振中(张立德饰)、士兵任连子(田琛饰)与曹锡(陶金饰)等,身临大敌,威武不屈,身负重伤仍坚持战斗。影片后半部着重描写湘北人民誓死不屈的英雄气概。湖南同胞,无论男女老少乃至与世无争的僧侣都投入了战斗。有三个情节片断极富吸引力:当日军企图污辱躲在庙里的妇女时,慧海和尚(罗军饰)破了条戒,击毙敌人,自己也壮烈牺牲;开物学校的三个小学生被日寇抓住,敌军官(孙坚白饰)拿出汪精卫的照片要他们回答"这是谁"时,他们愤怒地说:"这是汉奸汪精卫!"敌人打他们的嘴巴,要他们承认汪精卫是"领袖",他们坚决不从,结果被日寇杀害;沙田乡何大嫂(杨薇饰)在日寇要污辱她时,进行了激烈的反抗,最后与敌人一同滚入莲塘,同归于尽。影片最后描写了中国军队和湘北人民团结一致,奋勇抗敌,敌人遭致可耻的失败。史东山在摄制这部影片时，一面利用卡通地图来表示整个战局的情况，一面利用这次会战中真实的英勇杀敌的故事来表现这次会战中每个制胜的小关键，巧妙的穿插避免了单调与琐碎，一步步引人入胜，把每一个自成段落的战地故事连续表现之后，才展开全线反攻的壮烈场面。这样，不但手法练达简洁，而且给观众指出了"长沙会战"取得胜利的原因。不过，在影片中，有许多介绍军事长官的场面，大同小异，显得雷同；在剪接上也还不够紧凑。

1945年，史东山编导了他战时最后一部作品《还我故乡》（韩仲良摄影）。这是一部引起过争议的影片。该片描写华北一个小县城沦陷后，居民纷纷避往乡间，敌警卫队队长神尾发出繁荣市面的指令。他把从四乡抢劫来的米粮散给城中贫民，以示"亲善"，又命伪县长去招抚躲在乡间的士绅。当地大财主王相庭（陶金饰），在城里有大量房产，一经伪县长拉拢，就不顾儿子王道元的劝告，回到城里，当上了敌伪商会的"会长"，不久，县城表面上"繁荣"起来，开设了不少贩卖敌货的商店，烟馆、赌场也到处林立。这时，敌人强占商店，腐蚀青年，勒索掠夺。王相庭代表商界向神尾交涉，毫无结果。在现实的教育下，王相庭终于觉悟，派人送信到乡间，要求游击队和抗日人民政权援救他们。抗日政权的县长接到信后，认为时机已成熟，就派人把大批枪支弹药运进城里，武装了爱国工人，里应外合，一举消灭了敌人。这部片子摄制了半年，在突然的胜利声中完成，因此割去了原定的反攻一场面。这部片子揭示了只有各阶层爱国人民团结起来，只有城乡的抗日斗争联合起来，才能收复沦陷的家园。影片的重点是放在刻画王相庭的矛盾及转变上，通过他折射了相当一部分中上层士绅商人的心态。他们希望保全家产，对日寇存在幻想，易于动摇妥协。然而，日寇的行径打破了他们的幻想，他们终于弃暗投明，站到了抗日阵营这一边。王相庭这个形象体现了作为一个人的矛盾性格，具有一定深度，与同期电影中普遍存在的脸谱化、类型化大相径庭，显示出艺术家史东山观察生活、塑造人物的独特眼光和深厚功力。影片并未有为汉奸做开托和赞美之意。

（二）孙瑜

孙瑜也是重庆陪都影坛上的著名导演。他在学生时代就迷恋电影艺术，1923年赴美留学，先后在威斯康星大学与哥伦比亚大学学习文学、戏剧、电影编剧和导演，在纽约摄影学院学习电影摄影、洗印和剪接。1926年学成回国。他是我国在西方系统学习过戏剧和电影艺术与技术的第一人。1927年正式跨入电影界。他的《大路》是他30年代的代表作。孙瑜的作品面对现实，体现了现实主义精神，又带有明显的浪漫主义色彩，做到了二者的巧妙结合，赢得了"影坛诗人"的桂冠。孙瑜十分注重电影的特性。他编导的影片中，舞台戏剧的痕迹已基本消失。

孙瑜在重庆陪都除参加文化界与电影界的抗日民主活动和在国立社会教育学院电影专业从事教学外，也主要从事电影编导与戏剧编导。

1940年，孙瑜为"中制"导演了他在重庆陪都的第一部作品《火的洗礼》（吴蔚云摄影）。影片描写一个受骗参加敌伪特务组织的女间谍方茵（张瑞芳饰）被派到重庆陪都进行特务活动的故事。她化名何瑛，装成难民，得到兵工厂的工人老魏（魏鹤龄饰）的同情和帮助，混入兵工厂。兵工厂工人热烈支援抗战的忘我劳动使她日渐不安和羞愧，并在与老魏的接触中对老魏发生了爱情。接着，当她看到由于她给敌机指示目标的罪恶行为使一些群众和她心爱的小朋友被炸死时，她向老魏坦白了自己的间谍身份，老魏对她进行了严厉的斥责。最后，方茵向当局揭发了敌伪间谍组织，并在协助破获敌特时受重伤而死。

"我将如火如荼的心灵，努力地工作，迅速的工作。"这是孙瑜写在《火的洗礼》剧本首页上的誓言。《火的洗礼》是孙瑜在拍《长空万里》的间隙里，在患十二指肠沥血病的情况下拍出来的。其主题是"在一万个火把中把没有燃烧的一个，给九千九百九十九个的火把燃烧了！"影片的故事是想象的，人物也是虚设的。女间谍方茵的觉醒建立在个人良心发现和爱情感召之下，邪恶与正义的矛盾冲突未能很好地展现，以致她最后的转变显得突兀，几近理想，影片的现实感有所削弱。对此片的拍摄，孙瑜曾说："《火的洗礼》是一个虚构的故事，比其他很多的作品还更显得荒诞无稽。""任何剧作者都企图他的观众或读者相信他的虚构故事，《火的洗礼》的剧作者却是例外。""在《火的洗礼》中，我的企图——也就是此片的重心——是在描述一个背景，一种精神，一股烈火。这烈火正燃烧在大后方每一个无名英雄的胸中，燃烧在每一个抗建工作的领导者的心头。""不管《火的洗礼》的故事是如何的荒诞虚构，但附逆分子的觉悟转变，却是一个事实。"① 浪漫主义的激情仍然贯穿了孙瑜执导的这部片子。张瑞芳在这部片子里，首次出任主演，表演有一定成绩。

1941年底，孙瑜为"中电"摄成影片《长空万里》。这部影片从摄制到完成，中间停停拍拍，花了近三年时间。该片以"表演空军战绩，提倡服役空军"为主题，洪伟烈摄影。在摄制过程中，摄制人员付出了巨大的代价。孙瑜曾说："假如拿破仑的字典里没有'难'字，我却不敢说我们'庸人'的字典里没有；不过我们不去看它而已。摄制《长空万里》，我们是抱着牛样的倔强，顽固地前进，准备着任何的牺牲的，血，泪，甚至我们的生命，我们是没有十分把它们挂在心怀。"② 其间，孙瑜还遭到一次个人难以忍受的打击：他刚满三岁的女儿小三，因敌机大轰炸疏散到医药设备极差的乡间病死了，孙瑜特地写了《小三之死》的散文来"纪念一个失去了充满了阳光的希望"。

《长空万里》是我国第一部描写空军作战的巨片。"九一八事变"后，东北沦陷。东北航空学校学生高飞（高占非饰）流亡关内，途中遭遇敌机轰炸，在混乱中与少女白岚（白杨饰）相识。"一·二八"时，他与同学金万里（金焰饰）、乐以琴（魏鹤龄饰）投考了杭州航空学校。在这里，高飞与白岚及其妹燕秀重逢。"七七"和"八一三"全面抗战爆发后，高飞、金万里、乐以琴等参加了战斗。由于燕秀被炸死，更增添了他们对敌人的仇恨。当敌机再次来临时，他们群起升空，予以坚决还击。影片重现了抗战初期中国空军志士阎海文、沈崇晦等人英勇作战与壮烈牺牲的事迹，是一部反映中国空军成长和壮大的影片及反映中国空军战士壮志爱国、杀身成仁的影片。

（三）应云卫

应云卫也是我国优秀的戏剧与电影导演。重庆陪都时期是他艺术生涯的辉煌期。少年时代，他就喜爱戏剧。20世纪30年代，他投入左翼戏剧运动。抗战初期，他担任上海救亡演戏队三队与四队的队长。1937年底，他在武汉发起组建中华全国戏剧界抗敌协会。1938年，他随"中电"来到

---

① 孙瑜：《编导者言——谈影片〈火的洗礼〉》，《国民公报》1941年5月4日。
② 孙瑜：《编导〈长空万里〉的经过》，《中央日报》1940年12月7、21日。

重庆陪都。在重庆陪都期间，他积极参加抗日民主活动和抗战戏剧与电影的组织领导工作，同时编导电影与戏剧。"皖南事变"后，他辞去"中制"编导委员之职，担任中华剧艺社社长。这以后，他把主要精力用于该社组织与领导工作和编、导、演抗战戏剧。因此，他在重庆陪都编导的电影就数量而言，确实不多，不过很有艺术个性，取得了一定成就。

1940年，应云卫编导了《塞上风云》。这是抗战时期第一部反映民族团结共同抗日的影片。应云卫组建并率领西北摄影队赴塞北拍摄外景。摄影队初到盟地时，蒙古民众是非常不了解他们的来意的。"有一次，舒绣文为了熟悉蒙古姑娘的动作姿态，曾去访问一个蒙古家庭，但是她们都躲避起来了，为的是怕她来剪她们的发辫。男人们对男性工作人员来临，会认为拉他们去当兵的。可是经过他们耐心的解释以后，一切疑惑都消除了。"① 他们往返途中两次经过延安，都受到延安文化界的热烈欢迎，周扬主持会议欢迎他们，朱德总司令设宴招待他们，吴玉章、董必武、徐特立、茅盾、丁玲等出席作陪。西北摄影队回渝后，"中电"举行晚会欢迎他们归来，郭沫若在欢迎晚会上即席赋诗，赞扬他们"以艺术的力量克服民族的危机！以塞上的风云扫荡后方的乌烟瘴气"！②

这部影片描写的是一个爱情故事。蒙古族青年迪鲁瓦（周峰饰）爱上了蒙古族少女金花儿（黎莉莉饰）。迪鲁瓦看见金花儿与汉族青年丁世雄（陈天国饰）过往甚密，便心怀妒意。丁世雄从小随贩马为生的父亲旅居蒙古族地区，思念沦陷于敌手的东北家乡。抗战爆发后，潜伏于蒙古族地区近二十年的日本特务长（周伯勋饰）开始活动了。他操纵王爷，假扮喇嘛，利用迪鲁瓦对丁世雄的不满，挑拨汉蒙关系。此事为金花儿的哥哥郎桑（玉珏饰）察觉。于是，郎桑被绑架。这一阴谋被迪鲁瓦的妹妹诺尔吉娜（舒绣文饰）发现，诺一尔吉娜以蒙汉两族团结抗日的大义争取了王爷府保安队的反正。此时，迪鲁瓦也明白了真相，同丁世雄携手合作，一起参加援救郎桑的斗争。最后，蒙汉两族人民进攻王爷府，击毙日本特务长。在战斗中，金花儿不幸中弹牺牲。这部影片选取了民族团结这一战时具有重要现实意义的主题，揭露了日本侵略者企图分裂中华民族的阴谋，

---

① 述周：《〈塞上风云〉摄影队的塞上行》，《新华日报》1941年10月21日。
② 郭沫若：《迎"西北摄影队"凯旋》，《中国电影》第1卷第1期。

成功地刻画了一批蒙汉青年人物形象。导演应云卫充分利用推、拉、摇等运动镜头、大特写以及动作和细节表现突出人物性格。如迪鲁瓦的出场是他猎归放马奔驰,他见到金花儿,立即弯腰将其抱到马上,疾驰而去。短短几个镜头就生动刻画了一个粗犷英武的蒙古族青年形象。应云卫还注重发挥演员的独创精神,使表演真实生动。尤其是黎莉莉演的金花儿中弹牺牲,很长一个镜头,没有一句台词,全靠演员一次完成,十分精彩。[①] 这部影片在抗建堂连续放映33场,被观众与评论界称为是一部思想性与艺术性俱佳的影片。

[①] 参见朱钊、汪朝光《民国影坛纪实》,江苏古籍出版社出版。

第九章　音乐·美术

重庆陪都的音乐与美术有了巨大发展，成为大后方音乐与美术的重镇。这自然也得力于汇聚在重庆陪都的音乐家与美术家们的辛勤劳作。他们在重庆陪都开展了一系列音乐活动与美术活动，创作出了一批又一批音乐作品与美术作品，为重庆陪都抗日民主运动和抗战文化运动的推进以及中国现代音乐与现代美术质量的提升做出了不可磨灭的贡献，有的音乐家与美术家还为此献出了自己宝贵的生命。本章就重庆陪都的音乐与美术的总体面貌和有代表性的音乐家与美术家及其作品加以论述。

一、音乐概况

抗战前夕，重庆的音乐存在着背反性极强的两极歌声。一极是播放于舞厅、酒吧间、夜总会的诸如《毛毛雨》《桃花江》《月亮在那里》之类的时代弱音，另一极是民众歌咏会等团体演唱的诸如《义勇军进行曲》《大路歌》一类的抗日救亡的时代最强音。"七七"卢沟桥炮声震撼着中国大地，自然也冲击着远离前线的重庆乐坛。从此开始，前一极声音被时代暴风雨冲刷，很快消失；后一极声音迅速成为主潮，响彻山城。战时，重庆陪都的音乐团体众多，音乐品种齐备。其中，有民间的与官办的，有业余的与专业的，有研究机构与学校教育的，涉及声乐与器乐、中乐与西乐、演唱与演奏、创作与翻译等等，显得多姿多彩。

（一）歌咏

重庆陪都音乐活动，是以歌咏开始的。1937年9月18日，市救亡歌咏协会为纪念"九一八"六周年，开展了规模空前、声势浩大的游行演唱。是日，八百多名歌手排着整齐的队伍，从青年会出发。他们高举着抗日救亡横幅，抬着血迹斑斑的巨型中国地图，佩戴黑色袖章，唱着救亡歌曲。"九一八，血泪尚未干"；"起来，不愿做奴隶的人们"；"工农兵学商，一齐来救亡"；"大刀向鬼子们的头上砍去"……嘹亮的歌声，吸引了广大民众。沿街的不少商店自动关门，营业员、工人、市民乃至警察不约而同地纷纷加入游行队伍，高唱战歌，高呼口号。八百多人的歌咏队伍很快增至三千余人。游行队伍来到当时还在规划中的蒋介石行营地时，数千名观众挤在行营广场上，他们既当观众，又当演员，几千人大合唱，歌声震天，气势磅礴，群情激愤。

1938年"七七"抗战周年纪念日这天，重庆陪都民众歌咏会、中华歌咏队、青年歌咏社与青年剧社、怒吼剧社等14个团体联合举行了火炬游行。他们高唱《祖国进行曲》《大刀进行曲》，高呼救亡口号，雄壮的歌声与响亮的口号声、洪亮的音乐乐器声交响成一股巨流，拨动着沿街广大市民的心弦。从1937年"七七事变"后一年时间，重庆陪都歌咏活动热烈蓬勃，抗日救亡歌曲传布于重庆陪都大街小巷。这表明了"这个古老的山城是年青了，这个沉默着的山城在怒吼了"。①

1939年以后，重庆陪都音乐活动多以音乐演唱会与演奏会的方式持续展开。1939年2月5日，中国电影制片厂合唱团假中央公园举行露天音乐会，中国电影制片厂合唱团演唱抗日救亡歌曲二十余首，孩子剧团演唱抗日救亡歌曲十余首。这次音乐会有独唱、对唱、齐唱、二部及四部合唱，获得数千名观众欢迎与重庆陪都传媒好评。《新华日报》在消息报道中，认为演唱的《流浪儿》显得"别致"，《募寒衣》与《上战场》的四部合唱"最佳"。

1940年9月3日，重庆陪都音乐界人士和郭沫若、田汉、老舍等五十余人发起举行音乐家张曙追悼大会。是日，重庆陪都文化界一百余人出席追悼大会。周恩来出席会议并讲话，称赞张曙与聂耳同为文化战线上的两员猛将，并认为已经兴起的救亡歌咏代表大家发出了反抗的怒吼，代表大众发出了要求团结的呼声。郭沫若在讲话中肯定了张曙的功绩，还认为："离开了民族的精神，没有文化，没有一切。"张曙于1938年12月24日在

---

① 凤耶华：《"七七"在怒吼了的山城——重庆》，《新华日报》1938年7月15日。

桂林日机轰炸中遇难。这次追悼大会虽然开得较晚，意义却重大，不仅肯定了张曙的功绩，也谋划了重庆陪都歌咏今后的发展方向。12月26日，"文工会"假中国电影制片厂举办音乐演奏会，冯玉祥、何应钦、周恩来、郭沫若和苏联友人米海耶夫以及文化界七百余人出席。参加演奏的有育才学校音乐组二十余位演员，演奏节目有齐唱、二部合唱、钢琴独奏、钢琴连弹等等。小演员们演奏的《前进》《清溪》《小顽皮》《小模范曲》以及莫扎特的小步舞曲获得了听众赞美。音乐家蔡国金的小提琴独奏和胡然独唱的《嘉陵江上》《星光灿灿》《八百壮士》等歌曲，博得全场热烈掌声。

1941年1月4日，重庆陪都文化界假卫戍司令部中山礼堂举行歌舞晚会，文化界五百余人出席。主要由边疆各少数民族表演歌舞，节目有苗歌、蒙古歌、彝族爱情歌、西康民歌、新疆歌舞、西藏歌舞以及口琴、二胡齐奏和《义勇军进行曲》等等。

1941年3月12日举行的音乐演唱会蔚为壮观。是日，国民政府教育部为纪念孙中山逝世16周年和国民政府精神总动员2周年，在夫子池举行千人大合唱。参加合唱的有中央大学、重庆大学、四川省教育学院、重庆医制学校、南渝中学、中训团音干班、中央政治学院、山城合唱团、怒吼社合唱团等21单位的一千余人，吴伯超、郑志声、金声、李抱忱任指挥，国民政府、中训团、卫戍司令部等8个军乐队中的108人组成军乐队伴奏，演唱《总理纪念歌》《精神总动员歌》《天下为公》《锄头歌》《拉纤行》《我们是民族歌手》等11首歌曲。蒋介石、于右任、何应钦等政要出席观看，"中电"现场拍摄。

1946年1月5日，重庆陪都音乐界与重庆陪都各界联合举行冼星海纪念演奏会。是日，周恩来、郭沫若、陶行知、邵力子和音乐界以及各界人士一千余人出席。周恩来、陶行知、郭沫若在讲话中称赞冼星海为人民、为民族而歌的精神，呼吁开展争自由、争民主的斗争。会上演奏了冼星海的遗作《热血》《太行山》《夜半歌声》《茫茫的西伯利亚》《生产大合唱》《黄河大合唱》等等歌曲。《新华日报》专辟《冼星海纪念特刊》，发表了马思聪、吕骥及郭沫若、何其芳、沙汀等人的文章。

（二）音乐团体及音乐会

中华全国音乐界抗敌协会（简称"音协"）、国立音乐学院、中华交响乐团、中国音乐学会、新音乐社等团体及其举行的音乐会颇有特色，推动着重庆陪都音乐活动深入向前发展。

"音协"于1938年12月25日成立于重庆陪都。该会是一个十分松散的音乐组织，所起的作用与影响自然不能与"文协""剧协""影协"和"美协"相比拟，但在重庆陪都也开展了一些重要的音乐活动。1941年4月14日和20日晚，"音协"在抗建堂和黄家垭口实验剧院分别举行音乐会。前者由国立音乐学院实验管弦乐团演奏，后者由中国交响乐团演奏。演奏的抗战歌曲与外国名曲都感动着广大听众。1942年2月10日为"文运会"的文化宣传周的"音乐日"。这次音乐日由"音协"筹办。是日，"音协"举行室内音乐会和露天音乐会。1945年4月3日，"音协"在重庆陪都抗建堂举行刘雪庵作品演奏会，节目有《自由神》《空军驱逐曲》《出征歌》等等。抗战胜利后，"音协"自然消失，然而另一个全国性的音乐组织——中国诗歌音乐工作者协会成立了。该会成立于1946年2月17日。是日，在渝音乐家与诗人力扬、戈茅、柳倩、田汉等三十余人参加会议。成立会上通过了会章，选举田汉、马思聪、贺绿汀、光未然、何其芳、臧克家等25人为理事。会上议定了今后工作纲要，决定每月召开一次座谈会，研讨新诗创作，每月召开一次音乐晚会，作研究性表演，筹办中国诗歌音乐月刊。大会致书"较场口事件"中受伤的郭沫若、李公朴等人，表示对"较场口事件"制造者的谴责与愤怒，表示作郭沫若、李公朴的后盾和对他们的敬重之情。

国立音乐学院于1940年9月建立。该校师生在重庆陪都举行了多场音乐演奏会。1941年5月9日，该院与中国电影制片厂合唱团、国立音乐专科学校同学会共同主办黄自音乐会，演奏黄自的《长恨歌》。黄友葵担任"杨太真"，应尚能担任"唐明皇"，胡然、劳景贤、洪达琦独唱，叶怀德长笛，易开基钢琴，陆修棠二胡。同月31日，该院管弦乐团应中央电台之约举行西乐音乐会，演奏多部外国歌曲。1943年1月29—30日，该院为响应"文化劳军运动"，师生百余人由李抱忱教授带领，在国泰大戏院举行音乐会。1946年1月5日，该院师生组成演出队参加重庆陪都文化界在七星岗江苏同乡会礼堂举行的冼星海纪念音乐会，演唱《黄河大合唱》及冼星海的其他一些独唱与合唱歌曲。是日晚，周恩来、叶剑英、董必武、郭沫若、陶行知、邓初民、沈钧儒、黄齐生等人出席纪念音乐会。这次演出，获得周恩来等人及观众热烈欢迎，产生了巨大影响。

中华交响乐团于1940年6月6日成立于重庆陪都。初为民间乐团，1942年10月由国民政府教育部接管，孔祥熙为名誉指导长，司徒德为团长，马思聪任指挥，1946年4月迁至南京。该团的成立及其频频演出为重庆陪都乐坛大增光彩。1940年6月8日，该团举行成立演奏大会，名誉指导长孔祥熙及中外文化人士二百余人出席，马思聪担任指挥，演奏了数首中外歌曲。7月6日，该团在中央公园篮球场草坪上举行演奏会，重庆陪都各界人士踊跃出席观看。8月13日，该团在中央公园举行公演，演奏节目有莫扎特的《开场曲》、西班牙的《火舞曲》、贝多芬的《英雄交响曲》，马思聪演奏了《塞外舞曲》《回旋曲》《狂想曲》，吴树樾独唱《八一三纪念歌》《满江红》和《自由的号角》。1941年3月5—6日，中华交响乐团与国立音乐学院实验管弦乐团、国立实验剧院管弦乐团在国泰大戏院举行联合演奏会，吴伯超、马思聪、郑志声任指挥，戴粹伦任独奏，演奏了贝多芬的《第五交响曲》、莫扎特的《美奴爱特舞曲》、韦伯的《自由射手序曲》、莫索尔斯基的《荒山之夜》、门得尔松的《小提琴独奏曲》及马思聪的《思乡曲》《塞外舞曲》，等等，观众达万余人，"中电""中制"现场拍摄，中央电台对外转播。同年10月，中华交响音乐团连续五次公演，报界称为"演奏成绩甚佳"。[①] 自1943年4月2日起，该团每逢星期日举行音乐会，系统演奏贝多芬、莫扎特、韦伯等外国音乐名家的交响曲。1944年5月6日，该团为庆祝成立四周年举行露天音乐演奏会，演奏了贝多芬的《第七交响曲》和柴可夫斯基的《第五交响曲》；7月2日，该团在广播大厅举行音乐演奏会，演奏了柴可夫斯基的《第六交响曲》、贝多芬的《第二交响曲》及马思聪的近作《西藏音组》。

中国音乐学会于1942年4月5日成立于重庆陪都。是日，国民政府教育部次长顾毓琇、社会部次长洪兰友、教育部音教会副主任委员郑颖孙、国立音乐学院院长杨仲子等及会员二百余人出席，讨论并通过该会会章。该会多次与各会员团体，如国乐音乐会、山城合唱团等音乐团体联合举行音乐大会。国乐音乐会由中央广播电台音乐组同人组成，为中国唯一正式的国乐团体。1942年8月27日，该会为纪念孔子诞辰特举行国乐演奏会。

---

① "消息"，《新华日报》1941年10月25日。

此次演出多系精选新曲古谱，全部节目 11 曲，有乐队大合奏、齐奏及各项独奏，有被称为古琴圣手的徐之白的演奏，也有被称为古筝名家的梁在平及琵琶专家杨太均等人的演奏。1944 年 4 月 5 日，中国音乐学会举办音乐节纪念大会，决议编辑音乐学会丛书。音乐专科学校学生在会上演唱了我国作曲家的歌曲。

新音乐社于 1939 年 10 月 15 日成立，李凌、赵沨、沙梅、林路等人发起。该社在重庆陪都乐坛开展了多种音乐活动，取得了显著成就。该社先后创办了《新音乐》《音乐艺术》《音乐副辑》等音乐刊物，编辑出版了《三年歌选》《音乐创作集》《民主歌声》等歌曲选集和《新音乐教程》《苏联音乐》等音乐丛书，在《新华日报》等报刊上编辑《时代音乐》专栏。该社于 1941 年领导重庆陪都业余合唱团公演《黄河大合唱》等震撼人心的歌曲演唱会，1946 年 1 月 5 日举办了冼星海纪念演奏会，并在会后不久成立了"星海"合唱团与"民主"合唱团。该社 1940—1941 年间开展了音乐"民族形式"研讨会，就新音乐与抗战、音乐民族化、大众化等等问题进行认真而有益的讨论，促进了中国民间音乐的收集、整理、改编与演唱。

（三）"音乐月"

这里，还应特别值得一提的是 1942 年 3—4 月和 1943 年 3—4 月的"音乐月"。这两个"音乐月"不仅显示出重庆陪都音乐活动达到了高潮，而且也显示出战时音乐创作达到的新水平。

1942 年的"音乐月"，重庆陪都学术机构与音乐团体全力投入，举行了 10 余场音乐演奏会，有独唱会、个人作品演奏会、室内音乐会、交响乐演奏会、音乐大会、群众性露天音乐会等等，演奏中外名曲数十种，观众达 10 万人次。3 月 26、28 日，重庆陪都新运大礼堂举行了蔡绍序个人独唱会，有西洋歌曲和《屈原》中刘雪庵作的插曲。3 月 31 日，重庆陪都新运大礼堂举行了沙梅个人作品演奏会，有蔡绍序、杜枝、姜臻等人的独唱及三重唱，有王云阶指挥的大合唱。其中，沙梅的《嘉陵江船夫曲》最受听众欢迎。这首歌曲是沙梅精心创作的杰作，写嘉陵江船夫的劳苦生活及其对早晨曙光的欢呼，歌曲中那有力的呼喊和嘉陵江峻险的滩岩牵动着听众的心。同日，重庆陪都抗建堂举行交响乐演奏会，由中华交响乐团主演，王人艺指挥，演奏的作品有西方古典主义及苏联作曲家的歌曲、莫扎特的《第四交响曲》、贝多芬的《第五交响曲》、柴可夫斯基的《第四交响曲第二乐章》、珂采托夫的三角琴曲等等。整个大礼堂挤满听众，情绪热烈，秩序井然。4月1—2日，重庆陪都国泰大戏院举行音乐演奏会，由国立音乐学院学生演奏，节目有小提琴独奏、二胡独奏，有合唱，有《秋子》和《浮士德》等中外歌剧中插曲的演唱。4月10—11日，重庆陪都新运大礼堂举行室内音乐演奏会，由管喻萱夫人独唱。4月13日，重庆陪都广播大厦礼堂举行国立音乐学院师生独唱会。

1943年4月5日，为纪念黄帝诞辰，国民政府将这一天定为音乐节，以资纪念黄帝诞辰作乐之意。是年音乐月即从此日开始。是日，中央交响乐团在银行界进修社举行音乐会。同日，育才学校音乐组在广播大厦举行演奏会，有学生合唱、钢琴独奏、独唱等，尤其是冯玉祥将军的独唱，那"打回老家去，收复国土"雄壮激昂的歌词使三百余位听众为之动容，感奋而泣。从这一天起，重庆陪都各音乐机构与音乐团体纷纷举行形式多样的音乐演奏会。

这两次"音乐月"反响强烈，重庆陪都新闻传媒不仅发表演出消息，而且发表多篇文章加以评论。《新华日报》发表更佚的《"音乐月"中的一点检讨》一文，对"音乐月"的成绩与缺失作了全面评析。文章认为，沙梅作品演奏会让听众感知了一位战士是如何艰苦地致力于他的创作，他那只《嘉陵江船夫曲》不单描写得非常动人，而且把整个人生都刻画在音乐里面了；中央交响乐团的演奏会把西洋音乐介绍给了抗战中的中华民族，这是一项大的贡献；国立音乐学院的演奏会显示出一个最高艺术学府具有的风范；中训团音干班的演奏会充分表现出一种战斗的精神与意志，他们演唱的歌曲如《胜利进行曲》等充满了战斗气息。同时，文章结合"音乐月"探讨了音乐与现实人生的关系、音乐工作者与现实人生的关系及音乐创作等一些理论问题。

由上叙述可以看出重庆陪都音乐大体呈现出这么一种走向：由大型歌咏到中小型的音乐演奏，群众性、时代性与艺术性逐渐融为一体，音乐水平与质量不断提升，音乐的教育作用、认识作用与美育作用日益显露。

（四）音乐委员会与国立音乐院校

国民政府教育机构和国立音乐院校为重庆陪都音乐的发展作了不少工

作，起着程度不一的作用。国民政府教育部专设音乐委员会，主持音乐教育与音乐活动。1939年3月，该会开办音乐教导人员训练班，意在造就各地音乐教导人员，明令川、陕、滇、黔、桂、鄂各省选送人员，并在重庆陪都公开招考。该会与社会部于同年4月1—14日在重庆陪都举办学生歌咏比赛会，参加初赛的学生1200余人。4月1日，重庆陪都的部分小学生在社交会堂举行歌咏预赛，35所小学学生参加，《渔翁曲》为指定歌曲，《打回东北去》《我们是游击队》《战！战！战！》等为表演歌曲，贺绿汀等15人为评委。4月14日，重庆陪都学生歌咏比赛举行颁奖大会，巴蜀小学与南开中学获奖，同时举行表演会。巴蜀小学与南开中学学生表演了他们的获奖节目，川师附小和励志管弦乐队以及蔡绍序、应尚能、陈田鹤、胡静翔、洪达琦等人也参加了演唱。"我有锄头，我有锹""我有枪炮，我有刀""我们更有热血如潮，齐心合力来把国保"的洪亮歌声受到热烈欢迎。1940年9月，该会要求重庆陪都市立专科学校增加课外音乐活动，其要点有：专科以上学校应聘请音乐教师；指导学生组织歌咏团、合唱团、国乐团、音乐研究会、口琴队、西乐队，每个学生至少参加一种；每学期应组织学生音乐公演会；举行联合音乐会或音乐比赛；各校应酌拨音乐专业费；各校音乐活动得与该会取得联系。1940年12月，教育部再次通令国立学校组织歌咏队，并要求将成立日期、组织章程、进行计划、指导人员、姓名履历、开办经费等项报部。1942年，该会第五届全体大会决定3月5日—4月5日为重庆陪都"音乐月"，意在提倡音乐教育。1943年3月12日为国民精神总动员四周年纪念日，该会特主办大型音乐会，国立音乐学院本院与分院、国立歌剧学校、中华交响音乐团、中央广播电台音乐组、大同乐会、国民政府军乐队、中央调练团军乐队、军政部军乐队等10余单位参加演出。有国乐、军乐、管弦乐、歌咏等节目，分10个区域演奏，以夫子池、川师和较场口三区为中心。该会，竭力将重庆陪都的音乐活动统管起来，使之完全纳入当局政治文化宣传与教育的轨道。

国立音乐学院、国立师范学校音乐科、育才学校音乐组不仅在校内外举行音乐演唱会与演奏会，而且大力普及音乐教育，为重庆陪都乐坛发现和培养了一批年轻有为的人才。

《新华日报》为重庆陪都音乐的长足发展也做出了重要贡献。《新华日报》不仅报道音乐活动，开展普及音乐教育工作，还不失时机地发表文章，探讨音乐路向与音乐理论问题。1942年"音乐月"活动中，《新华日报》发表更佚的文章《"音乐月"中的一点检讨》就非常及时地指出了重庆陪都音乐所存在的问题："在大小节目中，多半是演奏外国作品，而配合目前抗战时期所需要的内容太少了。"文章尖锐地指出，今天抗战已进行五年，世界已掀起了反法西斯战争潮流，音乐演奏绝不能离开这个现实，音乐的节奏必须合着这个时代大节奏。当前的音乐演出应以自己民族的抗战作品为中心，应配合现实生活的要求，应起到把人们带到一条战斗的路上去；同时，也不能排斥介绍与演奏外国名曲，可以也应当介绍一部分世界名著作为借鉴；还应发掘中国民间音乐遗产，创造出真正的有中国作风与中国气派的音乐作品。1943年4月的"音乐月"时，《新华日报》发表署名E·F的文章《"音乐月"与音乐教育运动》，要求音乐工作者不仅要使重庆陪都民众有音乐听，有新歌唱，还应把音乐扩展到民间、工厂和军队中去，使全民族都沉浸在音乐的享受里，都用音乐来表现他们的生活并使生活更提高，战斗更热烈，都用生活的战斗经验来创造伟大民族的新兴音乐。1943年10月11日，《新华日报》还以问答方式阐释了音乐的功能、音乐与时代与民众的关系、音乐工作者的品格等问题。——关于音乐的功能问题：音乐是革命的武器，可以是被压迫与被侮辱者的哀声与怒叫，可以是启发与兴起人们求生存、求奋斗意志的呼声，可以是进军的号角，可以是胜利的凯歌，今天的音乐应当为抗战服务，为人民大众服务；关于音乐工作者的人格修养问题：必须"和群众生活在一起，向群众学习，肯虚心做小学生"。这样的音乐工作者才能成为一个战士，他的情感必然会像火一样热烈逼人。同时，今天的音乐工作者也应学习中国传统音乐与民间音乐，也应学习一些理论书籍，诸如卢那察尔斯基的《实证美学的基础》、普列汉诺夫的《艺术论》、托尔斯泰的《艺术论》等等。这无疑是用毛泽东文艺思想来引导重庆陪都音乐工作克服缺点，沿着正确、健康的道路向前发展。中央交响乐团是中国现代音乐史上一个高水平的艺术音乐团体。该团在演出过程中演奏的歌曲绝大部分是外国名曲。《新华日报》发表文章，对此加以循循善诱：中央交响乐团在今后可考虑重庆陪都市民的吸收水平，做一个较长远的打算，从最初一步步的砌上去，使听众由浅入深，逐步提高对高深音乐的兴趣与修养，那对于音乐在中国发展的贡献将是无比巨大的。希望该团多发扬初期的成绩，多演出些像贺绿汀的

《野宴》、马思聪的《绥远组曲》与《西藏音组》及郑志声的《朝拜》等获得广为称誉的歌曲。

二、马思聪·赵沨·贺绿汀·沙梅

战时，中国音乐家与音乐团体大都汇聚于重庆陪都。他们都为重庆陪都音乐的发展与繁荣贡献了自己的"心力"。音乐家中，马思聪、赵沨、贺绿汀与沙梅无论在音乐活动方面，还是在音乐创作方面，都是具有代表性的音乐家。

（一）马思聪

马思聪早年留学法国，学习西洋音乐。1929年以后，他除从事小提琴演奏、音乐教学与乐队指挥外，还开始了音乐作品的创作。他立足于中国现实，一面吸收西洋音乐理论与技巧，一面发掘中国音乐固有的特征，创作出了具有独特艺术个性的音乐作品。抗战爆发后，他由广州而香港，1940年初抵达重庆陪都，后去香港、桂林，1944年再度到达重庆陪都。他在重庆陪都期间，撰写文章探讨中国现代音乐的发展问题。他在《中国新音乐的路向》中就这样说道："中国音乐家们，除了向西洋学习技巧，更要向我们的老百姓学习。他们代表我们土地上的山、平原与河流，新中国的音乐不会是少数人的事，它是蕴藏在跟四万万颗心里头的一件事。"这就是他的音乐来自人民而又为人民服务的音乐观。这一音乐观，贯穿于他在战时从事的音乐活动与音乐创作实践中。

他在重庆陪都期间，举行和参加了一系列个人独奏会与演奏会。他到重庆陪都不久即举行了个人奏播晚会。1940年2月23日，他由夫人伴奏，演奏他自己创作的歌曲，如《思乡曲》《回旋曲》《泰戈舞曲》。1945年2月13—16日，他连续四天举行音乐演奏会。中央交响乐团成立后，他即任该团指挥，随该团在重庆陪都多次演出，指挥或演奏了外国音乐家的名曲及中国音乐家和他自己的乐曲。

1944年以后，重庆陪都和整个大后方民主运动高涨时，马思聪投身于民主斗争行列。1945年2月，他参加了重庆陪都文化界对时局进言的签名活动，要求民主自由、结束一党专政、成立联合政府。1946年2月17日，他作为中国诗歌音乐工作者协会理事之一，与其他理事一道，致书其时"较场口事件"中受伤的郭沫若与李公朴等人，表示慰问与敬佩之情，呼吁和平反对内战。

战时，马思聪创作的音乐作品种类繁富。器乐作品有小提琴《内蒙组曲》（即《绥远组曲》）、《牧歌》《F大调小提琴协奏曲》《钢琴弦乐五重奏》《第一弦乐四重奏》；管弦乐作品有《西藏音组》与《第一交响曲》；声乐作品有抗战歌曲《自由的号声》（金帆作词）、管弦乐队伴奏大型独唱曲《不是死是永生》《抛锚大合唱》《民主大合唱》（端木蕻良作词）等等。他的音乐作品构思新颖，具有鲜明的民族风格。他在重庆陪都演奏与创作的音乐作品可以说达到了重庆陪都音乐和中国音乐特别是其中的"艺术音乐"的最高水平。他的《内蒙组曲》与《西藏音组》在重庆陪都乐坛与世界反法西斯乐坛上都产生了重要影响。徐迟在《介绍马思聪的乐曲〈西藏音组〉释》中认为，这首乐曲是马思聪的音乐风格由秀丽典雅转向雄浑、强烈、力量、粗野的过渡性作品，并认为这正是一个音乐家作为民族中感性特别强烈的人对于民族心情体验所做出的反应。[①]《内蒙组曲》这部乐曲共分三章。第一章为《史诗》，音乐家用美丽的音色描绘出塞北荒漠的风光，小提琴奏出庄严的主题。第二章为《思乡曲》，活用绥远一首民谣："城墙上行人，城墙下骑马；想起咱的家乡，我就肉牙儿抖。"由此勾起受众强烈的怀乡之念。第三章为《塞外舞曲》，曲中有胡笳声、鼓声、歌声、舞声，这些声音与激昂的曲调相配合，形象地描绘出了塞外节日的景象。马思聪的这部乐曲确实如葆荃在《介绍马思聪先生的〈绥远组曲〉》中说的："是马思聪先生利用民族形式的一个成功的尝试，并成为他的创作之路的新的起点。"同时认为，这首乐曲将中西音乐"配合起来，给了中国的音乐一个新的生命"。[②]正因为如此，马思聪的音乐作品在重庆陪都乐坛与世界反法西斯乐坛演奏时，起到了沟通中国人民与世界反法西斯人民心灵的作用。

（二）赵沨

赵沨于抗战爆发初来到重庆陪都，1941年"皖南事变"后离开重庆陪

[①][②] 此文发表于《新华日报》，1945年2月13日。

都。他在重庆陪都几年间，从事音乐教学工作，编写音乐论著，主编音乐刊物，参加一系列音乐活动，创作音乐作品。他在体育专科学校和精益中学等学校任教。同时，他还在重庆陪都多个社团教唱抗日歌曲：受中央警官学校校长之约，去该校合唱团教唱《松花江上》等歌曲，该合唱团成员为东北流亡学生，虽受的是警官训练，但思乡之念与挽救民族危亡之情甚为浓烈；经李公朴介绍去基督教青年合唱团教抗日歌曲；因精通俄文，在中苏文协俄文夜校合唱团教唱苏联歌曲与中国抗战歌曲。通过教唱歌曲，把中国抗日救亡的歌声传给方方面面的人士，起着普及与传播抗日救亡歌曲、激励抗日救亡斗志的作用。

他在重庆陪都教唱与演唱抗日救亡歌曲过程中，为《黄河大合唱》在重庆陪都首次公演做出了他人不可取代的贡献。《黄河大合唱》是冼星海以光未然的词谱成的。1939年4月13日在延安公演。从此开始，这首歌曲传唱于海内外。同年秋，这首歌曲在重庆陪都出版发行。但由于重庆陪都当局的阻扰，这首歌曲一直到1940年10月才得到练唱。重庆陪都业余合唱团从这年10月开始练唱。赵沨每周到该团教唱与排练，持续两个月之久，到12月15日才得以公开演出。是日，"文协"与国际反侵略大会中国分会等八个团体举行联合晚会，周恩来、郭沫若、老舍等各界人士出席。光未然担任朗诵，赵沨独唱《黄河颂》，把晚会推向高潮，会场响起热烈掌声。

赵沨在重庆陪都期间，除了以教唱歌的方式传播抗日救亡意志与培育音乐人才外，还作了于音乐理论与音乐创作有重大贡献的工作，即编著音乐论著和主编音乐刊物。他与李绿永合作，编译了《苏联音乐》，1941年7月由读书出版社出版发行。本书分为两大块：一是选辑苏联音乐研究理论文章十余篇，计有立波、安娥、葛一虹、王云阶、赵沨、元庆等人翻译的研究论文；二是选辑苏联最流行的名曲四十余首，计有光未然、李嘉、陈原、吕骥、施谊、塞克、赵沨、陈歌辛、丁珰、叶圣陶等人配词译词。这是中国第一部苏联音乐研究文章与歌曲的结集。他与李凌编著的《新音乐手册》，1942年10月由立体出版社出版发行。该书积累了大量的音乐知识与音乐理论，为当时中国不可多得的一部音乐入门著作。他与白澄编著的《五月之歌》，1945年出版发行。他的《中国音乐研究》《诗经的音乐及其他》，与华山的《求生的艺术与求死的艺术》，都颇有理论价值与实践意义。他和李凌主编的《新音乐》月刊为重庆陪都及整个大后方音乐界及社会各界所瞩目，产生了重大影响。该刊于1940年1月1日创刊。周恩来对该刊十分重视，曾在曾家岩办事处接见该刊主编。李凌后来这样描述当时周恩来对他们的嘱托与希望：周恩来"谈到重庆陪都的文学、戏剧、美术都有定期的刊物，就是音乐方面还没有。他说我们要把刊物作为推动各地抗日歌咏运动的联络工具，有组织地开展工作，使各地群众性的新音乐运动活跃起来，配合当地的青年运动工作，起团结青年、教育青年的作用，把广大青年争取到抗日战线上来"。"他特别强调我们把边区（主要指陕甘宁边区）的新歌曲介绍给国统区的人民，使歌咏运动注入新血液，说这样'意义不小'。"① 该刊得到了重庆陪都与整个大后方音乐爱好者的欢迎，订购数一直在3.3万份以上，超过了当时任何一家刊物的发行量。

《新音乐》月刊不仅发表歌曲作品、介绍音乐知识的文章，还发表文章参加重庆陪都与整个大后方乃至中国抗战文艺一些重大的理论论争。比如，在"民族形式"讨论过程中，该刊在1940年8月1日出版的第2卷第1、2期合刊上，就辟有"民族形式特辑"，发表有赵沨的《音乐的民族形式》和李绿永的《论新音乐的民族形式》等重要文章。赵沨在文章中就如何创造音乐的民族形式问题提出自己的四点意见：采用"现实主义的创作方法"；"继承新音乐运动的光荣的传统"；"接受民族音乐传统的宝贵遗产"；吸收西洋音乐的高度技术与理论。李绿永在文章中也就如何创造音乐的民族形式问题发表了自己的意见，"我们以为比较中肯的还是这样：缔造音乐民族形式的主要要素，是经过批判以后的民族音乐优秀传统的全部，包括各式各样的旧形式，和旧形式的各式各样的独特要素。和"五四"以来新形式的健康要素，还有此刻还未被民间旧形式所包纳的，然而已经在大众中间创造着运用着的，表现新事物新感情的生动活泼的音响、乐汇和样式，再加外来的适合取用的要素"。这些观点，与当时"民族形式"讨论中郭沫若、茅盾等人的观点大体一致，促使着重庆陪都音乐与整个大后方音乐向民族化方向发展。1941年后，《新音乐》改名为《音乐艺术》继续出版发行。《音乐艺术》仍署赵沨和李凌主编。1945年6月3日，《新华日报》发表《"音乐艺术"》短文，对该刊作了这样的评介："这是

---

① 李凌：《忆周总理和音乐运动二三事》，《人民音乐》1978年第1期。

一本在国内很少见的音乐刊物,介绍给你国内外优良名曲,和乐坛名人故事,告诉你一般音乐知识,指导你在音乐探寻之途中正确的道路,反映音乐界的动向,报道国内外音坛大事,适合音乐界朋友和一般读者阅读参考学习。"赵沨在该刊上先后发表的《中国音乐研究》《听马思聪和王慕理》《云南俗乐研究杂记》等论文,涉及多方面的音乐问题,颇有见地。赵沨在重庆陪都期间的音乐活动促进了重庆陪都音乐向民族化与大众化方向发展,"使之真正能普遍深入到群众中,真正能成为抗战建国最有力的武器。"①

(三) 贺绿汀

贺绿汀早年师从黄自学和声、作曲与钢琴。1934年,他作的《牧童短曲》和《摇篮曲》荣获苏联钢琴作曲家齐尔品"征求有中国风味的钢琴曲"头等奖与名誉二等奖后,在中外乐坛上名声大振。同时,他为《风云儿女》《都市风光》《船家女》与《生死同心》等电影主题歌谱曲也获得成功。

抗战爆发后,他参加上海救亡演剧队第一队,由上海而武汉,1938年到达重庆陪都。先任职于中国电影制片厂、中央广播电台音乐组,1939年7月起,任育才学校音乐组主任,1941年离开重庆陪都。贺绿汀在重庆陪都几年间,举行和参加了一系列演出活动,创作出风靡全国的抗日救亡歌曲,为重庆陪都乐坛和整个中国抗战乐坛大增声色。贺绿汀多次参加"文协"举办的诗歌座谈会或诗歌晚会。1939年1月10日,"文协"举行扩大诗歌座谈会,诗歌界与音乐界人士高兰、方殷、袁勃、安娥、贺绿汀等人参加。贺绿汀在会上作了关于歌的报告。1940年3月1日,贺绿汀出席"文协"举行的诗歌座谈会,就抗战以来的诗歌成就和关于诗歌"出国"问题发表了意见。1940年11月2日,贺绿汀出席戏剧春秋社在重庆陪都天官府举行的戏剧民族形式问题座谈会,就如何创造音乐的民族形式发表讲话。1939年7月以后,他率领育才学校音乐组师生多次参加重庆陪都音乐演唱会。1940年12月26日,贺绿汀率育才学校音乐组师生参加"文工会"在中国电影制片厂举行的音乐晚会。出席会议的周恩来题词勉励他们

---

① 《编者说明》,《新音乐》创刊号。

"为新中国培养出一群新的音乐天才"。

贺绿汀在重庆陪都从事音乐教学、演奏活动及文艺研讨会议过程中，还创作了一批极有影响的歌曲，如《游击队歌》《义卖歌》《保家乡》《垦春泥》《嘉陵江上》等歌曲及《晚会》等管弦乐曲。特别是他的《游击队歌》唱遍了中国大地，给亿万中国人以极大鼓舞；《嘉陵江上》具有鲜明的民族特色与浓郁的地方风味，深受重庆陪都民众的喜爱。战时，贺绿汀为《中华儿女》《胜利进行曲》《中国青年》等电影配写的歌曲也风行一时。

（四）沙梅

沙梅于1938年来到重庆陪都后，多次参加"文协""文工会"等团体举行的文艺研讨会。如1939年1月10日，他参加"文协"举行的"诗与歌的问题"座谈会，就此问题发表意见。他多次举行演奏会，如1944年6月5—6日，连续两天举行个人演奏会。他创作的歌曲有《秋收》《祖国之恋》《打回东北去》《嘉陵江船夫曲》《抗战烈火》等；小提琴独奏曲有《小夜曲》《模范小曲》；歌剧有古典歌舞剧《红梅》等等。他的这些音乐作品在重庆陪都多次演奏，颇获听众喜爱。他的小提琴曲《小夜曲》富有中国情调，被称为"沙梅作品中成功之作"。[1]《嘉陵江船夫曲》和《祖国之恋》被称为"是抗战音乐的划期成就"。[2]

三、美术概况[3]

战时，重庆陪都的美术活动是从木刻开始的。1937年初，丰中铁和刘鸣寂、严叶语、谢又仙、胡㦮章等人组建重庆木刻研究会，开展木刻抗日救亡宣传活动。1938年6月12日，中华全国木刻界抗敌协会在武汉成立，丰中铁被选为理事之一，重庆木刻研究会即成为这一全国性木刻组织的分会。该分会在《国民公报》和《商务日报》等报刊上编辑"木刻专页"

---

[1] "本报讯"，《新华日报》1944年6月6日。
[2] 《新华日报》转"中央社讯"，1944年6月2日。
[3] 这部分内容，由贾冀川起草，我作了较大增删——作者注。

与"抗战木刻"专栏,发表木刻作品,宣传抗日救亡。"七七事变"周年纪念时,该分会第一次举办四川木刻展览会,荟萃了近一两年内重庆和成都等地木刻工作者创作的木刻作品,显示出重庆与四川木刻所具有的基础。这一切,为1938年10月以后重庆陪都美术的发展与繁荣开辟了阵地,铺垫了基石。

中华全国美术界抗敌协会(简称"美协")、中华全国木刻界抗敌协会(简称"木协")、中华全国漫画作家抗敌协会(简称"漫协")和中苏文化协会、育才学校美术组、"励志社"以及国民政府军事委员会政治部、国民党中央社会部等等团体与机构为重庆陪都美术的发展与繁荣做出了各自的贡献。

(一)"美协"

"美协"是全国美术界的抗日民族统一战线组织,1938年6月6日成立于武汉。1939年迁来重庆陪都后,开展了多次活动,举办了大型的有影响的美术展览。为了支援抗战,"美协"同中国文艺社、中法比瑞同学会等团体于1940年4月5—7日共同举办了规模宏大的劳军美展。展览会场分为四处:中国画在中国文艺社展出,西洋画在中法比瑞同学会展出,国画和书法在中法比瑞文化协会展出,国立艺专的美术作品在社交会堂展出。这次画展共展出美术作品1000余件。展出最后一日(4月7日)蒋介石亲往参观。展后,"美协"等主办团体将卖画所得的9000余元捐赠前方将士。这次重庆陪都劳军美展不仅在物质与精神上支援了抗战,同时也激励了美术家们的创作欲望,使之更好地为抗战服务。

劳军美展结束后,"美协"于1940年5月19日在生生花园举行第一届年会。马衡、唐又精、滕固、汪日章、林风眠、张道藩等80余人到会,社会部、国民党中央宣传部、国民政府教育部、内政部的代表也出席了大会。大会主席张道藩。大会修改了会章,选举张道藩等31人为理事,华林等15人为监事。大会通过了六项议案:致敬电;9月9日为美术节;呈教育部于明年4月举办第三届全国美术展览会;呈教育部拨款10万元,奖励抗战的美术作品;呈教育部增加中小学美术作品时间;请教育部从速筹设最高艺术研究机关等。第二天,"美协"举行第一次理事会,选举林风眠等九人为常务理事,张道藩为理事长。这两次会议加强了"美协"的组织建设，促进了美术界的团结与协作。

1940年9月9日，"美协"邀请在渝美术家在一心饭店举行聚餐晚会，庆祝首届美术节。张道藩、汪日章、林风眠等40余人到会，研讨今后工作。1941年1月，"美协"为扩大艺术宣传，特将会员作品100余幅运往北碚展览；3月，"美协"在中央图书馆主办女作家美术展览会，引起重庆陪都各界的关注，大大促进了女作家从事美术创作。1942年以后，"美协"在重庆陪都的活动日益减少。值得一提的是1944年5月12—17日，为纪念美术节，"美协"假中央图书馆举办的一次全国美术展览会，展出国画、油画、雕刻、金石等400余件作品。这次展出充分显露了"美协"关注的重心与倾向。正如《新华日报》在翌日的短讯中评述的：这次展出的美术作品，在油画与水彩画中，尚有几张描写抗战与反映战时生活的画，如吕斯为的《缝衣人》、秦宣夫的《公务员家庭》、宗其香的《纤夫》及张茜英的《灌县都江堰》三幅，把劳动人民的生活也表现得很逼真。然而，"走进图画展览室，几乎全是古刹丛林，深山幽壑及花鸟之类，简直与目前的战争和社会生活相隔十万八千里，它所给参观者的印象是'超凡脱俗'的生活，这一点，在目前抗战七年，正是处于艰苦的局面之下的我们，不能说不深以为异"。不过，在民主运动高潮中，重庆陪都美术家中的大多数人都投入了争民主行列。徐悲鸿、傅抱石、叶浅予、陈烟桥、刘铁华、田锋等美术家参加了《对时局进言》的签名，反对独裁，要求民主，结束一党专政，要求建立联合政府。

（二）"木协"与中国木刻研究会

重庆陪都美术最为活跃、成绩尤为突出的是木刻。"木刻是中国固有的艺术，而中国也正是木刻的祖国。"[1] 当然，中国新兴木刻是在鲁迅的倡导与扶持下成长起来的。重庆陪都的木刻家弘扬中国木刻固有的优良传统，承接鲁迅倡导的木刻方向，立足于现实社会生活，开展了一系列木刻活动与木刻展览。"木协"于1938年10月迁来重庆陪都，翌年7月7日迁往桂林。"木协"在重庆陪都期间开展的活动中最有影响的是木刻展览。1939年4月6—8日，"木协"在社交会堂举行第三届全国抗战木刻展览，

---

[1] 张望：《中国木刻十年》，《新华日报》1939年4月7日。

展出作品571幅，包括全国各地的作者102人，观众达1.5万人次。《新华日报》为这次展览出了专刊，发表了铸夫的《中国的新兴木刻运动》和《全国木刻展览闭会后》、张望的《中国木刻十年》及消息报道等文章，还发表了中铁、大化、云龙合写的《一年来的中国木刻界抗敌协会》，回顾"木协"取得的成绩及存在的问题。这次展览规模宏大，全部作品都以抗战为内容，在当时所有的美术展览中这是第一次。这次所展木刻作品有套色木刻、彩色木刻，显示出木刻作品质量的提高和品种的多样。此次展览后，一部分作品送往苏联参加在莫斯科举行的"中国艺术展览"。当然，这次展览的木刻作品还存在一些不足，如题材范围狭窄，太偏重于前方，缺少反映沦陷区及大后方社会生活的作品；也存在公式化与抽象化的毛病。不过，在当时艰难的环境里，能够举行这样大型的展览并取得这样大的成就，仍然是难能可贵的，这正如铸夫说的：这是烽火中血的收获。①

"木协"迁桂以后，一个新的全国性木刻团体在重庆陪都成立了，这就是1942年1月3日成立的中国木刻研究会。是日，重庆陪都木刻工作者刘铁华、丁正献、汪刃锋、王树艺、黄克清、邓野等二十余人出席会议，选举王琦、丁正献、刘铁华、罗颂清、邹恒秋五人为理事，分别主管总务、出版、展览、研究、供应五个部门的工作。从此以后，重庆陪都木刻工作者在该会组织下开展了多项活动与木刻展览。

1942年2月11日，文化界宣传周美术日展出的美术作品中，主要是木刻作品。该会在《新华日报》出的"木刻阵线"第1期刊有丁迈的《拾零归来》、王琦的《冬日之防空洞》、华莱的《买面粉》等木刻作品及黎真译的凡夏夫斯基作的《艺术作品中的列宁》《木刻简讯》和代发刊词《我们的方向》等文章，表达了木刻工作者用刻刀打击侵略者及其走狗。10月10日，中国木刻研究会主办了全国木刻展览。是日，全国未沦陷的大城市都举行了规模不等的木刻作品展览。重庆陪都的木刻展览于14—16日在中苏文协举行。这次重庆陪都展览的400余幅作品是全国木刻工作者的精心制作的，除了几幅连贯性作品外，都是以前没有展出过的。其中，有30余幅木刻作品是周恩来从延安带到重庆陪都的。这些作品出自南北不同作家之手，显现出在不同地域与不同的客观情势和生活环境下的不同风

---

① 铸夫：《全国木刻展后》，《新华日报》1939年4月13日。

味。华山的《王家庄》是一套珍贵的连环木刻画，表现敌后抗敌斗争。力群的《听报告》《饮》与《伐木》等作品以多样化的表现手法展现了陕西特有的风情；焦心河的《蒙古青年》等作品表现了蒙古民族生活；古元的《哥哥的假期》《割草》与《牛棚》等作品采用中西结合的表现方法，成为探索木刻民族化的范例；李桦的《重逢》等作品保持其创作的稳定态势。徐悲鸿参观展览会后对延安木刻及共产党艺术家大为推崇，当场选购了古元的《哥哥的假期》《割草》等几幅原作。随后，他在重庆陪都的《新民报》上发表文章，对展览会给予高度评价："我在中华民国三十一年十月十五日下午三时，发现中国艺术界中一卓绝之天才，乃中国共产党之大艺术家古元。""其作品为世界艺术竞争的选手。"他对华山、力群与焦心河等人的作品也表示赞赏，肯定"焦心河之蒙古青年，章法甚好。"同时认为："李桦已是老前辈，作风日趋沉练，渐有民族形式，有几幅近于丢勒。"①

1943年1月11日，中国木刻研究会在夫子池"励志社"举行木刻展，以纪念该会成立一周年，参展作品400余件。为训练木刻人才，加强艺术宣传，中国木刻研究会在6月开设了"中华全国木刻函授班"，聘请野夫、许霏、李桦等七人为设计委员。10月10日，中国木刻研究会举行第二届全国木刻展览，重庆陪都展览区的木刻作品于10月16—17日在大梁子青年会举行，展出作品300余件。这次展览也展出了延安木刻家的作品。

1944年1月2日，中国木刻研究会为纪念成立两周年举行了全国木刻展览，展期一周。展出的500余幅木刻作品出自全国各地80余位木刻家之手。翌日，《新华日报》发表刘铁华的文章《全国木展巡礼》，对这次木刻展览给予高度评价："这次所展览的作品，不但内容广泛新鲜，而技巧上也都有进步，如构图的精细新颖，光线的配置，刀触的运用，主题的表现等等，都显示了新的不同的风格。"11月17—22日，中国木刻研究会在中苏文协举行世界版画展览会。外国作家作品中有德国画家珂勒惠支的作品，有表现当年西班牙的保卫民主战争的作品，也有美国、比利时、法国、印度等国的作家作品，苏联方面有巴甫洛夫、克拉甫兼珂、梭阔洛夫、波列珂夫等名家作品。这些作品的技术值得中国木刻家去借鉴，作者

---

① 徐悲鸿：《全国木刻展览》，《新民报》1942年10月18日。

和人民大众密切结合的态度尤其值得中国木刻家学习。展览中还有胡一川、古元、刘仑、野夫、王琦、梁永泰等中国木刻家的作品。

1945年9月8日,重庆陪都木刻工作者举行聚餐会,陈烟桥、王琦、丁正献、王树艺、罗永泰、刃锋、陆地等十余人出席,研讨木刻工作者怎样迎接并争取人民胜利以及复员等问题,并议定于10月10—19日在重庆陪都举行新阶段木刻展览,展后将部分作品分送苏联、美国、英国展出。10月20日,在渝木刻家假中苏文协举行会议,陈烟桥、丁正献、梁永泰、刘铁华、刃锋、王琦等出席。会议决定将中国木刻研究会改名为"中华全国木刻作家协会",并决定第二年春在上海举行"抗战八年木刻展览会",编辑《抗战木刻八年鉴》。这以后,重庆陪都木刻家与漫画家联合开展活动。昆明"一二·一"事件发生后,重庆陪都木刻界与漫画界即于12月7日联名致书昆明学生,对遇难学生表示沉痛的哀悼,对争民主反内战的英勇行动给予最热诚的声援。表示"将用画笔和刻刀与你们的工作融成一片",并"凑集一笔款子作你们的医药费"。

1946年1月20日,重庆陪都木刻界与漫画界在《新华日报》上发表对政治协商会议的意见:要求废止出版审查,全面取消审查制度;要求写作自由,保障美术家的生活;要求停止内战,组织联合政府。

除了"木协"和中国木刻研究会以外,"文工会"亦在重庆陪都举办了几次木刻展览。其中以1941年11月21—23日在夫子池"励志社"举行的第二次木刻展览会的成就与影响最大。展出作品300余件,郭沫若与冯乃超主持预展会,左舜生、孙伏园、陶行知等文化界人士700余人前往参观。《新华日报》为此次展览特出专刊,评介展出作品。王琦在《新的收获新的努力——木展杂记》一文中认为:李桦、刘仑、野夫、纳维、陈九、王树艺等人的木刻作品均为优秀的作品,虽不敢说,那就是标准民族形式的作品,但至少有一点是不可否认的,即这些作品可能是在欧洲和美洲的木刻展览会上所见不到的。

(三)"漫协"与漫画展览

重庆陪都的漫画虽然不如木刻那么活跃,其成就亦不可忽视。1938年10月以后,中国一批漫画家先后来到重庆陪都,创作漫画作品,复刊《抗战漫画》杂志。1940年12月21日,"漫协"在中苏文协举行成立大会,高龙生、陆志庠、张光宇等人到会，大会通过章程，推举理事九人，常务理事五人，并决定近期举办鲁少飞个人速写画展和举行第二次全国漫画展览（第一次在广州），继续出版《抗战漫画》月刊，加强同各地漫画界的联系。1941年4月，"漫协"在重庆陪都举行第二届全国漫画展览会。此后，"漫协"停止活动（直到抗战胜利后的1946年1月10日才宣布恢复活动，并于3月举办了廖冰兄的"猫国春秋"和张乐平的东南战地写生两个画展）。但是，别的机构与团体以及漫画家个人依然在频频开展漫画展览活动。

军委会政治部漫画队于1939年3月26—29日在中央公园球场举行漫画展览。12月，为推进漫画运动，加强宣传效能，该队的陆志庠、黄茅、宣文杰等人由桂林来渝举办连环漫画和木刻展览。他们的作品，沿小龙坎、山洞、歌乐山、沙坪坝、磁器口、北碚等地，依里程远近次第展出。展览作品中最引人注目的是30幅"反汪"漫画。漫画家叶浅予、张光宇、张正宇、张文元、廖冰兄、余所亚、丁聪、特伟等人于1945年3月15—20日在中苏文协举行"漫画联展"，展出作品100余幅。廖冰兄的作品因写出善良人民生活的真相而紧紧抓住了读者的心；余所亚的《龟兔竞争》将传统的角色加以颠倒，获得了独特而又深刻的讽刺效果。另外几位作家以桂林撤退的现实生活为题材创作的作品，让人觉得是"用笑和着眼泪来向观众申诉"[①]。这些作品因其真实地反映了现实而获得好评。为满足观众要求，这些作品在重庆陪都重展了一次，有些作品还寄往美国出版展出。重庆陪都的漫画作品以讽喻的体式、"放浪"的表现形式成为漫画家们投向舛误倒错的社会现象的尖锐武器。

（四）画展

育才学校美术组师生也创作了不少美术作品，举办了几次显示出其实绩的美术作品展览。1942年1月12日，育才学校美术组在中苏文协举行大型画展，作品有木刻、水粉画、油画、钢笔画、铅笔画1000余件。《新华日报》特为此出专刊，发表文章大加称赞。署名"雪"的作者在《美术的新生命——参观育才画展》一文中认为，从画展中看到了艺术的新生

[①] 余所亚：《以笑进攻》，《新华日报》1945年8月7日。

命，看到了光明。木刻家廖冰兄在《控诉与呼吁——写给育才小朋友画展的观众们》一文中表达了对循例敷衍的美术教师的不满，呼吁对美育进行革新。① 著名爱国将领冯玉祥为此次画展题诗《小艺术家赞》："小小艺术家，成绩真可夸。各拿刀和笔，绘画抗战画。处处有意思，幅幅都秀拔。表现出天真，满眼皆奇葩。……要以自由血，开出和平花。但凭正义感，描写真理话。"② 抗战结束后，育才学校的美术组还举行过画展。

国民政府中一些部门也在重庆陪都举行画展，开展美术活动。社会部于1939年1月1—6日举办了有一定影响的儿童抗敌图画展。各界参观人士从不同的角度发表了观感。陈立夫在《重庆陪都儿童抗敌图画展感言》一文里认为，此次画展的目的是"于美术之陶冶以外，兼重抗敌意识之灌输"，使儿童产生"深切之民族意识，而能尽其生命之全力，以光大吾民族国家之文化，保卫吾民族国家之领土，藉以雪吾国耻，解吾国难"。③ 陈诚在《新华日报》为此次展览出的特刊上题词："永远牢记着日本鬼子屠杀中国儿童，掳掠中国儿童的惨史，为我们被难的小朋友雪耻复仇，是我们世世代代的责任！"安娥在《培养民族艺术家幼芽》一文中指出：要解决中国艺术家的缺乏问题，有必要从儿童抓起，发现艺术天才，加以悉心培养、教育，使之成为将来的艺术之花。④ 军委会政治部于1939年10月举行了一次抗战宣传画展览，有木刻、油画、宣传画等。展览中的作品里有"无辜者的血，母亲的泪，仇恨的叫嚣，互相的帮助，互相拥抱，有毁灭和新生、死寂和腾欢、绝望和胜利"。⑤ 这些作品对于振奋民众的抗战意志，推动抗日救亡运动无疑有着积极意义。教育部于1942年12月25日—1943年1月10日，在中央图书馆举行美术展览，展出作品分现代、古物两类。现代类包括书法、篆刻、国画、西画、版画、雕塑、建筑设计、工艺美术等等，作家四百余人，作品六百余件；古物类包括铜器、玉器、漆器、甲骨等274件，主要来自故宫博物院、中央博物院、中央研究所。展览期间，还举办了美术讲座，刘铁华、许士骐等应邀主讲。教育部还于

---

① 以上两文均发表于《新华日报》1942年1月12日。
② 此题诗发表于《新华日报》1942年1月19日。
③ 此文发表于《新华日报》1939年1月2日。
④ 此文发表于《新华日报》1939年1月12日。
⑤ 述周：《胜利的艺术之光》，《新华日报》1939年10月21日。

1943年1月16—20日在中央图书馆举办敦煌艺术展，展出作品二百余件，其中有以沙土制作成的莫高窟石洞模型照片、临摹画等。

中苏文协、中英文协等团体在重庆陪都画坛上也留下过痕迹。1940年12月20日，中苏文协举行美术公展，展出的200幅作品中有版画、绘画。这些美术作品的画面上"有血，有屈辱，有搏斗，有敌人必然的死，也有我们必胜的胜利"，[1]现实性极为强烈。中英文协于1943年3月15日在两路口会所举行"香港的受难"画展，这是逃离香港的美术家的作品。郁风、盛此君、杨秋火等人的作品再现了日军铁蹄下香港民众的悲惨命运，引起了观众强烈反响。

重庆陪都画坛上还有三次画展颇有特色。一次是《新华日报》社于1945年1月24—29日在中苏文协主办的延安生活艺术展，展出延安和其他抗日民主根据地军民生活照片600余幅，木刻绘画200余幅，延安出版物数百种及抗日民主根据地地图与统计图表。这次展出在重庆陪都社会各界产生广泛影响。康文参观后写道："人民的力量是无比的，只要和人民在一起，依靠人民，为了人民，任何困难都可以克服。"[2]谭平山参观后题诗赞美："拓荒坚抗战，辛苦卫疆封。耕织丰衣食，弦歌启佃佣。打开民主路，敲响自由钟。旋转乾坤运，时贤正折冲。"[3]一次是柳亚子和尹瘦石于1945年10月25—28日在中苏文协举办的"柳诗尹画联合展览"。毛泽东为《新华日报》报道这次展览的特刊题写刊名"柳诗尹画联展特刊"。郭沫若作《今屈原》一文盛赞柳亚子为当代屈原，茅盾为这次联展写了献词，徐悲鸿和翦伯赞也撰文赞誉尹瘦石的历史画。一次是影痕、鲁乐、黄志诚等100余人于1940年8月3日举行的街头抗敌诗画展。展出作品800余幅，有史诗、报告诗、街头诗等诗作，有木刻、彩炭、漫画、国画等艺术形式。这些诗画作品还在西安、汉中、成都、桂林、香港等地展出。

梳理与描述重庆陪都美术概况，可以看出重庆陪都美术呈现出这么一种走向：1939年前，重庆陪都美术尚处于起步阶段，观众与时代呼唤着明天有属于中国自己的精美的美术作品。1939—1942年间，重庆陪都美术有了巨大发展，技法上超越了模仿西画阶段，开始有了有中国情韵与特色的

---

[1] 凤展：《写在画展门外》，《新华日报》1940年12月20日。
[2] 此文发表于《新华日报》1945年1月25日。
[3] 此题词发表于《新华日报》1945年1月27日。

美术作品。1942年以后,重庆陪都美术日益成熟,特别是木刻作品精品甚众;描绘范围也不仅限于前线,而是关注着整个社会人生,凶眼睛、大拳头的作品已不复再现,代之而起的是新鲜活泼的反映实际生活的作品,向"为人民服务"的美术方向努力。

四、徐悲鸿·张善子·傅抱石·李可染

战时,中国画家大都有过在重庆陪都的生活经历,他们在服务于民族解放这一总目标下复兴中国美术事业,以自己的美术主张与创作实践走出了不同道路:或借鉴西画艺术,融汇中西,成为一代巨匠;或在中国画内部独辟蹊径,成为一代大师;或致力于木刻与漫画的创作,取得巨大成就。徐悲鸿、张善子、傅抱石、李可染、李桦、林风眠等便是其中有代表性的画家。

(一) 徐悲鸿

徐悲鸿早年留学法国、德国与意大利。九年的留学生涯,使他深得西方美术的精髓,具有丰厚的艺术修养与高超的艺术造诣。但是,他学习西洋画是为了发展中国国画,要走写实的美术之路。他主张"古法之佳者守之,重绝者继之,不佳者改之,未足者增之,西方画可采入者融之"。① 从而形成了自己融东西方美术于一炉的创作道路。

1937年10月,徐悲鸿随中央大学内迁入渝。他一面执教,一面作画。他创作有油画《月夜》《自画像》,中国画《巴人汲水图》《风雨鸡鸣》《贫妇》等等。1938年10月,他应印度诗人泰戈尔邀请,携带作品赴印度展出。他在印度和其他国家举行画展所得金额约10万元,全部捐出,用于抗日救亡。他在印度大吉岭完成了酝酿已久的中国画《愚公移山》巨幅和《负伤之狮》《大树双马》《群马》《奔马》《马》《梅花》《猫》《牧童》《紫兰》以及油画《印度牛》《喜马拉雅山》《印度风景》,素描《琴师》,等等。不少作品寓意深刻,渗透着对民族灾难极端悲愤的心情。

---

① 转引自蒋兆和《怀念徐悲鸿》。

徐悲鸿以画马驰名海内外。他画的马，独创一格，意蕴深刻。他画的马大都不带缰辔，多为奔腾，体现出"天马行空"、令人神往的一种思想境界和犷悍豪放的艺术特色，自然也蕴含了画家对民族、国家能早日强盛的殷切寄托。《巴人汲水图》和《愚公移山》是他绘画中的杰作。《巴人汲水图》，长300厘米，宽62厘米，把一条狭长陡坡的山路形象地描绘了出来。在这一路上，汲水人从江中取水、挑水爬坡登高全过程融入画面里。画上题诗道："忍看巴人惯挑担，汲登百丈路迢迢；盘中粒粒皆辛苦，辛苦还添血汗熬。"这诗画的结合，把巴人爬坡上坎坚韧不拔、刻苦耐劳的意志与精神传达了出来。这幅画于1938年在香港展出时，被誉为"五百年来罕见之作"。《愚公移山》的思想也极为深刻。其时，中国抗日民族解放战争正处于十分艰苦的阶段，要想取得抗战的最后胜利，必须发扬锲而不舍、坚持不懈的愚公移山精神。1942年，他回到重庆陪都后，参加了"文运会"主办的联合国家艺术展览会。他的美术作品同英国、苏联等国的艺术品在重庆陪都中央图书馆一起展出。10月，他参观中国木刻研究会举行的"双十"全国木刻展览会。会后，他撰写文章竭力赞扬抗日民主根据地的木刻作品，推崇共产党木刻家古元等人。这一年，他创作了油画《庭院——云南鸡足山庙宇》，中国画《六马图》《月色》《群马》《墨竹》等等。1943年2月，为募款赈济广东灾民，他的作品参加沙磁区广东四邑同学会主办的画展；3月19—21日，他在中央图书馆举行个人画展，展出作品200余件。此后，他还同陈之佛、傅抱石、高冠华、李可染等捐出作品，支持荣军职业协导会举行展览。1943—1944年间，他创作中国画《青城群狮》《山鬼》《飞鹰》和油画《青城山风景》《徐夫人像》等作品。1945年2月，他欣然在《对时局进言》上签名，要求民主自由，反对专制独裁，结束一党专政，建立联合政府。1946年初，他离开重庆陪都去北平。抗战期间，徐悲鸿努力地振兴美术事业，积极地为抗战服务，表现了高贵的爱国精神和高度的正义感。他在重庆陪都画坛上成为了一名美术巨匠和美术大家。

（二）张善子等美术家

张善子为国画大师张大千的胞兄。他也是重庆陪都美术界的一位大家。他参加了一系列美术活动，同时创作出了一批影响甚大的美术作品，诸如《精忠报国》《正气歌》《中国，怒吼了》等等。他在欧美举行画展期间，还以《圣经》为题材创作国画，宣传中国抗战。他为中国抗日民族解放事业而积劳成疾，病逝于 1940 年 12 月 20 日重庆陪都的勉仁医院。

傅抱石于 1938 年随"第三厅"抵达重庆陪都。"第三厅"被解散后，他任教于中央大学。他在重庆陪都八年间，先后创作了《屈原》《屈子行吟图》以及《山鬼》《湘君》《湘夫人》等作品。这些作品表现手法朴素沉着，平实无华，主题不在画人而在画心境，表达了画家对古人的理解与共鸣。为借以表彰抗日战士的业绩，他创作了《国殇》。1943 年，为讽刺宋美龄等人出行的奢华，他画了《丽人行》，以寄托他愤世忧国之情。八年间，他走遍了山城上下、长江两岸，还游览了青城山、峨眉山及都江堰、岷江、大渡河。巴蜀的雄伟山川为他提供了取之不尽的素材，开阔了他的胸襟。这一时期，他的山水画不仅数量多，而且艺术技巧日趋成熟，逐渐形成独特风格。他在重庆陪都多次举办个人画展，他的画多次参加联合画展，获得中外人士的赞美。

林风眠于 1938 年随"第三厅"抵达重庆陪都。"第三厅"被解散后，任教于国立艺术专科学校。1940 年 5 月，他被选为"美协"常务理事；11 月 29 日，他在国际电台对南洋同胞播讲"抗战与艺术"。他的美术作品参加了多次大型美展。战时，他在重庆陪都的美术作品多为静物、花鸟、风景的描绘，寄寓着他对战时重庆陪都社会人生的思考。他的画"不中不西，亦中亦西，融会贯通，自成一体"[1]。

李可染于 1938 年随"第三厅"抵达重庆陪都，后任教于艺术专科学校。他在重庆陪都几年间，积极参加抗战美术活动，创作美术作品，致力于中国画研究。他的水墨写意画《牧童遥指杏花村》受到好评，徐悲鸿购买并收藏。他的山水画《风雨归牧》，郭沫若为其题诗。1944 年 12 月 9—12 日，李可染在中苏文协举行画展，徐悲鸿为画展作序，老舍撰文评述推崇。1945 年，他与林风眠、赵无极、关良、倪贻德举行联展。齐白石看了他的作品极力赞扬，特为《牧童双牛图》题句："中国画后代高出上古者在乾嘉间向后无多。至同光间仅有赵伯叔。再后只有吴缶庐。……继缶庐

---

[1] 林风眠：《中国绘画新论》。

者有李可染。"① 李可染是"苦学派",崇信"天道酬勤"。在抗战后期,他超凡脱俗,卓然成家。李可染是画牛名家,其魅力在于健康、清新的牧歌意趣以及牛黑水白、虚实相谐的笔墨表现形式。

李桦是30年代前期左翼美术活动家之一。抗战爆发后,他积极参加抗日救亡活动,发起组建木刻团体。1942年,他来到重庆陪都,被选为中国木刻研究会理事;10月,他的木刻作品参加"双十节"全国木刻展览会。1943年,他出版了《烽烟集》。徐悲鸿称赞他是"老前辈,作风日趋沉练,渐有民族形式"。他的木刻作品具有鲜明的时代色彩与强烈的战斗精神,构图严谨,刀法豪放,线条有力,黑白对比强烈,有雄浑的"力之美"和民族传统风格。

王琦在重庆陪都期间不仅创做了大量木刻作品,诸如《报贩》《冬日防空洞》《嘉陵江上》《丰收》《街头》《听演讲》等等,同时以敏锐的目光注视着重庆陪都木刻艺术的发展,他写的多篇评论木刻的文章颇具理论色彩。1941年,"文工会"举行第二次木刻展览会,他即写了《新的收获新的努力》,发表于11月21日的《新华日报》上。他认为,木刻艺术在当时已突破了公式主义,表现了更新鲜、更活泼、更广泛的生活画面,在作风上已经出现了具有中国风格的作品。1943年1月13日的《新华日报》又发表了他的文章《一年来木刻运动之检讨》。在文章中,他回顾了1942年木刻在研究、出版、展览、供应等方面取得的成就,指出存在的不足。针对木刻表现题材问题,他又撰写了《今天木刻的题材应该表现些什么》一文,发表在1946年2月6日的《新华日报》上。他在这篇文章中明确地提出木刻的题材应该表现人民,木刻工作者应更具体、更形象地表现当时人民群众争取民主运动的各方面以及不民主下人民生活的动态。此外,他还在《新华日报》上发表过《苏联的招贴画》《文艺复兴时代的三大画家》以及《漫画联展给了我们什么》等多篇文章。

---

① 孙美兰:《李可染年表》,《美术》1990年第3期。

第十章　哲学·宗教

重庆陪都的文化活动是围绕着抗日救亡、抗战建国这一社会生活的中轴展开的。小说与诗歌如此，戏剧与电影如此，音乐与美术如此，哲学与宗教自然也未能例外。事实上也是这样。战时，汇聚于重庆陪都的哲学界人士与宗教界人士一面直接从事抗日救亡活动，一面依然执着地从事于哲学与宗教的研究。因此，战时重庆陪都的哲学与宗教较之于战前有了长足发展，呈现出更加趋向具体运用及与实践相结合的特征，成就了一些有影响的哲学家与宗教家，问世了一批研究成果。本章就战时重庆陪都哲学与宗教的概况和有成就的哲学家与宗教家及其论著加以论述。

一、哲学概况

战前，重庆的哲学及其研究是其时整个文化领域中最为薄弱的一环。随着抗战军兴，重庆陪都的哲学及其研究局面大为改观。有哲学研究实力的中央哲学研究所与中央大学、复旦大学、勉仁专科学校等等机构和大专院校，或迁至重庆陪都，或创立于重庆陪都，一批著名哲学家和一批有一定哲学造诣的哲学研究工作者先后来到重庆陪都。由此，重庆陪都的哲学及其研究空前活跃起来，哲学问题论争持续展开，哲学研究成果频频推出，形成新的而又十分繁富的哲学研究新格局。

（一）哲学研究

战时重庆陪都哲学是战时重庆陪都文化中最为重要的组成部分，可以说是一切文化现象的理论基础。本书第三章论述的文化思想理论及论争，在某种意义上说是不同文化意识、不同文化派别中的哲学思想与哲学理论的分歧所致。比如，关于"战国"派的论战、关于"文艺政策"的论战、"主观论"的论争，从哲学角度来考察，或是唯物论与观念论、力行哲学之间的论争在文艺上的反映，或是唯物论内部不同观点的论争在文艺上的反映。这里要论述的，是战时重庆陪都哲学领域中辩证唯物论与观念论及力行哲学的研究概况及其论争。

战时，重庆陪都哲学界对马克思主义哲学的传播及其研究作了大量工作，取得丰硕成果。章汉夫、潘梓年、胡绳、吴敏、吴克坚、北泉、尤琴、石盘、罗世文等人，以《新华日报》《群众》《读书月报》和《中苏文化》等报刊为阵地，发表多篇译介和阐释性文章，宣传与传播马列主义哲学，诸如《马克思主义辩证法的法则及其运用》《论辩证法则与方法》《资本论中的辩证法》《列宁论马克思主义的辩证法与政治》《社会存在与社会意识》《关于认识论与辩证法的同一问题》《列宁的哲学笔记》《马克思主义与中国》《列宁论民族战争》《列宁与被压迫民族解放运动》《马克思主义的三个来源与三个组成部分》，等等。同时，毛泽东的《论新阶段》《论持久战》《新民主主义论》《在延安文艺座谈会上的讲话》《矛盾论》与《实践论》等等著作也在重庆陪都得到广泛传播。艾思奇战前问世的《大众哲学》（1939、1940、1942 年 3 次由重庆陪都读书生活出版社出版）以及战时他的一些哲学论文也在重庆陪都拥有众多读者。这种大量传播与阐释马克思主义哲学的盛况在中国现代哲学史上尚属首次。

战时，重庆陪都哲学界在评介马克思主义哲学的同时，更加注重马克思主义哲学与中国实际相结合的研究。他们把马克思主义哲学的基本原理与中国抗日救亡社会生活及民族解放战争中存在的问题紧密联系起来，加以研究，以期收到这样的现实效应，即"从思想方面的基础上帮助我们的团结，防止自己的分裂，使我们抗敌的力量迅速地坚强起来"，[1] 以理论研究成果，促进抗战的进行，指导抗战行动。[2] 因此，战时重庆陪都马克思主义哲学研究形成了中国化与现实化的显著优势。这一优势，体现在两个方面的研究成果中。一是马克思主义哲学的研究成果。这一方面的研究成果"主要有沈志远的《实践唯物论讲话》（载《理论与现实》创刊号）、

---

[1] 艾思奇：《哲学的现状和任务》，《自由中国》创刊号。
[2] 《读书月报》编者：《本刊的发端》，《读书月报》创刊号。

胡绳的《辩证唯物论入门》和《思想方法论初步》（生活书店出版，1941年）、艾思奇的《哲学与生活》（读书生活出版社出版，1939年）、葛名中的《科学的哲学》（生活书店出版，1939年）、陈唯实的《民族革命哲学》（生活书店出版）、潘梓年的《唯物史观》（生活书店出版，1940年），等。这些著作在阐述马克思主义哲学基本原理、根本法则、重要范畴及其实际运用时，大都能不同程度的联系抗战的实际，注意同中国的特殊的具体的国情相结合，使马克思主义哲学研究向前迈出了重要一步"[①]。二是用马克思主义哲学观点研究中国哲学史的研究成果。有"向林冰的《中国哲学史纲》（生活书店出版，1939年）是这方面较早的研究成果。该书对上起周秦诸子下至谭嗣同、孙中山的哲学思想都有新的评述。抗战中期以后，郭沫若等人专门对先秦诸子的哲学思想进行了研究。主要著作有郭沫若的《墨子的思想》和《孔墨的批判》及《稷下黄老学派的批判》（以上均收集于《十批判书》，群益出版社出版，1944年）、侯外庐的《中国古代思想学说史》（文风书局出版，1944年）、杜国庠的《先秦诸子思想概要》"等等。[②]

（二）哲学论争

马克思主义哲学中国化与现实化优势形成过程中，经历了多次论争，其中主要有这么三次论争。

第一次论争是对叶青的"中国化"的批判。叶青在《论学术中国化》中主张马克思主义中国化。但是，他所说的马克思主义中国化是"必须变更其形式，有如一个新的东西，中国的东西，与原本的不同。这才叫作中国化"。"化是带有改作和创造的性质的，理解、精通、继承、宣传、应用、发挥……都不是化，当然也不是中国化。"很显然，这是对"中国化"的歪曲，实质上是要取消马克思主义。因此，这一主张出现之后，立即引起马克思主义哲学研究家的一致批驳。艾思奇在《论中国的特殊性》中针锋相对地指出："在中国应用马克思主义，或使马克思主义中国化，就是要坚决地站在马克思主义的观点上，在马克思主义基本原理和基本精神上，用马克思、恩格斯所奠定了的辩证法唯物论的和政治经济学的科学方

[①②] 引自高扬等五人为重庆市社会科学志撰写的"哲学"部分。

法，来具体地客观地研究中国社会经济关系，来决定中国无产阶级在中国民族革命斗争中的具体任务及战略策略。"这场论争，显然是马克思主义哲学观与反马克思主义哲学观的一场论争，不属于马克思主义哲学研究中的内部不同观点之争。这正如艾思奇在《抗战以来的几种重要哲学思想评述》中指出的："叶青的所谓中国化，在实际上是想要取消马克思主义中国化，是要反对把辩证法唯物论应用于中国的实际，是要从战斗的中国人民的手中，夺去最锐利的科学思想的武装。这对于中华民族的解放战争是有害的，这是应该给予坚决的驳斥的。"

第二场论争是关于向林冰的科学方法与辩证法法则的割裂论的论争。向林冰在《读书月报》第 1 卷第 8 期上发表的《关于辩证法法则与实际应用问题》和《读书月报》第 1 卷第 12 期上发表的《再论关于辩证法法则与实际运用》两篇文章中认为："要想把辩证法法则应用到具体事物的发展上来，却需要一个基本的前提条件，这就是对于所把握的对象要有具体的科学认识。"这是把辩证法与认识事物的科学方法对立起来的一种观点。这种观点对马克思主义的中国化与现实化完整而准确的理解也是不利的。因此，这一观点出现后，也引起了哲学界的关注。陈力文在《读书月报》第 2 卷第 7 期上发表的《论辩证法的法则与实际运用》中指出："向林冰先生首先把对象的具体科学认识与辩证法分裂开来，机械地对立起来，他认为要运用辩证法，必先对事物有具体的科学认识。但是我们要问这具体的科学认识是怎样才能获得呢？难道是用形式逻辑或其他方法吗？"陈力文的结论是："具体对象的科学认识决不能离开运用辩证法法则而获得。"艾思奇在《抗战以来的几种重要哲学思想评述》中也指出："向林冰的错误，就在于把科学方法和辩证法法则分离开来，以为在运用辩证法之先，可以不依据唯物辩证法而能够获得科学知识，而不知道，倘若不是有意识或无意识地在唯物辩证法立场上来研究事物，则具体的科学知识也是不可能的。"艾思奇还在同一篇文章中用毛泽东的《论持久战》《论新阶段》及《新民主主义论》等著作为例，说明抗战以来中国已有了实际应用和中国化的马克思主义成果，这些成果是解决中国抗战的实际问题的光辉范例。

第三场论争是关于辩证法与形式逻辑的关系的论争。这场深而广的哲学论争，是围绕潘梓年的《逻辑学与逻辑术》一书中所提出的三个问题而展开的。潘梓年在这部著作里提出了三个引起争论的问题；一是辩证法对于形式逻辑的吸收问题。他认为：辩证法"绝对不能用"形式逻辑的同一律、矛盾律与排中律等三个思维定律；对于形式逻辑中的概念、判断、推理、分析与综合、归纳与演绎等理论，"则须加以根本的改作而构成思维方法的一部分"；同时，对于形式逻辑中的"词、命题、三段论的各种规定以及密勒五规则与统计法等等，则全部收编起来。而叫他们充当技师而列为思维技术"。二是他把逻辑分为逻辑学与逻辑术两部分，认为辩证法可以把逻辑术"收编"过来，作为自己支配下的"技师""走卒"。三是关于感觉与思维的问题。他认为形式逻辑是感觉方法，"辩证法才是思维方法，形式逻辑中所有现在还可以用得着的那些部分，只是思维活动已经决定了在某一具体情况之下要取什么方法之后所需要的一些技巧"。

  这三个问题很快引起重庆陪都哲学界、大后方哲学界和延安哲学界的极大关注。史枚在《读书月报》创刊号的"读书问答"里首发其难，提出异议；接着，张宗植、和培元、向林冰、李达、艾思奇等人著文参加论争。《读书月报》和《理论与现实》两家刊物成为这场论争的主要阵地。《读书月报》第1卷第9期发表有和培元的文章《辩证法怎样克服形式逻辑》，第1卷第10期发表有向林冰的文章《逻辑上的学与术的问题》，第2卷第2期发表有陈茂仪的文章《略论"学"与"术"的关系》；《理论与现实》创刊号发表有向林冰的文章《模写中的感觉与思维问题》，第1卷第2期发表有李达的文章《形式逻辑扬弃问题》和艾思奇的《形式伦理学和辩证法》，等等。关于第一个问题，批评者们几乎一致指出，潘梓年"这样分别处理形式逻辑的各部分，是不对的，因为形式逻辑是有机的整个的方法系统，它的技术规则、理论，都是以它的思维规律作基础的，如果形式逻辑的理论要加以改作然后作辩证法的一个有机因素，那么它的技术规则也必须经过改作才能'收编'，而不是无条件的'全部收编了'"。[①]但是，辩证法究竟怎么吸收形式逻辑、从思维规律到技术规则怎么加以改作而吸收，这些问题并未在论争中得到解决，也未见这方面的新的论述文字。关于第二个问题，批评者们的意见不甚一致。和培元与李达认为：一定的学决定一定的术，学是术的指导原则，术是学的具体应用，不同学的

[①] 艾思奇：《抗战以来的几种哲学思想评述》，《中国文化》第3卷第2、3期合刊。

术不能相互移植的。据此指出：形式逻辑的"学"与"术"是有分不开的联系的，因此不能直接成为辩证法的"术"。李达就这样指出："一种术与它有密切联系的那种学，是一个不可分的有机的统一体。""我们决不能从甲种科学中抽出其学的方面，从乙种科学中抽取其术的方面，而把这两者勉强凑在一起去创造另一种科学。""单就这一点看来，可知形式逻辑所应用的各种术，必须加以改造才能运用，这是很明白的。"李达等人的这一批评意见引起向林冰的反驳。向林冰在《关于逻辑上的学与术的问题》一文中，提出了四条与李达等人以及潘梓年完全不同的"学"与"术"的见解。他认为：一是"术"本质上乃是认识与实践、抽象与具体、普遍与特殊、一般与个别的关联及其相互转化的问题；二是在形式逻辑的命题中，要强调"术"决定"学"，不是"学"决定"术"；三是在科学的逻辑上，作为抽象原理的"学"不是其出发点，只有作为具体行动规则的"术"才是其研究的出发点；四是"学"对于"术"的发展具有能动作用。向林冰的这些反驳意见，在逻辑范畴上，与被反对的意见是相乖离的。他把"术"当作与"实践""技术"同义的范畴，把"学"当作与理论同义的范畴，自然显得概念混乱。潘梓年在其论著中论述的"术"，是以形而上学的理论原理为基础的形式逻辑学的思维技术，这样的"学"与"术"的关系，不能同实践与理论的关系画上等号的，所以"学"决定"术"。

关于"学"与"术"论争的意义，艾思奇有着这样的论述："如果说，学对于术不起决定作用，如果说，理论原理不能把一定的原则方法给予实际行动，那就是等于说实践永远只能是自发的，那就是说理论对于实践无从发生能动作用，就是说理论只能成为客观事物规律的消极的反映，只能说明世界而不能改变世界，这样，即使有科学的理论的存在，对于革命运动也没有什么决定的意义了。——这是在关于学与术的争论上，我们必须要注意到的一个着眼点。"①

对于第三个问题（感觉与思维的问题），张宗植首先以《书报评介》方式指出：潘梓年的观点不是辩证法扬弃形式逻辑，而是"形式逻辑给辩证法本身的补充或附加"。同时指出潘的观点的反唯物辩证法的实质。接着是向林冰从七个方面来批评潘梓年关于感觉与思维关系的观点。向林冰

---

① 艾思奇：《抗战以来的几种哲学思想评述》，《中国文化》第3卷第2、3期合刊。

的批评文字中，虽然如他后来所说的"至今我尚以为有其正确性"，但由于他过分强调"感觉是认识的唯一源泉"这一命题，因而也如他后来所说的是"不自觉地走入另一极端，而陷于感觉论或先验论的错误之中"①。

战时，重庆陪都哲学界的马克思主义哲学中国化与现实化的研究成果及开展的论争，确实表明了"辩证法唯物论在中国是更进一步向着'联系实际'和'具体化'的方向走过来了。这里已经不是以介绍性质的研究为主，而是根据中国自己的现实材料，在中国自己的地盘上，来发展辩证法唯物论的世界观，使它更能够成为改造中国、争取中华民族独立解放的锐利的方法武器"。艾思奇在《抗战以来的几种哲学思想评述》中的这一总结性意见，应当说是中肯的。当然，1941年以前，马克思主义哲学中国化与现实化的研究与论争也还存在"缺失"。这也如艾思奇在同一篇文章中指出的：一是尚未有一种充分能够以中国历史和中国革命经验的总结为基础的辩证法唯物论的著作问世；二是论争也多"在辩证法唯物论本身内部的问题上打圈子，而对于其他党派的哲学思想，则几乎没有任何批判"。

战时，重庆陪都哲学界的非马克思主义哲学研究和党派哲学论争与批判有了重大进展。在西方哲学史研究方面，"当时在重庆陪都出版的西方哲学史著作和译著有20余部。主要有李长之编著的《西方哲学史》（中正书局出版，1941年）、黄方刚的《苏格拉底》（商务印书馆出版，1945年）、陈铨的《从叔本华到尼采》（东创出版社出版，1944年）、洪谦的《维也纳学派哲学》（商务印书馆出版，1945年）"等等。②在伦理学研究方面，"不少专家学者撰写了伦理学方面的著作。主要有谢幼伟编著的《伦理学大纲》（中正书局出版，1941年）、汪少伦著《伦理学体系》（商务印书馆出版，1944年）、唐君毅著《道德自我之建立》、黄健中著《比较伦理学》（中国文化服务社出版，1944年）、朱光潜的《谈修养》（中国出版社出版，1943年）等"，以及张元济编著的《中华民族的人格》（商务印书馆出版，1946年）。这些伦理学研究著作，多"以救亡为中心，进行爱国主义教育"。尤其是张元济的《中华民族的人格》一书，"以中国古代民族英雄的高尚人格，宣扬了中华民族的爱国主义传统精神，影响较

---

① 向林冰：《抗战三年来的中国哲学论争》，《中苏文化》抗战三周年特刊。
② 见高扬等五人为重庆市社会科学志撰写的"哲学"部分。

大。人们认为，此书为非常时期中不可不读之书，被学校列为文史科的补充读本"。①

（三）与"唯生论"及"力行"哲学的论战

战时，重庆陪都哲学界的官方哲学主要指陈立夫的"唯生论"哲学和蒋介石的"力行"哲学。陈与蒋的哲学中贯串着一种根本的共同的意识，即"诚"。

陈立夫的"唯生论"哲学并非始于战时重庆陪都，早在30年代初期就形成了雏形，1934年出版的《唯生论》（卷上）一书便是其早期"唯生论"哲学的代表作。不过，他的"唯生论"体系化却完成于战时重庆陪都，具体体现在1944年出版的《唯生论》（卷下），亦称《生之原理》。陈立夫认为：宇宙的构成有其实质的"本体"。那么这个"本体"是什么？他说："我们取万物原始之意，姑且假定一个东西，叫作'元子'。""元子是宇宙最微小基本的东西"，"一切物质皆由元子构成"。元子"是有生命的活动且具有神妙的智慧与伟大的能力的东西"。因此，"宇宙的一切皆由有生命的元子构成的，所以宇宙一切皆有生命"，"宇宙整个地是一个生命的结构，这就是我们讲的唯生论的宇宙观。"陈立夫还进一步指出："宇宙一切都有生命，一切生命的存在，都兼含有物质和精神。""精神与物质元者，不过是由构成物质之单位——即为万物元始之元子，有均衡之静态与自由的动态之不同，从而相对地比称而成的两个东西。"这就是说，"精神"与"物质"是由"元子"分成的两种表现形态。那么，这两种形态中，谁起决定作用？是"精神"及其表现与作用的"诚"。所以，他说："诚是一切精神的原动力"，"诚是宇宙的主宰"。由此，他再三再四地强调指出：宇宙间一切大小不同的组织和个人都必须信奉与遵从"诚"，都要有"唯一的重心"。不言而喻，这就为"一个党，一个领袖，一个主义"提供了哲学依据。

战时，蒋介石在重庆陪都出版了《力行哲学》（1940年，黄埔出版社出版）和《中国之命运》（1943年，中正书局出版）两部著作，极力倡导与推行"力行"哲学。其"力行"哲学的基本观点有三：一是"行是与

---

① 见高扬等五人为重庆市社会科学志撰写的"哲学"部分。

生俱来的良知良能";"人之生也是为行而生","古往今来宇宙之间,只有一个行字才能创造一切"。二是"良知良能""不必人人去求,只在人人要行"。三是"诚"是"行的原动力",是"力行的精髓"。他特别强调"诚"的决定作用。"不诚则天才无能成的事,至诚则天下无不成之事。"他认为:这是"革命建国的根本问题。"可见,在强调"精神"的表现及其作用的"诚"时,连用语都与陈立夫相同。

"诚"本是中国儒家哲学中的一种意识。孟子在《离娄(上)》中写道:"诚者,天之道也;思诚者,人之道也。至诚而不动者,未之有也;不诚,未有能动者也。"宋代的哲学家把"诚"视为至上的精神本体,王阳明把"诚"视为"致良知"。陈与蒋的哲学中的"诚"又不纯粹是中国儒家哲学中的"诚"。他们既承袭了儒家传统哲学中"诚"的成分,又糅合有西方哲学中的"生命意识",还有曲解了的孙中山的"知难行易"说。蒋介石在《中国之命运》一书中还极力诋毁马克思主义,攻击中国共产党。国民党的这一官方哲学自然会在当时引起强烈反响乃至论战。

《中国之命运》一书问世后,国民政府立即发出训示:"全国各级政府机关、各级党派、各大中学校、各战区、各政治部及全体官兵等,均应切实研讨与批评,限于六月底以前呈报中央,分别整理,转送汇编呈阅。"蒋介石本人亦要求:"中央党政军各级官长,于本月底以前,陈述其研读《中国之命运》一书之感想。"重庆陪都及大后方各地的党政军人员自然遵从研读。国民政府参军处在一份《呈报》中就这样汇报道:"本处全体官兵,俱已人手一册,虔诚研读";"统观全书,博大精深,目光若炬,诚吾族建国之宝典"。① 《新认识》月刊以编辑部名义在第6卷第6期上发表《读〈中国之命运〉》一文,极力推崇,认为《中国之命运》是中国学术界一道异彩,世界史上的伟大文献,其要义是"以公为革命之出发点,以诚为革命之原动力。公所以致大,诚所以致坚,实所以致成。公诚实三者,实为本书的三大纲领。"

中共中央对《中国之命运》一书极为重视,及时组织力量著文批驳。毛泽东电示中共中央南方局,指出:"本日公布陈伯达为驳斥蒋介石《中国之命运》一书写的《评〈中国之命运〉》一文,以便在中国人民面前、

---

① 国民政府档案,南京中国第二历史档案馆藏。

世界舆论面前，从思想上、理论上揭露蒋介石的封建的买办的法西斯体系。"并要求"（一）收到此文后，立即印成中英文小册子，在中外人士中散发；（二）搜集各方面的反响，报告党中央；（三）'新华''群众'用其他迂回方法揭露中国法西斯的罪恶"。毛泽东还特为《解放日报》撰写社论《质问国民党》。[1] 刘少奇受中共中央委托，在延安召开理论界人士会议，艾思奇、范文澜、陈伯达、何思敬、齐燕铭、王学文、陈唯实、吕振羽等人出席，研讨批驳《中国之命运》的问题。刘少奇在讲话中指出：《中国之命运》一书的要害是"为了投降日本帝国主义，联日反共，消灭共产党"。因此，我们"共产党人要用笔杆子同蒋介石打一仗，批判蒋介石鼓吹的法西斯主义。"周恩来特为《解放日报》撰写《法西斯主义就是祸国叛国亡国的主义》《国民党与民族主义》等社论，加以批驳。周恩来还在延安干部会议上作了《论中国的法西斯主义——新专制主义》的专题报告。他结合《中国之命运》一书，对蒋介石国民党法西斯主义的历史与现状及蒋介石的哲学思想作了全面而深刻的剖析与批判。他指出：蒋介石的哲学是"愚民哲学"，是"极端的唯心论"。"一套复古的封建思想，反映着浓厚的剥削阶级意识"是其历史观；"彻头彻尾的大汉族主义"是其民族观；"新专制主义的个人独裁"与"法西斯主义的特务统治"是其国家观。"蒋介石提倡力行哲学，其中心是要人民于不识不知之中，盲目地服从他，盲目地去行。蒋介石实行不抵抗主义的时候，要人民盲从他不抗日而安内。抗战初期，要人民盲从他片面抗战。现在，又要人民盲从他消极抗战，积极反共。""力行哲学"是"唯心的愚民哲学。"[2] 中共中央机关报《解放日报》发表了范文澜的文章《谁革命？革谁的命？》，还发表了艾思奇的文章《〈中国之命运〉——极端唯心论愚民哲学》。艾思奇的文章从"关于'诚'的思想""关于知与行的思想""关于孙中山的'知难行易'思想"三个方面，对蒋介石在《中国之命运》中提倡的"力行哲学"作了多方面的剖析，认为其"力行哲学"的实质是"极端唯心论的愚民"。他指出：蒋介石所要求的"力行"是凭借"诚"，凭借着所谓出于"本性"的"真知"，凭借着对于"主义"、对于"领袖"的偶像化的信仰，

---

[1] 《南方局党史资料·大事记》，重庆出版社1986年版。
[2] 《周恩来选集》（上卷），人民出版社1981年版，第146页。

那就是宗教式的崇神行为；蒋介石所要求的"力行"，是盲从的行为，是要求"不识不知，顺帝之则"，是想把封建时代愚民政策的统治施行到今天，所不同的，只是曲解和利用了"科学方法"的名义。蒋介石所要求于"国民"的"力行"，是保守旧社会，遵循既有秩序的行为，也就是在"真知"名义下要求人民无知，在"力行"名义下要求人民盲从。重庆陪都的左翼文化界和哲学界在《新华日报》和《群众》杂志等报刊上发表文章，或直接或间接地批判"力行哲学"。郭沫若的《命、力、才》、定思的《民族、民族主义、法西斯主义》、沈友谷的《论"诚"》等文章有一定代表性，别的一些文章则偏重于批判《中国之命运》一书的反共政治倾向。总之，围绕《中国之命运》一书所开展的论战是场政治哲学的论战，表面上是国共两党不同政治哲学观的论战，实则是关涉到中国抗日民族解放战争的归宿、中华民族的命运与中国的前途的一场论战。

（四）与"才命观"论争

1943年，重庆陪都哲学界还围绕冯友兰的"才命观"开展过论争。《论天才》《论命运》本是冯友兰《新原人》一书中的两章。这两章在成书前，或在《改进》上发表，或应国民党中央文化运动委员会的邀请作过讲演。因此，这部分内容在1943年4—5月间引起了读者、听众以及哲学界的关注。冯友兰认为："才"是一个人的天资，为天授；"命"是指一个人的遭遇，为环境所致，环境非人力所改变，也非人所能避免。他把人分为三种形态：立德、立言、立功。"立言"即学问，这依赖天才；"立德"即道德行为，靠人的努力；"立功"，受命运支配。他进而要人们安分守己，伟大事业靠有才而命运好的伟人去做。这种"才命"观自然会引起论争的。仅1943年5月3日的《新华日报》就发表了三篇文章予以批驳。夏迪蒙的《努力·天才·命运》一文，针对冯友兰的"才命"观指出：才，并非天赋，是由主观努力创造出来的，而主观努力产生于一定的客观环境，一定的客观环境是命的体现物。因此，才与命是统一的。何炬的《听〈命运论〉讲演后》一文，对冯友兰发出这么一种责问：现今不鼓励青年去为保卫祖国而斗争、去加入反法西斯战争大事业，却要人安分守己地去做养心修性的功夫，岂不是很奇怪的事情么？郭沫若在《命、力、才》一文中，从医学、遗传学与优生学的角度，简要论析了命、力、才及其关系，指出天才靠人力而完成，观念游戏的时代应该早已过去。这些批驳文章大都着眼于现实政治与现实社会人生。

二、梁漱溟·熊十力·冯友兰

战时，重庆陪都哲学及其研究大抵呈现出这么三种不同形态；一是马克思主义哲学，二是国民党官方哲学；三是现代新儒学。一二两种形态的哲学，上节已作论述，这里仅论析现代新儒学及其代表哲学家。

融中西哲学而形成的现代新儒学在战时重庆陪都获得重大发展，达到了体系化的新格局。梁漱溟、熊十力及冯友兰可为现代新儒学的代表哲学家。他们、特别是熊与冯两位哲学家，除参加一些抗日救亡活动以外，主要从事于哲学研究，从事于中国文化的重建，力求从民族文化哲学研究中寻求抗日救亡的精神力量与凝聚力之所在。熊十力在《十力语要》中就这样说过："今外侮日迫，吾族类益危，吾人必须激发民族思想。念兹在兹。"他在勉仁书院、勉仁专科学校大讲汉、满、蒙、回、藏五族同源，号召各民族团结抗战。冯友兰在后来的回忆文章中剖白他们当时从事哲学研究的用心："从表面看，我们好像不顾国难，躲入了'象牙之塔'，其实我们都是怀着满腔悲愤，无处发泄，那个悲愤是我们那样做的动力。金先生的书名为《论道》，有人问他为什么要用这陈旧的名字，金先生说，要使它有中国味。那时我们想哪怕只有一点中国味，也许是对抗战有利的。"①

（一）梁漱溟

梁漱溟在1937—1949年间，足迹遍布大半个中国，"即为抗战，东奔西走"。② 但是，他在重庆陪都生活的时间仍然居多。他在重庆陪都先后创办勉仁中学、勉仁书院、勉仁专科学校（后改名为勉仁文学院），传播他的文化哲学思想，培养人才；访问延安与新四军驻地，会见毛泽东与朱德

---

① 冯友兰：《怀念金岳霖》，《哲学研究》1985年第1期。
② 李渊庭、阎秉华编写：《梁漱溟年谱》，广西师大出版社1991年版。

等中共领袖,盛赞中共抗战路线;发起组织"统一建国同志会"(后改名为"中国民主政团同盟),积极参加抗日民主运动;抗战胜利后,参加国共谈判,反对内战,要求民主与和平。他为抗日民族解放战争的胜利做出了自己应有的贡献。

梁漱溟早在20世纪20年代就已经是一位著名的哲学家。他从中西方文化差异研究来强化他的中西方哲学研究,又从哲学思辨角度来探讨中西方文化差异的缘由。因此,他的哲学观点含有丰厚的文化意识。他在1937年初版、1939年和1943年在重庆陪都两次再版的《朝话》一书中就这样说道:"我曾有一个时期致力过佛学,然后转到儒家。于初转化为儒家,给我的启发最大,使我得门而入的是明儒王心斋先生,他最称颂自然,我便是由此而对儒家的意思有所理会";"后来再与西洋思想印证,觉得最能发挥尽致,使我深感兴趣的是生命派哲学"。[①]"生命派哲学"是指柏格森的生命哲学。可见,梁漱溟的哲学体系实由中国儒家哲学与西方生命哲学融合而成的文化哲学,其目的是探讨人生问题与社会问题,进而改善人生问题与社会问题。这一文化哲学与人生态度的终极目标,可以说是一以贯之的,贯穿于他的行动中,贯穿于他的一系列哲学著作之中。他在重庆陪都完成的一部重要著作是《中国文化要义》(还发表了多篇论文)。

梁漱溟这部著作于1941年6月开始撰写,1949年6月定稿(11月,路明书店出版发行)。这几年间,他断断续续地撰写这部著作,也断断续续地给学生讲授这部著作的内容。全书撰写历时八年,22万余字,共分14章,除《绪论》与《结论》外,有《从中国人的家说起》《集团生活的西方人》《中国人缺乏集团生活》《中国是伦理本位的社会》《以道德代宗教》《理想——人类的特征》《阶级对立与职业分途》《中国是否一国家》《治道和治世》《循环于一治一乱而无革命》《人类文化之早熟》《文化早熟后之中国》。这部著作是继他1922年1月出版的《东西文化及其哲学》、1932年9月出版的《中国民族自救运动之最后觉悟》和1937年3月出版的《中华民族之前途》之后的第四部重要著作。这部著作与前三部著作的关系正如他在《自序》中说的:"在内容上不少重见或重述之处。此盖以其间问题本是相关联,或且只是一个问题;而在我的思想历程上,又是一

---

① 梁漱溟:《朝话·中西学术之不同》,重庆陪都乡村书店1939年版。

脉衔来，尽前后深浅精粗有殊，根本见地大致未变。""现在这本书"，"正是前书讲老中国社会特征之放大或加详"。他写这部书的目的、动机及所持的原则与主张，与前几部书一致，都是为了"认识老中国，建设新中国"。[①]"认识老中国"，必须认识中国文化。

何谓文化？中国文化的特征是什么？他在这部著作的"绪论"中开宗明义地指出："文化，就是吾人生活所依靠之一切。""我今说文化就是吾人生活所依靠之一切，意在指示人们，文化是极其实在的东西。文化之本义，应在经济、政治乃至一切无所不包。"他依据所持的这一广义文化观审视中国文化历史与现状，又综合中外学者有关中国文化的论述，而认定中国文化具有14种特征：广土民众；偌大民族之同化融合；历史长久，并世中莫与之比；中国文化力量之伟大，不在知识、政治、经济、军事；历史不变的社会，停滞不进的文化；几乎没有宗教的人生；家庭生活是中国人第一重的社会生活，亲戚邻里朋友等关系是中国人第二重的社会生活；中国学术不向着科学前进；民主、自由、平等一类要求不见提出，及其法制之不见形成；道德气氛特重；中国之不像国家；无兵的文化；孝的文化；中国隐士与中国社会。该著作第二章起，对这14种文化特征一一加以阐释，最后归结为"理性早启文化早熟一个问题而已"。他又指出：这一"文化早熟之病"的"病象"有五种表现：幼稚，老衰，不落实，落于消极亦再没有前途，暧昧而不明爽。他历数的中国文化的特征及病症，其实就是揭示出中国社会的特征、病症以及"老中国"之"老"的所在。其目的自然在于改造，在于重建。

怎么改造？怎么重建？在他看来，就是复兴中国儒学。中国儒学包含着任其生、守中庸、重直觉和淡利害等内容。人人持操这种哲学和这种人生态度就会有生机，社会就会有生气，就会日益进步。这其实也并非全是儒家哲学观点，包含了梁漱溟对现实人生的深切体验，包含了他运用西方生命哲学观点对儒学与现实人生加以解释后而形成的自己的新儒学观。他在1943年6月写的《中国文化问题略谈》一文中，还特别说明他是如何研究中国文化的，也特别地指出，他写的《中国文化要义》一书，"其内容就是这样"：一是首先必从文化比较上，见出来中国文化的几个问题，

[①] 梁漱溟：《中国文化要义·自序》，路明书店1949年11月出版。

如缺乏宗教问题，由此影响到中国人的生活和思想的问题；如中国文化开发甚早而今日最为落后的问题，此中包含若干物质上之发明，而不能产生自然科学的问题，亦包含极明确的民主思想，而不能产生民主政治之问题。二是将比较发现的诸多问题排列起来，找出问题之间的相关联处。三是选择其中一个问题为研究入手处，而试求其解答。四是逐一解答之后，假若不满意或不通，则另求新答案，或修改旧答案。五是最后便能恍然把所有问题都可以用一个答案来说明，则你对中国文化便豁然贯通了；你对中国文化之所以为中国文化，其根本特征所在，便把握着了。这部著作反映出梁漱溟的文化哲学体系更加完整，更加成熟。当然，这部著作同他其时政治观一样，得失并存。

（二）熊十力

熊十力在抗战八年和胜利后的三年中，大都在北碚勉仁书院、勉仁专科学校与勉仁文学院从事教学与研究工作。他在这期间完成了《新唯识论》语体文本、《读经示要》以及由其弟子编辑的《十力语要》和《十力语要初读》等著作。这些著作，标志着他的"新唯识论"哲学与人生态度的体系化而与梁漱溟的文化哲学与人生态度既相区别又相联系。解决中国社会与人生问题，需从中国传统文化中去寻求于今有用的精髓。这是梁、熊的所见之同。梁偏重感性，熊偏重理性。这是他们所见之异。

熊十力早年就"虚心探中印西方之学"，力图建构起自己的哲学体系与人生态度，以实现改造人心进而改造社会的目标。他博览群书，把中国儒家学说、印度佛学、西方现代哲学都纳入自己的视野之内进行比较研究。1932年出版的《新唯识论》一书可以说便是这种"抉择得失，辨同观异"所得的结晶。这部著作如他所说是"犹融《易》入佛"。他把中国的《易》视为中国儒学的经典。他在这部著作中，以中国儒学即《易》来解释佛学。1944年完成的语体文本《新唯识论》，虽然与前书同名，然而变化极大。这变化不仅是由文言到语体文，更在于"宗主在《易》"，即以佛学来解释中国儒学。这一变化，在他的《新唯识论》建构过程中是一次体系化的巨变。熊十力这一体系化的哲学的核心是什么？是"体用不二"，即本体与现象的统一。

首先，他反对"中学为体，西学为用"的"体用"分离论。他在

《读经示要》一书中责问道:"西学为有用而无体,将何以解于西人本其科学、哲学、文艺、宗教之见地与信念,亦自有其人生观、宇宙观……自有其所追求与向往之深远理境,非止限于实用之知识技能耶?且无用之体与无体之用,两相搭合,又如何可能耶?""中学既具其体,即有其用,而用有所未尽者,则取诸人以自广可也。若中学果为有体而无用之学,则要用此死体为哉?"从这一系列责问中可以看出,他已深知"中学"自有"中学"的"体用","西学"也自有"西学"的"体用"。这在他的《十力语要初读》一书中说得极为明白:"西洋哲学,其发源即富于科学精神,故能实测以游玄,庶无空幻之患;由解析而会通,方免相疏之失。西学之长不可掩。吾人尽量吸收,犹恐不及,孰谓可一切拒之以自安固陋哉。"因此,他指出:"合之两美,离之两伤。"以本民族文化为基础,吸收外来文化的养分,重建和发展新的民族文化,这就是熊十力的"体用不二"本体论。也由此建立了他自己的《新唯识论》哲学体系。

其次,他把"体用不二"看得十分重要。他在《十力语要》中认为:哲学上的根本问题,就是本体与现象,"此在《新论》即名之为体用。"他在《新唯识论》的语体文本的《序言》中更指出:"本书根本问题,不外体用。""学者如透悟体用义,即于宇宙人生诸大问题豁然解了,无复疑滞。"大有一通百通之意。他在研读西方哲学、佛教、中国的易学时,发现西方哲学中的"现象与实体"、佛教中的"法相与法性"和中国易学中的"形上与形下",用语虽异,展现的"界"却大有相同之处。他认为,现象、法相、形下,就是斥指已成的物象而名之,本体与现象、形上与形下不是对立的两极,而应是不可分割的整体。这一"体用"统一观恰恰是中国传统哲学的一个重要特征和思维定式,即能辩证说明宇宙与社会人生的产生及其存在,更能说明事物的本源与现象、事物的同一性与多样性的统一的原因,从而更深刻地揭示事物的本质及其相互间的联系。这就与西方哲学的本体与现象、感性与理性的对立观区别开来,也与佛学的现实苦海与虚幻极乐的离异区别开来。

最后,与他的"体用"统一观相一致的是"翕辟成变说"。何谓"翕辟"?他在《新唯识论》语体文本中这样解释道:"翕"是指"一种摄聚的势用","这个摄聚的势用,是积极的收凝,因而不期然而然的,成为无量的形向。物质宇宙,由此建立。这个摄聚而成形的动势,就名之为翕"。

"然而当翕的势用起时,却别有一种势用俱起","即此势用,是能运于翕之中,而自为主宰,于以显其至健,而使翕随之转已的。这种刚健而不物化的势力,就名之为辟"。"翕和辟,本非异体,只是势用之有分殊而已。辟必待翕,而后得所运用,翕必待辟,而后见为流行,识有主宰。如果只有辟而没有翕,那便是莽莽荡荡,无复有物。""如果只翕而没有辟,便那是完全物化,宇宙只是顽固坚凝的死物。"这就把宇宙万物运动变化的根源与主体及运动变化的方式与途径的辩证关系论述得清楚明白了,也就把本体在运动变化过程能保持自身的规定性而又充满活力与生生不已的原因阐述清楚明白了。他的这一"翕辟成变说"从何而来?他在《读经示要》一书中说道:"实根柢《大易》以出也。"也就是说,他吸收了《大易》的"一阖一辟谓之变"的思想。《易传》的《系辞上》有:"夫坤,其静也翕,其动也辟,是以广生焉。""一阖一辟谓之变,往来不穷谓之通。"这很显然是讲事物运动变化过程的发生及隐现出的不同态势。熊十力吸收了这一变化发展观,用来说明"体用不二"本体论:本体主宰现象,现象随本体而转化。宇宙万物,随人、人心与人性而转化而发展。这就与唯物论相区别了。

(三) 冯友兰

冯友兰在战时执教于西南联大,但也时常来重庆陪都参加抗日救亡活动和作哲学问题讲演,尤其是他的"贞元六书"大都在重庆陪都出版发行,他的多篇哲学论文也在重庆陪都的报刊上发表。因此,有理由把他作为战时重庆陪都哲学家来论列。

冯友兰早年留学美国,攻读哲学,后来一直从事哲学教学与研究。战前,冯友兰主要从事中国哲学史的研究,其成果便是1934年上海商务印书馆出版的《中国哲学史》和1938年湖南长沙商务印书馆出版的《中国哲学史补》。这两部哲学史著作反映出冯友兰在运用西方哲学方法研究中国哲学方面取得的突破性成就。抗战爆发后,冯友兰偏重哲学创作。1939—1946年,他连续撰写并出版了六部哲学著作:《新理学》(1942、1943、1944年3次在重庆陪都上海商务印书馆出版)、《新事论》(1942、1943、1944年3次在重庆陪都商务印书馆出版)、《新世训》(1941年,重庆陪都商务印书馆出版)、《新原人》(1943年,重庆陪都商务印书馆出版)、《新原道》（1945年，重庆陪都商务印书馆出版）、《新知言》（1946年，上海商务印书馆出版）。这六部著作构成了一种完整的哲学体系。

什么是哲学？冯友兰认为：哲学是"对于人类精神生活的反思"。他把人类精神生活区分为三种不同领域：一是自然，二是社会，三是人生。他的哲学也就是对自然、社会、人生三种不同领域里精神生活的反思。他把自己的哲学称为"新理学"。他说："'新理学'这个名字，在我用起来，有两个意义。一个意义是指我在南岳、蒙自所写的商务印书馆1939年所出的那部书。另外一个意义是指我在四十年代所有的那个哲学思想体系。"①"新"是对"旧"而言的，"理"是对"事"而言的。他自己说过："'事'者对'理'而言，'论'者对'学'而言。讲理者谓之'理学'；说事者谓之'事论'。"② 他的"新理学"的"新"是对中国宋明理学的"旧"而言。他的"新理学"是运用西方新实在论哲学的方法，反思自然、社会、人生的精神生活创立的新哲学体系。其"'极高明'方面，超过先秦儒家及宋明道学"。③ 那么，冯友兰的"新理学"哲学体系的核心内容是什么呢？根本点可以说是"共相和殊相的关系"。

"共相"即"一般"，"殊相"即"特殊"与"个别"。他的"新理学"就是研究自然、社会、人生的精神生活中的"共相"和"殊相"的区别与联系。自然、社会都离不开人。反思社会与自然的精神生活，自然而又必然要反思人生的精神生活，自然而又必然要讲人与自然的关系、人与社会的关系。他自己就这样说过："一个完整的哲学体系，必须能够说明个人及其周围各方面的关系，如何处理好这些关系。如果处理好了，那就是他的'安身立命之地'。"④《新原人》就讲的是人"安身立命"的最高"天地境界"。在这种"天地境界"里，人可以"知天、事天、乐天，以至于同天"，普通人可以成为圣人，也即是《新原道》中所说的"极高明而道中庸"。"极高明而道中庸"一语出自《中庸》一书。他借用之后加以解释说道："'极高明而道中庸'。此'而'即表示高明与中庸，虽仍是对立，而已被统一起来。如何统一起来，是中国哲学所求解决底一个问题。求解决这个问题，是中国哲学的精神。这个问题的解决，是中国哲学

---

① ④ 冯友兰：《三松堂·自序》。
② 冯友兰：《新事论·自序》。
③ 冯友兰：《新原道》。

的贡献。"① 战时，他的六部哲学著作便是他为中国现代人寻求这一"天地境界"而做出的种种努力。他的哲学研究也就是企图要"为天地立心，为生民请命，为万世开太平"，② 尽一份力量，提供一种依据、方法与途径。

三、宗教概况③

战前，重庆有五大宗教，即佛教、道教、伊斯兰教、天主教和基督教。抗战爆发后，这五大宗教和来渝的宗教教徒及宗教组织围绕抗日救亡这一社会生活轴心开展了一系列活动。这不仅为抗日民族解放战争的胜利做出了贡献，宗教自身也获得了巨大发展。

战时，重庆陪都宗教团体共有27个。其中，佛教团体12个，如重庆陪都佛学社、中国佛教会、重庆陪都佛教会、爱道佛学社；道教团体5个，如四川道教联合会、重庆陪都道教会；伊斯兰教团体4个，如中国回教救国协会、回教文化研究会、中国伊斯兰教青年会；天主教团体2个，如中国公教文化协进会；基督教团体4个，如重庆陪都基督教青年会、重庆陪都基督教协进会、中国各大学基督教学生联合会。

这些宗教团体创办了门类繁多的附属机构，主要有宗教院校、普通学校、书刊出版、医院、慈善救济、饮食服务等等。就创办的宗教院校而言，佛教、伊斯兰教、天主教、基督教共创办宗教院校10所，培养传教人才，研究宗教学说，宣传抗日救亡。其中，佛教创办有支那内学院、华岩佛学院、世界佛学苑汉藏教理院、嘉陵佛学院等；伊斯兰教创办有清真寺附设清寺女学、伊斯兰经学班；天主教创办有小修院、中修院、大修院和训蒙会等四所神哲学院；基督教创办有信义神学院、华西三育研究社、灵修学院、神学院。就创办的普通学校而言，佛教、道教、伊斯兰教、天主教、基督教共创办中学与小学31所。其中，求精中学与广益中学创办早且颇具特色。就报刊发行与出版而言，佛教编辑有《海潮音》月刊、《佛化新闻》、《佛教半月刊》；道教编辑有《道教季刊》；伊斯兰教编辑有《中

---

① 冯友兰：《新原道》。
② 冯友兰：《新原人·序》。
③ 本部分为傅克芳起草，我作了较大增删——作者注。

国回教救国协会会报》《伊斯兰青年》；天主教编辑有《崇实报》《益世报》；基督教创设有"基督复临安息会东川书刊部"发行《时兆月报》《善工内刊》等，"文化事业委员会"出版发行《抗日血战见闻录》《消防问答》等国难小丛书。就医疗卫生事业而言，佛教创办有慈济医院、上海佛慈药厂重庆陪都分厂；基督教创办有宽仁医院、仁济医院等；天主教创办有仁爱堂医院；伊斯兰教创办有永济医院等；道教创办有正气药房。就慈善与救济事业而言，天主教创办有天主教白果树育婴堂、天主教女孤老院、天主教沙坪坝育婴学校；道教创办有万灵寺宝善堂、明道善堂。就饮食服务行业而言，伊斯兰教创办有清真百龄餐厅；基督教创办有中西餐馆及食宿洗浆店多处。这些如雨后春笋般地发展起来的宗教团体及附属机构，充分表明了战时重庆陪都宗教的异常活跃，重庆陪都宗教已成为了抗日民族统一战线中的一支重要力量。

战时，重庆陪都宗教界人士与重庆陪都各界民众一道，积极投入抗日救亡运动之中，开展了内容丰富、形式多样的活动。其中，有各教单独举行的活动，有教与教之间联合举行的活动，有与社会上其他团体联合举行的活动，有组织团队出国参加国际反法西斯侵略的活动，等等。

（一）佛教

战时，重庆陪都佛教界人士除开展募捐、慰劳、救济工作以外，还组建有三个佛教爱国组织在重庆陪都和大后方及国外从事抗日救亡和反法西斯侵略的宣传活动。这三个佛教组织是：慈云寺僧侣救护队、中国佛教国际访问团、中国佛教国际步行宣传队。这里，着重论述慈云寺僧侣救护队开展的活动以及护国息灾法会的概况。

"慈云寺僧侣救护队"是慈云寺僧侣自动组成的以救护被日机大轰炸的难民为己任的组织。队员70人，均为寺庙里的少壮僧人，1940年3月18日成立。总队长为慈云寺方丈释澄一，副总队长为释觉通（该寺监院）和释乐观（他曾参加过上海僧侣救护队，有丰富的救护知识和组织能力）。该队下辖三个分队和总务、救护、研究三个组。该队的救护区域包括南岸、江北、市区等三个地区。该队队员在执行任务时，身着草绿色圆领服装，佩戴臂章符号，以资识别。该队筹办费共1200元（法币）。其中，慈云寺自筹300元，市空袭服务救济联办处补助600元，余由各界人士捐助，并发下全新担架30副、药品器材全套。

该队成立后，举办过医护、军事、政治训练班。1942年6月12日，敌机大轰炸江北，僧侣救护队出动二个分队，不等解除警报，背起担架、药品、水壶，蜂拥过江投入工作，救护100多人，并抬运25人到重庆陪都医院施救。尤其是，"大隧道惨案"发生时，该队三个分队全部出动，一日余救护50余人。同时，还在洞内按佛教仪式放焰口（超度亡人）三日。该队的行动得到重庆陪都各界的好评乃至嘉奖。重庆陪都各报刊报道该队勇猛抢救受难同胞的消息。《新民报》以"僧侣英勇"为标题加以报道，《中央日报》以"救生救死"大加褒扬，重庆陪都民众称呼他们为"和尚同志"。国民政府还特颁给银质奖章。以后，凡遇敌机大轰炸，该队都及时前往抢救。

战时，重庆陪都文化历史上写下了国民党要人与佛教徒一起用宗教仪式表达抗日救国愿望的一页。1942年12月，由国民党中枢朝野人士发起，分别在南岸慈云寺和九龙坡区华岩寺举办护国息灾法会49天。每天圆满后，由方丈定九法师读戴传贤撰写的"护国息灾大悲法会祈祷文"。该会由戴传贤、于右任、张继、何健、许世英、朱庆澜等42人发起。发起缘由是这样的：

> 窃以浩劫，因众业而生奇祸，非佛法莫挽；传贤等拟敦请大德，暨全国佛教徒，起建护国息灾法会：摧魔降敌，护国济民；并超荐阵亡将士死难同胞；业蒙林主席（森）、蒋委员长赞许，拨款提倡；特拟就法会简章，耑呈台览。已将尊函列入发起，谅荷赞同，敬希广发宏愿，多征求同志加入发起，兹订于本月十三日星期一下午三时，假模范市场银行分会，讨论一切；届时务乞拨冗莅临，共策进行，以至仁胜不仁庶澹灾而获福！谨抒诚悃，顺颂伟祺，此致。

法会以戴传贤为会长，派屈映光、张子廉赴广东请禅宗大德虚云和尚赴渝主修，华岩寺为内坛，慈云寺为外坛。法会期间，国民政府主席林森、考试院院长戴传贤分别在慈云寺和华岩寺摇香祈祷；居正亲书大悲咒、心经红缎幢一对，戴传贤亲书黄缎软匾、联一套，均悬挂在华岩寺法堂中。蒋介石于会中期到会佛前礼毕并会见主坛虚云老和尚。法会于1943

年1月16日结束。

此外，重庆陪都市僧侣胡国光等数十人集队参加青年远征军，去缅甸前线抗敌。有的扛枪打仗，有的搞后勤运输。

（二）道教

战时，重庆陪都道教会主要开展了如下抗日救亡活动。

1941年，重庆陪都道教会组织空袭服务队，进行救护、施药；同年，在关岳庙举行"七七事变"抗战四周年纪念大会。重庆陪都道教会经市社会局批准于1941年旧历七月十五日在关岳庙演武厅举办"盂兰盛会"放焰口，超度阵亡将士。1942年，为适应抗战需要，重庆陪都道教会成立书报社，将关岳庙大客厅改为图书阅报室。陈列的图书与报刊除宗教书刊外，有各种报刊及社会人士捐赠的抗日新书。1940年，重庆陪都道教会道众为继承道教传统，练武术保卫国家，在文昌宫道观创办了"速成国术培训班"，由道士殷宗亮教大小洪拳。重庆陪都市社会局于1942年10月10日开始举办僧道战时训练班，计划办五期，每期两周各100人，由重庆陪都道教会选送各宫观青年道士参加训练。同年，重庆陪都道教会在关岳庙创设国术馆，培训近千人。战时，重庆陪都道教会还开设施医、施药房，创办慈善堂等等，为抗战建国增添了力量。

（三）伊斯兰教

战时，重庆陪都穆斯林在中国回教救国协会（1938年8月由武汉迁来重庆陪都）及该会重庆陪都分会带领下开展了一系列活动。

1940年5月4日，中国回教救国协会在重庆陪都组建"回声歌咏团"，王梦扬任团长，成员不分性别与宗教信仰。该团50余人，都有中等以上文化水平，都是音乐爱好者。该团在宗教界与社会上教唱与演唱抗日救亡歌曲，唤起民众抗战建国。同年，由中国回教救国协会主持，中国电影制片厂赞助，委托老舍与宋之的合作《国家至上》四幕话剧，宣传回汉人民团结抗战。该剧由中国万岁剧团在国泰大戏院演出，张瑞芳与魏鹤龄主演，连演六日，场场客满。该剧首开回汉民族团结救亡文化运动之先河。同年，中国回教救国协会妇女工作队组织穆斯林前往马王乡、下石桥、鹅公岩、冷水场等集市演讲，张贴壁报、标语，宣传抗战建国的意义，揭露日寇暴行和阴谋，激发群众抗日热情，不少人现场自动捐款支援抗战。1941年，该会发动一元抗敌献机运动，当时在渝的伊斯兰青年会以该年全部会费捐献，合川县支会响应献机号召也募得不少捐款上缴中国回教救国协会。该会重庆陪都分会于1940年向重庆陪都穆斯林募得寒衣捐400多元（法币）。该会妇女工作队还在双溪沟、黄花园及人和街先后举办妇女识字班三个班，每班约30—40余人，不分回、汉，均可参加，效果很好。1939年成立的回教文化研究会为着"沟通中国与阿拉伯伊斯兰文化，加强抗战力量，团结回教共同反对日寇侵略"，开展了抗战文化活动。

（四）天主教

战时，重庆陪都天主教也开展了众多的抗日救亡活动。

1939年，天主教友爱会携带现款分赴仁济医院、宽仁医院等处发放给被日机轰炸受伤的同胞。天主教创办的《崇实报》与《益世报》在战时发表了多篇报道国内外大事的文章及多篇学术性较强的文章，传播了大量科学文化知识。《益世报》还配合"国家总动员文化宣传"召开座谈会，促使天主教徒集中力量贡献于抗战建国大业，发扬光大天主教文化。战时，天主教与其他宗教团体联合开展的抗日救亡活动更有影响（下文将专题论述）。

（五）基督教

战时，重庆陪都基督教各教派和团体自行开展了多样的抗日文化宣传与慰劳救济活动。1938年10月29日成立的基督教负伤将士服务协会，本着该教博爱精神，不求名利，实事求是，为抗战服务。该会成立有卫生组六队，娱乐组六队，慰劳组九队，交通组担架一队，共600余人，或赴前线救死扶伤，或在市内抢救伤残。该会在枣阳、襄阳、沙市、荆门、宜昌等地抢救伤员，成绩卓著，得到国民政府行政院的嘉奖。重庆陪都美以美会（后为卫理公会）与基督教青年会合作，组织"青美号"农村教育服务车，行驶于巴县、江北、成渝公路沿线的城乡，巡回服务，利用图书、电影、幻灯、模型等进行抗日宣传，服务群众达111万人。重庆陪都基督教青年会成立的"文化事业委员会"发行抗日小丛书，组织抗日宣传队，创办乡村抗日宣传实验区；举办音乐募捐会筹募捐款，征募荣誉军人寒衣，慰劳前线战士；派医疗、医护队四队共计80多人赴前线工作；支持红十字会恢复医院、诊所；参加空袭时紧急救护工作，在歌乐山"会员宿舍"为疏散人员服务。重庆陪都基督教男、女青年会为流浪儿童成立了"贫儿福利社"，进行启蒙教育，解决难童的食宿教育问题。重庆陪都基督教女青年会开展各种慰劳募捐活动：办难民工厂，举办各种服务项目，如乡村学生寄宿舍等；还开办战时讲座，请邓颖超讲"青年在抗战中的任务"等七个问题。此外，基督教其他团体还在江北开办难民工厂，市内开办基督教难民所，南岸开办难民诊所。江北福音堂和南岸广益中学（教会学校）还单独开展了一些抗日爱国活动。基督教爱国人士刘子和到前线服务三年多。

（六）宗教团体的大型抗日救亡活动

战时，重庆陪都各宗教团体除上述各自开展的抗日救亡活动外，还联合组织了一些大型的抗日救亡活动。1944年12月9日，重庆陪都天主教和基督教发起组织的"陪都天主教、基督教慰劳救济动员委员会"，假临江路14号召开成立大会。该会会址设戴家巷10号，拟订会章共7章23条，会务纲要10条及办事细则6章20条。该会由126名委员组成，执行委员94人，常委21人，总干事3人；干事部下设总务、财务、宣传、征募、救济、慰劳、服务等七组，设征募总队，并以地区和单位划分为86个大队，总队长为于斌、冯玉祥。

该会成立后主要作了四项工作：一是征募工作。该会成立后20天内，征募款共计6382754元；征募实物中有布鞋10400双，肥皂100箱，腊肉、香肠、板鸭等共19000余斤，大头菜7000余斤，棉絮200床。另外，各界积极响应认捐了10000套衬衫、衬裤作救济之用。二是慰劳工作。该会组建两个慰劳团，携带八卡车慰劳品，分别由黄次咸（基督教青年会总干事）、李德全率领运往前线慰劳。三是救济工作。该会在渝中和南岸区办了两处难民收容所，共收容570余人；组织救济队前往川黔边境作临时救济工作；征募旧衣棉被鞋袜，救济贫苦难民。四是服务工作。该会商妥仁爱堂医院、仁济医院对过境军队患病兵士优待收治，医药费由该会负担。此外，该会商请各教会就近随时前往慰劳，作一般的服务工作。

战时，重庆陪都宗教界还积极协同社会各抗战团体开展活动。1939

年，基督教部分人士参加重庆陪都空袭服务救护联合办事处国际服务组，进行救伤、救济难民、慰劳伤兵等活动。1939年，重庆陪都基督教女青年会参加国际反侵略会，并成为团体会员，被派到国际服务组第六收容所工作。该会在抗战期专门成立了抗战救济部，派干部到中华妇女慰劳会重庆陪都分会担任组长，开展抗日慰劳救济工作。

四、太虚·刘子如

战时，重庆陪都宗教界各类人才聚集。佛教中，有致力于佛教革新运动的太虚法师、藏文翻译家释法尊、近代佛教著名学者欧阳竟无和现代武僧僧本立；基督教中，有人称"中国第一布道家"的陈崇桂和基督教青年会发起人、企业家、慈善家、爱国人士刘子如；伊斯兰教中，有"中国回教救国协会"重庆陪都分会干事长、实业家温少鹤，等等。这里，就太虚和刘子如及其宗教活动加以论述。

（一）太虚

太虚法名唯心，别号悲华，曾用笔名20余个。中国近现代高僧。俗姓吕，浙江桐乡人，幼年父母亡故，家贫体弱。1904年拜苏州平望小九华寺礼士达（弘量）为师。是年冬，依宁波天童寺著名诗僧寄禅（又名八指头陀）和尚受具足戒，嗣后听名宿水月、道阶、谛闲讲经，获交园瑛（中华人民共和国成立后，中国佛教协会第一届会长）订盟为同参道友，互研内典。1907年于慈溪县西方寺阅读佛教大藏经。一生佛学造诣甚深。适华山同他谈世界与中国之新趋势及佛教革新诸问题，并读谭嗣同、康有为、严复等人著作，立志革新佛教。1909年随寄禅参加江苏省僧教育会，在南京从杨文会学《楞严经》，从苏曼殊学英文等。他支持和参加中国辛亥革命运动。他致力于佛教革新运动，热心创办佛学教育机构，组织佛教社团，创刊编辑佛教刊物等等。自1911年始，他参与并发起组织佛教社团、佛学教育机构、佛教期刊，计有：1911年，偕同盟会员栖云法师赴广州组织僧教育会，同年与梅光羲、夏同和等人办佛学社于狮子林；1912年，与同学仁山等在南京发起组织中国佛教协进会（后，该会并入以寄禅为会长的中国佛教总会），任该会会刊《佛教月报》总编辑；1918年，在上海与章太炎等人组织觉社，出版《觉社丛书》；1919年，住持杭州兜率寺，创办佛教《海潮音》月刊（该刊于1938年迁重庆陪都，1949年移台湾，太虚任社长直至临终前）；1922年，始创武昌佛学院；1924年，于庐山大林寺发起组织有中、日、英、法、芬、德等国佛教代表参加的世界佛教联合会；1927年，兼任闽南佛学院院长，是年中秋前，应蒋介石邀请于雷窦寺讲心经大意并受聘德国朗福特大学中国学院任院董；1928年春，在南京创设中国佛学会（1938年迁渝，1946年迁回原地），同年秋应邀往欧美各国访问，并与英、法等国学者共同发起在巴黎筹组世界佛学苑，为中国高僧弘法欧美第一人。1930年，任北平柏林教理院院长；1932年，在重庆北碚缙云山创办世界佛学苑汉藏教理院。

抗战爆发后，太虚积极参与国际国内抗日反侵略活动。1937年，他致电国内外僧徒，号召参加爱国救亡工作；同时，受聘为"国民精神总动员会"设计委员，任"国际反侵略大会中国分会"名誉主席，数次函告日本佛教徒，劝励他们联合起来，本佛陀大悲普利之精神，请息其政府残暴之侵略。1938年，他指导筹组僧众救护队，分赴各战区服务，在重庆陪都江北静观场塔坪寺组织武汉尼众避难林。1939年春，日机频繁轰炸重庆陪都，国民政府院、部要员疏散四乡，太虚出面主持欢迎缅甸国会议长为首的访华团，并陪同访问考察，获得外国友人的良好印象；冬，太虚奉命组成中国佛教访问团，访问东南亚佛教国家，粉碎日本军国主义的挑拨离间，促进东南亚佛教国家对中国抗战的同情与支持，促使滇缅公路得以畅通。1943年组织中国宗教徒联谊会。同时，他还撰写文章，参加"文艺政策"论争。

太虚创办的世界佛学苑汉藏教理院是四川第一所沟通汉藏文化的高等佛学教育学府。该院办学宗旨是："沟通汉藏文化，团结汉藏精神，巩固西陲边防，保全中国领土。"为着实践这一办学宗旨，在课程设置方面有藏文文法、藏文佛学、汉文佛学、国文、卫生、农业、历史、法律、伦理、体育、党义，还设有气象研究所，1938年增设编译处。该院教师大都是全国知名佛学院毕业的僧侣或医学、农业、法律方面的专家，还邀请郭沫若等人作"燃起佛教革命烽火"的演讲，邀请西藏的土登喇嘛、喜饶嘉措、安东格西等藏经佛教学者来院讲学。该院前后招生五届，约400余人，成为大后方、特别是四川佛教界的栋梁之才。太虚还从北碚三峡实验区聘请军事教官对学生进行救护、防护知识和技能的讲解与训练。

抗战胜利后,太虚任中国佛教整理委员会主任。1947年病逝于上海玉佛寺。他对法相唯识深有研究,主张把唯识思想应用于现实社会。主要著作有《真现实论》《法相唯识学》《起信论研究》《整理僧伽制变论》《太虚大师寰游记》等。门人辑有《太虚大师全书》行世。

(二) 刘子如

刘子如派名华璋,基督教徒,重庆陪都基督教青年会发起人之一,青年会董事会第一任会长,企业家、慈善家、爱国人士。

刘子如出生于綦江县金灵乡青山石窝寨(今重庆市南桐矿区青年乡新村)的一个贫苦农家。父母早亡,寄居姐夫家。1883年流落重庆,被庙上和尚收养识字读书。后被美商洋行、上海胜家公司(经营缝纫机)先后雇用。在此期间,他参加基督教英美会为教徒。在胜家公司,他学会了缝纫机装修全套技术,公司信任他,要他在当时尚无缝纫机经营的重庆开辟代销市场,由他自任经理。他经营有方,经销网点逐年扩大,至1910年前后,成为重庆巨商之一。他在发展企业的同时,1914年,在重庆各教会、商会团体的赞助下,在临江门举办了重庆第一所教养兼施的重庆孤儿院(1927年更名为重庆市私立孤儿院),一直办到1949年。该院培育院生上千人,造就了不少有用之才。江竹筠(女,渣滓洞被害烈士)、余跃泽(中华人民共和国成立后为中共重庆市委财贸部部长)、刘璧如(女,今香港上层知名人士)等人都在该院受过启蒙教育。1931年,他又在家乡綦江县青山办了綦桐南青山孤儿院(1940年更名为綦江县私立青山孤儿院)。该院学生最多时达500余人(高小和初小12个班级,其中住读200余人,孤贫院生100余人)。在该院受过启蒙教育的学生中有不少人在新中国建立后任县、区、乡各级行政领导职务和中小学校长。他还捐款资助教育事业和社会办的慈善事业。同时,他曾用一年时间出访世界几十个国家,所到之处,当地报纸以新闻人物报道,受到各国教会、政界人物的欢迎和接待。

1937年,抗战爆发。刘子如当即与重庆各界爱国人士一道组织"中华民国抗日军四川后援会"。他到处宣传,各方奔走,四处募捐,募得慰劳品40余万件，在渝市商会展出。他当时已年近古稀，仍向国民政府申请组织战地服务团，赴前线慰劳将士及伤员。在国民政府支持下，他招收男女团员130名，学习军事常识，派往各医院实习抢救、包扎等技术，随即在渝用数百名力夫将慰劳品义务运送上轮船。重庆陪都警备司令李根固在朝天门授旗后，他率队南下，沿江经武汉、九江，后分成浙江、江西两大队分别慰劳伤员。其间，在武汉，经刘湘支持，他在红十字会领药；在南昌，他买生猪60多头，分发慰劳伤兵。经历四个月完成慰劳任务后，全体团员送吉安战干团受训六个月后分到各师旅工作。他留第三战区二十三军团任司令部参议，与该军团总司令唐式遵朝夕不离，参与策划前线抗日工作。他在前线三年多，未受公家分文。国民政府军事委员会委员长蒋中正给他颁发"服务前线卓著成绩"的奖状。他在70岁寿辰时，国民政府主席林森亲笔书赠诗一首："西风吹动一帆斜，树梢唯有几个鸦。隔岸沙滩明似画，满天霜雪与芦花。""皖南事变"发生后，他斥责是"自毁长城"。他离军返川前夕，新四军领导人陈毅亲自题赠大幅照片："送给站在抗日前线的刘老团长。"1941年5月，他深感年迈体衰，将其原在重庆陪都富成路的家产房屋出售后，便告老返乡，一心办好青山孤儿院。

刘子如一生俭朴，其晚年产业不多，却仍热心公益，凡修桥、补路等照常慷慨捐赠。他于1948年腊月病逝于家乡，享年79岁。

第十一章 对外交往

中国现代新文化是接受世界文化影响产生的,同时又是在与世界文化交往中发展的。如果说,五四时期和二三十年代中国现代新文化与世界文化大抵是"有交无往"或"来而少往"的话,那么抗日战争时期重庆陪都文化对外交往就是"有来有往"了,名副其实的双向交往了。抗日战争时期重庆陪都文化对外交往,承续而又超越了五四时期和二三十年代中外文化交往,形成多渠道、多层次、全方位的新格局,实现"增多激励,广为宣传"[1]的交往价值取向,并偏重于同苏联反法西斯文化和美英反法西斯文化的交往。

一、交往渠道

第二次世界大战期间,对外宣传机构与报刊电台是文化交往中不可或缺的组织领导机关和传播媒体。中国政府与文化文学界重视它,同盟国各国政府与文化文学界重视它,轴心国各国政府与文化文学界亦重视它。其重视程度,不下于军事战争。事实上,它发挥的作用,也不是军事战争所能替代的。

(一) 交往机构

希特勒上台后,很快成立德国国民教育部与宣传部。整个宣传机构直接由希特勒及其亲信戈培尔操纵。德国的宣传工作成为灌输法西斯主义和侵略战争的舆论工具。墨索里尼的人民文化部垄断了战时意大利一切宣传

---

[1] 《中华全国文艺界抗敌协会宣言》,《文艺月刊》第9期,1938年4月1日。

事务。日本的文部省为日本军部所指挥，负责战时内外宣传。德、意、日法西斯在战争时期就是利用各自的宣传机构，强化其法西斯主义宣传战与精神战的。

苏联的联共（布）中央宣传鼓动部是苏联卫国战争时期最高宣传机构。苏联对内对外的一切宣传事宜都由该部负责。英国战时的宣传工作，直接由英国政府各个职能部门掌控并相互配合。太平洋战争爆发后，美国成立新闻检查处，负责官方新闻报道与宣传工作。苏、美、英等同盟国，利用各自的宣传机构，进行反法西斯侵略战争的宣传战。

战时的宣传战、精神战，总是与军事战争相配合并为它服务的另一条战线、另一个战场。不管同盟国，还是轴心国，其宣传机关跟它的军事指挥部一样，都担负着极其繁重的任务。

中国是一个弱国，要战胜军事力量强大的日本侵略者，对世界反法西斯侵略战争的胜利做出贡献，其中重要的一个因素就是必须争取国际舆论的同情和世界人民的了解与支援。靠什么去赢得国际舆论的同情和世界人民的了解与支援呢？除了靠中国自身所显示出的力量与战斗实绩而外，就得靠宣传——宣传机构指挥的对外宣传。战时，中国政府和抗战文化文学界先后创建多个对外宣传机构，开展一系列行之有效的对外文化文学宣传活动。

1. 国际宣传处

1937年11月，国民党中央党部和国民政府军事委员会改组时，成立中央宣传部，下设专门性对外宣传机构即国际宣传处。中央宣传部副部长董显光主持对外宣传工作，曾虚白任国际宣传处处长。尔后，该处随中央党部和国民政府迁至重庆陪都。该处为战时中国官方最高对外宣传中心和对外宣传指挥中心。该处同当局党政军各方领导机关都有着直接的联系，特别是在宣传方针、宣传内容、宣传重点及宣传时机的选择等重大问题上，都听命于蒋介石。

国际宣传处，除在重庆陪都设立总部外，还在上海和香港设立支部，在昆明设立办事处，在美国纽约、旧金山、芝加哥、华盛顿设立办事处，在英国伦敦、加拿大蒙特利尔、澳大利亚悉尼、墨西哥京城以及印度与新加坡设立办事处。国际宣传处和它的这些支部或办事处还创办多种刊物或通讯社。1938年4月，国际宣传处创办英文月刊《战时中国》在香港印行

（后改在美国纽约发行）；同年，国际宣传处纽约办事处成立泛太平洋通讯社（后改名为中国新闻通讯社）。1939年2月，国际宣传处所属益世海外通讯社在比利时发行法文周刊《中国通讯》。1940年5月，国际宣传处纽约办事处创办半月刊《现代中国》；同年，国际宣传处加尔各答办事处创办英文与印度文周刊《中国通讯》。1944年3月，国际宣传处在重庆陪都发行英文周刊《重庆新闻》。

国际宣传处通过其所属的分支机构及其通讯社和刊物，把触角伸向全世界，特别是伸进了美国和英国。由此，国际宣传处的对外宣传重心也就不言而喻了。国际宣传处及其所属的分支机构、通讯社、刊物，在蒋介石的"宣传重于作战"的思想指导下，各司其职，各显其能。

国际宣传处在重庆陪都每周星期五午后2—5时，举行新闻发布会。同时，还不定期地举行记者招待会。汇集于重庆的美、苏、英、法、德等国的国际通讯社与报刊记者以及路过重庆陪都的外国记者与中国记者，都届时出席。中国军政要人预约前来演讲和回答记者的提问。1937年12月—1945年4月，国际宣传处每年平均接待外国记者访问当局要人及社会名流达360余次；1937年12月1日—1941年4月，仅记者招待会就举行过600余次，当局要人先后出席演讲达100余人次。各国记者们将其所得写成文章或电讯稿发回本国报刊发表。国际宣传处还组织外国在华记者赴各地参观与拍摄照片。仅1943年6月和12月，国际宣传处就组织外国记者赴鄂西与湘北参观。赴鄂西参观的有合众社的王公达、路透社的赵敏恒、塔斯社的辛尼尔尼科夫、《生活》杂志的爱泼斯坦、《纽约时报》的爱金生、《纽约先驱论坛报》的托玛拉，等等。他们通过实地考察之后，更加坚信中国抗战必胜。赴湘北参观的有美、英、苏、澳等国在华的通讯社和报刊记者与摄影师。他们参观后，撰写电文5万余字发回各国报刊发表；美国人安力生还拍有照片500余张，寄往美国、印度及中东等各国发表。国际宣传处驻外办事处，在所驻国家里经常举行演讲会，或由中国人自己演讲，或请外国人演讲。仅1943年上半年，国际宣传处驻外办事处人员就中国抗战问题演讲过5800余次，请外国人讲中国抗战问题8600余次。同时，国际宣传处对外出版发行大批宣传品。1937年12月—1945年4月，国际宣传处就对外印发书籍20多种，小册子286种，照片3万余张，影片60余部。罗列的这些数据，读起来是会令人觉得枯燥乏味的。然而，这些数据，却十分有力地表明了国际宣传处在抗战八年间对外宣传的不遗余力，确实在进行着激烈的宣传战。它及时地把中国抗战之一斑介绍给世界各国，而又及时地把世界各国对中国抗战的反映反馈回来，为中国抗战赢得世界舆论的同情和世界各国朝野人士的广泛支援，起了重要作用。

国际宣传处根据蒋介石"对美宣传极关重要"的指令，开展大规模的对美宣传活动。首先，利用美国在华记者作宣传。美国在华记者与新闻界人士居当时各国在华记者与新闻界人士之冠，仅1940—1941年就有61人之多。合众社、美联社、国际新闻社、《纽约时报》《基督教科学箴言报》《芝加哥日报》等美国大型新闻社与有影响的大报，都有驻华记者。美国一些名作家也以记者身份来华考察。比如，海明威于1940年4月就以美国《下午日报》记者身份来重庆陪都了解中国问题。蒋介石等国民党要人接受他们的访问。1939年秋，国际新闻社远东负责人詹姆斯·扬格访问重庆陪都以后，写有20余篇文章，断言中国不会被征服。1940年9月，北美联合通讯社记者甘宁生，访问蒋介石、孔祥熙、王世杰后，在美国48家报刊上发表访问记，并在旧金山华人区作中国抗战演讲。这大大促使了美国舆论界对中国抗战的同情与支持。其次，国际宣传处通过纽约办事处，在美国各阶层人士中开展宣传工作。纽约办事处先后雇用100余位美国人，在美国中上层搜集情报；纽约办事处先后与美国140余家援华团体有"圆满之合作"，与12个新闻单位建立了密切联系，诸如"中国援助会""太平洋协会"、华盛顿中国通讯、远东学生通讯社、《美亚》杂志，等等。纽约办事处还与美国的工、商、学、宗教等民间各界有着广泛的联系。这就为美国各界敦促美国政府尽早援华抗战和坚持援华抗战起了一定的宣传鼓动作用。纽约办事处通过它的半月刊《现代中国》，"报道中国军事、政治、经济、社会现状及传达中国对国际问题之意见"，以"引起美国人研究中国"，"导致美国舆论有利于中国，及缩短中美两国人民间的精神距离"。[①]

战时，国际宣传处对英国的宣传也甚为重视。1939年5月，国际宣传处伦敦办事处商请伦敦援华委员会，在英国报刊上发表蒋介石、宋美龄、孔祥熙、翁文灏、陈诚、张伯苓等要人纪念中国抗战两周年的文章，以让

---

① 《现代中国》编者的话，《现代中国》创刊号，1941年5月。

英国朝野各界了解中国当局的抗战言行及中国抗战的概况。同年，国际宣传处伦敦办事处在英国各民间团体开展广泛的联系活动，先后与14家团体有了"密切合作"，促进英国中下层民众援华运动的展开。1940年，国际宣传处将英国人田伯烈编著的披露"南京大屠杀"真相一书《外国人目睹之日军暴行》，在伦敦公开发行，使英国民众看到了日本帝国主义在中国土地上犯下的滔天罪行。同年，国际宣传处在制定的"增加与英国朝野人士接触"宣传计划中，除了英国各大学教授、文化界及教会中名人作为"增加""接触"的对象外，还有驻英国记者中的美国记者及其他中立国家的记者、驻英国外交使节、英国各报主笔及名记者、英国议会上下两院议员、英国工党领袖及外交宣传人员等等，亦作为"增加""接触"的对象。国际宣传处，还先后将中国抗战影片和照片送往英国放映与展出。国际宣传处，通过这一切活动，把中国官方的声音及部分民间声音传递给了英国各界人士，使之对中国抗战有了较多了解，进而援华抗日。

国际宣传处在对美、英等盟国进行"求其友声"宣传的同时，还强化了对日本帝国主义的宣传攻势。国际宣传处成立不久，就特别设立对敌科，专门从事对敌宣传工作。1942年2月，国民党中宣部还成立对敌宣传委员会，以加强对敌宣传工作。国际宣传处的对敌宣传工作，一是派人赴前线对敌喊话，二是组织在华外国记者和中国记者撰写文章，揭露敌人的罪行，指出其必然失败命运，三是印制各种宣传品向日本散发。1938年，国际宣传处就印发对敌宣传书籍3种，15000册；传单14种，70万份。1939年2月，国际宣传处以"日本反法西斯联盟"的名义编写《寄日本国民诸君》书，又用"国际反侵略运动大会在华日人支会"的名义编制标语17种，印制11.5万份，向日军散发。这些对敌宣传工作，有利于煽动敌军士兵反战厌战情绪和瓦解敌军斗志。

国际宣传处在抗战八年中，作了许多有益于中国抗战和世界反法西斯侵略战争的宣传工作，然而也留下了一些在当时不利于抗战而令后人遗憾的黑点污点。这里，应当指出的是所谓对美"特种宣传"问题。1942—1944年间，蒋介石和国民党中央宣传部多次给国际宣传处下达"对美特种宣传"指令性任务。其内容主要有两点：一是在美国公开宣传反共，二是在美国公开批驳美国舆论界对国民党的批评。最突出的"对美特种宣传"攻势有两次：1943年，蒋介石的《中国之命运》一书出版后，国际宣传处立即将其摘要译为英文交美联社记者和其他报刊记者发往美国报刊刊出。国际宣传处驻纽约办事处与此呼应而散发诸如《所谓边区政府》《边区征粮人民反对》之类的文稿，诋毁中国抗日民主根据地，攻击边区政府。1944年，在华各国记者向国民政府要求赴延安参观，实地考察抗日民主根据地。蒋介石不得不同意。为着抵消外国记者对延安的正面效应，国际宣传处始而拟订"赴延安外国记者陪同人选条件"和"外国记者赴延安参观计划"，加以种种限制；继而编纂《延安内幕》和《中国共产党问题》英文稿，交驻纽约办事处在美国散发。蒋介石对内推行的倒行逆施，引起一些在华外国记者的不满，著文加以披露和批评。1943年7月，华生和鲍尔温写的以揭露中国内部冲突激烈和国民党掀起的第三次反共高潮即将发生为内容的文章，发表于美国的《远东观察》和《读者文摘》上；同年9月，爱金生和薛费芮分别向美国拍发内容相同的电讯，指出：国民党全力处理内部问题，企图让盟国挑起战争重担。1944年，在华各国记者拍发批评国民党抗战不力的电讯300余件。蒋介石深感国际舆论对其不利，于是便指示国际宣传处进行针锋相对的反批评。国际宣传处言听计从，采取一系列行动对美进行"特种宣传"。处长曾虚白亲自出马，要求在华美国记者在拍回美国的电讯中，必须突出"国共无裂痕"等内容。国际宣传处组织在华美国记者拍发所谓澄清事实真相的电讯，寄回美国发表。国际宣传处驻纽约办事处人员公开出面撰写反驳性与掩饰性文章，发表在《纽约时报》等美国几家大型报刊上。

国际宣传处开展的所谓"对美特种宣传"，同其指挥者蒋介石与国民党在国内推行的倒行逆施一样，不仅严重地削弱了中国抗战力量，而且大大损伤了"中国形象"，极不利于中国抗战。

2. 第七处

国民政府军事委员会政治部第三厅第七处是当局政权机构中一个主管国际宣传工作的机关，随第三厅成立而组建，也随第三厅改组而被撤销。该处在存在的两年半时间里（1938年4月—1940年秋），在对外宣传、特别是对日宣传方面做了大量工作。

收集日本情报和编写日语宣传品，是该处一项首要的经常性的工作。杜国庠、冯乃超、廖体仁、叶籁士、张铁弦、叶君健、蔡仪等人是其主要成员。他们都精通日语与世界语。他们中有的人监听日本电台，整理情报资料，分送上级主管部门和八路军办事处。他们中有的人，收集日本报刊，研究其政治、军事动态，编成《对敌资料》，以作有关部门了解敌情之参考。同时，他们编写大批对日宣传传单，由飞机运往前线和日本国土上向日军士兵与日本国内民众散发。由冯乃超等人起草、郭沫若修订的对日宣传传单，在日本东京散发后，引起日本军部极大震动。这些传单促进了日本广大士兵与民众对于战争的侵略性质的了解和反战厌战情绪的滋长。

用世界语对外宣传，是该处迁来重庆陪都后又一项重要工作。世界语是一种世界性通行的语言，世界上大多数国家都有熟悉或精通世界语的人。叶籁士、乐嘉煊、霍应人、冯文洛等中国世界语者，为对外宣传中国抗战，在重庆陪都创办了世界语半月刊《中国导报》。他们把该刊寄送给世界50余个国家的世界语组织与个人。该刊不时刊登一些当时国共两党要人关于抗战的讲话（比如摘译毛泽东的《论持久战》），以及八路军、新四军的战绩等等，让世界了解中国抗战之情形。

第七处与整个第三厅一样，是深受共产党影响的国民党政权机构中的一个组织，因而其活动日渐受到当局的许多限制。但是，该处在极其艰难境遇里，仍然作了许多为国际宣传处不可能代替的对外宣传工作。它把中国人民大众的声音、中国共产党的声音，渗进了世界舆论。

第七处随第三厅撤销后，文化工作委员会于1940年10月1日成立。文化工作委员会的对外宣传与第七处的对外宣传有其内在的连续性，因此也一并在这里论及。文化工作委员会从成立之日起到1945年3月底被解散止，以文化活动的方式努力开展对外（主要是对日）宣传工作。该会先后主持召开了马雅可夫斯基、高尔基等苏联文学名家纪念会，并用作家和学者个人名义给苏联作家、苏联科学院与斯大林的信函，以及给美国作家和世界其他国家作家的公开信，以打破当局课以的种种限制，努力沟通重庆陪都文化文学界与世界反法西斯文化文学界的联系。文化工作委员会承接第七处未竟工作，继续支持"日本人民反战同盟"。"日本人民反战同盟"是由日本反战作家鹿地亘、池田幸子和绿川英子等组建。鹿地亘任会长，成员60余人。他们一面去前线对日士兵喊话，一面在重庆陪都编辑机关报《真理的斗争》，为瓦解敌军斗志、涣散敌人军心而恪尽职守。

此外，中华全国文艺界抗敌协会的国际宣传委员会、中苏文化协会、中美文化协会、中英文化协会、中法比瑞同学会、东方文化协会等等文化团体，也是中国抗战文化文学、重庆陪都文化文学与世界反法西斯文化文学交往大潮中的弄潮儿，各自开展了力所能及的对外文化文学交往活动。

（二）传播媒体

如果说，上述宣传机构（或团体）在对外文化文学交往中主要起组织领导作用的话，那么报刊电台在对外文化文学交往中就主要起传播媒体的作用了。大战期间，报刊电台为各国政府十分重视，因而获得大的发展。美国报刊在战时发展最快，有1700余家，其发行量为4590余万份。其中，《纽约时报》《芝加哥论坛报》《纽约先驱论坛报》《芝加哥每日新闻》《基督教科学箴言报》《时代》杂志等几家大报刊在世界各国驻有记者，报道大量的战争新闻。苏联报刊在1944年后有6400余家，发行量2300多万份。《真理报》《消息报》等报刊产生了世界性影响。法国被占领后的地下报刊约600余家，发行量200余万份，传达出法国人民反法西斯统治的战斗呼声。中国报刊也不例外，战时最为繁荣。仅重庆陪都一地，就有报刊127种，通讯社30家。大战期间各国的报刊大都为各国对外文化文学交往起过不同程度的促进作用。

战时，重庆陪都报刊在对外文化文学交往中，成就卓著者自然应首推《中苏文化》。该刊于1936年初创刊于南京，1937年11月迁至重庆陪都。这是一家综合性刊物，融政治、经济、军事、外交、文化文学于一体。该刊在重庆陪都期间"以沟通中苏文化的伟大工作为主"。[①] 该刊为实现这一宗旨做了许多工作，特别是在介绍苏俄文化文学及其对中国文化文学影响等方面，是当时任何一家别的刊物所不可比拟的。

该刊发表探讨中苏文化文学交流问题的文章20余篇。诸如刘西舫的《如何加强中苏文学交流》、老舍的《抗战中的中国文艺》。还刊有"抗战三周年纪念特刊""抗战四周年纪念特刊"，更刊有中国小说家、诗人、戏剧家、文艺理论家、电影家、美术家、音乐家关于中国抗战文艺发展及其与苏联文艺交流概况的总结性文章。该刊发表有关中苏文化文学界往来信函10余封，诸如茅盾、郭沫若等中国作家致苏联人民书，巴甫连科、亚布

[①] 《创刊词》，《中苏文化》抗战特刊创刊号，1937年11月1日。

莱丁等苏联作家致中国作家书。苏德战争爆发后，中苏文艺家常常通过该刊互致问候与祝贺胜利，其中有中国文化文学界致苏联科学院会员电、中国戏剧界电影界致苏联戏剧界电影界书、中华交响乐团全体团员致苏联人民书，苏联对外文化协会复中国文化文学界书、苏联电影界复中国电影界抗敌协会书、苏联戏剧界复中国剧作家及剧艺从业人员的信、苏联作家协会复中国作家刘雪庵的信，等等。还刊出"中苏音乐之交流特辑"。

该刊发表有苏联反法西斯文艺作品20余篇（部），如小说《虹》《保卫察里津》，剧本《俄罗斯人》，散文《一支带着"生命之水"的军队》等等，还有木刻、漫画作品50余帧。该刊发表有评论苏联文艺作品的文章30余篇，诸如《评李昂诺夫及其〈侵略〉》《〈彼得一世〉在中国观众面前》，等等。该刊发表有译介苏联文艺理论的文章20余篇，诸如《列宁论艺术》《文艺的本质》《论"斯坦尼斯拉夫斯基体系"》，等等。该刊发表有论及苏联文学对中国文学影响的文章10余篇，诸如《苏联文学给中国文学的影响》《苏联电影戏剧在中国的影响》，等等。该刊推出的"高尔基纪念特辑""马雅可夫斯基纪念特辑""莱蒙托夫纪念特辑""A.托尔斯泰纪念特辑"，更是全面的把苏俄这些著名的文学家及其作品介绍给中国读者。

《中苏文化》在重庆陪都文化文学交流中，确实是一块不可多得的阵地、一条不可多得的通道、一座不可多得的桥梁、一个不可多得的窗口。但是，这样的考察还只是表层的。如果，我们再把目光伸进其里层去，更会发现该刊对于交流的中苏文化文学，在内容的选择上、时机的把握上、方式的运用上，具有极强的自觉意识与自主意识，注重于交流文化文学的政治倾向与审美效应的同时，向政治倾向倾斜。苏德战争爆发前，中苏文化文学交流，显然重在文化文学意识的沟通，苏德战争爆发后，中苏文化文学交流重在互相呼应，互相激励，携手共进，消灭法西斯创建共生共存的新世界。中苏文化文学交流中，文学的文本意识被淡化。这一切都是出于历史需要的选择与民族利益的选择。

中国现代新文化新文学与苏联文化文学交往早在五四时期和20世纪20年代就开始了。不过，那时有着较强的间接性，多半经过一个"中介"环节。战时，因为有了《中苏文化》这一专门性刊物作交往的传播媒体，因此中国抗战文化文学、重庆陪都文化文学直接进入了苏联，苏联文化文学也直接进入了中国，中苏文化文学得到了直接的空前大交往。

大战期间，电台为各国政府所垄断，成为各国政府重要的宣传工具。因此，各国的广播电台事业发展迅速。德国有庞大的无线电广播网，全国有收音机1600多万台。仅1943年，就用53种语言对欧洲以及拉美国家播音。希特勒及其亲信戈培尔利用它进行大规模的对内对外作法西斯主义宣传。英国广播公司，在大战期间担负着极其繁重的广播任务：既对英国国内人民播音，也对国外人民播音；既对德国、意大利法西斯国家播音，也对被德、意占领的国家人民播音；既对欧美各国播音，也对亚洲国家播音。用英语、法语、意大利语、波兰语、荷兰语、捷克语、希腊语、汉语、印度语、世界语等几十种语言播音。美国的"美国之音"电台在太平洋战争爆发后，也用了四十余种语言对外宣传。苏联的电台在苏德战争爆发后，使用了21种语言对外广播。英、美、苏电台对外播音，宣传了各自的对外方针和重大军事行动的意义，鼓动着反法西斯人民的斗志和瓦解敌人的军心。可见，大战期间，电台之重要，电波宣传战之激烈。战争为起步较晚和发展较慢的中国无线电广播事业提供了大发展的机遇，中国电台播音为适应抗战需要也通向了世界。抗战期间，中国除重庆陪都的中央广播电台外，一些主要城市如沦陷前的武汉、广州、桂林及大后方的昆明、贵阳等地皆有地方电台。这些电台都属国民政府中央广播事业指导委员会和中央广播事业管理处统管，新闻广播内容由其垄断。1938年3月11日，中央广播电台迁至重庆陪都，开始播音。翌年2月6日，重庆陪都中央短波电台（1940年1月改名为国际广播电台），开始专门负责对外播音。重庆陪都的这两家电台（主要是国际广播电台）在整个抗战期间，把重庆陪都各界的声音，特别是政府的声音通过电波传送给了世界。国际广播电台用英语、德语、法语、荷兰语、西班牙语、日语、朝鲜语、马来亚语、泰国语、缅甸语、汉语分别对欧洲、北美、苏联、日本及东南亚各国播音，每天播出时间10余小时。1939年11月18日起，重庆陪都国际广播电台开始对苏联莫斯科拍送广播电报，每日半小时左右，旨在沟通双方新闻报道。蒋介石、宋美龄对印度的广播演说，于1942年3月17日通过国际广播电台传送，然后再在新德里重播。蒋介石以盟军中国战区最高统帅身份对泰国国民的广播词于1943年2月26日通过国际广播电台传递到泰国。在蒋介石"加强对美广播宣传"指令下，国际广播电台担负了向美播音的主要任务。1942 年一年，国际广播电台就对美国播送特别节目 151 次，由美国全国广播公司、哥伦比亚广播公司、互助广播公司和 KWID 广播公司向全美国转播；1943 年 7 月 7 日起，国际广播电台连续向美国播送有关中国抗战的资料文字，当天还用 12 种语言播送蒋介石的"告联合国民众书"。

重庆陪都的中央电台和国际广播电台的对外播音，表明中国抗战电波成为世界反法西斯电波网中的一个波段、一种音符，充分发挥了战时电台的新闻传递作用和政治宣传作用。重庆陪都的中央电台和国际广播电台的对外播音，顿时把重庆陪都与世界的距离大大缩短了。世界听众及时地收听到了由重庆陪都发出的声音，同时，重庆陪都听众也及时地听到了世界各国反法西斯侵略战争的声音。电波传送的反法西斯侵略战争的共生问题，把重庆陪都与世界紧密地联系了起来。

二、文学对外交往

优秀的文学作品是人类共同的精神财富。它超越国界乃至民族与种族的界限，具有世界性与人类性。第二次世界大战时期，中国抗战文学与世界反法西斯文学都是世界人民呼唤和平、反对侵略战争的精神载体，这一特性自然就更为鲜明突出。因此，战争期间，文学交往较之和平时期似乎显得更为频繁与及时。各国文学——各民族文学也在交往中获得较大发展。

战时，重庆陪都文学对外交往形成广泛而持久的走势。这是 30 年中国现代新文学对外交往史上不曾有过的奇观。这一现象，考察起来，主要有这样一些因素促成。早在"文协"成立时，周恩来在讲话中就呼吁中国抗战文学界与世界进步文学界联系起来。这对于结束初期抗战文学与世界进步文学交往的零星状态、引导抗战文学界大规模地开展对外交往，无疑起着巨大的指导作用。"文协"等组织、《新华日报》与《抗战文艺》等报刊，随之呼应。于是，1938 年底至 1939 年初，重庆陪都文学界出现文学对外交往问题的大讨论。自此以后，重庆陪都文学与中国抗战文学对外交往呈现出崭新的风貌。

（一）与苏联文学的交往

卫国战争时期苏联文学与中国抗战文学发展路径，大抵一致。战争开始时，苏联1000余位作家上了前线。他们最初把一大批短小精悍的作品，奉献于卫国战争，如短诗、短剧、中短篇小说以及政论、杂文，等等。卫国战争头两年，他们出版的中短篇小说就达200余部之多。随着卫国战争的持续推进和作家们对战争的感受、体验与认识日益加深，长篇作品相继问世，如长篇叙事诗、多幕剧、长篇小说、长篇报告文学，等等。戏剧工作者4.2万余人，组成400余个剧团，到部队、前线演出。这时的苏联文学恰如A.托尔斯泰所指出的："变成了真正人民的艺术，人民英雄灵魂的声音。"

苏联文学家们不仅为保卫祖国而战斗而创作，同时也以他们的行动与作品声援世界人民反法西斯斗争。中国现代新文学早在伊始年代里就开始接受苏俄文学的影响和苏联作家的支持。中国现代新文学与苏联文学的关系一直十分密切。中国抗战全面爆发时，苏联文学界动员全苏作家声援中国抗战。一时间，仅来华的苏联作家与记者就达三四十人之多。他们到前线和后方采访，写成《中国人在抗战》等专书在苏联出版，让苏联人民与世界人民真实而形象地感受到血与火的中国。一些不能前来中国的苏联作家、诗人，对中国抗战也十分关注，不时地写出作品表达他们对中国人民的祝愿。83岁高龄的苏联著名诗人江布尔就写了《献给中国人民》一诗，抒发他对中国抗日民族解放战争的赞颂之情。同时，苏联文学界还大量译介中国作品。据统计，仅1937—1938年间，苏联就出版中国书籍47种，以苏联15个民族文字印行，总数150万册，意在帮助苏联人民了解中国，感知中国人民所具有的抗战能力。苏联作家对中国抗战及抗战文学的支持，即使在苏德战争最紧张最激烈的时候，也不曾中断。比如，1942年12月2日，苏联作家爱伦堡在前线抗击德国法西斯入侵时，依然写信给重庆陪都的戈宝权，请戈宝权"代问中国作家们，转致"他"热烈的兄弟般的敬礼"！并称颂中国人民的英勇抗战"鼓舞了所有拥护自由的人们"。[①] 在外国进步作家几乎都与中国抗战文学家中断了信函往来的时候，爱伦堡的

---

① 《爱伦堡向中国作家致敬》，《新华日报》1943年2月5日。

这封信自然是十分珍贵的，给中国抗战文学界和重庆陪都文学界不啻是一种有力的鼓舞。苏联国内报刊，诸如《国际文学》《文学报》《青年卫队》《文艺鸟瞰》《十月》《旗帜》《文学评论》等等依然提供版面发表中国抗战文学作品。特别是《国际文学》几次写信给中国作家征集中国抗战文学作品。该刊先后刊登过中国作家茅盾、老舍、胡风、郑振铎、欧阳山、沙汀以及诗人艾青的作品。苏联作家协会称他们"非常有兴趣和非常爱护地注视着伟大中国人民的文艺之辉煌的成长。中国的小说、诗歌、戏剧、新闻事业，都使我们发生兴趣"。①《文学报》也发表多篇文章，评价中国抗战文学作品。苏联评论家 A. 绥尔盖耶夫在《论中国抗战文艺》一文中，称赞中国抗战文学是服务于人民，服务于中国民族解放战争的文学。称赞中国作家、诗人、戏剧家反映了中国人民的英勇、坚决和自觉，反映了中国人民的希望及最后胜利的信心。1944 年 3 月，苏联国家文艺书籍出版局出版罗果夫编选的《中国小说集》。罗果夫为塔斯社驻中国的记者，他与中国现代新文学界过从甚密，对中国现代新文学有一定研究，因此这本《中国小说集》更受苏联文学界与读者界的欢迎。这本《中国小说集》选有老舍的《在被占领的城市中》、张天翼的《华威先生》、姚雪垠的《差半车麦秸》和《红灯笼的故事》、端木蕻良的《风陵渡》、萧红的《莲花河》、司马文森的《栗色马》等。这本《中国小说集》在印制与装帧上也极为精美。这本《中国小说集》在苏联，一次就印行 1 万余册。这在当时客观物资条件极端匮乏的情况下，仍出版这样一本书足见苏联文学界对中国抗战文学和重庆陪都文学的重视程度了。

战时，重庆陪都文学界与苏联文学界的交往，除了信函往来和协助苏联翻译家将中国抗战文学作品译成俄文送往苏联发表或出版以外，还偏重于苏联反法西斯文学作品与苏联文学理论的译介。

在译介文学作品方面，以小说和剧本成就最为显著。《不朽的人民》《虹》《宁死不屈》《日日夜夜》《青年近卫军》《保卫察里津》《彼得大帝一世》等长篇小说以及《前线》《侵略》《俄罗斯人》等多幕剧作，在中国影响最大。这些作品，写出了非常时期苏俄普通民众所表现出的非凡力

---

① 《苏联作家协会国外组副主席亚布莱丁先生致本刊编辑同人书》，《中苏文化》第 13 卷第 3、4 期合刊，1943 年 2 月 28 日。

量与崇高的爱国主义精神,也即如 A. 托尔斯泰所指出的:苏联人"初看起来是普普通通的人,然而一旦大祸临头,无论老少都会升起一种伟大的力——人类美"。因此,这些作品一问世便得到了苏联各界的普遍赞扬。这些作品先后获得斯大林文学奖,这些作品的作者也分别获得列宁勋章或劳动红旗勋章或荣誉勋章。这些作品也因其广泛的可接受性而在重庆文学界与读者界引起不同寻常的反响。这些作品由中国著名作家和翻译家翻译,而且甚至同时出几种译本。比如格罗斯曼的《不朽的人民》就有时代出版社出版的林陵的译本、文艺出版社出版的茅盾的译本、正风出版社出版的海观的译本,克涅楚克的《前线》也有新知版、时代版、延安版的聊伊、林陵、肖三的三种译本,戈尔巴托夫的《宁死不屈》、李昂诺夫的《侵略》也有两种译本。同时,戈宝权、铁弦、曹靖华、冯乃超等评论家们还撰写文章,大加评介。曹靖华在《瓦希列夫斯卡娅和她的〈虹〉》一文中,称赞瓦希列夫斯卡娅的作品"在苏联文学和世界文学中成为辉煌的存在了"。她的作品"洋溢着生命和热情"。戈宝权在《伟大卫国战争中的苏联文学》一文中,系统评论卫国战争时期苏联文学在各方面取得的"非凡成就"。有的剧本在重庆陪都演出,有的小说改编成电影在重庆陪都上映,更深受中国观众欢迎。

在译介苏联文学理论方面,最具延续性影响的是社会主义现实主义。20世纪30年代前半期,社会主义现实主义在苏联提出后,苏联文学界就此展开过广泛而深入的讨论。但是,这一文学理论在同一时期的中国左翼文坛却只是匆匆引入,其间虽有周扬与胡风关于这一理论中的典型问题的讨论,但未来得及深入一步研讨时,卢沟桥的炮声就响了,论争也就自然中止。1939年以后,重庆陪都文学界关于现实主义的几次讨论,实际是补课——是在苏联文学界关于社会主义现实主义继续讨论影响下的补课。1939年,卢卡奇的《论现实主义的历史》一书出版了。他在书中,把社会主义现实主义与文学史上各个阶段的现实主义等同起来,强调现实主义的"真实性"与"典型性"原则而忽视作家的世界观与作品的社会主义"倾向性"原则。这就在当时苏联文学界引起一场新的讨论。重庆陪都文学界十分注视苏联文学界这次讨论,译介有代表性的讨论文章在重庆陪都报刊上发表。其中,斯大林的文学"真实观"与卢卡奇的文学"真实观"都深深地影响着重庆陪都文学理论建设。重庆陪都文学界提出的革命现实主义、革命浪漫主义等口号及其阐释文章,明显地接受了斯大林的社会主义现实主义"真实观"的影响。胡风的"主观论"更明显地受了卢卡奇的社会主义现实主义"真实观"的影响,就连冯雪峰的长篇论文《论民主革命的文艺运动》也有卢卡奇理论影响的痕迹。

总之,重庆陪都文学与苏联文学的交往是十分密切的,特别是苏联文学作品的译介方面"不论质与量,都可以说成绩是极大的"。①

(二) 与美国文学的交往

中国抗战爆发后,美国文化界出现援华浪潮。美国文学界的援华可以说处于这一浪潮的浪尖之上。首先,美国一批名作家如辛克莱、德莱赛等人一致反对美国政府实行的"中立"政策。指出:这"是一种可耻而龌龊的行动",实质上起着怂恿日本侵华的作用;还热情洋溢地赞扬中国人民的抗日斗争精神。② 同时,美国一批作家还创办刊物,撰写文章,声援中国抗战。《现代中国》《中国日报》《远东人》等刊物,就犹如一座座通往中国的桥梁,使中美两国文学家、两国人民的心灵得以沟通。其次,美国一批作家先后来到中国,深入中国抗战的前线或后方,作实地采访,并写成作品在欧美出版。其中,约翰·根室、格兰姆·贝克、温台尔·威尔基、赛珍珠等具有一定代表性。

以《欧洲内幕》一书名扬世界的美国作家约翰·根室,于1938年来到中国。他先后在重庆陪都与上海孤岛等地采访。他访问过中国各界要人和中下层人士以及在华的外国人士达1000余人次,查阅过有关中国及亚洲各国的政治、经济、军事、文化的书籍100余种。随后,他写成了《亚洲内幕》一书,对日本军国主义作了较深刻的剖析。这部著作在美国出版后,为欧美各界读者所重视,尤其为欧美政治家们所瞩目。以毕生精力研究中国的格兰姆·贝克,既是一位画家,又是一位记者与作家。他于1940年初来到重庆陪都,一直居住到1946年11月才返回美国。他在中国6年间,先后在重庆陪都及大后方的桂林、宝鸡、成都等地工作与采访。他以自己的亲身感受写成一部专书《一个美国人看旧中国》。这部书出版后,

---

① 茅盾:《近年来介绍的外国文学》,《文哨》第1卷第1期,1945年5月。
② 辛克莱:《给〈现代中国〉编者的一封信》,企程译,《新华日报》1939年2月2日。

被爱泼斯坦誉为有关中国问题的"经典著作之一","栩栩如生地重现了许多往事的景象、声音和感受,还透过在当时所谓'大后方'的经历,重现了那个独特的动乱年代所意味着的一切"。温台尔·威尔基既是一位美国重要官员又是一位美国作家。他于1942年8—10月由美国到非洲、近东、苏联而后到中国。他在重庆陪都期间,会见了蒋介石和周恩来以及各界人士。他根据所得的材料和观感写成一本专著《天下一家》。他在书中高度称赞中国抗战是人民的战争,人民必胜;批评国民党当局推行的片面抗战路线及包括重庆陪都在内的后方社会的弊端。该书于1943年在美国出版,轰动了世界,100家报刊节录转载,被称为"战时必读书",销售量达100万余册,成为1943年美国"出版界的奇事"。[①] 把中国称作"第二祖国"的美国作家赛珍珠,对中国一直十分关注。她的不少作品是描绘中国社会人生的。抗战时期,她写的反映中国抗战的作品,流品不一,高下有别。广播剧《中国的插话》,算是其中较好的一篇。她在作品中喊出了"中国需要我们,但我们也需要中国"的呼声,表达了"天下一家"一致反对法西斯侵略战争的强烈愿望。

战前就来到中国的美国作家埃德加·斯诺及其夫人韦尔士女士和史沫特莱等人更是一面帮助中国抗战,一面创作反映中国抗战的作品。抗战开始后,斯诺仍然留在中国。为着研究对敌经济战略问题,他参加中国工业合作协会工作,往返于重庆陪都、香港、西北及前线阵地。他在中国各地发表演讲,鼓动中国人民的抗敌斗志。他把自己创作的反映中国抗战的作品寄往英国伦敦《每日先驱报》和美国《星期六邮报》上发表。他的一部描写世界大国在中日战争期间的角逐与较量,旨在说明胜利属于反法西斯的中国人民的报告文学作品《远东的明星》,在美国纽约《星期六邮报》连载后,引起美国及世界各国人士对于远东问题的高度重视。他写的《为亚洲而战》也引起了强烈的反响。韦尔士女士在抗战伊始时就只身由中国北方来到重庆陪都,她创作的两部报告文学作品《西行访问记》和《续西行漫记》在重庆陪都文坛与世界反法西斯文坛都引起过强烈震动。中国评论家杨刚在《美国文艺的趋向》一文中,对这两部报告文学作了这样的论述:"马可波罗总算在东方揭起了一重帘子,而斯诺及其夫人,六百年后

---

① 《1943年的美国战时读物》,《震撼世界的书》,《半月文萃》第2卷第6期,1944年1月。

的两位好奇人,就揭起第二重帘子。这又是一重富源的开辟。"这两部作品"始为人类发掘出来一片崭新的根由。死者将倚它而复活,未来将倚它而入世。在那积古以来尘坑古洞的西北,为人类辉耀着一种崭新的机能"。"七七事变"后,史沫特莱投笔从戎,先后在八路军、新四军战地作救护工作,后来到重庆陪都、香港。她在中国创作出的反映中国抗战的报告作品集为《打回老家去》(译名为《中国在反攻》)和回美国后创作出的《中国的战歌》,在美国出版后被公认为最佳的中国战地报告文学作品。她本人得到了中国人民和世界人民的极高赞誉。茅盾称她是一位"透彻到家的国际主义者"。《中国的战歌》一书,部分章节在当时重庆陪都出版的刊物发表过,而全书是在她逝世35年后的1985年才译成中文在中国出版发行。

美国文艺界一部分作家来中国帮助中国抗战,在中国创作抗战文学作品,向世界宣传中国抗战,在中美文学交往史上留下了深深的印迹。与此同时,众多美国文艺家以信函方式征集中国抗战文学家写的中国抗战文学作品,以便在美国印行。美国作家协会曾两次来函,表示对中国的"最大同情",[1]并预订《中国作家》全年。美国《辩证》杂志,转载中国作家马耳写的《中国文学20年》一文,帮助美国作家了解中国现代新文学历史及其现状。美国权威文学杂志《小说》来函要求推荐并代译中国抗战长篇小说,并声明须是"较宣传更丰富之材料的作品"。[2]中国抗战文学与美国文学的交往,以珍珠港事变为界碑前后有所变化。这以前,主要是一批美国文学家来到中国,这之后,主要是一批美国文学作品译入中国。

珍珠港事件后,美国政府先后派出百万之师参加反法西斯侵略的战斗。美国不少反战作家亦作随军记者到欧、亚、非反法西侵略战争的前线,创作出了一批反映欧、亚、非国家战斗生活和美国国内生活的作品。译入中国的作品有小说、诗歌、剧本、报告文学,门类齐全。这些作品,有写战前社会生活的,有写战争中战斗生活的,有近距离透视反法西斯战争的,有远距离观照美国社会种种弊端的,内容丰富。其中,海明威和斯坦贝克这两位作家的作品在1943—1944年的中国,如茅盾所说"是最出

---

[1][2] "文协"出版部《出版部报告》,《抗战文艺》第7卷第2、3期合刊,1941年3月。

风头的"。①

海明威先后参加两次世界大战。他之成为传奇人物，他之成为著名作家，是战争赋予的。他写的反映第一次世界大战的小说《战地春梦》是他成名的奠基之作，后由林疑今译，在中国出版发行。第二次世界大战前夕，他参加西班牙内战，随即写成反映西班牙内战的小说《战地钟声》，由谢庆尧译，在中国出版发行。1941年，他来到重庆陪都会见周恩来和宋庆龄，并在重庆陪都、成都等地采访。他写的关于战时中国的特写在《下午报》上发表7篇，其中对四川民众修筑成都双流机场作了如实的报道，并对中国人民的刚毅品格大加褒扬。美国参战后，他参加过地中海反潜战、盟军在诺曼底滩头登陆战、巴黎解放战，等等。他的描写美国社会中大量存在着的压迫与被压迫、剥削与被剥削事实的小说《人鼠之间》和《愤怒的葡萄》，震动了重庆陪都广大中国读者的心弦。前者描写美国一家农场佣工生活的艰辛及其友爱，后者描写美国失去土地的农民的种种惨状。这两部小说在美国出版后轰动了美国读者界，译成中文后，也获得重庆陪都评论界的好评，铁弦、李念群、绯等人著文评介，认为：《人鼠之间》写出了美国穷人与富人之间的隔绝和冷漠，从而引起人们对美国现存社会制度的怀疑。并由此联想到重庆陪都现实社会，意味深长地写道："何年何月，我们的舞台才能演出这样的'冷'戏！何年何月，人们才肯从这样的'冷'戏中去体会人与人之间的冷暖！"绯在《"愤怒的葡萄"》一文中，指出：这不仅在技巧上是一部很美的小说，同时它也反映了美国社会生活的阴暗与丑态以及争取未来的光明与幸福的力量。斯坦贝克也是一位反法西斯侵略战争的美国著名作家，他先后以美国《纽约先驱论坛报》和《时代》杂志记者身份到欧洲战场参加战斗和采访。他根据自己亲身经历写出的两部纪实性作品在美国文坛和重庆陪都文坛都引起过强烈反响。这两部作品是小说《月亮下去了》与报告文学《攻欧登陆战纪实》。前者集中全力写欧洲某城市一位市长反希特勒占领的故事，表明"人民不会被征服"的，"即使失败了，也会打下去"！后者描述盟军在诺曼底滩头登陆。斯坦贝克参加了盟军诺曼底登陆战，这场战斗被称为是一件扭转历史的辉煌业绩，是战争史上一个空前的伟大场面。描述这么一场战斗的报

---

① 茅盾：《近年来介绍的外国文学》，《文哨》第1卷第1期，1945年5月。

告文学作品于 1944 年 9 月在美国出版后,很快被译入重庆陪都文坛。重庆陪都文学评论界对这部作品评价甚高,认为是记述第二战场之第一部佳作,内容翔实生动,文笔简洁轻松,可作历史来读。此外,美国作家马尔兹的《向东京前进》、海尔曼的《守望莱茵河》、阿尔贝特·威廉的《俄罗斯人、国家、人民,为何而战》等作品在重庆陪都文坛都引起过不同程度的兴趣与反响。

(三) 与英法等国文学的交往

在欧美各国援华运动中,英国文化文学界的援华运动开展得最早最好。"七七事变"后,英国文化文学界呼应英国工人提出的"援助中国,援助世界和平"号召而开展多种援华文化活动。其中,"左书会"是英国文化文学界援华的一个得力团体。该会 3 万余名会员,100 余个分支机构。该会在中国抗战爆发后的最初两年间,在英国举行过 200 余次演讲,向英国广大民众宣传中国抗战与英国的关系、中国抗战与世界和平的关系以及中国抗战必胜原因所在。该会出版的《每月选读书》杂志,刊登过有关中国的文章和中国抗战文学作品,并要会员开读书研讨会,以期从文章和文学作品中来分析中国抗战、来把握中国抗战的意义。1938 年,《每月选读书》出版"中国专号",讨论中国抗战必胜和援华方法。"他们不是隔岸观火的态度来了解中国,而是像一个中国人来看中国问题一样,当作切身问题来讨论。"[1] 一时间,英国文化文学界的其他文艺团体与刊物,也相继出版"中国专号",中国政治与抗战文学都有专文评介。

与此同时,一批英国作家远涉重洋来到中国,成为中英两国人民心灵和两国文学的直接沟通者。詹姆斯·罗芒·贝特兰是英国来华作家中最早的一个。1936 年,他以英国《每日先驱报》特约通讯员身份来到中国。他的写作生涯在中国起步。他对"西安事变"周详采访和缜密分析后写成报告文学《中国的新生》。该书在英国出版后获得世界舆论界与政界的重视,中国评论家也认为这"是一部优秀的报告文学作品"。[2] "七七事变"后,他先后到过延安、重庆陪都、香港及沦陷区一些城市访问,先后写成《华

---

[1] 王礼锡:《英国文化界的援华运动》,《抗战文艺》第 3 卷第 8 期,1939 年 2 月。
[2] 林淡秋:《〈中国的新生〉译序》,上海译报图书部 1939 年版。

北前线》《战争阴云》《回到中国》等作品，把中国人民的抗战精神与顽强意志迢迢暗递给英国和世界各国人民。以《泥脚的日本》而闻名于世的英国作家弗雷达·阿特丽于1938年来到中国。她身着淡蓝色的中国旗袍，以一个中国女性的打扮出现于中国抗战文坛和重庆陪都文坛。她表示要"代中国向世界说句公道话"，并坚信"中国必能复兴"，"日本必须被打败"！① 她到过中国抗战前线，也到过重庆陪都及大后方一些城市。她将获得的材料与感受写成《扬子前线》《日本在中国的赌博》等作品，爱憎与褒贬之情分明。英国年轻而有名的现代派诗人奥登，1937年奔赴西班牙，支援西班牙人民反法西斯斗争。1938年，他以英国《新闻纪录周报》记者身份和小说家伊修伍德一道来到中国。他在中国4个月间，到过前线和重庆陪都及大后方与中国文学界、中国民众以及中国上层人士有所接触。他在中国作的《献给殉难的中国士兵》一诗，以洋溢的激情，颂扬中国抗日士兵的坚韧精神和牺牲的意义，表达欧美文化人士的仰慕之情。他写的短篇作品汇集为《到战争去的行程》在英国出版后，广为流传。回国后，他还与伊修伍德联名写信给中国抗战文学界，表达他们的"祈求"："永远不要灰心，继续战斗到最后胜利获得为止。"② 何登夫人也是英国文学界的著名记者与作家。她以英国《前驱日报》记者身份来到中国。她在重庆陪都及大后方的昆明等地，一边采访，一边演讲，激励中国民众的抗战情绪。她还作《贺双十节诗》，表达她对中国抗战的切身感受与衷心祝愿。

第二次世界大战爆发后，德国法西斯把战火烧到了英国领土。英国文学界大部分作家在国内与民众一道奋起反抗，不少作家还随同英军到欧、亚、非战场，从事新闻报道与文学作品创作。因此，这以后，中国抗战文学和重庆陪都文学界与英国文学的交往，就偏重在作品的译介方面了。英国反法西斯文学作品译介入重庆陪都而又产生较大影响的要数格林伍德的长篇小说《和平时期和战争时期的朋丁先生》以及普里斯特莱的长篇小说《格雷特里的灯火管制》。③ 这两部小说反映的都是大战期间，英国国内的社会人生相。前者写一个普通家庭即朋丁一家对战争认识的变化，透视英国社会人心状态：始而以为在海那边进行的战争与己无关；继而遭受德军

---

① 记者：《阿特丽女士欢迎会小记》，《抗战文艺》第2卷第4期，1938年8月。
② 王礼锡：《英国诗人向中国人民致敬》，《抗战文艺》第4卷第5、6期合刊，1939年10月。
③ "朋丁"又译为"班丁"，"普里斯特莱"又译为"波列斯莱"。

大轰炸，逐渐认清战争的本质；最后，参加义勇防空团，抗击德军入侵。这实际上映现出战争期间英国民众心理流程的"三部曲"。后者写英国民众所面临的艰巨战斗任务：不仅要在前线与希特勒军队战斗，还要在后方同德国间谍及其附从者斗争，歌颂英国人民自觉的爱国主义意识。

重庆陪都文学与英国反法西斯文学交往过程中，还对英国现代派作家作品予以译介。这种译介，在作品内容上批评多而肯定作品艺术性甚少。比如对劳伦斯和伍尔芙夫人及其作品的译介就是一例。劳伦斯及其小说，在东西方评论界都是有争议的。他深受弗洛伊德心理分析学说的影响。他从人的本能来观察与思考人与社会、人与人的关系。他在文学作品中从事社会批评与心理学探讨。《虹》《儿子与情人》《恋爱中的女人》《恰特莱夫人的情人》便是他的重要作品。重庆陪都文学界翻译他的小说《虹》。1943年9月22日，重庆陪都的《新华日报》发表署名纫兰的评论文章《谈劳伦斯的〈虹〉》。文章具体论析小说男女主人公形象之后，严肃指出："现实不是虹，现实是必须正视的现实，只有积极的战斗的态度，才是我们的生活态度，无论何种逃避总归是通到毁灭的逃避！"很显然，这是批评小说所流露出的思想倾向。英国另一位现代主义文学批评家、作家伍尔芙夫人在英国遭受德国飞机轰炸期间，不堪忍受那种恐怖的生活，于1941年3月28日投泰晤士河而谢世。1943年，重庆陪都评论界的陈尧光作《伍尔芙夫人》、吴景荣作《伍尔芙夫人的岁月》等专文系统地评析其人其文，都指出并批评她的悲观绝望心理与作品中的悲观主义色彩。

法国文学界喊出反法西斯的呼声，在欧美各国文学界中算是最早的。1928年，罗曼·罗兰就振臂高呼："我们最紧急的一件任务，便是团结起来，打倒法西斯！"① 从此开始，法国文学界致力于反法西斯斗争活动。中国"七七事变"后，法国文学界配合法国政界开展有力的援华活动。日本飞机轰炸广州的消息传到法国后，法国的中国人民之友协会与各党团各议员联名向日本提出抗议。仅中国人民之友协会的成员就在法国演讲300余次，散发传单20余万份。法国一批报刊如《中国》《法国人道报》《新欧罗巴》《法国十字报》《现代评论》等对中国抗战表示出极大的热情与格外的关注，发表多篇有关中国抗战的文章与文学作品。

---

① 焦菊隐：《战时法国文艺动态》，《文哨》第1卷第2期，1945年7月。

1940年6月，法国的3/5领土被德国法西斯占领后，中法文学交往便以评介文学作品的方式得以实现。具有反法西斯传统的法国文学家们，从德国进攻法国之日起，就以"剑"和笔为武器进行反抗斗争。一批存在主义作家如萨特、加缪等人，也在战争期间为保卫祖国而战斗而创作。为中国读者所熟悉的阿拉贡、马尔罗、罗曼·罗兰等人，便是战争期间反法西斯斗争的作家之代表。

阿拉贡在德国进攻法国之初，手拿钢枪参加战斗，并荣获军功勋章；德国攻占法国后，他于1942年初，组织并领导法国作家协会，编辑会刊《法兰西文学》，为把留在国内的法国作家组织起来结成强大的反法西斯文学营垒做了大量工作。同时，他还创作不少作品，比如诗集《断肠集》《在我的国家就像在外国》《法兰西的晓角》。这些诗集中的诗歌，大都抒写了法国人民的苦难和诗人对祖国与人民的热爱之情。重庆陪都《新华日报》和《时与潮文艺》等有影响的报刊，先后发表他的诗歌和评介文章。孙晋三在《照火楼月记》中，称赞他是法国抵抗活动里最活跃的诗人。马尔罗先参加西班牙反法西斯战争，后回国投笔从戎。他在战争初期的一次战斗中被俘，随即逃离法西斯占领者的囚牢。他曾一度消沉。1943年后，他又奋起反抗，并参加戴高乐领导的"战斗法国"运动。他不仅在反法西斯战场上洒下了血汗，而且在反法西斯文坛上也留下了深深足迹。他先后发表了《人的希望》《阿尔登堡的胡桃树》《夏特尔营》等作品。他早在20年代中期就与中国人民、中国现代新文学结下不解之缘。《人类的命运》就是他参加中国第一次国内战争之后以1927年3月上海工人武装起义为题材写的小说。《人的希望》是他参加西班牙战斗之后写的纪实性小说，1938年由戴望舒译介入中国文坛。他在反德国法西斯占领过程中写的作品，孙晋三在《照火楼月记》中进行了评介，并称他为法国地下军里最著名的作家。

74岁高龄的老作家罗曼·罗兰在法国被占领期间，为自己不能直接参加抵抗运动而苦恼。但他在隐居乡村期间，仍以创作作品求得与抵抗运动的心灵相通。罗曼·罗兰及其作品，一直为中国人民所喜爱。早在20世纪20年代，他的小说就译入中国，《约翰·克利斯朵夫》一时间成为中国出版界的畅销书。战时，重庆陪都文学界先后译介他的自传体小说《内心旅程》的一部分以及《七月十四》《狼群》《爱与死的搏斗》和传记文学

《贝多芬传》，等等。1944年12月30日，罗曼·罗兰逝世。重庆陪都文学界以多种形式表达哀悼之情。1945年1—3月，重庆陪都的《新华日报》等报刊或发追悼文章或出追悼特刊。重庆陪都文艺界召开隆重的追悼大会，郭沫若、胡风、洪深、戈宝权、王亚平等人及"文协"总会先后发表文章或挽词，以悼念和评介这位杰出的文学家。"文协"总会号召中国抗战文艺家们要像罗曼·罗兰那样把自己的根深深插进黑土里面去，从人民大众吸收充分营养，再从黑土里生长出来。郭沫若在挽词中，颂扬罗曼·罗兰"永远是法兰西之光，人类之光，和平之光"。法国被占领期间，法国子夜出版社历尽艰险出版了一套30余卷的大型丛书——《子夜丛书》。正如其出版声明中所说：出版这套丛书，意在宣传反法西斯统治和保持人的精神上的纯洁。这套丛书及其中的《海的沉默》等小说，为重庆陪都文学翻译家所重视，并向中国读者推荐。

重庆陪都文学界与印度、新加坡、马来西亚、缅甸、泰国等东南亚国家文学界，亦过从甚密。这些国家的文学界先后派出文艺团体和记者到中国访问，支援中国抗战。重庆陪都文学界亦多次派出作家和话剧团队到这些国家宣传演出。特别是郁达夫等中国抗战文学家，在这些国家华侨中组建抗战文学团体、创办抗战文学刊物、创作抗战文学作品，为中国抗战文学与这些国家文学的交往做出了重要贡献。

三、电影对外交往

电影在可视性文学中，最能赢得观众。因此，大战期间各国政府和文化文学界总是把电影作为宣传教育的重要工具。战时世界反法西斯各国电影的相互交往，及时地传达战争信息，交流思想情感，成为反法西斯文化文学的重要方面军。重庆陪都电影对外交往，正是在这一层面上显示出它的重要性与特殊意义的。

（一）"电影出国"问题的讨论

战时，中国电影进入新的发展阶段，取得较大成就。八年间，先后拍摄了100余部纪录片和40余部故事片。1939—1941年间，仅中国电影制片厂在极端困难条件下也拍摄了故事片8部。这些影片，大多送往国外放映，供交流之用。重庆陪都电影对外交往，克服了武汉电影对外交往的自发性与零星状态，呈现出自觉的有序的交往态势。中央电影摄影场和中国电影制片厂以及广大电影工作者，一面继续深入前线、敌后和后方摄制新闻纪录片和制作艺术片，一面开展"电影出国"问题讨论，以期从思想上取得电影对外交往的共识。

1938年底到1939年初，重庆陪都文化文学界掀起"文化出国"讨论热潮，"电影出国"问题也在此时提了出来。1939年1月10日，《新华日报》发表施焰的文章《关于"电影出国"》。这篇文章在"电影出国"讨论文章中有一定代表性。文章指出："电影是对外宣传强而有力的武器，生产大量抗战电影运到外国去放映，介绍抗战意义与真相，暴露敌人的暴行，并针对敌人反宣传以有力驳斥与打击，以使国际友人不再被敌人的反宣传所欺骗，而对我们抗战生出更多的同情，更大更多的援助我们，切实有效地制裁敌人。"同时，文章还认为："对外宣传的影片不能重在情节方面，而应重在意识方面，在角色上，无论男女，需要粗线条的健壮美，这才能代表大时代的中国青年，象征着未来的新中国的雄壮姿态。"这就从思想内容与审美情趣的结合上论述了对外交流的电影所具备的水准及其意义。这也显示出中国抗战电影"出国"的自觉意识。自此以后，中国抗战电影对外交往得到深化，向前跨出了一大步。

1941年7月，重庆陪都文化文学界在纪念抗战四周年时，对抗战文化文学进行全面清理与总结。其中，也自然对"电影出国"作了检讨。史东山、阳翰笙等人撰写文章，发表自己的意见。他们从不同角度，梳理中国电影发展过程中所受的外国电影影响、中国电影工作者对外国电影理论的爱好与研究。同时，描述抗战以来中国电影"出国"的状况：初期为抗战纪录片，中期为故事片；纪录片与故事片，几乎都以抗战为主题。再则，表示向外国优秀电影学习，提高中国抗战电影的艺术水平，促使中国电影现代化与民族化。

随着中国抗战"电影出国"问题的讨论，中央电影摄影场和中国电影制片厂，通过多种渠道把一批中国抗战电影推向世界，诸如《保卫我们的土地》《热血忠魂》《八百壮士》《孤军喋血》《中华儿女》《好丈夫》《东亚之光》《火的洗礼》《胜利进行曲》《中国青年》《老百姓万岁》《中国小英雄》，等等。

重庆陪都"电影出国"问题讨论和"出国"的一批电影，偏重于思想内容的政治社会性与功利性，比较忽视电影艺术的审美功能。这不能不影响着电影质量的提高与正面效应的更大获得。今天，我们可以用一些诸如"肤浅""幼稚"的字眼来评价它，似乎也不过分。但是，在那个血与火的年代里，中国民族电影又刚刚跻身世界电影行列时，这一"电影出国"的理论探讨与电影作品出国，依然是十分可贵的。先行者的足迹，启迪着后来者的行进。

（二）与苏联电影的交往

第二次世界大战期间，苏联电影获得巨大发展。苏德战争爆发之后，苏联几家大型电影制片厂派出100余名摄影师分赴战场，拍成纪录片100余部，同时还摄制100余部大型艺术片，诸如《保卫莫斯科》《莫斯科城下击溃敌人》《战斗中的列宁格勒》《斯大林格勒》《战争之一日》《会师柏林》等纪录片以及《区委书记》《她在保卫祖国》《虹》《望穿秋水》等艺术片。这些影片，不仅深受苏联观众的欢迎，而且在世界各国放映时，受到普遍好评。《战争之一日》仅在美国两个月内就有170座城市放映，《莫斯科城下击溃敌人》在美国放映后还获得1943年度奥斯卡奖。

中国电影从30年代初期起就开始接受苏联电影的影响。特别是苏联电影《生路》《重逢》《夏伯阳》等的传入中国，为中国电影的发展拓开了新的路径。

抗日战争期间，中国电影界多次呼吁苏联电影界声援中国抗战，恳请中苏电影界携手合作，反对法西斯战争，保卫中国文化和世界进步文化。中国电影界的呼吁，得到苏联电影界的及时回应。苏德战争爆发前，苏联电影界和新闻界曾派出一批摄影师与记者来到中国。他们在中国战场上和重庆陪都以及大后方抢拍各种抗战场景和日寇法西斯暴行的镜头，带回苏联各地放映。苏联塔斯社的记者，曾驾着自备的机器脚踏车驰骋于中国各战区，把枪林弹雨中的中国一一拍摄下来。苏联《消息报》特派员及摄影师卡尔曼于1938年来到中国后，在各地拍摄影片。他们在莫斯科等城市放映这些影片时，还向苏联观众演讲，阐述中国军民抗战的英勇和爱国主义精神。1938年10月，莫斯科电影制片厂完成巨型影片《英勇的中国》。影片映现中国军队作战之情形，特别再现了山西以及黄河沿岸战斗胜利之场面。《中国抗战电影特辑》中的电影也在苏联各大城市上映。这些影片，向苏联人民及时地传递了中国人民抗战力量与决心，为苏联政府最先而且始终支持中国抗战提供了生动形象的史实依据。

与此同时，中国电影工作者与翻译家合作，翻译、介绍苏联电影。中国一批报刊还出苏联电影译介专辑。苏联电影因它的政治与艺术的结合、争取人民自由与反法西斯的意识以及独具的艺术特色而获得中国观众的认同，深深地吸引了中国观众。因此，苏联电影大量译入中国。1938年，重庆陪都及大后方城市的电影院放映苏联影片1150余场，观众达44万人次之多；1939年1—7月，重庆陪都及大后方城市的电影院放映苏联影片1100余场，观众达43万人次之众。其中，影片《夜莺曲》的观众有24万人次，影片《大张挞伐》有观众8.7万人次，影片《歼倭记》有观众5.2万人次。1938—1939年两年间，重庆陪都国泰电影院所放影片中，苏联影片就占三分之二。1939年11月7日，为纪念苏联十月革命胜利21周年，重庆陪都及大后方城市同时放映苏联影片12部。它们是：《游击战》《夜莺曲》《海上警卫》《无敌坦克》《粉碎敌巢》《雪中行军》《游击队之女》《巴黎公社》《远东之敌》《最后一夜》《忠心为国》《黑海洗心》。《彼得一世》与《马门教授》也于1938—1939年间在重庆陪都先后放映。这些影片大多属于苏德战争之前，反映苏联国内战争和革命与建设的影片，表面看来同当时中国抗日救亡现实生活无多少直接关系，但是这些影片所表现出的苏联人民强烈的爱国主义精神与顽强的战斗意志这一深层意蕴，却与处于高强度救国热情燃烧之中的中国人民，息息相通。中国人民和苏联人民通过银幕实现思想与情感交流。特别是反映苏联国内战争时期反对外国武力干涉的几部影片中的不少镜头与场景，更是牵动了中国观众的心。因此，电影院常常成为中国观众向日本帝国主义示威的场地，一些观众边看电影边高呼"打倒日本帝国主义"的口号，不少青年观众看了电影后，发誓一定要抗战到胜利，为创造未来的幸福、子孙的幸福，要像苏联青年那样，决死奋斗！

为更好地通过银幕向苏联人民学习，向苏联电影学习，以适应中国抗战之需和有益于中国抗战电影的发展，中国电影界在重庆陪都围绕两部苏联电影展开讨论。

苏联著名历史艺术巨片《彼得一世》，是彼得特洛夫根据 A. 托尔斯泰的同名小说改编，由 A. 托尔斯泰导演，列宁格勒电影制片厂于 1937 年摄制的。该片于 1938 年 11 月在重庆陪都放映。1938 年 11 月 25 日，中苏文艺研究会举行影片研讨会。中国翻译家、电影家、理论家、音乐家戈宝权、史东山、葛一虹、赵铭彝、宋之的、贺绿汀、盛宗伦、魏猛克、安娥、罗荪等人出席会议。戈宝权介绍该片制作经过及其意义，史东山等人对该片的编剧、导演、技术、音响、画面等项分别发表各自的见解。他们一致认为这是一部优秀的历史影片，从思想内容到表现方法都给中国观众和中国抗战电影以深切的启示。在战争中，要像彼得大帝那样，失败后不气馁，要在失败中了解争取胜利的方法；要像彼得大帝那样，对内施行革新措施，打击封建势力与宗教势力；要像彼得大帝那样，培养新人，唯才是用。总之，这部影片给了中国观众以新的启迪。同时，他们还认为，影片的表现方法也值得中国电影学习。英雄人物也是平凡人物，不是三头六臂的"超人"。这一点对于我们摄制抗战英雄片很有借鉴意义。影片的调匀、和谐与美丽的画面也为我们摄制中国抗战电影提供了范例。

如果说，影片《彼得一世》的讨论，重在从影片中汲取于中国抗战与中国抗战电影有益的养分的话，那么，影片《马门教授》的讨论，简直可以说就是一场反法西斯宣传战了。《马门教授》是根据德国著名剧作家沃尔夫的同名剧本拍摄的。苏联电影导演执导，苏联演员演出，苏联列宁格勒电影制片厂摄制。影片写德国犹太人医生马门教授在希特勒法西斯专制下的悲惨命运，暴露希特勒的法西斯罪行，颂扬德国人民反法西斯统治的斗争。这部影片于 1939 年 8 月初在重庆陪都公开上映，引起轰动性的效应。当时，有人这样描述道："每场观众拥挤不堪，场内不时响起狂热的掌声。银幕上的动作和观众的心情，打成一片，发生了火一般的交流。在寂静中，台下的人们默默地熔化在银幕上的愤怒、欢喜、忧虑和同情中了。"[①] 深受中国观众欢迎的这么一部影片，在重庆陪都放映时却几乎遭受扼杀。始而是德国驻华大使表示"不满"，认为"有碍邦交""煽动复仇"；继而是重庆陪都社会局以此为由命令停止放映，并派一队警察执行停演命令；终而是重庆陪都政府张贴"违抗命令，停止营业三日"的牌

[①] 吴敏：《〈马门教授〉影片事件的始末》，《新华日报》1939 年 8 月 16 日。

告。这就引起重庆陪都文化界与电影界的深切关注。他们纷纷撰写文章评介影片《马门教授》。仅1939年8月16日重庆陪都《新华日报》就发表了吴克坚的《从〈马门教授〉影片说到我们的外交方针》、企程的《介绍〈马门教授〉》、吴敏的《〈马门教授〉影片事件的始末》,以及《新华日报》社的《美国各报刊对〈马门教授〉的评价》等文章。这些文章,或详细阐释影片的内容,或揭示影片的折射性意义,或介绍影片在欧美各国放映时的盛况。关于影片的折射性意义,吴克坚在文章中就这样指出:"影片直接透露出西方法西斯的狰狞面中,正是间接反映出东方法西斯强盗在我们神圣领土上的獠牙鬼脸。影片直接描写的德国劳动人民反对希特勒的斗争,也是间接告诉在日寇铁蹄下的我国同胞如何去同日本鬼子搏斗。"关于欧美各国放映这部影片的盛况,企程和《新华日报》社的文章作了广泛介绍:影片在美国放映,成为美国的一件大事。美国政府希望全国大学生观看这部影片,希望好莱坞至少要仿制两部同性质的片子。法国巴黎几家大戏院连续放映这部影片达4个月之久。英国张伯伦政府虽然反对放映这部影片,但是在英国民众要求之下,这部影片也在英国得到放映。影片《马门教授》在中国和欧美各国放映时,正值希特勒发动第二次世界大战的前夕,因此这部影片及其产生的影响与意义十分重大。它对于中国人民和世界人民起着反法西斯主义的宣传鼓动作用。它给予中国人民以世界眼光,认清法西斯主义的世界性、中国抗日战争与世界反法西斯斗争的一致性。

苏德战争爆发后,苏联反法西斯战争的大型纪录片和艺术片诸如《忠勇巾帼》《虹》《柏林的下落》《会师柏林》等都先后在重庆陪都及大后方一些城市放映,常常是场场客满,座无虚席。

《忠勇巾帼》原名《她在保卫祖国》,1943年苏联中央联合制片厂摄制,导演为斯大林文学奖获得者爱姆莱尔。影片主人公巴夏是苏联边境地区奥命诺夫卡村的一位集体农庄的女农民。她的丈夫与儿子都被德国入侵军队杀害了,她幸存下来,参加了游击队,并成为游击队的领导人。她以P同志的名字闻名远近。后来,她在一次战斗中被俘了。德寇正准备杀害她时,游击队救了她,并从德军中解放了被囚禁的妇女。影片塑造了这么一位卫国战争时期苏联的巾帼英雄,一位苏联劳动妇女的典型。1944年7月17日,苏联驻华大使馆首先放映这部影片,招待中国文化界名流以及驻华各国使馆人员。同年8月2日,该片在重庆陪都公映,重庆陪都各界人士踊跃观看。中国俄文翻译家戈宝权还撰写文章《介绍一个苏联妇女英勇抗战的名片〈忠勇巾帼〉》,向广大中国观众推荐此片。①

《虹》是根据瓦希列夫斯卡娅的同名小说改编拍制的。影片写被德寇占领的乌克兰一个村庄的老弱妇孺的悲惨遭遇及其英勇苦斗,以及她们同游击队相配合,赶走德寇的故事。影片不仅具有强烈的现实性与战斗性,而且也是一部不朽的诗篇,惊心动魄的画面与抒情诗的意境相融合,细腻动人。1944年11月,这部影片在重庆陪都上映,得到观众与评论界的称赞。认为这是一部不朽的杰作,它给予我们的启示是:"人民不屈服,就得奋斗求真理,只有挺起身子才能寻求真理之路,只有歼灭敌人才能求得人民永远自由。"②

《会师柏林》是由40多位苏联摄影师于1945年4月21日至5月初随苏联红军一道攻打柏林战斗中摄成的。曾来过中国的苏联摄影师卡尔曼最先乘苏军坦克进入柏林城。影片详细而真实地记录下了攻克柏林的全过程以及苏联人民欢呼胜利的场景。这部影片于1945年7月31日起,在重庆陪都放映一周之久,"观众甚为踊跃,场场客满"。③ 因为中国人民为之流血牺牲的八年抗战的胜利曙光已经在东方地平线上升起来了。中国人民正在期待抗日战争胜利的前夜,苏联和西方人民反法西斯战争胜利了。这自然带给中国人民以无限的欣慰与鼓励。那银幕上显现出来的一个个长镜头诸如柏林中心大街陷落、红军把苏联红旗插上德国国会大厦屋顶、苏美英代表接受德方降将签订投降书以及莫斯科人民庆祝胜利时的狂欢、狂舞、狂吻,324尊大炮齐鸣和火箭在午夜天空中狂飞,使千百万渴望胜利的中国人民心潮起伏跌宕,奔涌回旋。

(三) 与美国电影的交往

早在五四时期和20世纪20年代,中国电影就深受美国电影的影响,好莱坞的几家电影公司几乎垄断了中国电影市场,有人甚至认为"中国电

---

① 戈宝权的文章发表于1944年7月30日《新华日报》。
② 辛堤:《看了〈虹〉影片以后》,《新华日报》1944年11月27日。
③ 见1945年8月8日《新华日报》消息《重庆人争看〈会师柏林〉》。

影兴起时，成了美国好莱坞的附庸"。① 30年代以后，这一状况得到了扭转，中国电影开始接受多方面的影响而独立向前发展了。"七七"以后，中国政府特别重视对美宣传，中国抗战电影与美国电影越过重洋开始双向交流。

1938年，国际宣传处将纪录片《南京日军暴行》和故事片《保卫我们的土地》《热血忠魂》等送往美国。翌年，美国哈孟电影公司在美国各地放映这些影片。自此以后，宣传中国抗战的电影相继进入美国电影市场。其中，主要有《大无畏之重庆》《中国反攻》《东战场》《长沙三次大捷》《威尔基来渝途中情形》《威尔基在西北前线》《鄂西前线》《日军暴行》《重庆一日》《常德会战》等纪录片与故事片。有的影片如《中国反攻》在美国6000余家电影院放映，轰动一时。1942年10月，美国总统私人代表威尔基访问重庆陪都后，携带《中国始终不屈》抗战纪录片回美国放映。该片由中央电影摄影场编制，英文对白。该片反映内容丰富，空间跨度较大，由北伐战争到全面抗战，映现了中国人民的生活、各地风光，最后是重庆陪都在大轰炸中新生的画面。同时，一些美国摄影师来中国实地拍摄影片，送回美国放映。比如美国著名摄影师史考特来到重庆陪都及大后方，摄制出中国战况影片，在纽约放映三个多月，美国评论家一致称赞该片反映了中国人民抗战之英勇，越战越活跃。这些影片，以其真实而又形象的画面，表现中国广大军民保卫祖国抗击日寇入侵的精神、意志与力量，揭露日本侵略军在中国土地上犯下的种种罪行。这一幕幕烧焦的土地、血染的山河、愤怒的呐喊，赢得了美国各界人士广泛的同情与声援。

大战期间尤其是珍珠港事件后，美国电影有了新的发展，特别是好莱坞影片从内容到风格都发生了较大的变化。许多导演、摄影师和电影明星以及电影公司，分赴欧洲战场与东方战区，摄制出一批反映抗击法西斯战争的纪录片与艺术影片，诸如《大独裁者》《我们为何而战》《中途岛》《空中堡垒》《轰炸东京记》《沙漠里的五个秘密》《缅甸的冒险》《飞虎队》《中国的呼声》《龙种》《卡萨布兰卡》《北极星》《俄国歌曲》《来自列宁格勒的孩子》《五口棺木在去开罗的途中》《高于一切》《玛格利之路》《时代进行曲》《战斗的法国》《契特尼克》《月落》等

---

① 史东山：《苏联电影与中国电影》，《中苏文化》第7卷第4期，1940年10月10日。

等。美国电影界还摄制一些大战时期美国人民的生活、思想情感与追求的影片，诸如《白衣大使》《与我同行》《双重保险》《米尼佛夫人》《一门五虎》等等，还摄制了几部历史题材影片，如《愤怒的葡萄》《战地钟声》等等。这些不同题材不同表现手法的影片，吸引了大量的美国观众。1940—1945年间，因放映这些影片，美国电影院由15115家增加到16500家，观众由30亿人次增加到50亿人次。这在美国电影史上，堪称盛况空前。

美国电影，不仅吸引了美国广大观众，同时也受世界各国观众的欢迎。美国电影虽然不像苏联电影那么多的进入中国，然而，美国电影在战时中外电影交流这一层面上仍然占据重要一席。战时，进入重庆陪都的美国电影，就内容而言大体多为反映美国之外的外部世界战斗生活的影片。其中，有这么几部影片在中国电影界与观众中产生了程度不一的影响。

《大独裁者》是美国反法西斯侵略的第一部电影，由著名艺术大家卓别林编制。该片以法西斯头目希特勒为模特儿，写他对内实行法西斯独裁统治，镇压民众，屠杀犹太人，对外进行扩张侵略，妄图称霸世界。卓别林之所以在美国电影界要率先摄制这么一部影片，是因为他憎恶独裁者，是因为他要使人发笑。他认为，在世界上要找到一个像希特勒这样大的冒牌人物，实在是很不容易的，希特勒是世界上一个讽刺与嘲笑的最好对象。他说，这就是他乐于摄制这部影片的原因。卓别林正是基于这一主观创作动机而于1938年12月希特勒吞并苏台德区后不久便写成《大独裁者》的脚本。1939年到1940年10月，他又用近两年的心血秘密地摄制成了这部巨型影片。他自己扮演主角，并亲自布置每一个摄影场景，亲自检查每一台摄影机，目的是要创造出他所憎恶与讽刺的大独裁者希特勒这一形象。中国有句俗语，叫作"功夫不负有心人"。1940年10月15日，这部影片在美国上映时，轰动了美国和全世界。第三天，美国《工人日报》发表文章称卓别林创造出了一部"最现实的反法西斯的影片"。这部影片在苏联和英国放映也很受欢迎。这部影片同时也震动了德国纳粹党徒。一位纳粹军官曾给美国影片商协会写信，提出抗议。美国《礼拜五画报》为此写道："阿道尔夫·希特勒有千百万的敌人，但其中最厉害的敌人就是和他同年诞生的小人物查理·卓别林。"这部揭希特勒法西斯画皮的电影也自然在中国重庆陪都倍受欢迎。1942年11月16日起，重庆陪都几家电影院放映这部影片,重庆陪都广播电台播送这部片子中的演讲词。《大独裁者》,一时间成为重庆陪都民众的热门议题,几乎家喻户晓,老孺皆知。重庆陪都文学界和电影界人士撰写文章大加评介。认为希特勒吞并苏台德地区时,还没有一个政治家、哲学家和艺术家,敢于断然站出来替全世界人民讲一句要讲的话,而卓别林讲了:"那些大独裁者都是变态的疯子","我们要的不是疯狂的屠杀、战争、侵略,而是和平、人道与民主"。匹夫之怒,夺了王者之魂,卓别林够得上是一位反法西斯侵略的先驱。[1] 戈宝权在《〈大独裁者〉的诞生和它的意义》一文中,指出:《大独裁者》是卓别林继《城市之光》《摩登时代》之后又一部新片,是卓别林电影创作道路上的一个新顶点,揭开了电影史新的一页。同时,戈宝权在文章中还指出:这部影片已经透露出了创造人类新世界的曙光,显示了新人类的远景。只有消灭东西方的独裁者,我们才能见到这种光明。[2] 卓别林的《大独裁者》在重庆陪都放映正值中国抗日民族解放战争处于最艰苦的时候,重庆陪都文学运动进入低谷之际,因此,由此而引起的中国观众和中国电影界强烈呼应,自然具有深切的现实意义的。它激励着中国民众进一步认清中外独裁者、东西方法西斯的真面目,进而感知中国人民反法西斯斗争不是孤立的,反法西斯浪潮席卷了全世界。从而,顶住政治低气压,更加坚定抗战到底的信心与决心。

如果说,《大独裁者》属于喜剧型影片的话,那么《北极星》便是一部悲剧型影片了。这部片子描写苏联人民抗击德国法西斯入侵的故事。影片是根据著名剧作家丽琳·海尔曼原著制作而成。1944年10月,在重庆陪都放映。影片字幕为"1941年6月22日"。该片即是写的德国法西斯对苏联"不宣而战"的这一天,苏联与波兰交界的一个小村庄"北极星"的人民,在遭到德国侵略军突然袭击时,抗击入侵法西斯的可歌可泣的一幕。这个村庄的人民,本来处于和平、宁静之中:孩子们在歌唱,青年们在舞蹈,男女老少相亲相爱,中学毕业的学生正准备上大学读书。突然间,天空和地上,响起了轰鸣的飞机投弹声与大炮声,一队队德国鬼子如饿狼一般涌入村子。幸福、和平,突然消失了,到来的是非人的残暴行

---

[1] 伯约:《造梦和破梦》,《新华日报》1942年11月23日。
[2] 戈宝权文章,见1942年11月23日《新华日报》。

径。但是，这个村庄的男女老少给予敌人的回答，不是跪着求饶，而是挺身而出，英勇反抗。这部影片的这一内容和写实手法，引起中国观众的共鸣，得到中国电影界的认同。巴莎在《永恒的北斗》一文中，作过这样的评论，他说：该片的剧作家、导演、演员，代表了美国大众。他们与苏联一起为反法西斯而战。影片成为苏美友谊的结晶。该片写出了苏联的真实、自由、人民英勇。巴莎还向远隔重洋的美国电影界与美国人民，发出呼吁：让我们共同努力，消灭法西斯，消灭各自国家里的奸细、孤立派和失败主义者吧！

《飞虎队》由美国华纳影片公司出品，1945年11月在重庆陪都放映。"飞虎队"于1941年8月组建，由美军援华空军志愿兵组成，陈纳德指挥。"飞虎队"在保卫中国领空、抵抗日寇入侵的战斗中，成绩突出，为中外各国人士所称赞。这部影片直接取材于陈纳德率领的"飞虎队"的战斗生活。影片写一位美国青年在太平洋战争爆发后，抛妻别子奔赴前线参加战斗，后被派到中国加入陈纳德的飞虎队，帮助中国抗战。这部影片在重庆陪都放映时，引起了中国观众的兴趣和评论界的重视。《新华日报》在介绍《"飞虎队"》一文中，对该片的得失作了较为中肯的论述。指出：从影片中，我们看到了美国青年对中国的热爱和对于敌人的仇恨，共同作战加深了中美两国人民的认识。该片的不足在于，始终带着浓厚的宗教气氛，把反法西斯战争的正义性与青年航空员的勇敢及安全返航归于"上帝"的意志与保佑，这就减少了片子的现实性。同时，还认为片子的情节不够集中，发展也不够紧凑。

重庆陪都的中国抗战电影在与苏联电影和美国电影频频交往的同时，还与欧洲的英国等国家的电影以及印度等周边国家的电影进行交往。英国摄影师、记者和中国摄影师、电影工作者先后拍摄了多部纪录片和艺术片送往英国放映。其中有这样一些影片在英国放映过：《中国反攻》《南京失陷》《截住日寇》《中国之战》《中国为自由而战》《广州遭轰炸》《中英签订新约》《英国女议员华德女士在重庆》《中国驻印军队活动情形》《英国议员团》，等等。《中国反攻》等影片，在英国伦敦连续放映400余场次，获得英国广大观众的好评。"中国抗战电影特辑"中的影片，于1938年9月，先后在巴黎、日内瓦、利物浦等欧洲大城市放映，备受欢迎。特别是利物浦的华侨观看影片之后，掀起支援中国抗战的献金运动。这些影片，把日本帝国主义在中国土地上的血腥暴行鲜活地呈现在欧洲各国人民面前，使之痛恨日本帝国主义，同情和声援抗战中的中国人民。印度在大战期间，依然是世界上电影生产大国之一，每年制作的影片均在100部以上。其内容依然大都为爱情、宗教、神话，硝烟气味极淡。中国电影工作者摄制的《委员长访印》《新德里庆祝联合国日情形》《我国驻印军队活动情形》等等影片在印度先后放映，不仅加深了中印两国人民的友谊与团结合作，同时也对印度电影生产现状带来一定冲击。印度电影《官仇情记》《阿里巴巴与四十大盗被歼记》等于中国抗战胜利前后在重庆陪都放映，让中国观众和中国电影工作者了解了印度电影之一斑。

重庆陪都中国电影与世界电影的交往，主题突出，题材多样，风格各异。中国电影与世界电影以反法西斯战争和维护世界和平、民主与进步为共同的支撑点，获得巨大发展。有中国民族特色的中国电影与世界电影由此接轨，并在同一轨道上获得同步发展的机遇。

四、美术对外交往

德、意、日法西斯发动的侵略战争，不仅夺去了千百万无辜民众的生命，而且也毁坏了大量的人类造型艺术，大批美术珍品或被抢劫或毁于炮火。然而，一切有良知的美术家们，一面奋力保护与抢救既有的造型艺术品，一面用他们的彩笔与钢刀绘制出一幅幅美术新作，抨击法西斯的罪恶行径。他们制作的反法西斯侵略战争的美术作品构成世界美术史上的一大奇观。战时重庆陪都的中国美术在与世界反法西斯美术交往中，装饰了这一奇观，使之多姿多彩。

中国现代美术是在承接中国优秀传统美术和吸收西方美术营养以适应中国现代社会生活的需要而发生发展的。这，从鲁迅与中国现代美术的密切关系中便可得到证明。鲁迅虽然不是美术家，但是他对中国现代美术理论的建树、他对中国现代美术的倡导与扶持、他对西方美术的介绍，是任何一位中国现代美术家所不可取代的。早在20世纪初，他洞悉中国近代美术现状，运用西方美术思想，提出现实主义的美术创作原则与创作方法，促使中国现代美术的发生与发展。①30年代，鲁迅编选苏联木刻画集《引玉集》，翻印《凯绥·珂勒惠支版画选集》，介绍外国美术作品。同时，鲁迅还举办木刻讲习会，成立"一八艺社"，编选中国青年木刻工作者的木刻画集《木刻纪程》，培养一批中国美术工作者。这为抗战时期中国美术的大发展、中国抗战美术迅速走向世界，铺垫了一块块重型基石。

抗战初期，抗战美术活动在中国大中城市广泛开展起来，其中最为活跃、贡献尤大的要数木刻和漫画。漫画被认为是"美术界第一个起来响应保土抗敌的号召的"。②1940年以后，中国画家大都汇集于重庆陪都。他们在"中华全国木刻界抗敌协会""中国漫画宣传队"和"中华全国漫画作家抗敌协会"等团队的支持下，创作出大量的木刻版画与漫画作品，供国内报刊发表和国内各地展出。同时，还先后选出一批木刻版画和漫画作品运往世界各国，作为中国抗战美术与世界美术、特别是与世界反法西斯美术交流之用。

（一）与苏联美术的交往

战时，中国抗战美术与世界美术交往中，来得最早最快的是与苏联美术的交往。1938年4月，国际宣传处从征集来的抗战漫画数百幅中，选出60多幅送往苏联莫斯科展出。自此以后，中国抗战美术与苏联美术开始频繁交往了。

1940年1月2日，中国艺术展览会在苏联莫斯科东方文化博物馆开幕。出席开幕式的有苏联社会名流和艺术家1千余人。苏联人民艺术委员会副会长在开幕词中指出：这次中国艺术展览会，超乎文化艺术范围，且是中苏两国人民友谊的具体表示。苏联艺术家们将这次中国艺术展览会视为苏联文化界的一大节日。展览大厅，悬挂着列宁、斯大林、孙中山论述中苏美术的语录条幅，悬挂着数十幅中国抗战照片（如《委员长对出发前线军队的训话》《朱德将军》及《女战士丁玲》等的照片）。展览大厅内陈列着中国古代艺术作品、中国抗战木刻与绘画作品。古代艺术作品，显示出中国文化历史悠久，源远流长，寄寓着中华民族艰苦奋斗的特质。抗

---

① 详见鲁迅《拟播布美术意见书》，《鲁迅全集》（第8卷），人民文学出版社1981年版。
② 林垦：《抗战以来的漫画运动》，《中苏文化》第9卷第1期，1941年7月。

战木刻与漫画，表达一个共同主题即中国人民正在为争取民族独立与解放、维护世界和平而战斗。抗战木刻与绘画作品，把日本帝国主义的血腥罪行、中国人民的苦难及英勇反抗，生动形象地呈现在苏联人民的面前。潘韵的《敌机肆虐图》，画出日本飞机轰炸中国后方农村造成的惨状：敌机轰鸣，炸弹爆炸，烈火，尸体，受伤者匍匐而行。包起权的《敌机轰炸图》，画面上呈现出敌机在天空中兜着圈子，向中国和平的乡村投掷炸弹，中国妇女背着婴儿、拉着小孩在田野里奔跑。吕斯百的《轰炸后的重庆》、吴作人的《铁匠店》，大致也属这类题材。中国民众并没有被敌人的狂轰滥炸所吓倒，而在血泊中奋起反抗。潘韵的《乔野村军民昼夜歼敌图》和陈晓南的《重庆被炸后》便是表现这一内容的作品。前者通过画面描绘出战斗的残酷与中国军民的英勇；后者通过血迹斑斑的画面，传达重庆陪都民众的复仇情绪与抗战到底的决心。

这一幅幅意蕴深厚、现实性极强的中国抗战美术作品及工艺精湛的中国古代艺术作品，在展出一年间，受到苏联各文化团体和艺术家们的热烈欢迎和高度评价。一年间，先后前来参观的人数达10万之众，先后前来参观的团体1500余家，先后举办的中国艺术研究会1117余次。苏联《真理报》《少共真理报》《消息报》《红色战报》《导师报》以及《文学报》《艺术》等报刊，先后发表多篇文章，报道中国艺术展出盛况，评论中国艺术作品，表示向苏联广大民众推荐。

加里宁艺术学院师生参观团，参观中国艺术展览后认为：中国艺术、希腊艺术和俄罗斯艺术都达到了登峰造极的地步，并列于世界。中国艺术的可爱色调、工匠师的善于运用笔墨与雕刀，我们应多加学习。苏联雕塑家勃列士曼参观中国艺术展览后，说他狂喜于中国艺术家在作品中表现出的技巧、创作思想、力量以及对祖国文化的厚爱。荣誉艺术家崔可夫及作家托空巴也夫参观后说道：参观这样的艺术展览，我们好像在中国住了几年，对于富有天才与保存高深文化的中华民族，有了鲜明的印象，引起一种极大的美感。荣誉艺术家卡茨门参观后也说道：对于十分卓越的富有天才的中国人民的绘画、雕刻，我们应当学而再学。有的参观者还指出这次中国艺展意义深刻，它将给我们一个较完整的中国艺术史的认识，唤起我们对于中国艺术的特殊兴趣，唤起我们对于正在为摆脱日本帝国主义侵略而进行战斗的四万万中国人民的生活与斗争的了解。沙莫洛夫更是指出：

有这样的艺术的民族是不可征服的!

这次中国艺术作品在苏联展出,吸引苏联观众之多、文化层次之高、影响之大,在中苏美术交往史上都是极其罕见的。这次展出,无论其政治意义与文化意义都是深远的。它加深了苏联人民对中国人民创造能力的认识,使两大民族的邦交愈益和睦地发展;它丰富了苏联民族文化艺术的创作营养,使两大民族文化艺术融合渗透,获得新的发展机遇。

苏联人民遭受德国法西斯侵略之后,中国抗战美术作品在苏联展出或在苏联报刊上发表的机会就很少了。不过,中国抗战美术界与苏联反法西斯美术界的信函往来,并未中断。以信函为载体,互通信息,相互道贺。1942年1月,由木刻家李桦领衔的250余位中国木刻工作者联名写信给苏联木刻家,欢呼1942年苏联开始反攻德国法西斯入侵和我国湘北会战大捷,回顾近十年来中国木刻得到苏联木刻的支持和学得的经验以及创造出自己民族版画的概况,并表示今后愿进一步与苏联木刻界携手合作,创造出更多更好的木刻版画,在另一个战场上加倍打击敌人。

1942年以后,重庆陪都美术界处境维艰,苏联美术界人士也大都奔赴于反法西斯侵略战争的前线。中苏美术交往的天秤开始向中国美术界方面大倾斜,苏联反法西斯美术作品比较多地流入中国。

苏联卫国战争期间,有900余位苏联艺术家背着钢枪拿着画笔奔赴反法西斯侵略战争的战场。他们创作出大批鼓动性极强的前线素描与宣传画、政治讽刺画。这些美术作品,先后在苏联一些大中城市展出,诸如1941年11月莫斯科举办的"伟大卫国战争"画展,1942年纪念十月革命节时莫斯科举办的250余位画家的作品展览,1943年举办的反映卫国战争全貌的"英勇的前线与后方"画展,1944年在被解放的11个城市举办的画展。这些美术作品,刻画着苏联红军和苏联人民崇高的爱国主义精神和同仇敌忾的意志,充分发挥了美术作品的战斗作用。一些苏联反法西斯战争的美术作品,还先后在美国、英国、加拿大、瑞典等国家展出,为苏联人民的正义战争赢得世界各国人民的了解与同情尽了应尽之责。

苏联反法西斯战争的美术作品,自然也先后流入中国。设在重庆陪都的中苏文化协会为此起了重要的组织领导作用。仅1943年一年,中苏文化协会就在重庆陪都举办了三次大型的有影响的苏联反法西斯战争的美术作品展览。

1943年3月16—22日，中苏文化协会在其会所举行苏联版画展览。展出版画250幅，其中木刻160幅，钢版画、铅版画与石版画90幅。这些作品均出自苏联著名画家克拉甫兼珂、法复尔斯基、斯塔洛诺索夫、巴赫莫夫、康士坦丁诺夫等32人之手。有文学名著插画、风景画、静物写生画、战时生活写真画等等，品种多样，色彩优美，版面宏大。最为精湛的是以列宁生平为题材的连环木刻和以德国侵略者在俄罗斯的暴行以及苏联人民的英勇战斗为题材的连环木刻。法服尔斯基是苏联有名的版画家。他的名字和木刻画，早在30年代初期，就为中国美术人士所熟悉，鲁迅编的《引玉集》收录他的"最好的作品"。他在卫国战争爆发时就上了前线，一面抗击德国法西斯入侵，一面作画。他把自己的生命和版画都献给了伟大的苏联反法西斯战争。他的木刻版画《库图佐夫》，虽取材于历史，然而因其称颂俄国抗击拿破仑入侵的民族英雄，依然切合于反法西斯战争的现实，得到战时苏联人民与中国人民的赞赏。战时，苏联列宁格勒的美术家们成立"战斗画笔"组织，创作与出版100幅石版画。巴赫莫夫是其中颇有代表性的画家。他亲身经历列宁格勒保卫战，他创作出石版画30多张，汇集为《围城时的列宁格勒》画集。这次展出的《到涅瓦河打水去》一幅，从一个侧面映现出苏联人民的苦斗与信心。这是苏德战争爆发后，苏联美术作品在重庆陪都第一次大规模展出，反响自然不同寻常。重庆陪都观众异常踊跃，七天之内观众达5万之多，评语汇成三巨册，一致认为：这次苏联反法西斯侵略战争的版画作品，为艺术拓开了一条新路，创造了版画史上的一大奇迹。《新蜀报》《国民公报》《新华日报》等报刊还出苏联版画展特刊，详加评介。中苏文化协会，还决定将这次版画空运到昆明、桂林等地展出，以飨广大中国观众。

1943年4月8—14日，中苏文化协会在其会所举行苏联漫画展，共展出苏联漫画200余幅。这些漫画共分三部分。第一部分为漫画临稿，30余帧，多为揭露德国法西斯侵略军在苏联领土上的暴行；第二部分为招贴画，30余帧，多系标语性的画图；第三部分为"塔斯窗"的数十帧，多系新闻性与速写画图。这些漫画，因给中国观众一种亲切感而颇受欢迎。这次展出中的招贴画，给重庆陪都观众印象极深。这种图画，因其主体凸出、色彩鲜明、调子单纯与制作简便等优点而流布甚广，随处皆可招贴。因此，它为重庆陪都的美术工作者与观众所重视。展出的招贴画中，摩尔的《你用什么帮助了前线?》（原作名为《你要入伍么?》）、丹达西的《祖国母亲在召唤》、凯诺特斯基的《我们的力量无穷无尽》和《南斯拉夫人民，举起你们的武器来》，都被中国评论界称为最好的兵役宣传画。波克可夫和莱甫托夫的《努力杀敌》，以简单的色彩和跃动的笔调，把人与马的姿态画活了，令参观者叫绝。《倾覆下去，就没有完整》一幅画，画的上端是德国降落伞部队，下面是苏联领土上林立着的枪尖与锄头刃尖，整个画面显示着苏联全民皆兵的伟大力量，诉说希特勒的闪击战在苏联必然失败的原因所在。托格拉珂夫的《敌人绝得不到怜恤》，画的是一连串苏联炸弹投向德军阵地及其后方工业区，画面上大块黑色中间夹杂有小部分的红色、白色，三种颜色对照，给人极有力度的感觉。道果洛珂夫的《拿破仑曾是这样，希特勒将是这样》，也是用艺术形象告诉观众，纳粹失败的必然性。

"塔斯窗"曾为苏俄大诗人玛雅可夫斯基所创造。"塔斯"源于苏联的"塔斯通讯社"中的"塔斯"。玛雅可夫斯基在苏维埃政权成立前后，利用"塔斯通讯社"的消息创作宣传画或漫画，并配上诗歌，张贴在大商店的橱窗里，向民众报道消息，鼓动民众的革命热情。在玛雅可夫斯基的倡导下，苏联许多画家都从事"塔斯窗"的绘画工作。苏德战争爆发后，"塔斯窗"的画已传布于苏联领土各个角落，已不限于商店橱窗了，街头、墙上、工厂、农村、学校、前线，都有"塔斯窗"的宣传画。这就大大强化了苏联美术与苏联反法西斯侵略战争的密切关系，使美术成为反法西斯侵略战争的大宣传大动员的利器。这次在重庆陪都展出的"塔斯窗"漫画中，有法复尔斯基的《母子》和克拉甫兼珂的《莫斯科的建筑》等等。这些苏联反法西侵略战争美术阵地上的"奇葩"——"塔斯窗"画，为这次画展大增光彩，引起中国抗战美术界的极大兴趣。

"库克灵尼克斯"是苏德战争期间三位苏联画家组成的创作组而使用的笔名。这三位画家是普里亚诺夫、克雷洛夫、索柯洛夫。他们的漫画，以卫国战争中重大的军事、政治事件为题材，以特有的现实主义夸张手法，剔肤见骨地剖露法西斯侵略的疯狂性与残忍性，成为苏联政治讽刺漫画的杰出之作与珍品。这次展出的《血花》与《历史课》便是他们的代表作之一。

1943年10月10日，中苏文化协会在其会所举行第三次苏联艺展。这次展出，与前两次展出相比，属于综合性的艺术展出。其中，有电影作品和文学作品，有木刻与绘画，原定展览5天，后又延长3天，共8天，3万余人参观。参观者极为踊跃，情绪热烈，交口称赞。

中苏文化协会举办的这三次苏联画展，使中国观众和美术界获益匪浅。苏联画家笔下倾泻出的热情，有磅礴万钧、震荡肺腑的动人力量，想象奇特，隽永深刻。正义的力、爱国的情、同胞的爱、胜利的光，混合着婴儿的血、母亲的泪、农妇的怒、人民的仇。这一切，浸润在对比度极大的黑白色调里，凝成光辉的美术图画，恰似一把把匕首，一柄柄利剑，一枚枚手榴弹，直刺敌人的心脏，法西斯侵略罪行，希特勒的狰狞面目，历历如在眼前。中国美术家们，由此而联想到重庆陪都美术现状。他们指出：就重庆陪都一地而言，现在没有几幅惊心动魄、深刻感人的漫画与版画。"灰色，灰色，灰色的墙壁，灰色的篇页。"于是发出"难道我们失掉了创造形象的力量"的疑问。"他山之石，可以攻玉。"为着克服重庆陪都漫画与版画的"灰色"现象，他们认为，应该努力克服客观上的困难，诸如颜料、纸张、印刷机、制版的困难以及表现的不自由，同时应克服主观上的消极无为思想，充分发挥主观能动性；再则，还应向苏联美术家学习，更深入民间，透视生活。武器，宁死不能放弃。必须磨利画笔，发射出千万粒刺穿日寇、汉奸们的画皮的艺术子弹。[1]

（二）与欧美各国及印度等周边国家的美术交往

大战期间，美、英、法等国家的美术以及德国反法西斯美术，都发生了巨大变化，弥漫着反法西斯战争的硝烟。因此，中国抗战美术与这些国家的美术，能冲破空间的限制和交通的不便等等困难，开展交往活动。

美国参战以后，美国的美术家们也纷纷离开宁静的家园而奔赴欧洲战场，挥笔创作出反法西斯战争的图画。比如埃弗古特于1943—1944年间，作的《从斯大林格勒来的青年人》和《英雄》，受到苏联人民与美国人民的好评；莫尔丁随美军在意大利作战时，创作《上前线》一组漫画，荣获1944年普利策奖。大战期间，美国美术界不仅接纳众多的反法西斯艺术家及其美术作品，同时，也接纳中国抗战美术。1943年，中国木刻研究会和

---

[1] 参见东君《观摩盟友成就，磨砺自己的画笔》一文，《新华日报》1943年4月13日。

国际宣传处联合编选《中国新兴木刻画集》送往美国出版。这本画集，便于1945年12月由纽约亚细亚出版公司第一次推向美国图书市场，与美国广大观众见面。这本画集，选有中国木刻工作者李桦、古元、王琦、荒烟、王树艺、野夫、朱鸣冈、迪文、漾兮、梁永泰、安林、力群等30余人的95幅作品。编选者按题材编排，由此清晰地反映出中国抗战木刻发展轨迹，透视出中国抗战发展简史。赛珍珠特为这本画集作序，她在序文中对每位中国木刻工作者的作品，一一加以评介。

英国美术界与英国广大民众一道，积极投入反对德国法西斯侵略战争的洪流。他们在战斗中获得丰富的绘画题材。塞利·里查德、亨利·摩尔、大卫·罗等便是当时颇负盛名的画家。漫画家大卫·罗早在中国抗战爆发前，就作画抨击英国政府推行的绥靖政策。大战期间，他作画称颂苏联人民英勇抗击德国法西斯入侵，他作画谴责日本帝国主义侵略中国。战时，重庆陪都美术作品在英国展出次数甚少，英国的反法西斯侵略战争的美术作品在重庆陪都报刊发表也不多见，但是中英两国美术仍然得到了交流。1944年5月18日，"中国艺术展览会"在英国爱丁堡开幕。中国驻英大使顾维钧主持开幕式，并向英国观众"解释中国艺术之观念"。其中，中国美术作品尤其是中国抗战美术作品，深受英国观众欢迎。在这之前的"香港的受难"画展，也可以视为中英美术交往之一例。1943年4月，重庆陪都中英文化协会在其会所举办香港归国画家的"香港的受难"联合画展。展出木刻、水彩画、油画、素描60幅，均出自郁风、黄新波、温涛、杨秋人、盛此君、特伟等6位画家之手。英国驻华使馆工作人员及英国在渝记者都先后出席观看，给予高度评价，并表示向英国观众予以推荐。这次"香港的受难"画展，不管发起者的主观意图如何，但从客观效应而言，却含有中国抗战美术向英国交流的意味。这反映了中国抗战美术界在努力寻找沟通中英美术交往的渠道，以增进中英两国文艺界人士的相互了解。

希特勒上台后，德国美术界进步画家们遭到残酷迫害。但是，不管幸存于国内的或是流亡于异国他乡的德国进步画家，都先后走上反法西斯侵略战争的道路。女版画家凯绥·阿勒惠支可称得上一位杰出的代表。她虽然遭受着德国法西斯的迫害与战乱之苦，然而战斗激情犹如烈火一般地在胸中燃烧。她在1943年12月给友人信中就这样说道："不管生命是长是短，重要的是看您是否高举起自己的旗帜去进行斗争。"《要结果的种子不许践踏》就是她在这期间的版画结集。这个集子中的版画作品，猛烈抨击法西斯独裁统治。鲁迅曾把她的版画介绍给中国木刻界，并把她的一幅木刻《牺牲》刊于《北斗》杂志上，以表达自己对为革命献出了生命的柔石的纪念。这可见，凯绥·阿勒惠支早在抗战前的中国就有影响了。战时，重庆陪都木刻家们仍从凯绥·阿勒惠支的版画中吸收精神营养，从事抗战木刻创作。潘韵的《起来！前进！冲！杀！》一画，在构思与布局上明显地融化了凯绥·阿勒惠支的《农民战争》画中的《突破口》一画。《突破口》画面上的老农妇一边哭泣一边摇动着枯瘦的双手，以感动众人，奋起抗争。潘韵这幅画上的中国农妇，高举手中握着的大刀，向有群众的方向冲击，并赢得群众的支持。这可以说是"中国化"了的版面。这又可见，中德两国的进步画家们在反法西斯战争这一主题上的"神交"与"神往"了。应当说，这是一种更高层次的文化交往。

法国美术珍品，遭受德国法西斯的破坏十分严重。然而，法国爱国的美术家们或在国内或在国外，都用自己的画笔作武器，回答希特勒绝灭人性的占领。蜚声世界画坛的美术家毕加索，在德国占领法国期间，一直滞留于巴黎寓所。① 他不顾德国占领者的威胁，不理睬盖世太保的利诱，坚持作画，并以自己的寓所作为抵抗战士的地下活动场所。巴黎解放后的1944年10月5日，他参加了法国共产党，第三天在巴黎举行个人画展。中国抗战美术界一直十分敬佩他。特别是在巴黎沦陷后的那几年间，中国抗战美术界更是密切关注他的行踪，渴望得到有关他的活动的信息。关于他的一则反法西斯的幽默佳话，曾在中国抗战美术界广为流传。这就是"哥尔尼加"油画一事。"哥尔尼加"是西班牙北部一座城市的名字。该城于1937年4月26日遭德国空军狂轰滥炸，炸死1654人，炸伤8890余人，成为震惊世界的大惨案。毕加索用半年左右时间创作这幅巨型油画，以示对"把西班牙沉浸在痛苦与死亡海洋中的好战集团的厌恶和鄙视"。画中有一位母亲，手抱着被炸死的儿子在哭号，并仰头望天，怒视着天空中德国法西斯的飞机。毕加索一直把这幅画挂在自己的室内。据说，希特勒驻巴黎代表去查访他时，看见他室内墙壁上挂着的这幅画便问他："这是你

---

① 毕加索于1881年出生于西班牙，1904年起定居法国巴黎，成为法国现代画派的主要代表。

画的吗？"毕加索慨然答道："不是，这是你们画的！"同时，他还将这幅画印成名片，送给前来查访的每一个德国军警人员。这一则佳话，充分表现了毕加索以自己的画作武器抨击敌人时，所具有的超人胆识与才智。只有把个人的生死置之度外而为了民族与国家的人，才能具有这么一种崇高的精神境界。大概正因此吧，巴黎解放，他公开露面的消息传到了中国时，中国美术界撰写诗文特为他祝贺。朱箨在《致毕加索》一诗中，就这样写道："哥尔尼加那张巨大的壁画/告诉了全世界。你仇恨希特勒！""我们渴望着你的消息，等了四年。"如今"再也不会有纳粹的凶手来访问/向着你的画展，向着久违了你的作品/大街上涌来欢呼的百万人民"！

重庆陪都抗战美术也先后得到了印度、马来亚及新加坡等国家人民的好评。1942年5月，印度新德里举办国际美术展览会，中国画家李怀生带画展出。其中，张悲鹭的巨型《百虎图》《72烈士图》《秋天里的春天》3幅，颇受观众的重视，特别是林森题字、郭沫若题诗的高2尺、横长18丈的"百虎图"更是吸引了众多的观众。1943年9月初，中国画家叶浅予到印度加尔各答、孟买、新德里等城市举办漫画与木刻展览。这是中国漫画与木刻在印度的第一次独家展出，深得印度文化界的赞赏。泰戈尔的侄子印度国际大学画院院长 Abaninrx1ra nath magre、印度第一流名画家和木刻研究专家 Nanda1a1 Bcse，参观画展后，高度评价中国抗战漫画与木刻艺术的精湛。1941年，中国画家徐悲鸿的画在马来西亚一带展出，各地海外华人纷纷前往参观，并慷慨解囊，献金支援中国抗战。徐悲鸿将6万余元的收入全部捐出，以报效抗战救亡大业。

这里，还不应当忘却记叙一次世界反法西斯木刻版画大荟萃的展览会。1944年11月17日，中国木刻研究会在重庆陪都中苏文化协会会址举办世界版面展览。参加展出的有中国木刻作品，有美国木刻作品，有苏联木刻作品，有德国反法西斯版画家的作品，有法国木刻作品，有比利时以及印度的木刻作品。这是中国木刻史上首次举办的国际木刻展览会，不仅大开了中国木刻家的眼界，同时还为中外木刻家提供了相互切磋、取长补短、共同进步的良好机会。

这一切，表明了重庆陪都抗战美术走向了世界，世界反法西斯侵略战争的美术走向了中国，中外美术作品在反法西斯侵略战争这一契合点上整合了起来，形成第二次世界大战时期世界美术群体，推进着世界美术活动进入一个新的发展阶段。

五、音乐对外交往

大战期间，世界乐坛也响彻着隆隆的炮声。爱好和平反对侵略战争的各国音乐家们，或奔赴战场，或活跃于后方城镇。他们不仅用枪炮回击侵略者，同时更用音乐鼓舞士气，激励斗志。不少音乐工作者还为此献出了他们宝贵的生命。这，正是重庆陪都音乐界与世界反法西斯音乐界获得广泛交往的共时性基本点。

战时，中国音乐有了长足进步。1938年底，大批中国音乐工作者汇集于重庆陪都。中华全国音乐界抗敌协会、中华交响乐团、山城合唱团、南国音乐社、中国音乐学会等等音乐团体先后成立于重庆陪都。《战歌》《新音乐》《音乐月刊》《音乐艺术》等等音乐刊物相继出版于重庆陪都。这些音乐团体与音乐刊物先后在重庆陪都举办一系列集体的和个人的大型音乐会，如管弦乐演奏会、国乐演奏会、独唱会、歌咏大会以及马思聪和戴粹伦的小提琴演奏会、沙梅的作曲演奏会，等等。这些刊物还发表了大量的中国音乐家创作的音乐作品，有的音乐歌曲至今仍在乐坛流行。重庆陪都音乐家们，还以这些社团与刊物为阵地，就如何提高中国抗战音乐创作水平和开展对外音乐交往等问题进行讨论。一致认为：为着"让世界听到现代中国人民的真实的声音"，就必须学习中国传统音乐和外来的音乐，开展"音乐出国"活动和"音乐入国"活动。因此，一时间世界名曲如贝多芬、莫扎特、柴可夫斯基以及一批反法西斯音乐家的作品，几乎同时涌进了重庆陪都乐坛。这种音乐活动，确实为中国抗战发出了怒吼，为中国人民大众谱出了呼声。重庆陪都音乐界正是以这一响彻时代主旋律而合着时代脉搏跃动节拍的中国民族音乐与世界反法西斯乐坛开展对话的。

（一）与苏联音乐的交往

中苏音乐早在20世纪20年代就开始交往了。大战期间，中苏音乐交往呈现出崭新面貌。中国抗战初期，苏联音乐界不仅派出音乐工作者赴华支援抗战，同时还多次通过电台向中国播送音乐歌曲。那来自和平劳动生活中的欢乐歌声，滋润着正在浴血奋战的中国民众心田。苏德战争爆发后，苏联音乐家们一齐扑向战争，为卫国战争的胜利推进献出他们的才华乃至生命。他们在前线组成4000余个音乐小组，使军营、战壕不时响起嘹亮而雄壮的歌声。他们还创作30余部交响曲，供后方和前线演出。这以后，中苏音乐交往，主要表现为苏联战时音乐活动的报道和苏联战时音乐作品的译介与演奏。

重庆陪都音乐界对苏联音乐界的交往始于1940年3月18日举行的对苏广播音乐茶会。这次大型音乐茶会，是为答谢苏联音乐界从抗战开始后对中国的多次播送音乐。出席这次音乐茶会的有应邀前来的苏联驻华大使和各国驻华大使、陪都要人和文化界人士。励志社歌咏队演唱《旗正飘飘》《巷战歌》《游击队歌》等歌曲，陈立君独唱《满江红》，音乐家马思聪在其夫人伴奏下，演奏了他自己创作的《摇篮曲》《狂想曲》和贺绿汀创作的《摇篮曲》，励志社管弦乐队演奏有《舞曲》《思乡曲》和《晚会》。特别是马思聪指挥的重演《舞曲》和《晚会》，把这次音乐茶会推向了高潮。这些充满中华民族伟大力量和崇高民族气节的歌声，由重庆陪都国际电台向苏联播送，无疑将"更加强中苏两大民族密切携手，完成我们共同改造世界的使命"。① 自此以后，对苏音乐广播持续不断。同年12月29日，重庆陪都对苏广播中国儿童音乐。此次对苏音乐广播，由中苏文协妇女委员会主催，假中国电影制片厂举行，国际广播电台播送。孩子剧团、育才小学、巴蜀小学的小歌手演出。节目有钢琴独奏、独唱、合唱（其中，合唱了苏联最流行的《中国之友》一歌）。举办这次对苏音乐广播，意在宣扬我国儿童的爱国精神及抗战歌咏艺术。这批儿童都是从战地炮火中逃难出来的无家可归的难童。他们具有同中国广大人民一样的钢铁意志与反抗强暴的决心。因此，他们的歌声唱出了愤怒，唱出了对苏联人民的感激之情。他们为正义真理而歌唱。他们表达了对未来社会的真挚憧憬。

重庆陪都音乐界对苏音乐广播的频频举行，得到苏联音乐界的及时回应。1940年5月至12月，几乎月月都有苏联音乐对中国广播。5月，莫斯科电台对中国进行7次音乐广播；6月，对华特播音乐；7月，广播中亚细

---

① 黄薇：《在中国第一次对苏音乐广播招待会上》，《中苏文化》第6卷第2期，1940年4月。

亚民族歌咏音乐；8月，广播柴可夫斯基歌剧《魔女》中的《教父之歌》等等歌曲；9月，全苏广播事业管理局委员会，约请苏联铁路歌舞团及著名女剧人克鲁戈里科娃对中国演唱《热情进行曲》《铁路工人进行曲》《体育进行曲》《坦克手进行曲》《雄心曲》《骑兵进行曲》《红海军进行曲》《夏伯阳进行曲》，等等；11月，苏联民族乐队及苏联大剧院向中国广播乔治商及亚美尼亚民间歌曲；12月，苏联人民管弦乐队和苏联人民艺术家马逊达娃、托尔金斯等人向中国广播演出苏联民歌。中苏音乐界通过电波播送这些中苏音乐，实现中苏音乐交流。这种形式的中苏音乐交往，一直持续到苏德战争爆发之时。同时，苏联对外文化协会还将一批乐谱赠送给中国中华交响乐团，计有柴可夫斯基、莫索尔斯基、贝多芬、莫扎特、卡里尼古夫等所作全部交响乐谱。其中，尤以卡里尼古夫的作品最为珍贵，其作品介绍给我国，也尚属首次。

苏德战争爆发后，重庆陪都音乐界最先译介并出版的音乐专著是《苏联音乐》。该书由李绿永和赵渢编选，读书出版社于1941年7月出版。该书分为两辑，第一辑为苏联音乐研究理论文章10余篇，分别由立波、安娥、葛一虹、王云阶、赵渢、元庆等人撰写；第二辑为苏联流行歌曲10余首，分别由光未然、李嘉、陈原、吕骥、施谊、塞克、赵渢、陈歌辛、丁趋、叶圣陶等人配词译词。本书是中国现代音乐史上第一部介绍苏联音乐理论及音乐作品的著作。接着而来的是陈原编译的《苏联名歌集》，于1942年出版。

诗人与作曲家合作歌曲成为卫国战争期间苏联音乐歌曲创作的一大趋势。《神圣的战争》《海港之夜》《夜莺》《德聂伯之歌》《卡秋莎》等等歌曲就是战时苏联诗人与作曲家辛勤劳作的结晶。这些歌曲都是当年中苏乐坛上最为流行的歌曲。重庆陪都音乐界译介的第一首苏联抗战歌曲就是《神圣的战争》。这首歌也是苏联抗战乐坛上第一首壮丽名曲。苏德战争爆发后的第4天，苏联诗人列别杰夫和作曲家亚历山大罗夫怀着对德国法西斯无比仇恨的心情而创作这首歌。千百万苏联人唱着这首战歌奔赴前线或固守后方，抗击德国法西斯入侵。

交响乐属于音乐门类中"高科技"的一种。卫国战争期间，苏联的交响乐也取得了重大成就。肖斯塔科维奇创作的《第七交响乐曲》《第八交响乐曲》《第九交响乐曲》，谢·普罗科菲耶夫的《第七交响乐曲》，密雅斯科夫斯基的《第二十二交响曲》《第二十三交响曲》和《第二十四交响曲》等等，都是这些苏联著名作曲家们在卫国战争中"对震动全世界的大事件立刻发出感应"的具体体现。

　　这些交响乐曲在苏联和世界反法西斯乐坛上，获得了举世公认的正效应。这些交响乐曲先后译入重庆陪都乐坛，引起中国音乐界人士极大兴趣。特别是肖斯塔科维奇的《第七交响乐曲》多次为重庆陪都中华交响乐团在大型音乐会上演奏。肖斯塔科维奇是当年苏联著名的青年钢琴家和作曲家。1926 年，他完成第一交响曲创作；1932 年，他完成第二、第三交响曲创作，以献给十月革命节或献给五一国际劳动节。30 年代，他受到不公正的政治待遇，辍笔于音乐创作。卫国战争开始时，他在列宁格勒呼吁苏联音乐家们赶快起来捍卫音乐，捍卫祖国。他本人身体力行。在参加列宁格勒保卫战过程中，他创作出《第七交响曲》（又称之为《列宁格勒交响曲》）。这部交响曲分 4 个乐章即战争、回忆、广阔的故乡、胜利，熔铸着音乐家个人对于列宁格勒这座生他养育他的城市的爱和列宁格勒人民的英雄壮举。这就如他自己所说的那样，"这座伟大城市的英勇防卫是我们的人民进行战斗的这一庄严交响曲的一个新的环节。我倾听生活，看到俄罗斯人民的斗争，因此想把他们英勇行为的情景刻划在我的音乐里"。1941 年 7 月，他开始创作，1942 年 3 月在苏联古比雪夫首演，同年 8 月在列宁格勒演出。作曲家、演奏者和观众都在共同的境遇中和同一音乐氛围里，获得共振，都好像在回顾他们亲身经历的一部活生生的历史。苏联著名作家爱伦堡说道："离开音乐会以后，我仍在深深地激动着。古希腊悲剧合唱的声音突然在我耳边回荡。音乐有个极大方便：什么也不用说，却能把什么都表达出来。" A. 托尔斯泰更是由这部交响曲进而坚定地指出："希特勒不能占领列宁格勒和莫斯科。……红军谱写了具有世界性胜利的庄严的交响乐。肖斯塔科维奇倾听祖国的心声，奏出凯旋之歌。"这部交响乐还送到了亚、欧、美、非各大洲的主要国家演出。1942—1943 年间，仅美国就演出 62 次之多。世界人民从这部"英雄的编年史"交响乐里，获得艺术享受，感知苏联人民的力量和反法西斯战争的胜利前景。

　　重庆陪都中华交响乐团得到这部交响曲后，加紧排练，于 1943 年 6 月 14 日在重庆陪都公演。这是这部交响曲在远东的首次演出。在这次演出期间，重庆陪都各大报刊发表多篇文章加以评介，中华交响乐团也因此名声大振。这部交响曲在重庆陪都公演的当天,《新华日报》即发表徐迟的文章《请静听:一个反法西斯的热情的乐曲——为中华交响乐团在他的三周年纪念时演奏肖斯塔科维奇的第七交响乐而作》。徐迟在文章中赞扬这部"反法西斯的热情的乐曲",赞扬中华交响乐团使"重庆城响起了列宁城的歌声,这是需要一个反法西斯的勇士底性格来歌唱反法西斯的勇士之歌的"。并指出,"它是一首'抗战'交响乐,它是我们所渴求的题材,呼吁中国音乐家们创作和演奏出这样的交响乐曲"。《新华日报》编者还在"按语"中,概括性地揭示出这部交响乐曲及其在重庆陪都演出的深刻意义:它"是反法西斯的人民斗争精神的辉煌的艺术表现",它"首次在中国演奏,实在是一件值得高兴的事","我们相信,在精神文化活动上的共鸣是使一切反法西斯国家人民密切团结的最大的力量"。这次演出前的1942年5月19日,《新华日报》发表了洛辛译、肖斯塔科维奇于1941年9月在列宁格勒的《莫斯科新闻》广播中的讲演词《列宁格勒,我的列宁格勒》,同年8月29日《新华日报》发表《关于肖斯塔科维奇的〈第七交响乐曲〉》的两篇短文。这些文章都切要地介绍了作曲家的创作动机及其意义,指出:这是"作者对于法西斯这人类的公敌的憎恶和愤怒而写,这是一个充满着对人类热爱的极为深刻的工作,也是对音乐的无上贡献"。这次演奏之后的1944年4月18日,《新华日报》又发表了肖斯塔科维奇的报告《苏联战时音乐界的伟大成就》。可以说,重庆陪都音乐界掀起了"肖斯塔科维奇热"。这一音乐现象,充分表明了中国抗战音乐界和中国人民需要肖斯塔科维奇这样的音乐家及其创作的《第七交响乐曲》,因为"在精神文化活动上的共鸣是使一切反法西斯国家人民密切团结的最大的力量"。

重庆陪都音乐界在译介与演奏苏联反法西斯音乐的同时,还积极译介和演奏俄罗斯音乐家柴可夫斯基及其音乐作品。柴可夫斯基一直为苏俄人民所喜爱。卫国战争期间,柴可夫斯基的交响乐、室内乐、钢琴乐作品,依然走遍苏联,拥有千百万苏联听众。重庆陪都中华交响乐团先后演奏柴可夫斯基的《悲怆交响曲》《第四交响曲》《第六交响曲》等等。重庆陪都报刊发表李嘉的《柴可夫斯基的第四交响曲》、雨鲸译的G. 胡波夫作的《柴可夫斯基的伟大和苦闷》等评介文章。柴可夫斯基的音乐作品响彻重庆陪都上空,给雾都增添了悲壮沉郁的气氛。

(二) 与美、英、法等欧美国家的音乐交往

大战期间,美、英、法等欧美国家的乐坛受到巨大冲击,音乐活动与音乐创作却空前活跃。

大战爆发后,美国一些有名的音乐家组成多种音乐团队或深入军营演出或随美军到欧、亚、非战场演出。美国作曲家们还成立音乐委员会,创作出一批在军队中流行的歌曲。作曲家巴尔比、勃利兹坦、哈里斯等人,在战争中握笔赴疆场,创作出有深远影响的交响乐曲。巴尔比于1944年写成《献给空军》交响曲,勃利兹坦于1944年写成《航空交响曲》,哈里斯于1944年写成《葛底斯堡演说》交响曲。这些交响曲,融注了他们对反法西斯战争的体验与感受,鼓舞着美国军民反法西斯斗争。特别是美国黑人歌曲和爵士音乐在大战期间随着美国黑人青年大批入伍而空前流行开来。由50名黑人官兵组成的美军第372步兵团合唱队,把美国黑人歌曲和爵士音乐以及欧美一些有名歌曲由美国乐坛带进世界乐坛。

大战期间,英国直接遭受到法西斯德国飞机大炮的袭击,一些音乐设施遭到严重毁坏。但是,英国音乐家们仍然坚持创作和演出,先后推出了一批富有时代气息的音乐作品。伏昂·威廉斯的《为胜利感恩》和《第五交响曲》,蒂佩特的《我们时代的孩子》,等等音乐作品,在英国乐坛享有盛誉。巴克斯因其音乐成就突出而于1941年荣获英国皇家音乐大师的称号。他于1945年创作的《苏俄颂》表达他对苏联人民为世界反法西斯战争胜利所作出的卓越贡献的充分肯定与崇敬之情。

大战时期,法国乐坛出现变革性的巨大变化。这不仅表现在大批法国音乐家投入反法西斯入侵斗争行列,创作出一批反法西斯音乐作品,而更体现在新古典主义音乐家的投入现实和人民的怀抱。米约和奥尼克便是这方面的代表。他们二人和欧美乐坛上其他新古典主义音乐家一样,都是追求"纯音乐"的。大战期间,他们无论是在国内还是在国外都呼应反法西斯战争的召唤。人生道路的变化,带来创作的变化。他们在音乐创作中倾注自己的激情,歌颂反法西斯斗争的人民。他们两人先为罗曼·罗兰的《七月十四日》剧本配乐,后各自创作出献给时代与民众的音乐作品,如米约的《玻利瓦尔》和《法兰西组曲》、奥尼格的《死者之舞》等音乐作品。

一批遭受希特勒迫害的德国音乐家逃离德国法西斯统治之后，更是创作出了具有世界影响的反法西斯的音乐作品。流行于欧美乐坛的"十二音体创作法则"音乐流派倡导者勋伯格的学生艾斯勒以及作曲家魏尔，便是这方面的代表者。艾斯勒流亡前，创作《共产国际》等歌曲，流亡到美国后不仅创作歌曲与大型音乐交响曲，同时还为著名剧作家布莱希特的《第三帝国的恐怖与灾难》《第二次世界大战中的帅克》等剧本配曲以及《刽子手必死》《只有一颗孤独的心》等电影配乐。这些"配曲"与"配乐"随着剧本与电影在欧、美、亚、非等洲各国演出与放映，响彻着世界乐坛。

反法西斯战争把世界各国乐坛联系在一起了。因此，重庆陪都乐坛与美、英、法等欧美各国乐坛也开始了不同程度的交往。其共同的主要方式是以电波为传播媒介，把中国人民对世界反法西斯人民的友情与歌声传播到太平洋和大西洋的彼岸。

1940年5月起，重庆陪都音乐界通过重庆陪都国际广播电台对美国举行多次音乐广播，有中国音乐家创作的抗战歌曲，有世界名曲，有美国现代流行歌曲，品种繁多。1942年6月3日，中华交响乐团在重庆陪都嘉陵宾馆举行盛大音乐会，并对美广播。演奏演唱的节目中，有贝多芬的小提琴协奏曲和英雄交响曲，有二胡独奏，有《安眠啊，勇士》等歌曲独唱。此次音乐会，为中国音乐评论家们评价甚高，被称为是"中国音乐史上光辉之页"。战时重庆陪都中美音乐交往还通过美军驻华总部这一渠道得以实现。1943年9—10月，驻华美军总部为答谢中美文协为其举办的"美国军人月"而连续两次举办音乐会。由美国军人和中国音乐家演唱演奏歌曲。演唱演奏的歌曲中，有中国抗战歌曲，有世界古典名曲，有美国现代歌曲。美国黑人歌曲和爵士音乐由此传进重庆陪都乐坛。重庆陪都音乐界还参与一些重大的中美政治外交活动。1945年4月，美国总统罗斯福病逝，世界各反法西斯国家同声哀悼。重庆陪都山城合唱团为"纪念罗斯福总统对中国伟大的友谊"，特邀音乐界名流假重庆陪都广播大楼举办音乐会，向国内外广播。

重庆陪都音乐界与英国音乐界交往次数不多，然而中英两国人民反法西斯的心声依然通过音乐得到了交流。1944年6月1日，中英文协响应献金运动，假重庆陪都胜利大厦举行音乐歌咏大会。中英两国的歌唱家同台演唱。斯义桂和英人郑鉴思等歌唱《蝴蝶夫人》等歌曲。1945年2—3月，英国驻华大使馆新闻处举行音乐会。演奏的节目有莫扎特的《费加洛婚礼序曲》、贝多芬A调短音阶奏鸣曲、肖邦的华尔兹舞曲、苏比以《诗与农夫》序曲。这些时代色彩淡漠的歌曲，给了重庆陪都中国听众以美的享受，为中国抗战音乐创作水平的提高，注入了一定的养分。

重庆陪都音乐界与世界反法西斯音乐界交往过程中，涌现出了卓有成就的音乐家，马思聪便是其中的一位佼佼者。他留学法国，学习西洋音乐。从1932年起，他的音乐创作生涯就开始了。他立足于中国现实，一面吸收西洋音乐理论与技巧，一面发掘中国音乐固有的特性，创作出一批具有独特音乐个性的音乐作品。他经常参加抗战音乐演奏会和中外音乐交流活动，为中国抗战音乐创作和中外音乐交往做出杰出贡献。他创作的《月亮奏鸣曲》《绥远组曲》和《西藏音诗》等音乐作品，在重庆陪都乐坛与世界反法西斯乐坛产生了重要影响。徐迟撰写的《介绍马思聪的乐曲〈西藏音诗〉释》一文，认为他的这首乐曲是他音乐风格由秀丽典雅转向雄浑、粗野的过渡性作品，而且认为这正是音乐家作为民族中感性特别强烈的人对于民族心情体验所做出的反应。葆荃在《介绍马思聪先生的〈绥远组曲〉》一文中，认为《绥远组曲》是他"利用民族形式的一个成功的尝试，并成他的创作之路的新的起点"。事实上，马思聪的音乐作品尤其是抗战时期的音乐作品，不仅是他的音乐创作走上新路的标志，同时也显示出中国现代音乐的新走向。音乐来自人民而又为人民，这一现实主义基本原则，马思聪有过形象的论述，并贯彻于他的音乐创作实践之中。他在《中国新音乐的路向》一文中这样说过："中国的音乐家们，除了向西洋音乐学习技巧，更要向我们的老百姓学习。他们代表我们土地上的山、平原与河流，新中国的音乐不会是少数人的事，它是蕴藏在跟四万万颗心里头的一件事。"大概也正因为如此吧，他在战时重庆陪都乐坛上创作和演奏的乐曲，才会起到沟通中国人民和世界反法西斯人民心灵的作用。

六、哲学·宗教对外交往

战时重庆陪都哲学获得较大发展，还与对外哲学交往有一定关系。大战期间，世界哲学家们失去了战前的生存环境与研究条件，战争给世界哲学研究带来了巨大冲击。但是，广大爱好自由与和平的哲学家都投入了反法西斯战争洪流，并在这一过程中拓展了哲学研究领域。英国的罗素和维特根斯坦等实证主义哲学家、意大利的克罗齐等直觉主义哲学家、法国的萨特等存在主义哲学家都在反法西斯战争中强化了各自从事的哲学研究，其影响达于全世界。苏联哲学家全力支持卫国战争，并从战争实践中丰富与发展了马克思主义哲学。战时，重庆陪都的中国哲学家大都满怀民族大义，从事于有中国特色的哲学研究，有的形成了体系，有的突破了原来的研究范围，成为知名度甚高的哲学家。战时，中外哲学家在反法西斯侵略这一总主题上开展对话，进行交往。重庆陪都哲学对外交往的显著特点是：除少数外国哲学家来到中国从事研究外，主要是中国哲学家吸收外国哲学影响，或创立或丰富或发展自己的哲学体系。少数来中国的外国哲学家中，德日进是一位值得称道的法国哲学家。他早在20年代就来过中国，并在内蒙古发现河套人化石；希特勒侵占法国时，他再次来到中国，继续对中国古人类和脊椎动物的研究，并支持中国抗日救亡斗争。

战时，重庆陪都宗教界也积极开展对外交往活动，组建团队出国进行反法西斯侵略的宣传。其中，中国佛教国际访问团、中国佛教国际步行宣传队和回教南洋访问团最有代表性。

1939年10月，为向国际社会进行抗日反侵略宣传工作，重庆陪都国民政府授意中国佛教会会长太虚法师组织"中国佛教国际访问团"。太虚被聘为访问团团长。太虚率领团员（僧人）苇舫、慈航、惟幻、等慈及译员陈定模前往印度、马来西亚、越南、锡兰、暹罗、缅甸等佛教国家进行访问。他们在各国先后会见政治界、文化界和宗教界名流，诸如尼赫鲁、泰戈尔，受到各国僧王的隆重接待及当地侨团和人民的热烈欢迎。太虚在各国欢迎会上发表了热情洋溢的讲话，阐述中国佛教源远流长，揭露日本帝国主义对佛教的摧残，呼吁国际佛教徒迅速团结起来保护佛教，并通电缅、越、暹、印等国佛教徒，揭露日本大轰炸重庆陪都的暴行以及将佛教古刹长安寺、罗汉寺炸毁的罪行。1940年6月，该团返回重庆陪都，受到63个机关团体的联合欢迎。该团携回各国佛教徒赠送的文物、纪念品1000余件，先后在重庆陪都市区和郊区北温泉等地公开展出，缙云山汉藏教理院设有两个专门陈列室经常开放，供游客参观。展览品有各色各样的佛塔、佛像、舍利塔、舍利子和一对完整无疵的象牙，其中不少是国内稀有珍品。展览品中还有佛教文化建筑物的画片、照片、贝叶经及各种佛教经史典籍。

1940年，针对日本第五纵队在缅甸、印度、暹罗、锡兰等东南亚国家大肆散布谣言，污蔑中国佛教，挑拨离间，破坏中国抗日战争的行径，重庆陪都佛教僧人释乐观为领导，僧人曼华、觉华、能仁为队员，组成反对日本侵略的国际步行宣传队，以争取国际佛界人士对中国抗战的了解、同情和支持。宣传队的行动受到国民党中央党部、中宣部、社会部和国际宣传处等单位的重视，并获得"准予备案"的批示。临行前夕，国际反侵略运动大会中国分会赠送一幅"苦行救世"的锦旗，中缅文化协会送"大同正轨"锦旗一面，国民外交协会赠送书有"愤怒金刚"四个大字的锦旗一面，以壮行色。重庆陪都各报以显著标题加以报道，中央国际广播电台也向外播发消息。1940年11月11日，步行宣传队由重庆陪都罗汉寺出发，经贵阳、昆明及边境畹町车站继续前进，12月24日抵达仰光，受到缅甸僧侣和侨团的热烈欢迎。1941年元月，缅甸华侨精神总动员会邀请乐观法师在第十八次国民月会上发表演讲。乐观法师以"多难兴邦"为题，阐明我国全民抗战以来举国上下的救亡意旨、佛教徒发扬佛陀救苦救难的大无畏精神奋起抗战救死扶伤的爱国事迹，揭露日机大轰炸我佛教圣地、屠杀我国人民的种种行径，激起了当地群众无比愤怒。为进一步使缅甸佛教人士明了日寇在中国摧毁佛教的暴行真相，步行宣传队决定在缅出一特刊，把中国各地寺庙惨遭日机轰炸的事实、中国僧徒在战地和后方服务的情景用中、英、缅三种文字刊印出来。这本刊物在仰光、瓦城、毛淡棉各地政府机关、团体、学校、报馆、商人和全缅佛教寺院引起了极大的震动，产生了强烈的共鸣，博得了同情。原定到缅甸后，该队继续往印度、锡兰、泰国去做宣传，但因国际形势急剧变化，上述路线已被日本侵略军切断。该队在缅工作共八个月，于1941年8月胜利返回祖国。

1939年12月，中国回教救国协会组建南洋访问团，马天英、吴建勋、马述五一行三人出访新加坡、马来西亚、印度等国。该团在国外历时13个月，所到城市140座，讲演500余次，收获甚丰。首先，访问团向所访问国家的教民与民众介绍了中国5000万回民教徒从事抗日救亡活动的成绩，揭露了日寇的罪行及对回教妄诞的造谣，阐述了中国抗战对东方诸民族复兴的关系。听众异常踊跃，报以热烈的掌声。其次，访问团协助组建了中马文化协会，促进海外侨胞与当地各籍人士的亲密团结，组织新加坡回教援华募乐会，组织南洋回教赴华访问团。再次，访问团在各地募得援华抗战经费共66.8万元，图片900余幅。再次，访问团编著《马来亚访问记》一书并在新加坡付印发行。该团返渝后，受到国民外交协会、反侵略分会等团体的热烈欢迎。

七、对外文化交往中的认同与排击

如果说，和平时期对外文化文学交往还有一定的弹性与模糊性的话，那么战争时期对外文化文学交往就要单纯而明朗得多了，甚而致于只能是认同或排击的背反性价值取向。因为，战争说到底是两种文化的搏斗。第二次世界大战实质上就是世界反法西斯文化与法西斯文化的斗争。本章2—6部分，考察和论述了重庆陪都文化对苏、美、英、法等反法西斯国家的反法西斯文化的交往，集中体现出重庆陪都对外文化交往所具有的认同性。这里，则考察和论述重庆陪都文化对日、德、意等法西斯国家的文化交往，以便充分反映出重庆陪都对外文化交往所具有的认同性与排击性，即认同于日、德、意等国家里的反法西斯文化而排击其法西斯文化，以了解这种认同与排击对于促进这些国家里的反法西斯文化运动的发展，使之成为世界反法西斯文化战线的前哨所起的巨大作用。

（一）与日本文化的认同与排击

日本明治维新以后，其文化逐渐形成两个对立的系列。一是法西斯文化系列。19世纪末，高山樗牛的《日本主义》《我国体与新版图》和《明治思想之变迁》等著作，奠定了日本法西斯文化的基础。20世纪20—30年代，大川周明的《日本文明史》和《日本二千六百年史》以及北一辉的《日本改造法大纲》等著作，则使日本法西斯文化系统化与法典化。其核心内容不外是帝国主义思想、武士道精神和崇拜天皇意识。这一文化为日本当权者对内镇压和对外扩张提供依据和舆论准备。二是进步文化系列。先是欧洲文艺复兴时期及以后的世界文化传入日本，后是世界无产阶级文化传入日本。这些世界新文化给日本法西斯文化以巨大冲击。特别是20世纪20年代末30年代初的无产阶级文化运动声势浩大，几乎执日本文坛一时之牛耳。日本无产阶级文化联盟等团体和《反对战争的战争》等作品集以及小林多喜二等一批作家，给日本文坛确实带来了短暂的春天。日本军国主义为着进一步对外发动侵略战争的需要，在20世纪30年代前半期对日本无产阶级文化进行了三次大围剿。先后出动军警镇压日本无产阶级文化联盟，逮捕进步文艺家400余人；发动泷川事件，逮捕教育界"赤化教员"；召开"文艺座谈会"，控制整个文坛。在日本军国主义高压之下，日本进步文化界"万花纷谢"，一时间呈现出这么一种状态：妥协退让，变节投降，消极回避，绝望自杀。当然，也有像宫本百合子、久保荣、中野重治、金子光晴等这样的作家，他们不顾个人安危，仍然保持进步作家所具有的良知，继续创作小说、剧本、诗歌、散文与评论文章，表达对日本军部统治的不满与对和平生活的向往。但是，就总的说来，到"七七事变"之后"日本文坛便变成了法西斯作家独占的天下"。[①]

战时，日本法西斯文化队伍大致由三部分人组成。一是原来的法西斯文人，二是变节投降文人，三是新近文人。这些文人，在日本军部指挥之下，为日本军国主义发动的大规模侵华战争起着推波助澜的作用。他们先后组建成多个文艺社团如大陆文艺恳谈会、海洋文学协会，大力倡导大陆文学、海洋文学。他们创办文艺刊物如《文学界》，发表作品颂扬武士道精神。这里，要特别论述的是开赴侵华战场的"文坛从军部队""笔部队"和"大陆部队"。

1938年9月，日本侵略军进攻武汉时，由日本内阁情报部主催，海军省与陆军省发动，在日本文化界挑选22名作家组成"文坛从军部队"，赴华参观所谓"汉口大攻略战"。菊池宽为领班，成员有佐藤春夫、册羽文雄、浅野晃、片冈铁兵、古屋信子等人。赴华之前，日本军部还特地为他们拟订"从军文艺家行动计划表"，规定其"目的——主要是向一般国民报道在武汉攻略战过程中陆军部队将士的奋勇战斗及劳苦真相，并报道占领地区的建设状况，以促国民之奋起紧张，以资对华问题之根本解决"。[②]这批文人返回日本后，由陆海军部、内阁情报部共同主持座谈会，议题为

---

①② 任钧：《略谈中日战争爆发以来的日本文坛》，《抗战文艺》第7卷第4、5期合刊。

"从身边琐事转变为着眼于大陆，从东洋百年大计出发，发动新的文学革新运动，以期文学、戏剧之大转换"。① 即把整个日本文化纳入法西斯战争轨道，所有文化人成为法西斯战争的号筒与喇叭。在这前后，日本军部还组织过类似的赴华文人团队。于是，"战场文学""大陆文学"——法西斯文学充斥日本文坛。作为"战场文学最高峰"和"战场文学最大收获"的是火野苇平及其"士兵三部曲"。火野苇平本名玉井胜则，1937年入伍，后作伍长。他虔诚于日本武士道精神，直接参加侵华战争，屠杀中国人民，后转入日本军部报道部从事侵华战争的宣传报道。他先后写了《麦子与士兵》《泥土与士兵》《花与士兵》的纪实性"士兵三部曲"。他在这三部曲中竭力颂扬"皇军"的"忠勇与伟业"，因而深得日本军部的赏识。仅《麦子与士兵》在《改造》杂志上发表后，又经日本官方修改27处，出版单行本，销量达120万册。"日本举国上下，异口同声，说他是等于写'赛代斯脱堡尔'的托尔斯泰，是日本这一侵略战争所产生的最大文学家"。② 在日本军部策动的"战场文学""大陆文学"中，也还有在客观上起着暴露日本侵略军绝灭人性的作品，那就是石川达三的《未死的兵》。石川达山怀着暗淡心理，用忠实于血淋淋的现实的笔触，写深受日本武士道精神教化的一群日本侵华士兵在中国京沪线上的残暴罪行。他们凭着一支枪，一把刀，干着肆意屠杀中国人民的竞赛、奸淫中国妇女的竞赛、抢掠中国财物的竞赛。这群禽兽不如的士兵，将抱着母亲尸体哭泣的少女轮奸后杀死，活剥女人的皮，把女尸的腹部当枕头……这部纪实性作品在日本《中央公论》发表后，很快被日本军部发觉，被认为是对日军"不敬"而禁止出版发行，同时查封《中央公论》，判处石川达三半年徒刑。

战时，日本法西斯文化确实甚嚣尘上，反法西斯文化在日本国内确实销声匿迹了。然而，日本一些作家却冲破日本军部的重重阻挠，远走异国他乡，继续从事反法西斯文化活动，鹿地亘便是他们的代表。鹿地亘是日本杰出的无产阶级作家。他因从事反法西斯文化活动而遭到日本军部的逮捕。出狱后，他来到了中国。从此，他在中国与中国抗战文化界一道，开展多种多样的反战活动。他组建在华日人反战同盟会，带领同人或去日本

---

① 林焕平：《论1938年的日本文学界》，《文艺阵地》第2卷第12期。
② 转引自郁达夫《日本的侵略战争与作家》，《星洲日报半月刊》第16期，1939年2月15日。

战俘营作转化工作，或去前线宣传广播。他自己常常参加中国抗战文化研讨会，发表有关抗战文化走向的意见。他创作文学作品，表达中日两国人民反战的共同愿望。他的夫人池田幸子和另一位日本反战文化人绿川英子，都在中国抗战文坛上留下了深深的足迹。

中日现代文化交往，是从19世纪末先进的中国人向西方寻找救国救民真理之时开始的。鲁迅、郭沫若等一批又一批的留日学生，"读西洋书，受东洋气"，以日本为中介把欧美多种文化思潮及文学作品传入中国。特别是后期创造社和太阳社同仁，把马克思主义和无产阶级文化从日本传入中国，促使中国现代新文化中无产阶级文化的大发展。

重庆陪都文化界与日本文化的交往，主要体现为对日本军部的"战场文学"的批判和对鹿地亘为代表的反战文学的支持。当日本"战场文学"出现之时，中国抗战文学家任钧、郁达夫、林焕平、以群、巴人、张十方、沙雁等人纷纷撰写文章，予以批判。他们尖锐地指出：这种"战场文学"是日本军部的"精神动员工具"，是"替日本帝国主义洗刷耻辱与罪行"，是"为侵略辩护与说教的'侵略经'"。[①] 这表明日本文学被"日本军阀""抛进了可悲的末运"。[②] 特别是通过对《未死的兵》的剖析，更猛烈地排击着日本法西斯文学。《未死的兵》日文出版后，中国翻译家夏衍、张十方等先后抢译成中文出版发行。冯雪峰、欧阳山、林林等人著文评论。他们着重挖掘这部作品潜藏着的暴露日本帝国主义发动侵略战争的目的和日本士兵"原始兽性"的主观性。冯雪峰从文化学角度指出：这部作品表明日本法西斯主义毁灭人性、毁灭人类伟大文化在日本投下的影响，说明资产阶级文化的毒液和废料，在日本似乎很丰富，说明日本民族文化的危机。作品所写的这群士兵大都受过较高教育的所谓文明的日本国民的优秀分子。他们那卑劣性格的特点在于他们在这种非人的残杀和非人的奸淫的实践上，找到了对于侵略战争的肯定，求得个人对于侵略战争的服服帖帖的一致。[③]

鹿地亘为代表的日本反战作家在华活动，以及中国抗战文化界对他们

[①] 巴人的《关于"麦子与士兵"》和任钧的《略谈中日战争爆发以来的日本文坛》，《文艺阵地》第4卷第5期，《抗战文艺》第7卷第4、5期合刊。
[②] 林焕平：《日本文学的末运》，《文艺阵地》第2卷第6期，1939年1月1日。
[③] 雪峰：《令人战栗的性格》，《雪峰文集》(2)，人民文学出版社1983年版。

的接纳与支持，成为战时中日两国文化的交往过程中的一件盛事。抗战爆发后，鹿地亘由上海而香港而武汉而桂林而重庆陪都。他每到一个地方，都得到当地中国抗战文化文学界的欢迎。他以自己的作品与行动汇入中国抗战文化文学洪流。1940年5月8日，鹿地亘率领在华日人反战同盟西南支部巡回工作团到达重庆陪都，受到重庆陪都各界2000余人的热烈欢迎。翌日，《新华日报》发表社论《欢迎日本反战工作团》，指出：在华日人反战同盟的工作，事实上证明中日两国人民已经携起手来反对侵略而斗争！社论并为他们的有效工作，表示赞赏和崇高的敬礼！鹿地亘著、夏衍译的三幕剧《三兄弟》，从同年6月5日起，在重庆陪都国泰大戏院公演数日，观众踊跃，获得一致好评。《新华日报》《国民公报》等报刊特出《三兄弟》公演专刊。《新华日报》在"编者介绍"中，对该剧的思想意义作了高度概括，认为该剧"是目前（日本）人民大众在战神铁蹄下所过血泪生活的写真"，"它将增加我们对于日本被压迫人民的了解和同情，促进中日两国人民战斗的联合，并且以共同的力量迅速来消灭日本军阀财阀们的血腥统治"。鹿地亘的日记体长篇报告文学作品《我们七个人》，由在重庆陪都的中国文学家沈起予翻译，1943年6月由作家书屋出版发行。1941年1月以后，鹿地亘在"文工会"领导下，在重庆陪都郊区赖家桥继续坚持反战工作与抗战文化活动。1943年7月，鹿地亘的论文集《日本当前之危机》，由国民图书出版社出版发行。他的又一部书信体长篇报告文学《寄自火线上的信》，由张令澳翻译，五十年代出版社出版发行。1944年1月9日，《新华日报》针对鹿地亘等在华日人的艰难处境，发表社论《援助在华反战日人》。社论肯定在华反战日人队伍的日益壮大——由几个人发展到千余人，并表示支持鹿地亘建立"日本民族解放委员会"的要求。社论还大声疾呼：应该援助在华反战日人！1945年9月14日，毛泽东在重庆陪都谈判期间，接见了鹿地亘、池田幸子。这对鹿地亘自然是一件莫大的幸事。被称为"走在火焰上的女人"绿川英子，在中国抗战爆发前夕来到中国，参加中国抗日民族解放战争。她一边从事对日广播，一边为《中国怒吼》《新华日报》《抗战文艺》等报刊撰写作品，为反对日本帝国主义的侵华战争，奉献出她的精力与心血。《在战斗的中国》《暴风雨中的细语》《心直的人》，便是她的作品结集。这些作品在中国出版后，受到中国评论界的重视。大概正因为中国抗战文化与日本反战文化有着这样情深意笃的交往，鹿地亘于1946年2月17日在回国前夕的答谢会上才再三表示"回国后仍要与中国文化界取得更多联系，一定要继续作消除法西斯文化工作"。

（二）与德国反法西斯文化的认同

法西斯主义在德国达到登峰造极的地步犹如法西斯主义在日本泛滥一样，除了具有其社会历史与政治经济的原因外，还有其深广的文化背景。德国法西斯文化由来已久，大抵包括三种成分：一是尼采的超人哲学，二是施本格勒的历史学观点，三是民众的奴性。希特勒由一个下士登上总理宝座之后，对德国现存文化中凡有碍于其法西斯统治的文化实行大扫荡。一些法西斯文人也对进步文化极端仇恨。希特勒的御用文人汉斯·约斯特就恶狠狠地说道："当我一听见'文化'一词，我立刻就会打开自动手枪的保险装置。"希特勒上台以后，德国有2000多位科学家、教授和500多位作家，或被解职，或被关进法西斯集中营。在德国的中国文化人胡兰畦被关进女子监狱；程远被驱逐出境。到30年代末期，"德国已经没有文艺"了。①

但是，德国进步文化在德国法西斯文化漫延与独霸文坛过程中，依然生长着发展着。德国先后出现过独领世界文学风骚的文学潮流与文学大家。希特勒上台后，亦有200余位作家逃离德国，直接汇入世界反法西斯行列之中。他们先赴西班牙，帮助西班牙人民进行反法西斯斗争，后或在苏联或在美国或在别的欧美国家定居，继续从事反法西斯斗争。

中德两国现代文化交往，也是始于先进中国人向西方寻找救国之道的19世纪末和20世纪初。鲁迅、郭沫若等一批又一批中国现代文学家为发展中国现代文学，或间接或直接从德国现代哲学和现代文学中汲取营养。战时，重庆陪都文化界对德国文化的交往，集中于德国反法西斯文学的评介方面。

战时，重庆陪都文化界译介的德国反法西斯文学作品就题材而言，有现实的，有历史的，自然以现实题材作品的译介成就最为显著。1937年，流亡在异国他乡的德国作家就推出了新近作品85部之多。这些作品的内容

---

① 刘盛亚：《德国文艺近况鸟瞰》，《文艺阵地》第1卷第6期，1938年7月。

多为揭露希特勒上台后的种种暴行。这些作品中，最早译介入中国的有列普曼的《地下火》和谟嘉德·李登夫人的《谁无儿女》。列普曼是一位在艰苦生活环境中成长起来的一位"富而好仁"的反法西斯战士与反法西斯作家。他是一位孤儿，到过美国谋生，作过花匠、饭店侍役、煤炭工人，后来在一家银行当差而发迹。他从事哲学与心理学研究。希特勒上台后，他帮助德国反希特勒的民众建立地下组织。他也因此而遭到逮捕，后越狱逃亡。这部《地下火》便是他根据自己所经所历所见所闻所感而写成的。这部作品由中国翻译家朱雯译成中文，进入中国抗战文坛。中国评论界对这部作品，十分重视，孙晦、伊冈等人先后著文大加称赞。孙晦在《"地下火"》一文中，认为"这是一本伟大的书"，这是"一本震动世界的报告文学巨著"，全书"暴露了希特勒的专横，法西斯的疯狂，而同时又描写到反法西斯同志们的英勇奋斗和艰苦抗争的事迹"。"人物事件，表现得生龙活虎，紧张动人"。伊冈在《希特勒上台的时候——谈〈地下火〉》一文中，认为这部作品描绘出了德国民众的真实心态，未被征服的心就如一团烈火在地下燃烧。李登夫人与德国许许多多母亲一样，慈祥而又无畏。她的报告文学《谁无儿女》就是她描叙儿子李登在希特勒牢狱里的言行及为其奔走营救的经过。作品中的主人公李登是一位律师，为人正直而极富同情心，热爱自由，憎恶法西斯。他被纳粹关进集中营后，遭受种种折磨，最后被处死。因此，李登形象在艺术内蕴上成为千百万遭受纳粹迫害而至死不屈的反法西斯战士的典型。蓝雯将这部作品译出后，受到了中国评论界的青睐。紫默在《"谁无儿女"》一文中，认为这部作品是同类型中"杰出的一部"，值得中国读者一读。重庆陪都中国评论界于1943年对这两部作品加以再评论，其意义就如《新华日报》在发表伊冈的文章时所加的"编者按"指出的："现在希特勒已快要下台，而全世界法西斯势力还在挣扎着的时候，重温一下希特勒上台时候的历史，也还是有意义的事。"

德国流亡作家，无论是在西班牙战争中还是后来定居于苏联或美国或瑞士期间，其创作亦十分丰富。其中，为重庆陪都文学界所译介的主要有托马斯·曼、亨利希·曼、凯塞、布莱希特和贝歇尔等人及其作品。托马斯·曼是一位蜚声世界文坛的作家，1929年荣获诺贝尔文学奖。希特勒上台后，他被迫离开德国。他辗转到达美国以后，从事反法西斯斗争活动和反法西斯文学创作。1943年，德国纳粹"国会纵火案"10周年之际，他应邀在美国国会图书馆作演讲，揭露法西斯主义对共产主义的恐惧。他说："我认为，没有一个人会怀疑我是一位共产主义的拥护者。然而我却不能不看到资产阶级世界在'共产主义'一词面前表现出来的那种恐惧，法西斯主义正是在这一恐惧上支持得如此长久的，这是我们时代一种何等的迷信，何等的不成熟和主要的愚蠢。"他还强调文化与政治的密切关系，他说："文化回避政治是一种迷失方向，一种自我欺骗，要想离开政治是不可能的。"同年，他写成《约瑟和他的兄弟们》等小说。亨利希·曼也是一位德国的著名作家。他逃离希特勒魔爪之后，一直定居美国。他除了写历史题材小说之外，还写《呼吸》和《观察一个时代》等现实题材小说及自传体小说。重庆陪都文学家们，对这两位德国流亡作家及其创作，十分关注，不时著文评介。茅盾在《近年来介绍的外国文学》一文中，称赞他们是德国文坛上的"一代的大师"，为欧洲反法西斯文学贡献了"心力"。布莱希特也是举世瞩目的戏剧家。他逃离纳粹统治之后，对西班牙反法西斯斗争深表同情，由此而创作出剧本《特蕾莎·卡拉的步枪》，表达他对当时社会人生的一种哲理思考：只有战斗才能生存。他在美国定居期间，创作出有世界影响的剧本。他的《西蒙娜之梦》和《第二次世界大战中的帅克》等剧本，都以生动的戏剧人物形象、戏剧场面与戏剧冲突，抨击法西斯主义。他那部至今还在中国话剧界享有影响力的《四川一好人》，就是那时创作而成的。世界反法西斯战争把他推进了现实生活漩涡之中，他把握住了现实为他提供的创作机遇，因而力作频频推出，构成他创作道路上的高峰期。德国另一位著名小说家与戏剧家凯塞，被希特勒逐出普鲁士艺术学院之后而避难于瑞士。他创作的《从朝到晓》和《加莱的市民》等作品，最为人们喜爱。1945年6月逝世时，重庆陪都文化界发表文章，对这位杰出的表现派艺术家的逝世表示哀悼，并向中国读者推荐他的作品。贝歇尔流亡到苏联之后，和众多的苏联文艺家一道，握笔从戎。用枪消灭德国侵略军，用笔进行创作鼓动反法西斯战士的士气。他先后完成《冬天的战役》和《元首肖像》等剧本的写作，他先后出版诗集《德国在召唤》和《感谢斯大林格勒》。重庆陪都文学家茅盾等人通过译笔，把他及其作品引入中国抗战文苑。

（三）与意大利文学的认同与排击

被法西斯党徒吹捧为"文化巨匠"的墨索里尼，在意大利建立法西斯专政政权之后，采取了一系列强制措施使文学与法西斯主义相结合。一些法西斯知识分子亦追随其后，发表《法西斯知识分子宣言》；一些未来主义文艺家也公开声称服从墨索里尼的旨意。文化文学成了意大利法西斯国家和墨索里尼的重要工具。大战期间，意大利文坛充斥着"黑衫文学""战争文学""游技文学"和"神秘文学"。具有世界进步文化文学传统的意大利现代文化文学，在法西斯文化文学滋生过程中，涌现出了一批反法西斯文化战士和文艺家。早在法西斯主义与文化结盟时期，著名哲学家与历史学家克罗齐和法学家与政治家爱因奥迪等文化名流就发表了《反法西斯知识分子宣言》，在世界现代文化史上第一次发出了"法西斯主义与文化水火不容"的怒吼声，提出了捍卫文化的自由主义原则。大战爆发后，留在意大利国内的作家如维多里尼、英拉维亚、普拉托里尼等人，不畏强暴，坚持写作，抒写意大利民众和作家本人反法西斯的心声。流亡国外的作家如西龙尼等人更是勤于笔耕，创作出具有世界影响的作品。

中国现代文学界从五四新文学运动开始，就译介意大利文艺复兴时期及其以后的文艺思想理论著作和文学名著。意大利的多种文学思潮先后进入中国新文坛。战时，重庆陪都文学界与意大利文学交往，呈现出两种走向，即批判性地介绍其法西斯文学，赞赏性地介绍其反法西斯文学。黄峰在《意大利的黑衫文学》长文中，较为详细地论述了意大利法西斯文学的现状。他首先指出：意大利的法西斯文学是意大利法西斯国家的产物，它与所有法西斯文学一样，"只有独裁，而没有民众，更没有作家"。因此，它每年虽有1000部作品出版，实际上是一担一担供出卖的废纸。其次，他着重评述意大利"黑衫文学"与"战争文学"的本质特征即宣扬独裁与战争。那首《黑衫之歌》便是体现这一本质特征的代表作。诗中公开呼唤"诗人、艺术家、教师、农民"都要"受墨索里尼的训练"，都要"效忠于墨索里尼""准备在明天作战"，否则"一切打入地狱"！那些高喊描写法西斯统治下的意大利的农村是"快乐的农村和快乐的农民"以及"安分守己，信任国家，跟祖国协调合作的工人"的作品，自然也是典型的法西斯文学。这些批判性的介绍文字，让重庆陪都中国读者了解了大战期间意大利法西斯文学之一斑。

重庆陪都文学家李念祥、凤耶华、茅盾还及时地著文介绍意大利的反法西斯文学作品。其中，他们最为推崇的是西龙尼及其《意大利的脉搏》。西龙尼为意大利的资深作家。他在墨索里尼上台不久就离开了意大利。他在瑞士定居后，一面从事反法西斯斗争，一面创作。1940年，他担任意大利社会党国外中心站的领导工作，为流亡在外的意大利反法西斯人士的团结奋战，颇多贡献。他先后写成小说《意大利的脉搏》《面包与酒》《雪地下的种子》和剧本《他藏了起来》等等。《意大利的脉搏》原名《丰塔玛拉》。"丰塔玛拉"，意大利文为"痛苦的源泉"之意。"丰塔玛拉"在这部小说中是一个虚拟的地名。这部小说就是写"丰塔玛拉"村农民的痛苦遭遇的。法西斯党徒、地主、银行家，肆意盘剥农民，鱼肉百姓。同时，也写了农民的挣扎与反抗，他们请愿，他们和政府、银行家讲理。当然，其结果是家破人亡。作品透视出了墨索里尼统治下的意大利广大农村，监狱遍地，黑暗无边。这部小说于1933年出版后，在世界文坛上引起共时性的轰动效应。但是，这部小说在中国抗战文坛上得到呼应却还是1940年以后的事了。当时，仅《新华日报》就发表过《枫丹麦绿的奴隶们——〈意大利的脉搏〉》与《血和泪的笑料〈意大利的脉搏〉读后感》等评论文章。这些评论文章，不仅充分肯定了小说内容所具有的思想深度，同时也揭示了小说的显著艺术特色，并表示要为提高中国抗战文学创作质量而学习其所长。

这里，还有一则可视为中意文学交往过程中的佳话，须加论述。墨索里尼为对外发动侵略战争，需要大量储备兵源，曾命令意大利男人要结婚生子。这一带有世界性的法西斯命令受到意大利民众和世界舆论的谴责。中国抗战文学界也著诗文加以抨击。荻原的政治讽刺诗《墨索里尼为什么要人结妻生子？》，颇具代表性。原诗是这样的，全录于后：

墨索里尼张大了眼睛与嘴巴，
对他的秘书哗啦哗啦地大骂，
"王八，贱种，乌龟，瞎马，
你不晓得在西班牙，
我们意大利牺牲了多少壮丁，

为的是帮同弗朗哥宣扬文明。
你不记得在阿比西尼亚，
给野蛮人宣扬高贵的文化，
反而给他们弄掉了20万人马！
还有人不想讨老婆，生儿子，
了得？这成什么话?!
呀呀呀呀呀……"
墨索里尼急到两眼圆睁，
脸孔更像一个大冬瓜！
秘书从头到脚尖，
发着抖，一声儿也不敢响，
连忙咬着牙根应声是，
屁滚尿流跑到外边去出告示：

> 政府官员，学校教师，
> 如有不娶，至今无子；
> 令到之日，即行结婚。
> 如敢故违，革职无恕！

墨索里尼看了告示非常满意：
"万岁！意大利——法西斯，
盟友——日本、德意志，
从今我不愁没有炮灰，
来呀，让我们努力制造战争
——也就是宣扬王道与文明！
为的是使我们的新百姓，
都变成自我牺牲的'义勇兵'！"

  这首近似于打油诗的诗作，充分表达了中国人民与意大利人民以及世界人民对法西斯的丑行的鄙视和嘲讽之意。

后 记

"文化"一词，众说纷纭，莫衷一是，约有150余种。概而言之，文化两大类型：一是指既存的物质与精神的总和，这是"大文化"概念；二是指精神形态，这是"小文化"概念。我是持"小文化观"来审视与描述中国抗日民族战争时期"大轰炸中的重庆陪都文化"的。它包括文化组织机构、新闻传媒、文化思想理论及论争、文学、艺术、教育、哲学、宗教等等。这是需要交代的一个问题。

需要交代的第二个问题是审视"大轰炸中的重庆陪都文化"的视点及带指导性的原则。"大轰炸中的重庆陪都文化"就政治倾向而言，是抗日救亡；就思想特质而言，是民族解放意识为核心的爱国主义；就组织形式的属性而言，是广泛的多元的抗日民族统一战线。因此，凡是存在于"大轰炸中的重庆陪都文化"，统统都在我的视野之内，尽量纳入本书框架之中，主体自然是有益于抗日救亡的文化。我持的原则是宽容、包容，但有倾向、有重点。同时，"大轰炸中的重庆陪都文化"不是孤立的、偶然发生的一种文化现象。因此，审视"大轰炸中的重庆陪都文化"和构建本书框架时顾及到了两个大的文化层面：一个是纵的文化层面，即把"大轰炸中的重庆陪都文化"放在"五四"以来中国现代新文化层面上去考察，看它所具有的历时性特征与所起的承传作用；一个是横的文化层面，即把"大轰炸中的重庆陪都文化"放在其时整个大后方文化、整个中国抗战文化层面来考察，放在其时世界反法西斯文化层面上来考察，看它所具有的共时性关系及其重要地位。由此探测"大轰炸中的重庆陪都文化"是否是"五四"以来中国现代新文化运动的继续与发展，以及这一现代新文化走向未来的必经阶段；"大轰炸中的重庆陪都文化"是否是其时大后方文化和整个中国抗战文化的重镇，以及其时世界反法西斯文化的有力一翼。

需要交代的第三个问题是关于本书书名的问题。抗日民族解放战争时期，重庆为中国国民政府的陪都是合法的而又是举世公认的。那么，存在于重庆陪都的文化，顺理成章地应该称为重庆陪都文化。重庆陪都在抗战8年间，有5年半时间遭受日本帝国主义飞机近万架次的大轰炸，民众生命财产遭受巨大损伤，城市受到严重破坏。然而，"多难兴邦"与"国家不幸，诗家幸"，在这里得到了鲜活的验证。仅重庆陪都文化，就获得了全面大发展，取得了卓越成就。重庆陪都文化蕴含的民族复兴精神——用今天的话来说"中国梦"，得到了徐徐展现，光耀世界。

最后需要交代的是本书有部分内容与这之前我的著述文字有重见与重叙的问题。我从接触到研究抗战文学至今已有40余年的时间了。我的抗战文学研究，实际上是从重庆陪都文学开始的。只不过在相当长的时间里不叫重庆陪都文学，而叫重庆地区抗战文学、抗战时期的重庆文学、重庆抗战文学，等等。我的《抗战文学概观》与《大后方文学论稿》等专著，事实上是以重庆陪都文学为重点论述对象的，或围绕重庆陪都文学而展开论述的。

本书与我此前的研究思路和著述文字的见解有一脉衔来之关系。但在文化视角与文化意识方面不尽一致的，深浅与容量大小有所不同，立论与论述高下有所区别。

我与四川省社会科学院及其所属的文学研究所，在抗战文化文学研究上有割舍不去的情缘。20世纪80年代，第一拨抗战文学研究热潮涌起，我置身其中，合作甚好；这一拨抗战文化研究热潮到来时，我又应约担任其中一个子课题，历时两年左右而写成本书。我依然把自己的"心""力"投入本书所需史料的查阅整理和本书框架的建构与撰写之中。创造"大轰炸中的重庆陪都文化"的中国文化人（包括在渝的外国文化人）的人格魅力与学识魅力深深地吸引着我，他们的辛勤劳作深深地感染着我。建构与撰写本书的过程，实际上是我又一次接受与深化思想传统与文化传统教育的过程，是反思历史、思考现实社会人生与现实文化问题的过程。我深感"大轰炸中的重庆陪都文化"是一笔不可多得的宝贵财富，蕴含有丰富的于今重庆文化乃至中国文化建设大有助益的文化食粮。

我的水平有限，本书依然会有错误、缺点、不妥之处，恳请前行者、同行者与读者批评指正。

苏光文